Knowledge is power

Eine Rose aus dem
Mechanischen, die können
wir uns einfach nicht
denken, nicht wahr?
Und dieses Denken ist
richtig — denn das
Leben schafft die Rose.

Ariel Tomioka
Vom Atem der Liebe getragen

Ariel Tomioka

Vom Atem der Liebe getragen

Wege zu höheren Dimensionen der Partnerschaft

Ansata-Verlag
Paul A. Zemp
Rosenstraße 24
CH-3800 Interlaken
Schweiz
1991

Aus dem Englischen von Annemarie Döring
Lektorat: Urte Knefeli

Titel der Originalausgabe:
ON THE BREATH OF THE GODS
Erschienen bei Helios House, P. O. Box 864, Carmichael, CA 95609, USA
Copyright © 1988, 1990 by Ariel Tomioka

Deutsche Ausgabe:
Copyright © 1991 by Ansata-Verlag, Interlaken
Alle Rechte vorbehalten
Umschlagbild: Robert Wicki
Satz: Jung Satzcentrum GmbH, Lahnau
Druck: Kösel, Kempten/Allgäu

ISBN 3-7157-0151-X

Inhalt

Den Adlern des Himmels gewidmet

Dank

Ich möchte den vielen Menschen danken, die auf verschiedene Art und Weise zu diesem Buch beigetragen haben. Mairi Huntington und Kent Cowie haben das Manuskript gelesen und mich bei der Arbeit ermutigt, was ich damals dringend brauchte. Mark Cavalenes hat immerhin so sehr an mein Buch geglaubt, daß er mir Geld dafür lieh. Ich habe meine Schulden zwar inzwischen zurückgezahlt, bin ihm aber trotzdem immer noch dankbar. Ron Turner hat mich in der Zeit des Schreibens finanziell unterstützt und alle meine Entwürfe mit dem einfühlsamen Verständnis und dem kritischen Scharfblick gelesen, mit dem er alle seine Aufgaben angeht. Sein Glaube an mich hat mir den Mut gegeben, mich meinen Lesern mitzuteilen.

Diese neue zweite Ausgabe hat Ron Turners Gestaltungstalent und seinen Fähigkeiten viel zu verdanken. Rick Walters möchte ich für seine sorgfältige Arbeit bei der Erstellung des Registers danken. Mein Dank gebührt auch Tere Smith, die für die Koordination verantwortlich war. Sie ist eine Freundin und Mitarbeiterin, die die Arbeit stets mit dem Vergnügen verbindet und jeden Tag mit aufrichtiger Begeisterung angeht. Ich bewundere sie sehr.

Doch vor allem danke ich Ihnen, meine lieben Leser, dafür, daß Sie mein Buch lesen, anderen Menschen davon erzählen, mir schreiben (und geduldig ein halbes Jahr lang auf meine Antwort warten) und mich mit Ihrem Wohlwollen und Ihrer Liebe unterstützen. Dieses Buch ist für Sie.

Vorwort

Die erste Ausgabe dieses Buches erschien vor zwei Jahren. Seitdem ist vieles geschehen. Ich bin tapferer geworden, habe mehr Risiken auf mich genommen, härter gearbeitet, mit meinem Buch «Aufsehen» erregt und vieles verändert, was nicht zu meinen Vorstellungen von einem ganzheitlichen Leben paßte. Ich habe auch gelernt, alles nicht mehr so verkrampft zu sehen, und mir klargemacht, daß die Welt nicht stehenbleiben wird, wenn ich etwas nicht rechtzeitig fertig bekomme oder einen Termin versäume. Ich habe gelernt, im Ganzen und nicht mehr in Teilen zu leben. Natürlich bin ich auch jetzt immer noch nicht «fehlerlos». Aber ich weiß, daß ich «vollkommen» bin. Das heißt, ich fühle mich als vollständiges Wesen.

Viele Menschen haben mir geschrieben, nachdem sie mein Buch gelesen hatten. Bei manchen Briefen sind mir Freudentränen in die Augen gestiegen; bei anderen war ich unglücklich über die Mißverständnisse, zu deren Entstehung ich beigetragen hatte. Aber wie kann man überhaupt ein Werk schaffen, das jemand anders nicht eventuell ganz anders interpretiert als man selbst? Das ist unmöglich. Jede Erkenntnis, die dieses Buch Ihnen bringt, kommt aus Ihnen selbst. Ich kann Ihnen nichts verraten, was Sie tief in Ihrem Inneren nicht schon wußten. Mit diesem Buch habe ich Sie in meine Welt eingeladen. Aber wenn Sie jetzt nur noch in dieser Welt leben wollen, statt den leidenschaftlichen Wunsch zu haben, sich Ihre eigene Welt zu schaffen, dann habe ich mein Ziel verfehlt.

Sie wurden nach dem Bildnis Gottes geschaffen. Also sind Sie selbst ein Schöpfer. Das «Meisterstück» Ihrer Schöpfung sollte Ihr eigenes Ich sein – Ihre Individualität. Aus diesem Zentrum heraus können Sie viel dazu beitragen, mehr Wahrheit und Schönheit in diese Welt zu bringen. Die Welt braucht Ihre Beiträge dringend. Die Menschen, die so begierig darauf sind, über diese Welt hinauszugelangen, tragen nur noch mehr zu der furchtbaren Last der Passivität und der Selbstablehnung bei, die sie bereits tragen muß. Durch eine solche Verleugnung unserer menschlichen Natur gelangen wir nicht zur Spiritualität; nur wenn wir unsere Menschlichkeit zu voller Blüte bringen, können wir ein spirituelles Leben führen. Wenn wir die Fähigkeit entfalten, uns selbst und unser wahres Leben zu erschaffen, dann werden wir ganz natürlich auch die Meisterschaft über uns selbst erreichen.

Doch um sich «ganz natürlich» weiterentwickeln zu können, bedarf man einer gesunden inneren Freiheit. Es gibt keinen festgelegten Weg zur Selbstbemeisterung. Gott ist unendlich; wir brauchen keinen offiziellen Vertreter Gottes, keine Regeln, Rituale, Richtlinien oder spezielle Techniken, um mit Ihm in Kontakt zu treten. Spirituelle Wesen erkennt man an dem Respekt, den sie einem entgegenbringen, und an der Qualität der Unterweisungen, die man von ihnen erhält. Die Meister, mit denen ich zusammenarbeite, haben mich ausgewählt, weil ich fähig war, das zu lernen, was sie mir beibringen wollten. Wir «verdienen» uns unsere Lehrer selbst. Wir können sie uns nicht mit Geld erkaufen und gewinnen sie auch nicht, indem wir uns einem bestimmten Glauben verschreiben. Wenn wir mehr Zugang zu den inneren Welten finden wollen, dann müssen wir auch wirklich einen Grund haben, diese Welten zu betreten. Und wir müssen bereit sein, das zu erfahren, was *ist,* selbst wenn es ganz anders ist als alles, was man uns beigebracht hat.

Was ich in diesem Buch geschrieben habe, beruht auf Fakten. Das bedeutet aber nicht, daß alles, was ich darin berichte, Tatsachen sind. Die Erfahrungen und Kenntnisse, die ich in diesem Buch vermitteln möchte, haben sich im Laufe jahrelanger innerer Arbeit angesammelt und nicht in dem halben Jahr, das ich hier schildere. Ich habe auch Namen erfunden und einige Umstände ein wenig verändert, und zwar aus verschiedenen Gründen: manchmal, weil meine Erzählung dadurch besser wurde, manchmal um der Einfachheit willen, hin und wieder aber auch, weil die Wahrheit dem Leser selbst im Rahmen dieser Geschichte vielleicht zu weit hergeholt erscheinen würde. Ich habe die Erfahrungen, die ich in diesem Buch niederschreibe, nicht durch «Channeling» erworben. Wie alle wahren «Maestros» dirigieren die spirituellen Wesen, von denen ich hier erzählen möchte, in erster Linie mein eigenes Orchester. Manchmal drängen sie mich, was in mir liegt, noch vollkommener zum Ausdruck zu bringen; dann wieder klopfen sie ungeduldig mit dem Dirigentenstab aufs Podium, angewidert von der Dissonanz meiner Töne. Manchmal möchte ich am liebsten alles stehen- und liegenlassen und davonlaufen; und manchmal möchten *sie* davonlaufen. Aber dann gibt es auch wieder Augenblicke, in denen die Musik, die wir gemeinsam zustande bringen, so schön ist, daß sie sich mit Worten nicht beschreiben läßt.

Während Sie dieses Buch lesen – falls es das richtige Buch und der richtige Zeitpunkt für Sie ist –, werden sich vielleicht bedeutende Veränderungen in Ihrem Leben ankündigen. Haben Sie keine Angst vor Veränderungen. Sie sind der «Atem Gottes», der es Ihnen ermöglicht, «das Leben zu leben und nicht den Tod». (Das ist von Robert Henri, nicht von mir!) Bewahren Sie einen klaren Kopf. Stellen Sie gute Fragen, und zwar aus Ihrem ganzen Sein heraus, und leben Sie sich auf Ihre eigene Art und Weise in die Antworten hinein. Seien Sie nicht allzusehr darauf bedacht, immer gleich alles «zum Abschluß zu bringen». Und verschieben Sie das Glück nicht auf irgendeinen Zeitpunkt in der Zukunft. Begehen Sie nicht den traurigen Fehler, sich mit einer Illusion von Sicherheit zu begnügen, statt das wirkliche Leben zu erfahren. Das wirkliche Leben ist beängstigend und grenzenlos und wunderbar. Es verwundet und heilt die Wunden, die es geschlagen hat, wieder. Schmerz und Freude fließen stets ineinander, denn beide sind ein Teil Gottes. Vermeiden Sie unnötigen Schmerz und oberflächliche Vergnügungen. Verfolgen Sie Ihr wahres Ziel; dann werden die Freuden und Schmerzen, die für Sie notwendig sind, ganz von selbst in Ihr Leben treten.

Vielleicht hilft Ihnen dieses Buch dabei, zu erkennen, daß auch Sie der Held oder die Heldin Ihrer eigenen Geschichte sind. Diese Geschichte besteht zu gleichen Teilen aus Ihrem alltäglichen Leben und Ihrem subjektiven Leben – dem Leben, das Sie in Träumen, bewußten inneren Reisen oder Phantasievorstellungen erfahren. Und vor allem hoffe ich, daß Sie spüren werden, wie Ihre innere Kraft und Ihr Mut, Sie selbst zu sein und Ihrem instinktiven Drang nach Ganzheit zu folgen, immer mehr wachsen. Die Seele ist frei. Ich wünsche Ihnen allen, daß Sie Ihre Freiheit – das Selbst Gottes in Aktion – entdecken. Aber wir können nur *für* etwas frei werden, nicht *von* etwas. Um frei zu sein, müssen wir unseren Daseinszweck erkennen und diesen Zweck mit all unserer Liebe und all unserem Mut leben.

Mögen Sie ein erfülltes, glückliches Leben führen, tief und intensiv lieben und eine Welt nach Ihrem Bild erschaffen. Und möge diese Welt Ihnen dafür ihre großen, köstlichen Schätze schenken.

St. Louis, Missouri
September 1990

Kapitel eins

Am Rande der Klippe

Es lag etwas in der Luft. Viele kleine Anzeichen deuteten darauf hin, daß das Leben, wie ich es kannte, im Begriff war, sich zu verändern. Doch ich empfand damals nur eine vage Unruhe und eine Haltung des inneren Fragens, so wie ein wildes Tier, das spürt, daß sich das Wetter ändert. Es war mitten im Winter, doch in Nordkalifornien bedeutete das nichts Schlimmeres als zehn Grad und ein grauverhangener Himmel. Es hieß, daß man einen Pullover und festere Schuhe tragen und morgens den Heizofen anstellen mußte. Wir harkten die Blätter zusammen und schnitten die laubabwerfenden Sträucher zurück. Der Himmel wurde bleich und triefte manchmal vor Regenwolken, die sich über das vom Sommer ausgedörrte Land ergossen.

Meine Freundin Jean – sie gehört zu den Menschen, die überempfindlich auf das Fehlen der Sonne reagieren – bekam Depressionen. Der Winter in Sacramento sei eine trostlose Zeit, seufzte sie.

«Wie kannst du so etwas sagen», tadelte ich sie und tauchte fröhlich meine Schweinefleischklößchen in die scharf-saure Soße. Wir saßen in einer durch rote Kunststoffolie abgeteilten Nische, umgeben von den typischen Einrichtungsgegenständen eines Chinarestaurants: von der Decke herabhängende Laternen mit roten Quasten, Plastikblumen, die steif aus billigen Vasen ragten, und ein riesiger goldener Drache, der sich quer über die längste Wand des Restaurants schlängelte.

Das war Jeans viel zu kurze Mittagspause, nach der sie wieder

in die Bank zurückkehren mußte, wo sie als Kreditsachbearbeite-
rin tätig war. Für mich dagegen war das Mittagessen eine geruh-
same Angelegenheit. Ich unterrichtete vormittags stundenweise
an Schulen kreatives Schreiben und hatte den ganzen Nachmittag
frei. Nach dem Mittagessen plante ich, ein oder zwei Stunden in
meiner Buchhandlung zu verbringen und die Regale zu durchstö-
bern, wo die Bücher standen, die mich am meisten interessierten.
Vielleicht würde ich mir sogar ein Buch kaufen. Ich sah mich im
Geist schon gemütlich auf der Couch hingekuschelt, das neue
Buch auf dem Schoß. Mein Mann, ein Anwalt, war bei der Arbeit, mein vierzehnjähriger Sohn hatte Schule; also konnte ich
mich in der Stille des leeren Hauses entspannen, eine dampfende
Teetasse neben mir auf dem Tisch. Ja, heute war ein wunderbarer
Tag, und das trübe Wetter paßte genau dazu!

Jean seufzte nur und versuchte, ein tapferes Lächeln zustande zu
bringen. Das flößte mir mehr Mitleid ein als alles andere. Aber es
brachte mich auch zum Lachen.

«Ist es denn wirklich so schlimm?» fragte ich drängend.
«Schließlich leben wir nicht in Minnesota. Hier bekommen wir
doch schlimmstenfalls dichten Nebel! Kein Schnee, keine Schnee-
ketten, kein eiskalter Wind im Gesicht, und der Atem gefriert
einem nicht vor der Nase. Wir leben in Kalifornien, liebe Jeannie!
Bist du nicht dankbar dafür?»

«Nein», sagte sie. Dann mußte sie auch lachen.

«Weißt du», sagte sie, wieder ernst. «Es liegt nicht an der Kälte.
Es liegt am Licht. Wenn die Sonne nicht mehr scheint, bekomme
ich Depressionen. Es hat etwas mit den Lichtstrahlen zu tun, habe
ich irgendwo gelesen. Als ich las, daß es etwas Physisches ist und
nichts Psychisches, dachte ich: Gott sei Dank, wenigstens bin ich
nicht verrückt! Aber es deprimiert mich trotzdem. Dann fange
ich an, mir vorzustellen, wie schön es wäre, nach Hawaii oder Pu-
erto Rico oder Mexiko zu ziehen. Aber ich beherrsche mich, achte
darauf, daß ich immer etwas zu tun habe, und bald kommt wieder
der Frühling!»

Sie stocherte niedergeschlagen in ihrem Kloß herum. «Aber
jetzt ist der Frühling noch weit weg.»

Ich legte die Stäbchen beiseite und musterte meine Freundin ein
paar Sekunden lang aufmerksam. Sie war eine hübsche Frau mit
kinnlangem, mittelblondem Haar und olivfarbener Haut. Im all-

gemeinen hatten ihre braungrünen Augen einen lebhaften, intelligenten Ausdruck. Doch jetzt saß sie teilnahmslos und leicht zusammengesunken auf ihrem Stuhl.

«Tja, was kann man da machen?» fragte ich, nun doch mitfühlend.

«Eine Höhensonne kaufen», erwiderte sie achselzuckend. «Das soll angeblich helfen. Eine Höhensonne strahlt anscheinend ganz bestimmte Lichtwellen aus, die ich brauche, um mich wohl zu fühlen.»

«Warum kaufst du dir dann keine?» fragte ich.

«Weiß ich auch nicht», sagte sie. «Es ist mir selbst ein Rätsel. Ich weiß schon seit ein paar Jahren, daß eine Höhensonne mir helfen könnte. Aber ich unternehme trotzdem nichts. Ich stehe es einfach durch.»

Dann kam die Kellnerin und setzte uns das Hauptgericht vor. Beim Essen wandten wir uns einem angenehmeren Thema zu. Jean wurde befördert und bekam eine Gehaltserhöhung. Ihre Stimmung hellte sich sichtlich auf, als sie über ihre neue Position und die beruflichen Möglichkeiten sprach, die sich dadurch eröffneten. Als sie sich mit aufrichtigem Interesse nach meiner schulischen Karriere erkundigte, schüttelte ich nur lächelnd den Kopf.

«Es führt zu nichts», gab ich zu. «Ich bin schon längst darüber hinaus, mich dabei zu langweilen. Ich lasse es über mich ergehen wie eine wandelnde Leiche.»

Darüber mußten wir beide lachen.

«Warum machst du dann eigentlich immer noch weiter?» fragte sie mit einem etwas zu scharfen Unterton in der Stimme. Ich warf ihr einen raschen Blick zu und sah, daß ihre Augen schalkhaft blitzten.

«Eins zu null für dich», sagte ich. «Wahrscheinlich, weil ich nicht weiß, was ich sonst tun soll. Und der Beruf – die Arbeit mit den Kindern und ihren Aufsätzen – ist ja wirklich eine lohnende Aufgabe. Mir fällt einfach nichts anderes ein, Jean. Ich kann nur zwei Dinge – Unterrichten und Schreiben. Alles andere interessiert mich nicht. Und komm mir ja nicht damit, daß ich es mit technischen Dokumentationen versuchen soll! Oder daß ich noch einmal auf die Universität gehen und mich zur richtigen Schullehrerin ausbilden lassen soll. Beides würde ich nicht tun, selbst wenn mein Seelenheil davon abhinge!»

«Schon gut, schon gut», besänftigte sie mich. «Reg dich doch nicht gleich so auf. Aber weißt du was? Irgendwie habe ich das Gefühl, daß etwas Neues auf dich zukommt. Ich weiß selbst nicht, warum; ich spüre es einfach.»

«Mhm», gab ich zu, «ich habe auch so ein Gefühl. Aber es ist alles noch so vage und undefinierbar. Vorläufig kann ich nichts anderes tun, als von einem Tag auf den anderen zu leben und so weiterzumachen wie bisher.»

Dann schwiegen wir. Mein Blick wanderte zu der Wand hinüber, an der der goldene Drache einen klauenbewehrten Fuß in die Luft hob und Feuer spie.

«Gott wird dir den Weg zeigen», sagte Jean sanft. Ich stutzte. In all unseren vielen Gesprächen hatte Jean bisher noch nie Gott erwähnt.

«Danke», sagte ich ruhig. «Ich bin sicher, du hast recht.»

Ich dachte eine Weile über diese Bemerkung nach. Es wunderte mich, daß sie ausgerechnet von Jean kam, die, wie sie selbst sagte, streng katholisch erzogen worden war und sich von diesem Glauben losgesagt hatte. Bei jeder Erwähnung dogmatischer oder autoritärer Religiosität sträubten sich ihr die Haare vor Wut. Ihre Karriere und ihre materiellen Ziele schienen ihr am meisten am Herzen zu liegen. Doch vor einem Monat hatte Jean sich an der Abendschule für ein Traumdeutungsseminar bei einem Psychologen angemeldet. Anfangs war sie skeptisch gewesen; doch dann ließ sie sich allmählich zur Traumdeutung bekehren, schrieb alle ihre Träume mit Begeisterung auf und versuchte sie zu interpretieren.

Seit Jean an diesem Seminar teilnahm, wirkte sie weniger gehetzt und schien sich mehr um ihre eigenen Bedürfnisse zu kümmern. Durch die Analyse ihrer Träume lernte sie, daß ihr Innenleben ebenso real und wichtig war wie ihre Identität als Karrierefrau. Sie schien nun zu einem harmonischeren Gleichgewicht zwischen materiellen und geistigen Zielen gefunden zu haben, und die tiefe Falte zwischen ihren Augenbrauen glättete sich merklich. Ich fragte mich, ob durch dieses neue Interesse an ihren subjektiven Erfahrungen wohl Gott wieder in ihr Leben getreten war – und zwar diesmal in einer Form, die sie akzeptieren konnte. Ich wußte es nicht, aber irgend etwas mußte ihr Gott offensichtlich wieder nähergebracht haben.

«Übrigens», begann ich, «hatte ich in letzter Zeit ein paar eigenartige Träume.»

«Ja?» fragte Jean. Sofort war ihr Interesse geweckt. «Willst du sie mir erzählen?»

«Sicher», nickte ich. «Ich bin mir noch nicht darüber im klaren, was sie bedeuten. Aber es scheint sich ein roter Faden durch sie zu ziehen. Jedesmal schüchtert mich ein dicker, ziemlich dummer Mann ein oder bedroht mich mit körperlicher Gewalt. Aber mein letzter Traum war besonders merkwürdig. Diesmal war der Mann verletzt. Ich war entschlossen, ihn vor irgendeiner Gefahr zu retten, indem ich ihn fortschleppte. Aber man befahl mir unter Androhung der Todesstrafe, ich müsse gleichzeitig auch noch einen ziemlich kräftigen kleinen Jungen retten. Und ich konnte nicht beide wegtragen, weil der verletzte Mann so schwer war. Schließlich brach ich in Tränen aus und entschuldigte mich bei irgendeiner Autorität. Ich sagte immer wieder: ‹Wenn ich es doch nur geschafft hätte. Ich habe es wirklich versucht.›»

«Was glaubst du, bedeutet dieser Traum?» fragte Jean mit ehrlichem Interesse.

«Tja, das weiß ich auch noch nicht so genau», seufzte ich. «Ich bin noch nicht dahintergekommen. Vielleicht bin ich noch nicht bereit, der Wahrheit ins Auge zu sehen. Aber ich habe das Gefühl, ich hätte den verletzten Mann liegen lassen und das Baby mitnehmen sollen.»

«Aha», nickte Jean nachdenklich. «Ich verstehe. Aber ich kenne mich noch nicht so gut aus, und deshalb glaube ich nicht, daß ich dir helfen kann. Wirst du mir sagen, was dein Traum bedeutet, wenn du dahintergekommen bist?»

«Natürlich», lächelte ich.

Ich zerbrach mir den Kopf darüber, warum meine Träume immer wieder um Gefahr, Bedrohung, Gewalt und Verletzung kreisten. Auch über das gesunde Baby, das ich nicht gerettet hatte, dachte ich lange nach. Mein Gefühl der Schuld und Niederlage zog sich in eine schattige Ecke meines Bewußtseins zurück und lauerte dort mit dunklen, zusammengefalteten Flügeln.

Dann kamen unsere Fortune-cookies*. Jean brach ihres ausein-

---

* Keks, in den ein Stück Papier mit einer Zukunftsprophezeiung eingebacken ist. In Chinarestaurants in den USA üblich. (Anm. d. Ü.)

ander und begann vor sich hin zu lachen. «Eine neue Entwicklung wird Licht in Ihre Situation bringen», stand darauf.

«Das bedeutet wohl, daß ich mir nun endlich diese Höhensonne kaufen werde», witzelte sie.

Ich schwieg und zerbrach mir den Kopf über den rätselhaften Satz, der zwischen meinen Krümeln zum Vorschein kam.

«Was steht auf deinem Zettel?» fragte Jean neugierig.

«Mhm ... Da steht: ‹Ihnen steht eine Veränderung bevor, auf die Sie schon lange gewartet haben.›»

«Ah! Das ist doch gut!» rief Jean und schüttelte die Krümel von ihrem Schoß.

«Ja, wahrscheinlich», stimmte ich ironisch zu. «Ich bin für alles bereit.»

Nach dem Mittagessen trennten wir uns. Ich fuhr in Gedanken versunken zur Buchhandlung. Es begann leicht zu nieseln, und allmählich ging der Nieselregen in einen heftigen Platzregen über. Da ich keinen Schirm dabeihatte, parkte ich so nah wie möglich am Einkaufszentrum und lief rasch hinein. Die Buchhandlung war hell erleuchtet und warm.

Zuerst stöberte ich in dem Regal mit den neuen Romanen. Die farbigen Schutzumschläge und fesselnden Titel, darauf angelegt, das Interesse der Leser zu wecken, faszinierten mich. Für mich war die Verlockung ungefähr so groß wie für einen Alkoholiker, der in der Weinabteilung einer Getränkehandlung liebevoll eine Flasche nach der anderen in die Hand nimmt und betrachtet. Es war gefährlich. Es war ein Glücksspiel. Gewann ich es, konnte ich auch noch in anderen weniger teuren Abteilungen der Buchhandlung herumstöbern. Wenn ich verlor, würde ich den hohen Preis für ein gebundenes Buch bezahlen und nach Hause gehen, um mich von den bedruckten Seiten einhüllen zu lassen, die einen sinnlichen Reiz auf mich ausübten.

Heute konnte ich der Verlockung, mir für zwanzig Dollar einen Hardcover-Roman zu kaufen, ganz gut widerstehen. Es war nicht schwierig, denn keiner der Titel sprang mir vom Schutzumschlag entgegen und packte mich am Kragen. Also steuerte ich auf die New-Age-Abteilung zu und blätterte ein paar interessante neue Titel durch. Einige Bücher über die okkulte Technik, die allgemein als «Channeling» bezeichnet wird, fesselten meine Aufmerksamkeit besonders. Bei dieser Methode spricht ein körperloses Wesen – in Ermangelung eines besseren Wortes könnte man es als Geist bezeichnen – durch einen Menschen, und zwar meistens, um zu beraten oder etwas zu prophezeien.

Da ich mich schon seit langem mit spirituellen Themen befaßte, faszinierte mich das weitverbreitete Interesse an diesem Phänomen. Im Gegensatz zur Methode der Bewußtseinserweiterung (mit der ich vertraut bin), erweitert man beim «Channeling» nicht sein Bewußtsein, um die höheren Welten in sich aufzunehmen. Statt dessen stellt man sich «höheren Wesen» als eine Art «Gastgeber» zur Verfügung und läßt sie eine Zeitlang durch sich sprechen. Manche dieser Wesen behaupten, spirituelle Lehrer zu sein; einige geben aber auch offen zu, es in ihrem Leben auf der Erde nie zu etwas gebracht zu haben.

Ich wunderte mich, wie manche Menschen darauf kamen, daß jemand, der in seinem Leben ein Einbrecher oder Taschendieb gewesen war, plötzlich zu einer Quelle unwiderlegbarer höherer Weisheit werden konnte, kaum daß er seinen Körper verlassen hatte. Außerdem – wie konnten solche Informationen, selbst wenn sie richtig waren, den Menschen viel nützen, wenn sie nicht wußten, wie sie sich das höhere Bewußtsein selbst erschließen sollten? Ich überlegte mir auch, ob ich nicht doch etwas zu hart mit diesem Phänomen ins Gericht ging; vielleicht war es ja nur ein harmloser Zeitvertreib für Menschen, deren spirituelles Interesse mehr den Kuriositäten als der Weisheit galt.

«Interessiert Sie dieses Buch?» fragte eine tiefe Stimme über meine rechte Schulter hinweg.

Ich drehte mich um und sah mir den Mann an, der hinter mir stand. Er war groß, braungebrannt und muskulös und trug eine etwas konservative hellbraune Hose, ein langärmeliges kariertes Hemd und ein leichtes Jackett. Die grüne, wollene Sportmütze hatte er sich mit elegantem Schwung in die Stirn gezogen. Sein dunkler, von weißen Fäden durchzogener Bart war kurz und ordentlich geschnitten; sein Gesicht war eckig. Er hielt seinen Blick fest auf mich gerichtet, ohne zu lächeln.

«Tja...», stammelte ich. Etwas an diesem Gesicht kam mir so bekannt vor und war mir doch völlig fremd. Ich war sicher, daß ich den Mann nicht kannte; trotzdem war er mir vertraut wie mein eigenes Spiegelbild. Verwirrt ließ ich das Buch fallen. Es landete mit einem dumpfen Aufprall auf meinem eigenen Fuß.

«Au! Oh, Entschuldigung!» rief ich unwillkürlich. Warum entschuldige ich mich dafür, daß ich ein Buch auf meinen eigenen Fuß fallen lasse? hörte ich mich denken.

Lächelnd hob der Mann das Buch auf und legte es mir sanft in die Hände.

«Ich habe es mir auch schon angesehen», sagte er beiläufig. «Interessante Idee, diese Sache mit dem ‹Channeling›. Glauben Sie daran?»

«Das ist eine schwierige Frage», sagte ich und gewann allmählich die Fassung wieder. Ich stellte das Buch ins Regal zurück, um etwas zu tun zu haben und damit es mir nicht wieder aus den Händen rutschte. Dann wandte ich dem fremden Mann meine volle Aufmerksamkeit zu. «Einige dieser Leute sind wahrscheinlich Scharlatane. Aber es gibt vielleicht auch ein paar, die es ehrlich meinen. Ich habe nur einen einzigen Vorbehalt...»

«Und der wäre?» hakte der Mann nach – ziemlich eindringlich, wie mir schien.

Ich runzelte leicht die Stirn und nahm diesen Menschen, der sich ungefragt in meine Gedanken hineindrängte, näher in Augenschein. Er machte einen ganz normalen Eindruck. Ein Penner war er auf gar keinen Fall, und er wirkte auch zu gepflegt und zu ordentlich gekleidet, um ein Spinner zu sein. Ein paar Sekunden überlegte ich mir, ob er vielleicht versuchte, mich «anzumachen». Doch diesen Gedanken schob ich rasch wieder beiseite. Er kam mir irgendwie unpassend vor, obwohl ich nicht wußte, warum.

Schließlich sagte ich ihm achselzuckend meine Meinung. «Ich finde es dumm, zu glauben, nur weil eine Seele nicht mehr in ihrem Körper wohnt, könne sie uns spirituelle Ratschläge geben. Das ist alles.»

«Interessanter Gedanke», sagte der Mann, und in seinen Augen blitzte ein amüsierter Funke auf. «Und Sie? Haben Sie noch nie eine Botschaft durch ‹Channeling› erhalten?»

Wieder runzelte ich die Stirn. Dieses Gespräch wurde mir zu persönlich. Aber warum fühlte ich dann so etwas wie einen inneren Zwang, ihm zu antworten?

«Nein», sagte ich etwas gereizt. «Ich habe innere Erlebnisse, die vielleicht so ähnlich sind wie das, was man heutzutage als ‹Channeling› bezeichnet. Aber es gibt doch einen Unterschied.»

«Was für einen Unterschied?» fragte der Mann höflich.

«Ich erweitere mein Bewußtsein, um die höhere Realität in mich aufzunehmen, und mir ist dabei stets bewußt, was ich tue», erwiderte ich nachdrücklich. «Ich bin niemals ein passives Werkzeug für irgendeine höhere Macht. Zwar gibt es wirklich eine höhere Macht, aber wir sollen aus eigener Verantwortung mit ihr zusammenarbeiten. Das kostet mehr Mühe, zu der viele Menschen nicht bereit sind. Diese Verantwortung schieben sie lieber jemand anderem zu. Und was die ‹Channeling›-Medien und all die anderen spirituellen Berühmtheiten auf diesem Gebiet angeht, glaube ich, daß es ganz leicht ist, die ehrlichen von den Scharlatanen zu unterscheiden. Ein wahrer Lehrer führt uns zu unserer eigenen Entfaltung. Und lebt auch wirklich nach dem, was er predigt. Mit anderen Worten: Man kann den Menschen nur die Wahrheiten vermitteln, die man auch in seinem täglichen Leben beweisen kann! Alles andere ist nur Spielerei, Spekulation und Theorie.»

Danach schwiegen wir beide. Meine Worte hingen im Raum. Wieder beschlich mich ein Gefühl des Unbehagens. Ich begann zu überlegen, ob ich vielleicht etwas zu Vereinfachendes, Geschwollenes oder schlichtweg Falsches von mir gegeben hatte. Doch dann kam ich zu dem Schluß, daß ich die Wahrheit gesagt hatte, so gut ich es eben wußte, und ließ es dabei bewenden.

Der Mann sah mich nur eindringlich an. Sein Gesichtsausdruck war vollkommen undurchdringlich.

Es ist schwer zu beschreiben, was für ein Gefühl ich in diesem Augenblick hatte. Nach jenem Tag sind seltsame Erlebnisse für mich etwas völlig Normales geworden, und deshalb habe ich dieses Gefühl nie wieder gehabt. Ich wußte in diesem Augenblick nur, daß irgend etwas in meinem Leben auf den Kopf gestellt worden war. Es war so, wie man sich fühlt, wenn man am falschen Ende eines Traums herausschaut. In mir stieg wieder dieses seltsame Gefühl auf, daß das physische Leben und unsere subjektiven Seinszustände einander durchdringen. Ich gab mir große Mühe, die wachsende innere Verwirrung zu unterdrücken, die mich dabei beschlich.

Der Mann schien genau zu wissen, wie ich auf unser scheinbar harmloses Gespräch reagierte.

«Haben Sie keine Angst», sagte er so leise, daß die zwei oder drei Menschen, die in der Nähe standen, ihn nicht verstehen konnten. «Wenn Sie sich weiter mit mir über dieses Thema unterhalten wollen, kommen Sie in einer Stunde ins Restaurant ‹Goldener Drache›. Und seien Sie pünktlich.»

Mit diesen Worten entfernte sich der Mann ohne Hast, bog um eine Ecke und war verschwunden. Ich stand immer noch wie angewurzelt da und dachte darüber nach, was ich tun sollte. Dann stürzte ich ihm, einem plötzlichen Impuls folgend, nach. So konnte ich wenigstens sehen, wohin er ging, was für ein Auto er fuhr oder mit wem er zusammen war! Das hatte zwar eigentlich keinen Sinn; doch in diesem Augenblick hielt ich es für eine gute Idee. Immer noch ganz benommen lief ich durch den Laden, aber es war keine Spur mehr von ihm zu entdecken. Ich ging nach draußen, blieb an der Tür stehen, suchte mit den Augen den Parkplatz ab und ließ meinen Blick dann über die Straßen in der Umgebung des Einkaufszentrums schweifen, auf denen reges Leben und Treiben herrschte. Aber der Fremde war wie vom Erdboden verschwunden.

Ich kehrte wieder in die Buchhandlung zurück, um die Verkäuferin an der Kasse neben der Tür nach dem Mann zu fragen. «Haben Sie zufällig gerade eben einen großen, dunkelhaarigen Mann mit Bart und grüner Mütze hinausgehen sehen?» fragte ich eine blasse junge Frau in einem schwarzen Pullover.

«Nein», antwortete sie.

«Oder haben Sie so einen Mann hereinkommen sehen?» fragte ich weiter.

«Nein», erwiderte sie mit mechanischer Höflichkeit. Sie wandte sich fragend an den anderen Verkäufer, der gerade einen Betrag in die Kasse eintippte. Doch der Mann schüttelte nur den Kopf und wandte sich wieder seiner Kundin zu, um ihr das Wechselgeld in die manikürte Hand zu zählen.

Ich zuckte die Achseln, gab den beiden Verkäufern damit stillschweigend zu verstehen, daß meine Frage nicht so wichtig war, und ging hinaus. Doch in Wirklichkeit war ich sehr beunruhigt. Jetzt fiel mir ein, daß der fremde Mann ziemlich große Ähnlichkeit mit meinem spirituellen Lehrer, dem tibetischen Meister Haurvata Sampa, hatte. Seine Kleidung und die Mütze sprachen dagegen, und auch die weißen Alterssträhnen in seinem Bart.

Aber sein Auftreten, seine Art, sich zu geben, waren unverwechselbar.

Und doch, und doch... Es war zu merkwürdig. Ich konnte es einfach nicht glauben. Schon seit meiner Kindheit hatte ich immer wieder heimlich meinen physischen Körper verlassen und Abenteuer in den spirituellen Welten erlebt. Dieser Vorgang, der nun als «Astralprojektion», «außerkörperliche Erfahrung» oder «Seelenreise» bezeichnet wird, war für mich etwas ganz Natürliches. Das erste Erlebnis dieser Art, an das ich mich erinnern kann, hatte ich, als ich an einer schweren Brustfellentzündung litt. Ich kam mit beängstigend hohem Fieber ins Krankenhaus und mußte intravenös ernährt werden. Da trat ich aus meinem leidenden Körper heraus und fand mich als Bewußtseinspunkt hoch oben über dem Krankenzimmer wieder.

Zuerst war ich verwirrt und ängstlich, doch bald spürte ich die beruhigende Gegenwart eines anderen Bewußtseins. Diese Gegenwart strömte Kraft, Weisheit und Liebe aus und wirkte beruhigend auf mich. Man erklärte mir, daß ich mich entscheiden müsse. Da es mir gelungen war, schwer krank zu werden, könnte ich auch sterben, wenn ich möchte. Dann würde mein Leben als widerwillig adoptiertes Kind, als «ein weiteres Maul, das gestopft werden mußte», in einem Haushalt mit sechs Tanten und alternden Großeltern, die ohnehin schon mühsam um ihren Lebensunterhalt kämpfen mußten, vorüber sein.

Doch wenn ich wollte, konnte ich auch dableiben und mir meinen Weg durchs Leben bahnen. Man sagte mir, daß es schwierig sein würde. Aber ich würde nicht allein sein. Ein spiritueller Führer würde mich innerlich unterstützen, und schließlich würde ich all die Erkenntnisse gewinnen, die meine Erfahrungen zu bieten hatten. Ich hatte das Gefühl, daß man mir damals noch viel mehr offenbarte; doch inzwischen hat sich ein Vorhang darübergelegt. Ich erinnere mich nur noch daran, daß ich beschloß, wieder gesund zu werden, was mir zum großen Erstaunen der Ärzte und Krankenschwestern auch ungewöhnlich schnell gelang.

Während meiner ganzen Kindheit traf ich mich immer wieder mit meinem spirituellen Führer. Es überraschte und verblüffte mich, daß Durchschnittsmenschen solche Erlebnisse als unmöglich abtaten, obwohl das Leben der Heiligen und Erlöser unserer Geschichte doch bewies, daß man tatsächlich in die himmlischen

Welten reisen kann. Ich hatte das Gefühl, es besser zu wissen, behielt meine Meinung aber für mich. Galt ich nicht ohnehin schon als verschrobene Außenseiterin? Wollte ich noch unangenehmer auffallen, indem ich für seltsame Ideen eintrat?

Heute bezweifelte ich allerdings, ob mein gesunder Menschenverstand mich in die richtige Richtung geführt hatte. Die Existenz meines spirituellen Führers war eine wertvolle subjektive Realität für mich. Doch als «vernünftige» erwachsene Frau begriff ich, daß solche Erfahrungen für die meisten Menschen in den Bereich der puren Phantasie gehören. Ich «wußte», daß das Physische und das Spirituelle zwei verschiedene Ebenen waren, die niemals zueinanderfinden würden!

Niemals – bis heute.

In der Gegend meines Solarplexus regte sich ein Strudel, der allmählich nach oben zu strömen begann. Ich gebot ihm Einhalt, ehe er meinen Kopf erreichte. Diese Selbstdisziplin hatte ich bei den Unmani-Dhun-Meistern gelernt, zu denen auch der Tibeter Haurvata Sampa gehörte. Ich konzentrierte mich auf das Gefühl, daß Gott mich liebte. Diese ruhige Gewißheit gab mir meine Zuversicht zurück. Plötzlich fühlte ich mich wieder ganz normal. Statt Angst zu haben, begann ich mir vorzustellen, daß dies vielleicht der Anfang eines wunderbaren Abenteuers war! Ich spürte, wie die ersten Regungen der Neugier in mir wach wurden, und warf einen Blick auf meine Armbanduhr, um zu sehen, wieviel Zeit mir bis zu meiner Verabredung mit diesem seltsamen Mann, der wie vom Erdboden verschwunden war, noch blieb.

Ich hatte noch ungefähr fünfundvierzig Minuten Zeit. Bis zu dem Restaurant, das der Mann mir genannt hatte, mußte ich etwa eine Viertelstunde fahren. Seltsamerweise war es dasselbe Restaurant, in dem ich schon heute mit Jean zu Mittag gegessen hatte. Ich erinnerte mich an unsere beiläufigen Bemerkungen über unsere Fortune-cookies und zuckte erschrocken zusammen. Jetzt klangen mir Jeans Worte von heute mittag viel bedeutungsvoller in den Ohren.

«Gott wird dir den Weg zeigen», hatte sie gesagt.

Mein Glückskuchen hatte mir eine Veränderung prophezeit, «auf die ich schon lange gewartet hatte». In diesem Augenblick wünschte ich mir, ich hätte den Zettel behalten, um ihn mir noch einmal ansehen zu können. Aber ich schob diesen Gedanken rasch beiseite. Es war eine alberne Idee. Es brauchte mehr als die guten Wünsche einer Freundin und die Prophezeiung eines Fortune-cookies, um mein Leben aus den eingefahrenen Geleisen zu befreien, in die es im Lauf der Jahre geraten war. Selbst jetzt staunte ich über das Unbehagen, das mich beim Gedanken an meinen Beruf stets beschlich. Obwohl ich meine Arbeit gut machte, hatte ich das Gefühl, sehr schnell zu laufen und doch stets am selben Fleck zu bleiben. Mich beschlich die beängstigende Ahnung, daß meine Situation sich tatsächlich verändern würde, wenn ich die Dinge einfach laufen ließ, statt sie immer fest im Griff haben zu wollen. Aber würde sie sich verbessern oder verschlechtern?

Die bekannte Geschichte von dem Mann, der im Dunkeln von einer Klippe fiel und sich an einem Felsen festhielt, um sein Leben zu retten, fiel mir wieder ein. Nachdem er sich stundenlang verzweifelt festgeklammert hatte, fand er sich schließlich mit seinem Schicksal ab und ließ los. Er war sicher, daß er Hunderte von Metern hinabstürzen und eines qualvollen Todes sterben würde. Doch schon einen Augenblick, nachdem er losgelassen hatte, kam er mit einem dumpfen Aufprall am Boden auf. Er war nur anderthalb Meter tief gefallen. Das grausame Schicksal, mit dem er sich innerlich schon abgefunden hatte, existierte nur in den Schreckensvisionen seiner Phantasie!

Ich fragte mich, ob es mir wohl auch so ging wie diesem Mann – ob ich mich auch im Dunkeln an einen Felsen klammerte und mir in meiner Phantasie den «schlimmsten Fall» ausmalte, der mir eine völlig unnötige Angst einjagte. Wenn ich einfach losließ ... was dann? Ein Teil von mir ermutigte mich: «Los, versuch es.» Doch der andere Teil warnte. «Tu es nicht! Es wäre eine Dummheit!» Ich schob diese Gedanken einstweilen beiseite und kehrte in die Buchhandlung zurück. In der Zeit, die mir noch blieb, suchte ich mir ein Taschenbuch von einem meiner liebsten Science-fiction-Autoren aus und bezahlte an der Kasse. Dann ging ich nach draußen. Die Luft roch feucht, und im Rinnstein hatten sich Pfützen angesammelt, durch die die Autos platschend hindurchfuhren. Im Westen zeigte sich ein Stück blauer Himmel, das immer größer wurde. Für heute war es mit den Regengüssen wohl vorbei.

Ich erinnerte mich an mein Vorhaben, mit einem neuen Buch nach Hause zu gehen, mich bei einer Tasse heißem Tee auf der

Couch zusammenzukuscheln und zu lesen. Es schien mir schon lange her zu sein, daß ich diesen Plan gefaßt hatte, obwohl es in Wirklichkeit nur zwei Stunden waren. Ich hatte die seltsame Vorahnung, daß dieser Tag nicht so verlaufen würde, wie ich es geplant hatte. Ich setzte ein etwas gequältes Lächeln auf, denn ich war mir nicht sicher, ob mir das lieb war oder nicht. Dann stieg ich ruhig ins Auto und fuhr zum Restaurant ‹Goldener Drache›. Meine Gedanken kehrten wieder zu meinem Privatleben zurück, und ich fragte mich, ob ich es wohl wagen würde, von jener Klippe herunterzuspringen. Damals hatte ich noch keine Ahnung, daß ich genau das tun mußte, und zwar schon sehr bald.

KAPITEL ZWEI

Der goldene Drache

Da war er. Er saß in einer Ecknische und hielt in seinen großen Händen eine winzig kleine Tasse mit rötlichbraunem Tee. Ich setzte mich wortlos zu ihm, lächelte und wartete darauf, daß er etwas sagen würde.

«Aha! Wie ich sehe, hast du das Geheimnis gelüftet», lächelte er zurück. Seine weißen Zähne blitzten. «Das dachte ich mir. Ich hatte Vertrauen zu dir!»

Ich stieß einen tiefen Seufzer aus. Ich wußte nicht, ob diese neue Wendung mich erleichterte oder ein Unglück für mich war. Doch einstweilen war ich froh, die Frage beiseite schieben und mich erst einmal auf diese merkwürdige neue Realität einstellen zu können.

«Haurvata», sagte ich und genoß das Gefühl der endgültigen Sicherheit, mit dem ich seinen Namen aussprach.

«Ja, liebe Freundin», lächelte mein Lehrer. «Ich bin es.»

Schließlich konnte ich nicht mehr an mich halten und brach in helles Gelächter aus. «Wo hast du nur diese weißen Haare in deinem Bart herbekommen? Und diese Kleidung? Die Mütze ist herrlich; die solltest du immer tragen. Damit wirkst du viel modischer!»

Der Mann lächelte würdevoll. Mir war etwas unbehaglich dabei zumute, daß ich so mit ihm scherzte; doch irgendwie gab der Humor mir in dieser ungewohnten Situation mehr Mut und Selbstvertrauen. Ich stieß noch einen Seufzer der Erleichterung aus und goß mir eine Tasse Jasmintee ein.

«Um die Wahrheit zu sagen: Ich war mir nicht sicher, ob ich das tun sollte», gab mein Meister zu. Offensichtlich fühlte er sich nicht gekränkt. «Du weißt ja, daß ich einen physischen Körper auf der Erde habe. Aber ich erscheine meinen spirituellen Schülern im allgemeinen nicht so. Dafür gibt es mehrere Gründe. Einer der Gründe ist die Erfahrung, die du vorhin in der Buchhandlung gemacht hast. Die meisten Menschen, die sich emotional und geistig nicht in einem sehr stabilen Gleichgewicht befinden, würden bei einem solchen spirituellen Erlebnis – wie nennt ihr es? – ‹ausflippen›! Wie gesagt – normalerweise gehe ich solche Risiken nicht ein. Aber bei dir habe ich beschlossen, eine Ausnahme zu machen.»

«Tatsächlich? Und warum?» fragte ich rasch. Die Kellnerin warf mir einen seltsamen Blick zu, als sie mich nun schon zum zweitenmal an diesem Tag hier sah. Sie reichte uns die Speisekarten, und ich lächelte ihr mit unergründlichem Gesicht zu. Sie verschwand hinter dem holzgeschnitzten Wandschirm.

«Jeder steht auf seiner spirituellen Reise irgendwann einmal vor der Notwendigkeit, seine Realität nicht mehr in einzelne Teile zu zerlegen, sondern ein ganzheitliches Leben zu führen. Um es einmal mit einem ganz banalen Beispiel zu erklären: Am Anfang finden manche Menschen vielleicht gar nichts Schlimmes dabei, am Sonntag in die Kirche zu gehen und am Montag ihre Kinder zu beschimpfen. Doch früher oder später kommt ihnen der Gedanke, daß man unmöglich beides tun kann. Wenn man solche Widersprüche erkennt und etwas dagegen unternimmt, ist das in der Entwicklung der Seele ein großer Schritt vorwärts. Wenn man ein bruchstückhaftes Leben führt, das sich aus lauter verschiedenen, einander widersprechenden Realitäten zusammensetzt, ist das so, als lebte man in einem Traum innerhalb eines Traumes. Diese Ebene der Unbewußtheit hält die Bruchstücke voneinander getrennt; doch diese Zusammenhanglosigkeit, dieser Mangel an Kontinuität ist für die Menschen eine große Belastung und bringt ihnen viel Unglück. Wenn das zu lange so weitergeht, macht die Spannung zwischen der einen Realität und der anderen einen Menschen entweder völlig handlungsunfähig, oder sie zwingt ihn, sich zwischen den beiden Realitäten zu entscheiden. Und leider entscheiden die meisten Menschen sich für das, was ihnen am bequemsten erscheint, und nicht für das, was sie am weitesten vorwärtsbringt. Deshalb rutscht jeder in seiner spirituellen Entwicklung immer wieder ein Stückchen zurück, auch wenn es ihm gar nicht bewußt wird.»

«Das erinnert mich an die Menschen, die Diät leben, um abzunehmen», sagte ich, «aber ihre Einstellung zum Essen dabei eigentlich gar nicht ändern. Und deshalb werden sie wieder dick, sobald die Diät zu Ende ist!»

«Richtig», nickte Haurvata. «Zwischen der Realität des Dickseins und der Realität des Schlankseins liegt ein Bewußtseinssprung. Um diesen Sprung zu schaffen, muß die Seele angemessenes Verhalten durch eine ausgewogene Einstellung ergänzen – das heißt in diesem Fall, man muß sich beim Essen mäßigen, und gleichzeitig müssen Fitneß und Gesundheit einem sehr wichtig sein. Es genügt nicht, wenn man nur sein Verhalten oder nur seine Einstellung ändert. Zum Fortschritt ist beides notwendig, und man kann diesen Fortschritt nur im Zustand vollen Bewußtseins erreichen.»

«Vielleicht hatte ich deshalb bei den Veränderungen, um die ich mich in letzter Zeit bemüht habe, keinen großen Erfolg», erwiderte ich. «Zum Beispiel würde ich abends gern zeitiger ins Bett gehen und morgens früher aufstehen. Also stellte ich meinen Wecker um eine Stunde vor, und ich habe auch noch alles mögliche andere versucht. Aber es scheint alles nicht zu funktionieren.»

«Das ist ein lobenswertes Vorhaben!» sagte der tibetische Meister herzlich. «In den frühen Morgenstunden kann man am klarsten denken und seine inneren Quellen der persönlichen Kreativität am besten nutzen. Außerdem kannst du, wenn du früher aufstehst, sanft und allmählich aus dem Traumleben in den Wachzustand hinübergleiten. So ist es viel wahrscheinlicher, daß du etwas Wertvolles aus deinem Unterbewußtsein in den Tag hinüberrettest. Bei deinem jetzigen Zeitplan mußt du dich abrupt aus deinen Träumen herausreißen lassen und dich dann gleich sehr intensiv auf materielle Dinge konzentrieren. Ein Meister würde das nicht so machen!»

«Wahrscheinlich nicht», stimmte ich zu. Der Gedanke überraschte mich.

«Ich will es ein wenig anders ausdrücken», fuhr Haurvata fort und lehnte sich vor, um seinen Worten noch größeren Nachdruck zu verleihen. «Du mußt das, was du weißt, mit deiner Lebensweise in Einklang bringen, um eine höhere Ebene der Ganzheit zu erreichen! Meisterschaft ist etwas, was man jetzt und hier erreichen und leben muß! Es ist keine außergewöhnliche Leistung, die nur sechshundert Jahre alten Männern mit Bärten und langen Gewändern vorbehalten ist.»

Darüber mußte ich lachen, und auch auf seinem Gesicht breitete sich ein verschmitztes Lächeln aus.

«Das glaube ich dir», stimmte ich zu. Haurvata bestellte eine Fischsuppe und ich eine vegetarische Frühlingsrolle als Vorspeise.

«Um das schaffen zu können», erklärte er, «mußt du bereit sein, alle Bereiche deines Lebens einer eingehenden Prüfung zu unterziehen. Du mußt alte Standpunkte aufgeben und durch neue ersetzen, um immer höhere Ebenen der Leistungsfähigkeit und des Dienstes zu erreichen. Es ist ungefähr so, als ob man eine Stadt jedesmal, wenn sich die Anzahl oder die Lebensweise der Einwohner verändert, neu gestalten würde. Auf physischer Ebene ist das weder zweckmäßig noch überhaupt möglich. Aber symbolisch gesehen – für die Seele – ist es nicht nur möglich, sondern sogar lebenswichtig. Die Herausforderungen», fuhr er mit immer größerer Eindringlichkeit fort, «denen man ins Auge sehen muß, wenn man zur Meisterschaft gelangen will, findet man stets in seinem eigenen Leben. Deine heutigen Lebensumstände sind nicht schwieriger oder weniger schwierig als die Bedingungen, unter denen ich lebte, als ich ein Schüler war wie du und um die goldene Weisheit rang. Laß dich nicht dazu verleiten, dein Ziel der Herrschaft über dich selbst auf irgendeinen unbestimmten Zeitpunkt in der Zukunft zu verschieben. Du hast keine Zukunft. Du hast nur das Jetzt!»

«Oh!» rief ich. Seine Eindringlichkeit erschreckte mich, und ich wußte nicht mehr viel zu sagen. Meine Gedanken schweiften wieder zu jenem Traum von dem verletzten Mann und dem Baby ab, und mit einem Mal wurde mir klar, was diese Figuren bedeuteten: Der Mann stand für das Bild der Hilflosigkeit und des Mißerfolgs, das ich von mir selbst hatte und nicht aufgeben wollte; und der gesunde kleine Junge symbolisierte eine ganz neue Sicht meiner selbst als tatkräftiger, dynamischer Mensch, der bereit war, den Herausforderungen des Lebens ins Auge zu sehen.

«Wie du selbst gesagt hast», hörte ich den Meister brummen, «die Tatsache, daß man sich nicht mehr im physischen Körper aufhält, ist noch lange keine Garantie dafür, daß man dann weiser ist, als man es vorher in seinem Körper war. Dadurch, daß der Verstorbene von den Begrenzungen seines sinnlichen Bewußtseins befreit ist, erfährt er das Leben zwar viel bewußter als vorher. Dem Unerfahrenen kann das wie eine echte Weiterentwicklung vorkommen. Doch jeder, der wirklich die Meisterschaft über sich selbst erlangen will, sollte den Unterschied zwischen der systematischen Führung eines spirituellen Lehrers und den gauklerhaften Vorspiegelungen von Wesen der niedrigeren Astralwelt kennen, die nur auf sich aufmerksam machen wollen.»

«Ich habe das Gefühl, daß wahre Lehrer einem dabei helfen, die Wahrheit in sich selbst zu entdecken», schaltete ich mich wieder in seine Gedankengänge ein. «Sie wollen nicht, daß man von ihnen abhängig ist.»

«Jawohl», stimmte der Tibeter zu und verfiel wieder in seine altertümliche Sprechweise. Sein Finger fuhr in meine Richtung. «Wir erwarten Initiative, Mut und Phantasie von unseren Schülern! Viele verlassen uns, sobald sie feststellen, daß sie sich um das, was sie erreichen möchten, auch bemühen müssen. Sie erwarten, daß sie ihre alten Ansichten und Gewohnheiten beibehalten dürfen und den Himmel auf einem silbernen Tablett serviert bekommen. Pah! Für solche Leute habe ich kein Verständnis.»

Den Bruchteil einer Sekunde lang schossen seine Augen Blitze. So nahe wie diesmal war er dem Zorn noch nie gewesen, seit ich ihn kannte. Dafür war ich dankbar.

«Und nun zu dir», sagte er stirnrunzelnd. «Du mußt mehr für dich tun. Hin und wieder gleitest du in einen Zustand des spirituellen Schlafs hinein. Das mußt du dir abgewöhnen.»

Ich errötete und wäre am liebsten tiefer in meinen Sitz gerutscht. Doch ich nahm mich zusammen.

Wenn er meine Reaktion gespürt hatte, ignorierte er sie absichtlich. Statt dessen musterte er mich mit ernstem Blick und fuhr fort: «Das hier ist kein Traum, und du bist auch nicht verrückt. Das wollen wir ein für allemal klarstellen. Du mußt deine Realität darauf einstimmen, daß ich mich nicht nur auf den inneren Ebenen befinde, sondern leibhaftig hier vor dir sitze. Ich bin genauso wirklich wie du. Aber damit kommen wir zu der Frage: Wie wirklich bist du eigentlich?»

Die Frage schwebte unerwartet und erschreckend in der Luft.

«Was soll das heißen?» rief ich. Unser Essen kam, aber wir achteten in diesem Augenblick nicht darauf. Statt dessen starrten wir uns an wie zwei Revolverhelden, die beide darauf lauern, daß der andere seinen Colt zieht. Keiner senkte den Blick.

Schließlich wandte Haurvata seinen Blick von mir ab und tauchte den Löffel in seine Suppe. Es schwammen grünes Gemüse und bläßliche kleine Stückchen darin herum, die ich für Fisch hielt.

«Ich wiederhole meine Frage», sagte er noch einmal, diesmal mit etwas sanfterer Stimme. «Wie wirklich bist du?»

«Aber ich *bin* doch wirklich», protestierte ich. «Wie könnte ich noch wirklicher sein als jetzt?»

«Genau das ist es», sagte der Meister sichtlich befriedigt. «Das mußt du herausfinden.»

Ich schüttelte den Kopf. «Ich habe keine Ahnung, was du damit meinst. Das mußt du mir wohl noch etwas genauer erklären.»

«Das will ich gern tun», sagte er geduldig. Sein Blick fiel auf den Drachen, der über uns an der Wand hing. «Ich glaube, jetzt habe ich es! Was weißt du über Drachen?»

«Drachen?» wiederholte ich verdutzt. «Nicht viel. Ich lese gern Phantasiegeschichten, in denen Drachen vorkommen. Im Grunde halte ich sie für die faszinierendsten Phantasiegeschöpfe, die es gibt … Das heißt, eigentlich gibt es sie ja gar nicht. Oder?»

«Oh, doch, große Schlangen hat es sehr wohl schon gegeben, liebe Freundin», sagte mein Lehrer. «Und in einer Dimension der inneren Welten gibt es sie immer noch. Alles, was sich die Menschen je vorgestellt haben, existiert wirklich, denn die menschliche Vorstellungskraft ist nur ein Spiegel dessen, was es in irgendeinem Bereich des Lebens tatsächlich gibt.

Die Seele inkarniert sich nicht nur in eurer zeiträumlichen Welt, sondern auch noch in vielen anderen Dimensionen. Erst jetzt beginnt die Wissenschaft zu ahnen, daß solche Dimensionen, die über die Wahrnehmungsfähigkeit des Menschen hinausgehen, vielleicht tatsächlich existieren. Oft erinnert sich die Seele an Dinge, die sie in einem anderen Leben in diesen Welten erfahren hat – einem Leben, dessen Horizont weiter war als ihr jetziger. Durch die geistigen Begrenzungen, die das menschliche Bewußtsein der Seele auferlegt, werden ihre Erinnerungen zwar häufig verzerrt. Aber auf jeden Fall sind diese Erinnerungen Spuren der Erfahrungen, die sie in den höheren Welten gemacht hat.

Auch fliegende Pferde gibt es wirklich – wenn auch nicht auf der Erde. Die Gesetze der Realität auf diesem Planeten und in diesem Zeitalter lassen die Existenz solcher Wesen nicht zu. Auch Feen und Zwerge existieren, sogar ganz in der Nähe dieser physischen Ebene, und doch können wir sie nicht sehen. Sie leben in einer anderen Realität, zu der im allgemeinen nur Kinder und ganz wenige besonders wahrnehmungsfähige Erwachsene Zugang haben. Aber die Drachen haben sich noch weiter zurückgezogen als die Elementargeister dieser Erde. Es gibt nur noch Legenden und Phantasiegeschichten, aus denen wir entnehmen können, wie sie ausgesehen haben und wie sie sich verhielten.»

«Hat das etwas mit mir zu tun?» fragte ich schüchtern.

Haurvata lachte. «Ja, mein Kind. Hab noch ein bißchen Geduld. Siehst du: Die Drachen wurden zwar von der physischen Ebene der Realität verbannt, leben aber in unserer Vorstellung trotzdem weiter, und zwar aus einem ganz wichtigen Grund. Hast du dich noch nie gefragt, warum Drachen die Menschen so faszinieren?»

«Doch, schon», gab ich zu.

«Und zu welcher Schlußfolgerung bist du gekommen?»

«Tja», begann ich, «eine Schlußfolgerung ist es eigentlich nicht. Ich vermute, es liegt daran, daß Drachen so mächtig und so geheimnisvoll sind. Mehr weiß ich auch nicht.»

«Dann hör mir zu», sagte der Tibeter eindringlich. «Drachen sind ein Symbol für die ungeheuren spirituellen Möglichkeiten des Menschen, die unterhalb der Schwelle seines Bewußtseins liegen. Die Wissenschaftler sagen, daß der Mensch nur etwa zehn Prozent seines Gedächtnisses nutzt. Und ich behaupte, daß er noch einen viel geringeren Teil seiner spirituellen Kräfte einsetzt!

Drachen stehen jenseits des Dualismus von Gut und Böse; sie tragen beides in sich. Der Mensch kann sich nicht vorstellen, was jenseits solcher Dualismen sein könnte; deshalb richtet er seine Phantasien auf ein mythisches Tier. Dieses Tier wird für ihn zum Symbol dessen, was er mit dem Verstand nicht ergründen und mit seiner Moral nicht akzeptieren kann. Denn die Moral schreibt ihm vor, Gutes zu tun und das Böse zu vermeiden. Drachen aber sind weder gut noch böse – sie *sind* einfach.

In dieser Hinsicht ist die Seele wie ein Drache. Ihre höchste Moral besteht darin, ganz und gar sie selbst zu sein und so der höhe-

ren Macht oder Gott zu dienen. Manchmal steht sie auf der Seite
des Friedens, dann wieder ergreift sie die Partei des Krieges. Für
den Menschen als Gesellschaftswesen ergibt das keinen Sinn;
doch der Seele ist ihr eigenes Überleben wichtiger als die Erhaltung irgendeiner Gemeinschaft, Rasse oder Lebensweise. Das
klingt, als sei die Seele etwas Unmoralisches. Aber in Wirklichkeit zeigt es nur, daß die herrliche Weisheit, Freiheit und Macht
der Seele sich mit Worten eben nicht richtig beschreiben läßt.

Vielleicht ist dir schon aufgefallen, daß Drachen in der östlichen und auch in der westlichen Literatur häufig vorkommen.
Eines der Symbole des chinesischen Tierkreises, der in Zwölf-
jahreszyklen eingeteilt ist, ist die Schlange oder der Drache. Aber
es gibt einen wichtigen Unterschied zwischen dem östlichen und
dem westlichen Drachen.»

«Der Drache des Ostens hat Flügel?» brachte ich aufs Geratewohl mein armseliges Wissen in unser Gespräch ein.

«Genau», lächelte Haurvata. «Der östliche Drache ist geflügelt
und fliegt durch die Luft. Er kann Feuer speien. Der Drache der
westlichen Überlieferung dagegen lebt meist in einer Höhle oder
unter Wasser, und man kennt ihn mehr vom Hörensagen als vom
Sehen. Der Grendel der alten englischen Sage ist ein typisches
Beispiel für so einen westlichen Drachen. Symbolisch gesehen,
stellt Wasser das unbewußteste Element dar – die Welt der
Träume. Das Land ist unserem normalen, alltäglichen Wachbe-
wußtsein zuzuordnen. Doch der Himmel ist das Reich des Über-
bewußten, die ‹magische› Ebene, auf der man wunderbare Werke
vollbringen kann!

Daraus ergibt sich ein ganz einfacher Unterschied zwischen der
östlichen und der westlichen Welt. Er hängt mit einem Phänomen
zusammen, über das du bald noch mehr erfahren wirst: mit der
männlichen und weiblichen spirituellen Kraft. Die östlichen Kulturen haben mehr oder weniger klar erkannt, daß das männliche
und das weibliche Element spirituelle Kontrapunkte sind. Diese
beiden Hälften ergeben ein Ganzes – Yin und Yang. Im Westen
dagegen sieht man das Leben im Grunde als etwas Männliches,
und das Weibliche gilt als negativer oder hemmender Einfluß, der
den Fortschritt verhindert. Daher hat das weibliche Prinzip in der
westlichen Welt keinen anerkannten Platz neben dem männlichen; es wird weder geehrt noch respektiert. Der Westen hat das

Weibliche erfolgreich in eine dunkle Höhle oder ein Gefängnis unter Wasser verbannt.

Bis jetzt hat dieser Irrtum noch keine tragischen Folgen gehabt. Was die Kreativität und die persönliche Entwicklung des Menschen angeht, war es natürlich ein ungeheuer großer Verlust. Aber als Kultur hat der Westen von dem männlichen Drang nach technologischem Fortschritt sehr profitiert. Doch wenn diese aggressive Haltung nicht durch eine andere Kraft eingedämmt und ausgeglichen wird, dann können in Zukunft wirklich große Katastrophen über die Menschheit hereinbrechen. Die einzige Hoffnung besteht darin, daß Ost und West voneinander lernen; nur dann wird die Welt das einundzwanzigste Jahrhundert ohne größere Schwierigkeiten überstehen.

Um das zu erreichen, muß die Menschheit ihre verborgenen spirituellen Kräfte – für die der Drache steht – nutzen. Dieser innere Wandel zielt mehr auf eine Weiterentwicklung des Individuums als auf eine Gesundung unseres Planeten ab; doch letzten Endes kommt beides auf dasselbe heraus. Die spirituelle Kraft – die Kraft der Seele – ist im Grunde etwas Neutrales. Aber man kann nur mit ihr in Verbindung treten, wenn man sowohl die männliche als auch die weibliche Kraft in sich selbst erkannt und verwirklicht hat. Um noch einmal auf unser Symbol zurückzugreifen: Man muß den Drachen aus seinem Versteck in der Höhle oder im See herauslocken und ihm erlauben, sich in die Lüfte zu schwingen!»

Ich dachte intensiv über diese Ideen nach, während ich an meiner Frühlingsrolle kaute. Haurvatas Worte leuchteten mir ein; doch die Frage, die er mir so eindringlich gestellt hatte – «Wie wirklich bist du?» –, ging mir nicht aus dem Kopf. Ich rätselte immer noch darüber nach. Es war mir wohl anzusehen, daß meine Gedanken um ein ganz bestimmtes Thema kreisten, denn der Meister brach seinen Vortrag ab und sah mich scharf an.

«Hast du es inzwischen herausgefunden?» fragte er ohne Umschweife.

«Nein», sagte ich. «Ich nehme an, du meinst deine Frage von vorhin, wie wirklich ich bin?»

«Jawohl.»

«Tja», seufzte ich. «Pinocchio existierte nicht wirklich. Er war nur eine Holzpuppe. Aber Gepetto, der Spielzeugmacher, liebte ihn so sehr, daß er ihn zur Schule schickte und ihn so behandelte, als lebte er tatsächlich. Und schließlich errettete Pinocchio Gepetto aus Liebe aus dem Bauch eines Wals. Und dann verwandelte die Fee ihn in einen Menschen aus Fleisch und Blut. Aber ich weiß gar nicht, was das mit unserem Gespräch zu tun hat. Ich rede nur Unsinn», sagte ich und schüttelte verwirrt den Kopf.

«Nein, ganz und gar nicht», lächelte mein Lehrer. «Du hast eine sehr hilfreiche Brücke zwischen dem Symbol des Drachens und deiner eigenen Situation geschlagen. Pinocchio wollte ein Mensch sein, mußte dazu aber erst einmal die Fähigkeit zur Liebe und Selbstaufopferung entwickeln. Du strebst nach der Seelenebene, kannst sie aber erst erreichen, wenn du den Mut entwickelt hast, die spirituellen Kräfte – also gewissermaßen den Drachen – in deinem Inneren zu befreien. Also bist du – genau wie Pinocchio – noch nicht ganz ‹wirklich›.

Doch in beiden Fällen ist eine höhere Macht am Werk. Bei Pinocchio trat diese höhere Macht in Gestalt der Fee mit den himmelblauen Haaren auf. In deinem Leben repräsentiere ich, dein spiritueller Lehrer, die höhere Macht. Auch wenn ich keinen Zauberstab habe, kann ich dir doch bei der inneren Wandlung helfen, nach der du strebst! Doch nur du selbst kannst sie bewirken und die Schritte unternehmen, die dazu notwendig sind.»

«Jetzt verstehe ich dich!» rief ich aufgeregt. «Anders ausgedrückt: In deinem Sinn des Wortes ist nur die Seele ‹wirklich›. Alles andere ist nur... nur Persönlichkeit, menschliches Bewußtsein, Triebe... Ist es das, was du meinst?»

«Richtig», brummte er und ließ seinen Löffel in der immer noch dampfenden Suppe kreisen. «Das, was die Menschen normalerweise für ihr eigenes Ich halten, ist in Wirklichkeit ein Block aus lauter unbewußtem Material, der nur aus Identifikationen mit bestimmten Erlebnissen besteht. Ohne Seele sind Mann und Frau nur genetische Wesen. Auch der Verstand, die Emotionen und die Erinnerungen der feinstofflicheren Körper sind ziemlich mechanische Manifestationen. Und die Prägung, die der Mensch durch seine Kultur und seine Gesellschaft erhält, ist noch oberflächlicher.»

«Aber was kann ich denn dann tun, um ‹wirklich› zu werden?» fragte ich skeptisch.

Haurvata lächelte. «Vieles. Aber im Grunde genommen nur

eins: Du mußt den Mut und die Kühnheit des Drachens besitzen!
Gehe Risiken ein – kluge Risiken. Vergangenheit und Zukunft
sind wandelbarer, als du glaubst. Du schwimmst ständig darin
herum. Egal, in welche Richtung du dich wendest – es besteht immer die große Chance, daß du dir selber begegnest, wie du früher
einmal warst, wie du hättest sein können oder wie du in Zukunft
sein wirst. Für die Seele ist das Leben ständig in Bewegung, und
die Zeit ist nur ein mechanischer Faktor, den sie überwinden
kann, wenn das zur Erreichung deiner spirituellen Ziele notwendig ist.»

«Mir schwirrt der Kopf», stöhnte ich, und das war auch kaum
übertrieben.

«Ja, mein Kind», sagte der Tibeter in seinem kehligen Bariton.
«Die fein säuberlich geordnete, in Kategorien eingeteilte und letzten Endes unbefriedigende Welt, die du dir aufgebaut hast, stürzt
jetzt in sich zusammen. Deshalb bist du so verwirrt. Du spürst,
wie deine alten Denkmuster niedergerissen werden.»

«Ich sehe die Abrißkugel* schon!» rief ich und stimmte ein
scherzhaftes Geheul an.

Der Meister stimmte in mein Lachen ein.

«Ja, es ist tatsächlich lustig», stimmte er zu, «vor allem, wenn
du es so sehen willst! Das ist eine Eigenschaft, die ich an dir sehr
schätze. Du solltest sie weiterentwickeln. Dir ist noch gar nicht
richtig bewußt, wie dringend man Humor zum Überleben
braucht. Humor löst Widerstände auf, heilt Verletzungen und
entdeckt neue Wege zum inneren Wachstum. Mit Humor findet
man die Stecknadel im Heuhaufen und den Lichtstrahl inmitten
einer düsteren Wolke. Mit Humor wirst du feststellen, daß die
Veränderungen, die auf dich zukommen, keine Katastrophen,
sondern Geschenke sind. Lache, und du wirst dir dein inneres
Gleichgewicht bewahren, auch in besonders schwierigen Situationen. In Zeiten der Veränderung sind Schwierigkeiten nie zu
vermeiden.»

Eine Zeit der Veränderung. Ja, das war es, was ich schon die
ganze Zeit gespürt hatte! Ich war bereit dafür. Bis jetzt hatte ich

---

* Ein etwas ungewöhnliches Bild: Früher wurden Gebäude mit Hilfe von großen schweren Eisenkugeln abgerissen, die an Ketten befestigt waren und
gegen das Gebäude geschleudert wurden. (Anm. d. Ü.)

einen viel zu großen Teil meiner spirituellen Energien damit ver-
schwendet, mit meinen unzähligen negativen Gedanken fertig zu
werden: der Enttäuschung über meine begrenzten Fähigkeiten,
der Unsicherheit im Hinblick auf meine berufliche Zukunft und
dem ständigen Kampf mit dem Geld. All das hatte so viel von
meiner Energie verschlungen, daß für Kreativität und neue Inspi-
rationen kaum mehr etwas übrig war. Ich hatte plötzlich das Bild
eines Autos vor Augen, das nur noch auf zwei Zylindern fährt.
Dieses Bild erinnerte mich an einen Traum, den ich vor ungefähr
zwei Wochen gehabt hatte. Ich erzählte ihn Haurvata.

Ich fuhr auf einer verkehrsreichen Autobahn. Plötzlich fiel mir
auf, daß alle Leute in den Autos, die an mir vorbeifuhren, sich um-
drehten und auf irgendeinen Gegenstand hinter mir starrten. Als
ich mich umsah, überholte mich von links ein schnittiger weißer
Sportwagen. Ich staunte ihn bewundernd an. Noch nie hatte ich
ein so schönes Auto mit einem so unverwechselbaren Design gesehen! Ich hatte keine Ahnung, was für ein Typ es war. Wahrscheinlich handelte es sich um eine Sonderanfertigung oder um
das Modell irgendeines zukünftigen Autotyps. Als es an mir vor-
beifuhr, erkannte ich, daß auf dem Nummernschild in schlichten
Buchstaben «Honolulu» geschrieben stand.

«Honolulu», dachte ich, «dort bin ich doch geboren!» Sofort
fand ich mich auf dem Fahrersitz des futuristischen Autos wieder.
Von innen sah es noch merkwürdiger aus. Es hatte keinen Motor,
kein Armaturenbrett und auch sonst nichts von dem gewohnten
Zubehör eines Autos. Trotzdem fuhr es erstaunlich schnell, leicht
und sicher. Eine Zeitlang saß ich in dem Auto und genoß dieses
Gefühl ungeheuer. Doch bald wurde ich unruhig und bekam es
mit der Angst zu tun. Wie ist so etwas überhaupt möglich? fragte
ich mich. Wie kann ein Auto von selbst fahren?

In panischer Angst versuchte ich die Situation unter Kontrolle
zu bekommen. Irgendwie raffte ich das winzige Auto in meinen
Armen zusammen wie einen Reifrock und rannte die Autobahn
entlang. Es war ein grotesker Anblick. Lachend erwachte ich aus
meinem Traum.

Haurvata hörte mir aufmerksam zu und lachte bei dem absur-
den Bild am Schluß meines Traumes leise vor sich hin. Dann erklärte er mir, wie er diesen eigenartigen Traum deutete.

«Im Grunde genommen geht es darin um den Unterschied

zwischen deinem kleinen Ich und deiner Seele – dem Ich und der Individualität. Das weiße Auto ist ein Symbol für die Seele, jenes reine Gefäß für den Geist, zu dem du – wie jeder aufrichtig suchende Mensch – werden kannst. Dir ist aufgefallen, daß das Auto ganz von selbst fuhr, ohne jeden Antrieb. Das zeigt, daß die wahre Quelle aller Kraft in der Seele selbst liegt und nicht in irgend etwas Geringerem wie beispielsweise dem Verstand oder den Emotionen.

Dein kleines Ich dagegen will das Fahrzeug unter Kontrolle bringen. In seiner Unwissenheit traut es dem Geist nicht die Fähigkeit zu, die Seele sicher durch alle Herausforderungen des Lebens zu geleiten. Es will den Geist beherrschen und versucht alles durch persönliche Anstrengung zu erreichen. Dadurch kommt das kleine Ich sich sehr wichtig und bedeutend vor und wirkt vielleicht auch so. Doch vom spirituellen Standpunkt aus gesehen, sind deine Bemühungen einfach nur lächerlich. Und was noch schlimmer ist: Dieser Kampf, diese persönliche Anstrengung ermüden dich. Das hast du ja selbst schon gemerkt. Sie erschöpfen deine Energien und blockieren den kreativen Strom des Geistes in dir. Kurz gesagt: Sie lassen dich ‹auf dem trockenen› sitzen, gerade wenn du die Hilfe Gottes am dringendsten brauchst.

Und dieses Fahrzeug hat noch eine interessante Eigenschaft, die du übersehen hast! Das ist sehr wichtig, deshalb will ich es dir erklären. Es hängt mit dem Autotyp zusammen. Daß das Auto für die Seele steht – ein ‹Fahrzeug für den Geist› – und daß seine weiße Farbe Reinheit bedeutet, das sind konventionelle religiöse Symbole und daher nicht schwer zu erkennen. Doch abgesehen davon ist das Auto sehr originell und einmalig in seiner Art! Ich glaube, du hast es als ‹futuristisch› bezeichnet und von unverwechselbarem Design gesprochen. Die anderen Fahrer bewunderten das Auto – aber nicht, weil es ohne Antrieb fuhr. Das hätten sie von außen ja gar nicht sehen können! Nein, sie bewunderten es wegen seiner großen Originalität, Schnelligkeit und Schönheit!

So hat auch jede menschliche Seele ihre Originalität und ihre einmalige Schönheit. Keine Seele ist wie die andere. Sobald die Seele den Punkt erreicht, an dem sie nach Selbstverwirklichung und Gottesbewußtsein strebt, hat sie zu sich selbst gefunden! Dein Traum hat dir also gezeigt, welche Ebene der spirituellen Individualität du inzwischen erreicht hast. Diese Individualität ist etwas ganz anderes als deine Persönlichkeit, die mit deinem Ich zusammenhängt. Die Individualität, von der ich spreche, ist das Ergebnis einer spirituellen Entwicklung, die sich über zahlreiche Leben erstreckte, in denen du vieles erlebt und gelernt hast. Sie beruht auf unzähligen Entscheidungen, die du getroffen hast, auf dem eigenen Stil und den Interessen, die du im Laufe deiner verschiedenen Existenzen entwickelt hast, und einer ganz besonderen spirituellen Aufgabe, die allmählich immer konkretere Formen annimmt.

Dein Traum will dir sagen, daß du nicht mehr in deinem menschlichen Bewußtsein nach Selbstvervollkommnung suchen, sondern dich der Vollkommenheit des Geistes anvertrauen sollst! Folge der inneren Richtung deiner natürlichen Interessen und Fähigkeiten, dann wird deine Seele ganz von selbst zu ihrem Ausdruck finden. Dann wird dein Leben so leicht und mühelos verlaufen wie die Fahrt in dem Auto, die du vorhin beschrieben hast!»

Diese Information verblüffte mich in ihrer Klarheit und Einfachheit. Haurvatas Ratschlag war eine echte «BEN», wie einer meiner Freunde es scherzhaft ausgedrückt hätte – eine «blitzartige Erkenntnis des Naheliegenden». Ich hätte meine bisherige Einstellung nie so beschrieben wie Haurvata. Doch als ich jetzt darüber nachdachte, wurde mir klar, daß er recht hatte. Ich glaubte an folgende Logik: Um im Leben mehr zu erreichen, mußte ich mich mehr anstrengen und klüger sein als bisher und alle Hindernisse, die mir im Weg lagen, mit Gewalt überwinden. Doch immer wenn ich das Leben so anging, stellte ich fest, daß alle meine Probleme von einer gespenstischen Hartnäckigkeit waren. Haurvatas Vorschlag war etwas ganz Neues für mich, fast so etwas wie eine Revolution: Hör' auf zu kämpfen. *Sei* einfach.

«Ich glaube, ich habe es begriffen!» wisperte ich aufgeregt. «Zumindest begreife ich es mit dem Verstand. Ich hoffe nur, daß ich es auch verwirklichen kann! Glaubst du, daß ich es schaffen werde?»

«Natürlich», antwortete der Meister sachlich. «Jeder kann es schaffen. Das Prinzip, das ich dir gerade erklärt habe, ist das Gesetz der Einheit. Dieses Gesetz ist für jede Seele, die ihre wahre Individualität voll und ganz zum Ausdruck bringen möchte, lebenswichtig. Ganz egal, ob du ein Mann oder eine Frau, erwachsen oder noch ein Kind bist – das Gesetz gilt für alle Menschen in gleicher Weise.

Es besagt im Grunde, daß alle Anstrengungen, die sich auf dein Ich beschränken, eine Verschwendung deiner spirituellen Kraft sind. Dazu gehören alle Bemühungen, die einem Gefühl des Mangels oder der Angst entspringen oder mit denen du ein Bedürfnis einfach nur um seiner selbst willen befriedigen willst. Und wenn deine persönliche Kraft so geschwächt ist, dann ist natürlich auch deine Fähigkeit zu großen Leistungen begrenzt, selbst wenn du vielleicht außergewöhnliche angeborene Talente hast.

Es gibt nur einen Weg, deine spirituellen Kräfte wieder zu sammeln und dein Leben zu einer Einheit zu machen: indem du Gott durch das höhere Selbst oder die Seele dienst. Denn durch den Dienst an Gott dienst du dem Ganzen, zu dem auch du selbst gehörst. Deshalb ist der Dienst an Gott die universellere Haltung. Dadurch erzielst du sowohl für dich als auch für andere Menschen einen Zuwachs, und zwar auf Kreativitätsebenen, die du mit deinem persönlichen Ich niemals erreichen könntest!

Mir fallen dazu zwei Symbole ein, mit denen ich dir das noch ein bißchen näher veranschaulichen kann. Das erste Symbol ist ein Pferdegespann, dessen Zügel dein persönliches Ich in der Hand hält. Die Pferde stehen alle in einer Reihe hintereinander und schauen nach vorn. Aber ihre Beine stehen nicht genau parallel zueinander. Ihre Wege würden bald auseinanderlaufen. Sie würden sich voneinander fortbewegen wie Speichen eines Rades.»

«Interessant. Sprich weiter», ermunterte ich ihn.

«So hat dein Leben bis jetzt ausgesehen. Deine Bemühungen waren Energien, die in viele verschiedene Richtungen liefen. Deine schriftstellerische Arbeit, deine Unterrichtstätigkeit, dein spirituelles Leben, dein Familienleben, dein Freundeskreis – all diese Dinge scheinen zwar von deinem Zentrum auszugehen, doch sobald sie sich ein wenig von dir entfernt haben, streben sie in verschiedene Richtungen auseinander. Am Anfang deiner Bemühungen erkennst du das noch nicht. Doch sobald deine Energien sich eine Weile in Zeit und Raum bewegt haben, trennen sie sich ebenso eindeutig voneinander wie die Speichen eines Rades!»

«Das ist ja hochinteressant!» sagte ich. «Erzähl weiter!»

«Gut», fuhr Haurvata fort. «Kommen wir jetzt zu unserem

zweiten Symbol. Das ist ein ganz einfaches Bild. Es ist ein großes weißes Pferd, auf dem du ohne Sattel reitest. Es hat auch kein Zaumzeug und keine Zügel; du hältst dich einfach an seiner Mähne fest. Das Pferd und du, ihr seid eine Seele. Es läuft immer genau geradeaus, und du mit ihm. Es gibt keine Abweichungen, keine Hindernisse. Immer geradeaus. Das weiße Pferd ist ein Symbol für dich als Seele. Die Kraft dieses Pferdes ist deine eigene geläuterte spirituelle Kraft. Und genau wie in deinem Traum von dem weißen Auto brauchst du dich gar nicht anzustrengen, um das Pferd zu lenken, denn es ist etwas Göttliches.

Du bist jetzt an einem Punkt angelangt, wo du deine Wünsche und Bemühungen in diesem Leben zu etwas Ganzem vereinen kannst. Das ist durch die innere Arbeit möglich geworden, die du geleistet hast, um dieser Einheit den Weg zu ebnen. Deine vielen Ängste und Begrenzungen haben dein Selbstvertrauen und deine Zuversicht lange Zeit geschwächt und dir Angst vor einem ganzheitlichen Leben eingeflößt. Es war, als hättest du es nicht gewagt, alle deine Eier in einen einzigen Korb zu legen, weil du Angst hattest, sie nicht heil ans Ziel bringen zu können. Deshalb hast du deine Kraft in viele verschiedene Bestrebungen investiert, um dein verstörtes, ängstliches Ich zu beruhigen. Doch keiner deiner Teilsiege hat dich befriedigt, denn sie kamen nicht aus der Tiefe deiner Seele, aus einer Einheit von Geist, Herz und Verstand. Hättest du mehr Vertrauen zu Gott gehabt, dann hättest du rascher gelernt, wie man leben muß, um wahrhaft glücklich zu sein.»

Ein seltsames Gefühl des Friedens überkam mich. Es war wie die vollkommene Erschöpfung und Erleichterung, die man nach einem Gefühlsausbruch oder nach dem plötzlichen erfolgreichen Abschluß einer langen und mühevollen körperlichen Anstrengung empfindet. Ich war dabei, mich aus einer quälenden Beschränkung zu befreien, in der mein Leben bisher befangen gewesen war, und sah nun plötzlich Möglichkeiten vor mir, die ich bisher nicht erkannt hatte.

«Übrigens», sagte ich fröhlich, «mir fällt gerade ein, daß Drachen Farben haben. Hat das auch eine besondere Bedeutung?»

«Für unsere Zwecke», erwiderte er, «ist nur eine Farbe wichtig, der goldene Drache.»

«Und warum?» fragte ich.

«Gold ist die Farbe des höchsten materiellen Wertes», erklärte er. «Es steht für das Kostbarste, was es gibt – die alchimistische Verwandlung des Bewußtseins aus Schlacke in Seele. Deshalb sollte der goldene Drache für dich ein Symbol des Höchsten bedeuten, was du in diesem Leben erreichen kannst – ein Symbol der Verfeinerung und Verwandlung deines Ichs in Seele, damit du dein Leben mit Mut und Liebe führen kannst. Begreifst du das jetzt?»

Ich betrachtete den dekorativen Drachen, der über uns an der Wand schwebte. Sein Körper schlängelte sich wie Wellen auf einem sturmgepeitschten Meer, und seine Augen waren fern und unergründlich wie Sterne.

KAPITEL DREI

Der Ruf des Unbekannten

Wir standen an der Spitze der Welt. Von allen Seiten umgaben uns schneebedeckte Berge. Unter uns ragten noch mehr Gipfel und Felsen empor, auf denen ein sanftes blaues Licht schimmerte. Zu meinen Füßen schmolz der Schnee, und darunter wurden große dunkle Flächen sichtbar: Erde, Granitfelsen und Kieselsteine. Bald würden die ersten Frühlingsblumen herauskommen – Lupinen vielleicht, blauviolett wie das Licht in diesem seltsamen, verlassenen Teil der Welt. Ich atmete tief ein. Keine Luft war wie diese – dünn und leicht, wie ein ätherisches Elixier.

Glücklich betrachtete ich Haurvata Sampa, den Mann, der mich hierhergebracht hatte. Er drehte mir seinen breiten, vierschrötigen, in ein naturfarbenes wollenes Gewand gehüllten Rükken zu. In dieser Umgebung sah mein Lehrer aus wie ein Schäfer – nur sein Gesichtsausdruck war alles andere als hirtenmäßig. Sein Blick war offen, energisch und durchdringend. Als bedeutendster Adept und Meister seines Ordens, der Unmani Dhun, hielt Sampa sich oft in einer kleinen Hütte im entlegensten Winkel des Hindukuschgebirges an der Grenze zwischen Kaschmir und Afghanistan auf. Er hatte die Aufgabe, die glücklichen Auserwählten unter seine Fittiche zu nehmen, die direkt von ihm in seinem alten System der Bewußtseinserweiterung unterwiesen wurden. Jetzt drehte Haurvata sich um und richtete seine Aufmerksamkeit auf mich.

«Weißt du, warum du heute hier bist?» fragte er mich. Mit «hier» meinte er, daß ich nicht in meinem physischen, sondern in meinem spirituellen Körper anwesend war. Mein physischer Körper war mit meinen alltäglichen Aufgaben als Autorin, Ehefrau und Mutter beschäftigt; mein subjektives Ich dagegen war frei und konnte sich nach Belieben in den inneren Welten bewegen.

«Nein. Eigentlich nicht», sagte ich wahrheitsgemäß.

Seit unserer letzten schicksalhaften Begegnung in der Buchhandlung und im Restaurant waren inzwischen schon ein paar Wochen vergangen. Ich hatte diese Zeit genutzt, um darüber nachzudenken, wie ich ein ganzheitliches Leben auf einer höheren Ebene führen konnte. Ich hatte sogar versucht, meinen Tag morgens zeitiger zu beginnen. Doch der Ehrlichkeit halber muß ich zugeben, daß ich mit meinen Plänen nicht sehr weit gekommen war. Meine Bemühungen waren wie üblich erfolgloser gewesen, als es dem Tibeter lieb war.

Deshalb beschlich mich ein Gefühl des Unbehagens, als seine zielbewußten Gedanken sich nun auf mich konzentrierten. Sie durchforschten mein Inneres, suchten irgend etwas… Ich wußte nicht, was. Dann wandte er seinen prüfenden Blick rasch wieder von mir ab und ließ die Hand mit einem leichten Schlag auf seinen Oberschenkel sinken. Als er sich erneut zu mir umdrehte, hatte sein Gesicht einen ganz anderen Ausdruck. Er lachte leise.

«Na gut, Löwe Gottes – wenn du es nicht weißt, will ich es dir sagen!» sagte er mit leise grollender Stimme.

Schweigend und erwartungsvoll stand ich da. Ich hatte in meiner Beziehung zu diesem Adepten schon lange gelernt, nicht mehr zu sagen als das notwendigste. Wenn ich zu plaudern begann, wie ich es in den ersten Jahren unserer Beziehung öfter versucht hatte, runzelte er nur die Stirn und verstummte. Manchmal brachte er mich auch mit einer Handbewegung oder einem Blick zum Schweigen und verabschiedete mich abrupt. Dann fand ich mich im Nu in meinem physischen Körper wieder, enttäuscht und mit dem Gefühl, daß mir etwas Wichtiges entgangen war. Inzwischen hatte ich gelernt, mich klüger zu verhalten. Daher war ich jetzt innerlich ganz ruhig und wartete einfach, bis Haurvata das Wort ergriff.

«Die Unmani Dhun haben schon ziemlich viel an Unterweisung in dich investiert», begann er ernst. «Jetzt ist es an der Zeit, daß du einmal etwas für uns tust. Wir können nicht warten, bis deine Bereitschaft für diese Aufgabe noch mehr wächst. Du hast das nötige Geschick im Umgang mit der Sprache, und ich glaube, mit dieser Fähigkeit kannst du Gott einen Dienst erweisen. Willst du das tun?»

«Ja, ich denke schon!» erwiderte ich überrascht.

Seit meinen ersten unbeholfenen schriftstellerischen Versuchen mit sieben oder acht Jahren hatte ich alle Arten von Texten geschrieben, die man sich nur vorstellen kann. Ich hatte Zeitungsartikel, Kurzgeschichten, Essays, Literaturkritiken, Lehrpläne, Gedichte, Romane, ja sogar Prospekte und Pressemeldungen verfaßt. Ich hatte auch viele Stunden widerwillig damit zugebracht, die literarischen Bemühungen anderer Leute in eine ansprechendere Form zu bringen. Jetzt, als Frau eines Anwalts und Mutter eines Sohnes im Teenageralter, teilte ich meine Zeit zwischen Haushalt, schriftstellerischen Ambitionen und Lehrtätigkeit auf. In den letzten acht Jahren hatte ich an mehreren höheren Schulen in Kalifornien Unterricht in kreativem Schreiben gegeben.

Es hatte mich immer ruhelos von einer literarischen Form zur nächsten getrieben; nie hatte ich mich auf ein Gebiet festgelegt und es konsequent weiterverfolgt. Dieser Verlauf meiner beruflichen Karriere frustrierte mich; ich hatte das merkwürdige Gefühl, alles und doch gleichzeitig nichts zu können. In meiner langjährigen Beziehung zu meinem tibetischen Meister hatte er nie auch nur ein einziges Wort über meine schriftstellerischen Bemühungen verloren. Mit Schrecken fiel mir ein: Ich hatte ihm ja auch nie etwas davon erzählt!

Ich blickte ihn an, jetzt ganz aufmerksam und voller Neugier.

Mit ruhiger, sachlicher Stimme fuhr er fort:

«Die Unmani Dhun denken da an ein paar Bücher, in denen die ewigen Wahrheiten enthüllt werden sollen – aber anders, als wir sie den Menschen früher vermittelt haben. Denn siehst du, nur wenige Menschen sehnen sich nach der Wahrheit, und ebenso wenige können sie begreifen; aber von diesen Menschen sind noch viel weniger in der Lage, diese Wahrheit richtig und auf natürliche Art in ihrem Leben zu verwirklichen. Begreifst du nun allmählich, was ich meine?»

«Ich glaube ja», antwortete ich. «So ähnlich geht es mir auch, wenn ich versuche, meinen Schülern etwas Neues beizubringen. Erstens passen nur ein paar von ihnen wirklich auf. Und nur einige der Schüler, die aufgepaßt haben, verstehen meine Erklärungen richtig. Und von diesen nehmen noch weniger meine Ideen auch tatsächlich in sich auf und machen die Erfahrung, die ich ihnen zu vermitteln versuche. Doch nach einer gewissen Zeit begreifen es immer mehr, und meine Ideen breiten sich weiter aus. Aber das kostet erstaunlich viel Mühe. Hast du das gemeint?»

«Ja, das ist der Grundgedanke», entgegnete Haurvata und nickte mit seinem kurzgeschorenen Kopf. «Natürlich können wir für jene, die an unseren Lehren nicht interessiert sind, nicht viel tun. Sie sind noch nicht reif für dieses Wissen, weil sie bis jetzt kein großes Bedürfnis danach haben. Die Bedürfnisse regen die Aufnahmebereitschaft des Unterbewußtseins für neue Informationen an. Bedürfnisse machen uns empfänglich. Dieses Prinzip kennen die Werbefachleute in deiner Welt besonders gut!»

«Von der Seite habe ich es noch nie gesehen», sagte ich, verblüfft über diese unerwartete Verbindung zwischen spirituellen Prinzipien, meinen täglichen Problemen mit den Schülern und der modernen Konsumsucht.

«Doch», fuhr er fort, «wir können vieles für die Menschen tun, die ein aufrichtiges Bedürfnis nach Wissen haben, es aber nicht ohne fremde Hilfe auf ihr Leben anwenden können. Um dieser Seelen willen gibt es die Unmani Dhun. Für sie sind wir Führer – nicht mehr und nicht weniger. Wir holen sie ganz allmählich aus ihrem Körperbewußtsein heraus und führen sie ins Bewußtsein des Universums! Da wir ständig zwischen dieser Welt und den unsichtbaren Welten hin und her wandern, nennt man uns auch spirituelle Reisende. Das weißt du ja schon, liebe Freundin.

Aber um unsere Arbeit tun zu können, brauchen wir auch die Unterstützung einzelner Menschen – Menschen wie du zum Beispiel. Ohne euch schaffen wir es nicht. Manche helfen uns durch ihren Beruf, manche durch ihre Familie und ihre persönlichen Beziehungen; andere unterstützen uns, indem sie ganz einfach *sind*. Jeder Mensch – ob Lehrer, Schriftsteller oder Geschäftsmann oder Mutter – kann durch seine Kenntnis der Wahrheit in dieser Welt als ‹Fahrzeug› für den Geist dienen. Auch die negative Kraft hat solche Mittler. Deshalb brauchen wir euch nicht nur, um vorwärtszukommen, sondern auch als Ausgleich! Begreifst du jetzt, was ich meine?»

«Ja», antwortete ich. «Aber was für eine Rolle spiele ich eigentlich in euren Plänen?»

«Das ist ganz einfach», sagte er, wandte sich wieder von mir ab und blickte unverwandt in die blauweiße Ferne. «Du hast die Begabung, die Wahrheit auf das Leben anzuwenden. Schau in dich hinein, dann wirst du meine Worte verstehen.»

Er hielt einen Augenblick inne, um mir Gelegenheit zum Nachdenken zu geben.

Nach einer Minute der Selbstbesinnung begann ich unbehaglich von einem Fuß auf den anderen zu treten.

«Allmählich ahne ich, was du meinst», entgegnete ich schließlich. «Ich habe schon immer eine ziemlich pragmatische Einstellung zu spirituellen Dingen gehabt. Ich frage mich immer: ‹Wie funktioniert das?› Wahrscheinlich bin ich grundsätzlich skeptisch und dabei doch für alles offen. Ist es das, was du mit ‹die Wahrheit auf das Leben anwenden› meinst? Vermutlich wollt ihr, daß ich ein paar Bücher schreibe. Und worüber genau soll ich schreiben?»

«Oh», lächelte Haurvata. Sein brauner Finger mit den hervortretenden Knöcheln wies auf mich. «Um ‹Bücher› brauchen wir uns vorläufig noch keine Gedanken zu machen – nur um ein Buch. Ein Buch – das erste. Es wird eine ungewöhnliche Aufgabe und auch ein ungewöhnliches Buch sein. Mehr als ein Roman, aber auch nicht direkt ein psychologisches Buch, sondern so etwas wie eine Kombination aus beidem. Du trägst dieses Buch bereits in dir! Und das Thema wird nichts anderes sein als die Enthüllung eines uralten Geheimnisses – des Geheimnisses der Geschlechter.»

Ich zog die Augenbrauen hoch. Doch mein Lehrer fuhr, ohne zu zögern, fort.

«Wir haben dir dieses Wissen eingegeben, ohne daß du es merktest. Das heißt, wir haben es dir im Laufe vieler physischer Existenzen vermittelt. Wir haben dich wachsen sehen, so wie der Gärtner den Garten beobachtet, der seiner Obhut anvertraut ist – wir legten den Samen in die Erde, gossen und düngten den Boden, gaben unserem Pflänzchen Sonne und Schatten und warteten geduldig auf die reiche Ernte, die in dem Keim verborgen lag!

Und jetzt ist die Zeit der Ernte gekommen. Die Traubenblüte hängt an der Rebe, und summend holt die Biene sich den Pollen.

Man muß ihn jetzt sammeln, sonst geht er verloren. Man muß ihn sammeln und davon abgeben zur Feier des Lebens, das von der persönlichen Kreativität einer jeden Seele abhängt. Das ist die spirituelle Kreativität. Sie besteht darin, das Leben bis zum höchsten Bewußtseinsgrad, den man sich erworben hat, auszuleben. Durch diese Kreativität macht dein Ich eine tiefgreifende Wandlung durch; es stirbt, um wiedergeboren zu werden, so wie die Erde im Kreislauf der Jahreszeiten.»

Er machte eine Pause, um Luft zu holen, und blickte mit warmen Augen in mich hinein.

«Dieser Planet bereitet sich auf einen großen Tod vor. Nein, keinen Krieg, mein Kind», sagte er, meine Gedanken erratend, »obwohl es auch dazu kommen kann, wenn genügend Menschen einen Krieg fürchten, wünschen oder sich vorstellen. Aber ich spreche von einem anderen Tod. Diese Welt hat schon viele Zeitalter erlebt. Dieses hier ist das letzte, wie du weißt. Doch in physischen Begriffen ausgedrückt, dauert dieses Zeitalter viele Hunderttausende von Jahren – so lange, daß eine Million Seelen in dieser Zeit Unsterblichkeit erlangen können.

Im allgemeinen ist das ein langsamer Prozeß. Nach dem sogenannten natürlichen Versuch-und-Irrtum-Verfahren dauert es Milliarden von Jahren, bis eine Seele aus ihren Träumen erwacht, sich auf die Suche macht und das wahre Leben des Geistes entdeckt, das wartend in ihr ruht wie der keimende Same. Doch der Weg der Unmani Dhun stand schon immer zur Verfügung, um diesen Prozeß bei einzelnen besonders vielversprechenden und genügend motivierten Menschen zu beschleunigen. In Zeiten größerer Illusion ist unsere Arbeit allerdings schwieriger. Obwohl in Wirklichkeit alle menschlichen Zeitalter voller Illusionen sind!»

Der Meister lachte in einer Mischung aus Liebe und Mitleid vor sich hin, wie über einen Witz, der nur ihn selbst und die Welt betraf, der zu dienen er sich entschlossen hatte.

«Sollen wir hineingehen und eine Tasse Tee trinken?»

Das Licht, das die weißen Schneedecken auf den Gipfeln reflektierten, war klar und intensiv. Doch auf dem Gesicht meines Lehrers lag ein inneres Strahlen, das heller war als jede physische Sonne. Ich warf ihm einen verstohlenen Seitenblick zu und nickte glücklich mit dem Kopf.

Der Meister bückte sich, als er die Hütte betrat. Ich folgte ihm und setzte mich mit gekreuzten Beinen auf ein sauberes, abgewetztes Polster, das früher einmal eine leuchtende Farbe gehabt haben mußte. Die Hütte war zwar einfach, aber solide gebaut, aus dicken Holzbalken und einem strohgedeckten Dach. In dem Kamin in der Mitte flackerte ein kleines Feuer; träge stieg der Rauch empor und löste sich geheimnisvoll in der Luft auf.

In der Stille hörte man das Knacken der Zweige im Feuer sehr deutlich. Der Meister schien eine Melodie vor sich hin zu summen – was ich bei ihm noch nie erlebt hatte. Ich warf ihm einen erstaunten Blick zu. Aber er achtete nicht darauf, sondern schichtete rasch und geschickt einen kleinen Haufen Holz im Kamin auf und blies ins Feuer, bis die Flammen fröhlich knisterten und loderten. Dann hängte er einen rußgeschwärzten gußeisernen Kessel, der bis zum Rand mit Schneewasser gefüllt war, an einen Haken. Der Kessel war ein vertrauter, geliebter Anblick für mich: völlig schmucklos – nur unten am Griff schlängelten sich zwei Drachen.

Bald stieg eine Dampfwolke aus dem Kessel auf. Mit elegantem Schwung warf Haurvata eine Handvoll Kräuter in das brodelnde Wasser und stellte zwei Tassen vor sich hin. Dann blickte er mich ernst an und nahm den Gesprächsfaden von vorhin wieder auf.

«Hast du bis jetzt alles verstanden? Oder hast du noch Fragen?»

«Nein. Keine Fragen», schluckte ich. In Wirklichkeit hatte ich so viele Fragen, daß sie sich übereinanderdrängten und ihre Umrisse unscharf wurden, so daß ich keine einzige herausgreifen und in Worte fassen konnte.

Auf seinem Gesicht zeigte sich milde Anerkennung. «Ich sehe, du hast einiges gelernt, seit du zum erstenmal hier warst. Deine Intuition ist richtig: Dein Verstand kann meine Worte nicht erfassen. Er kann dir nur im Weg stehen. Kümmere dich nicht um ihn. Laß ihn in der Ecke an seinem Knochen kauen, während wir das Werk der Seelen vollbringen!»

Er goß den Tee in die rauhen Porzellantassen und reichte mir eine. In dem grünlichbraunen Wasser wirbelten immer noch einige kleine Kräuterzweiglein herum. Der Dampf, der aus der Tasse emporstieg und mein Gesicht streichelte, fühlte sich angenehm an.

«Der Tee ist gut! Danke», sagte ich. Ich hatte das Gefühl, ich könnte für immer in diesem kleinen Raum leben, in den nur blasse, schräge Sonnenstrahlen drangen. Eine einsame Freude, wie der Ruf eines wilden Vogels, stieg in meinem Herzen auf und erfüllte mich mit einer tiefen Sehnsucht.

«Was fühlst du gerade, mein Löwe? Sag es mir», ermunterte der Meister mich.

«Ich fühle mich... fühle mich... glücklich», antwortete ich, verlegen, weil mir kein erhabeneres Wort einfiel als dieser überstrapazierte Begriff. «Und doch gleichzeitig... merkwürdig traurig. Kannst du mir erklären, was ich empfinde?»

«Ja», nickte er und setzte seine Tasse ab, die jetzt leer war. «Es ist die Freude der Seele – der Seele, die ihre eigene Freiheit kennt und genießt. Es ist aber auch die Einsamkeit der Seele, denn Freiheit ist das Fehlen der Illusionen, die so vielen Menschen Trost und Sicherheit schenken. Es ist das widersprüchliche Gefühl eines göttlichen Funkens, der sich seiner vollkommenen Freiheit bewußt und gleichzeitig von seiner ungeheuren Verantwortung überwältigt ist, die darin besteht, Liebe zu geben und zu empfangen. Verstehst du das, mein Kind?»

«Ja, Haurvata», antwortete ich. Genau das empfand mein Herz ohne Worte.

«Es ist ein vertrautes Gefühl, nicht wahr?» fragte er lächelnd.

«Eigentlich schon», erwiderte ich. Dieser plötzliche Gedanke überraschte mich. «Das stimmt. Es ist, als ob ich mich gerade an etwas erinnert hätte und dabei alle Gefühle, die mit diesem Erlebnis verbunden waren, wieder auf mich einstürmten!»

«Gut gesagt», lobte er und füllte unsere Tassen wieder mit dem dampfenden Gebräu. «Du erinnerst dich daran, weil du schon einmal an diesem Punkt warst. Du bist immer wieder behutsam zu diesem Scheideweg in deinem Inneren hingeführt worden. Aber immer wieder bist du umgekehrt. Weißt du, warum?»

«Ja», gab ich zu.

«Dann sag es mir», gebot der Meister mit sanfter Stimme.

«Tja», begann ich und holte tief Luft, «das lag daran, daß ich... daß ich Angst vor dem Unbekannten hatte.»

«Aha», sagte der Meister sanft. «Vor dem Unbekannten. Und was hat dich am Unbekannten so geängstigt?»

Ich schwieg und dachte noch einmal genau über meine Antwort nach. «Ich ... ich weiß es nicht», antwortete ich schließlich und schüttelte enttäuscht den Kopf. «Mehr kann ich nicht erkennen.»

«Doch, du kannst es erkennen», sagte der Meister ruhig. «Ich helfe dir dabei.»

Ich sah ihm in die Augen und fühlte mich plötzlich sanft über die Bewußtseinsebene hinausgehoben, auf der ich mich festgefahren hatte. Das geschah so rasch, daß ich dieser Bewegung keinerlei Widerstand leistete. Dann hörte ich irgendwo in der Ferne das Rauschen eines Windes, zuerst leise, dann scharf und schneidend.

«Was nimmst du wahr?» hörte ich die drängende Stimme des Meisters.

In diesem Augenblick sah ich eine Mauer. Sie war außergewöhnlich hoch, solide gebaut, aber aus unbehauenen Steinen und sehr alt. Ich beschrieb meinem Lehrer, was ich sah.

«Diese Mauer hast du Stein für Stein selbst gebaut», bemerkte Haurvata.

«Ich? Warum?» fragte ich.

«Vielleicht hast du Angst vor King Kong?» vermutete der Meister. Seine Stimme klang belustigt.

Da mußte ich auch leise vor mich hin lachen. «Sei ernst», ermahnte ich ihn. «Schließlich ist das mein Bewußtseinszustand, über den du dich hier lustig machst.»

«Aber ich bin doch ernst», beharrte der Meister. «War nicht diese Geschichte von dem Riesenaffen einer deiner alten Lieblingsfilme?»

«Ja», sagte ich. «Ich war begeistert von diesem Film! Die Mauer wurde von Eingeborenen auf einer tropischen Insel gebaut. Sie wollten diesen Riesenaffen von sich fernhalten. Deshalb bauten sie sich ein Dorf auf einem kleinen Stückchen Land am Wasser außerhalb der Mauer. Sie vollzogen sogar seltsame Rituale und opferten King Kong schreiende Eingeborenenmädchen. Ob er sie fressen oder mit ihnen schlafen wollte, ist mir nie so ganz klargeworden!»

«Weißt du noch, wie es auf der anderen Seite der Mauer aussah?» fragte Haurvata mit unterdrücktem Lachen.

«Natürlich», antwortete ich. «Da war ein prähistorischer Dschungel mit Dinosauriern und anderen riesigen wilden Tieren.»

«Und», fuhr Haurvata fort, «glaubst du, daß das richtig war, was die Eingeborenen taten? Mit anderen Worten: Hättest du auch so eine Mauer gebaut? Und hättest du King Kong auch schreiende Mädchen geopfert?»

«Ich glaube, ich hätte Kanus gebaut und mich nach einer zivilisierteren Gegend umgesehen», sagte ich auf gut Glück. «Nein. Ich habe nur Spaß gemacht. Wenn ich in der geistigen Verfassung dieser Menschen gewesen wäre, hätte ich wahrscheinlich alles getan, was damals eben möglich war. Aber die Sache mit den geopferten Jungfrauen erscheint mir unnötig. Die Mauer... Moment einmal! Meinst du etwa, die Mauer, die ich gerade vor meinem inneren Auge gesehen habe, entspricht der, die die Eingeborenen damals bauten, um King Kong von sich fernzuhalten?»

«Das war nur bildlich gesprochen», entschuldigte der Meister sich. «Ich mag Bilder, das weißt du ja. Mit Bildern kann man sich so viel rascher und besser verständlich machen als mit logischen Erklärungen! Aber jetzt wollen wir uns diesen Vergleich einmal etwas genauer ansehen. Wenn Leute in ihrem Inneren Mauern errichten, tun sie es aus dem gleichen Grund wie die Eingeborenen in dem Film: um sich vor etwas zu schützen, was sie bedroht.

Das Problem mit so einer Mauer ist allerdings, daß sie nicht nur unerwünschte Dinge von uns fernhält – gleichzeitig sperrt sie uns auch ein. Also ist eine Mauer, zumindest aus spiritueller Sicht, eine Falle für die Seele. Wenn du in dir eine Mauer aufbaust, wird alles, was du so aussperrst, mit der Zeit immer furchterregender. Es kann ein richtiger Dschungel werden, in dem deine archaischsten Elemente in ihrer ganzen prähistorischen Pracht weiterleben können.»

«Ah! Jetzt verstehe ich, was du meinst», sagte ich nachdenklich. «Der Mensch fühlt sich von einer Macht überwältigt, die viel größer ist als er selbst, und möchte etwas tun, um diese Macht zu besänftigen. Ich nehme an, das Jungfrauenopfer ist eine rituelle Kapitulation vor einer größeren Macht. So wie ein Hund einem überlegenen Gegner seinen Bauch hinstreckt, damit der ihm nichts tut. Aber ich frage mich, warum unbedingt Frauen geopfert werden mußten? Hat das etwas zu bedeuten?»

«Ja, gewiß», sagte der Adept. «Es ist immer das weibliche Element im Menschen, das sich der höheren Macht ergibt. Aber das Ganze hat auch noch eine tiefere Bedeutung. Wenn wir Angst

haben, opfern wir unser weibliches Element meist zugunsten
einer defensiven Haltung. Mit anderen Worten: Angst macht die
Menschen hart. Sie erzeugt Waffen und Mauern.

Dieses durch Mauern ausgegrenzte Gebiet bezeichnen die Psychologen als das Unterbewußtsein und das Unbewußte des Menschen. Hier sind persönliche Erinnerungen und kollektive genetische Erinnerungen, biologische Triebe und die abstrakte Sprache
der spirituellen Evolution des Menschen in Symbolen gespeichert. Wenn wir diese Bewußtseinsbereiche erforschen, ist das so,
wie wenn man eine komplizierte Maschine auseinandernimmt.
Dabei wird einem gleichzeitig die Einfachheit und die Kompli-
ziertheit der Maschinerie bewußt. Auch die menschliche Dimension ist so einfach und kompliziert zugleich.»

«Ich verstehe», sagte ich aufs Geratewohl. «Deshalb ist die sur-
realistische Kunst auch so eigenartig. Da bricht dieses ganze primitive, unbewußte Material in Form von Kunstwerken aus dem
Menschen hervor.»

«Richtig», nickte Haurvata. «Die Kunst ist immer ein gutes
Ventil für diesen inneren Druck gewesen, und die Literatur war
stets eine wahre Fundgrube für Material aus dem Unterbewußtsein. Hast du dich noch nie gefragt, warum die Grimmschen Märchen so ‹grimmig› sind?»

«Doch, sicher», gab ich zu. «Für unser modernes Empfinden
wirken sie ziemlich primitiv und gewalttätig. Man kann sich kaum
vorstellen, daß die Autoren sie für Kinder geschrieben haben.»

Der Meister schüttelte den Kopf. «Diese Geschichten wurden
nicht von individuellen Autoren ‹geschrieben›, wie das normalerweise der Fall ist, und sie sind auch nicht speziell für Kinder gedacht. Sie sind im Lauf der Zeit in mündlicher Überlieferung als
Volksmärchen entstanden. Die Gebrüder Grimm, Jakob und
Wilhelm, haben sie nur gesammelt und in Buchform festgehalten.
Aber daß sie uns so mächtig und eigenartig berühren, liegt an
ihrer dichtgedrängten Symbolik. Und diese Symbolik rührt daher, daß die menschlichen Bedürfnisse, Wünsche und Ängste im
deutschen Kulturkreis stets unterdrückt wurden. Wie ich schon
vorhin angedeutet habe: Je höher die Mauer ist, um so unheimli-
cher sind die Kreaturen, die auf der anderen Seite lauern.»

«Das ist wirklich faszinierend», rief ich. «Also enthalten diese
Geschichten viel Material aus dem Unterbewußtsein?»

«Ja», sagte Haurvata. «Aber ich will damit nicht sagen, daß man seinen Kindern deshalb lieber süße, niedliche Geschichten von harmlosen Kaninchen erzählen sollte. Schließlich haben auch Kinder ein Unterbewußtsein, ebenso wie wir Erwachsene. Wenn Kinder Geschichten hören, in denen die Macht des Unterbewußten bestätigt wird, gibt ihnen das häufig Kraft – vor allem, wenn diese Geschichten ihnen zeigen, wie man diese Macht für sich selbst nutzbar machen oder wiedergewinnen kann.

Auch spirituelle Führer wollen mit ihrer Arbeit die Menschen auf diese verborgenen Bereiche ihres Bewußtseins aufmerksam machen. Sie möchten euch von der Herrschaft befreien, die diese Bereiche über euch ausüben können, wenn sie mechanisch funktionieren. Ob es nun Ängste, Vorurteile oder Prägungen aus unserer Vergangenheit sind, destruktive Neigungen oder rasender Ehrgeiz, sexuelle Anomalien oder unsere früheren Mißerfolge – all diese ‹Probleme› sind Quellen potentieller spiritueller Energie.

Der normale Mensch ist ‹normal›, weil er seine spirituellen Energien hinter einer Mauer eingesperrt hat. Sein inneres Bewußtsein ist ein undurchdringlicher Dschungel. Wenn er in Schwierigkeiten gerät, besteht seine einzige Zuflucht darin, um göttliche Hilfe zu beten. Er bildet sich ein, daß Hilfe nur von außen kommen kann, weil er selbst sich so machtlos fühlt. Aber die Antworten liegen niemals außerhalb unserer selbst, sondern in unserem Inneren.»

«Aber wie ist das möglich?» warf ich ein. «Ich meine, wie kann jemand, der noch nie innere Arbeit geleistet hat, plötzlich damit anfangen?»

«Wie hast du damit angefangen?» fragte der Tibeter.

«Tja... einfach, indem ich mich selbst besser kennenlernte», begann ich.

«Genau das ist es», sagte Haurvata. «An diesem Punkt müssen wir alle anfangen und während unserer ganzen spirituellen Entwicklung immer weiter daran arbeiten. Die Antworten liegen in uns selbst. Wir müssen die Mauer zurückschieben und uns immer mehr von unserem inneren Leben zurückerobern. Und am Schluß müssen wir die Mauer ganz niederreißen und dem großen Unbekannten ins Auge sehen.»

«Meine Mauer...», begann ich.

«Ja?»

«Was hat sie damit zu tun, daß ich nicht über diesen bestimmten Punkt in der Vergangenheit hinauskomme?»

«Du mußt die Mauer einreißen. Es ist höchste Zeit», sagte Haurvata ruhig. «Sonst fällst du vielleicht wieder in einen deiner früheren Kreisläufe zurück und versäumst deine Chance, frei zu werden. Du siehst, es dauert einige Zeit, bis eine Seele sich der Widersprüche des materiellen Lebens bewußt wird. Sobald ein Mensch unzufrieden genug ist, kann er das innere Leben entdekken, und dann beginnt er rasch Fortschritte zu machen.

Manchen Menschen gelingt es aber auch, sich gegen diese unbequeme Enthüllung abzustumpfen. Sie flüchten sich mit aller Macht in materialistische Lösungen. Jede Sucht – ob wir nun dem Alkohol, dem Geld oder einer Beziehung zu einem Menschen verfallen sind – ähnelt diesem Syndrom. Der Mensch erkennt, daß es im menschlichen Leben keine Sicherheit gibt, und klammert sich an das, woran er am meisten hängt, in der Hoffnung, daß es all seine Bedürfnisse erfüllen wird. Dadurch gerät er in einen Kreislauf, in dem er immer wieder neue negative Wirkungen sät und erntet, und das Fenster zur Freiheit schließt sich wieder.»

Ich dachte über alles nach, was der Adept gesagt hatte. Und doch empfand ich nur Zuneigung gegenüber meiner Mauer, ihrem ehrwürdigen Alter und der harten Arbeit, die es mich gekostet hatte, sie aufzubauen. Es stieg sogar Stolz in mir auf, als ich daran dachte, wie hoch und wie breit sie war, wie kräftig und solide gebaut. Ich hatte sie errichtet. Sie gehörte mir. Konnte ich wirklich auf sie verzichten?

Da begann ich das Rauschen des Windes wieder zu hören. Ich sah mich um und versuchte festzustellen, ob es ein inneres oder ein äußeres Geräusch war. Der Wind wurde immer heftiger und lauter und umkreiste mich in weißen Gestalten, wie Wölfe, die ihr Opfer einkreisen. Dann ging er in ein sehr einsames und majestätisches Geheul über. Ich hatte den Ruf des Unbekannten gehört, und meine Sehnsucht, noch einen Schritt weiterzugehen, siegte über meine Ängste.

Dann schwebte ich über der Mauer und überblickte die Welt, so weit meine Augen reichten. Aber das war nicht sehr weit. Jenseits der Mauer lag eine große Fläche leuchtender Leere. Diese Fläche enthielt entweder alles, was ich mir je erhofft hatte, oder vielleicht auch absolut gar nichts – ich wußte es noch nicht.

KAPITEL VIER

Eine Reise in eine andere Zeit

Nachdem ich einen Blick über meine «Mauer» geworfen hatte, rechnete ich damit, wieder nach Hause zurückzukehren. Vielleicht würde auf geheimnisvolle Weise eine Stunde vom Zifferblatt der Uhr verschwunden sein, aber ansonsten war sicherlich alles wie immer – so wie normalerweise nach den Begegnungen mit meinem Meister. Doch heute war nichts wie sonst. Statt nach Hause zu kommen, fand ich mich in einem Garten hinter einem kleinen schindelgedeckten Haus wieder, das mir irgendwie bekannt vorkam. In der feuchten Luft, die hin und wieder von einer kühlen Brise bewegt wurde, hingen würzige Pflanzendüfte.

An einer Seite des Gartens stand im Schatten ein Holztisch aus zusammengenagelten Kiefernholzbrettern. Er war schon alt und verwittert und grau. Auf dem Tisch lagen Stücke getrockneter Farnrinde und Tontöpfe. Die Gartengeräte waren ordentlich unter dem Tisch verstaut. Aus den Töpfen ragten ein paar an Stäben festgebundene Orchideen empor. Aus dem Hof auf der rechten Seite wuchsen üppige blaue und weiße Schwertlilien in den Garten hinein. An einem schattigen Plätzchen unter einem Baum lag träge eine rot-weiße Katze, die Augen zum Schutz vor der Sonne zu Schlitzen verengt.

Ich stand da und versuchte mich zu orientieren. Allmählich wurde mir klar, daß das mein Zuhause in Honolulu war – oder vielmehr gewesen war. Das Haus war vor über dreißig Jahren abgerissen worden; es hatte neuen Bauplätzen weichen müssen. Ich erinnerte mich kaum noch an die Szene, die ich im Augenblick vor mir sah, schätzte aber, daß sie sich um das Jahr 1954 abgespielt haben mußte. Ich hielt den Atem an, denn plötzlich trat in der Ferne unter den Büschen eine Gestalt hervor. Es war meine Großmutter. Sie hatte sich ein weißes Baumwolltuch um den Kopf gebunden. Darüber trug sie einen alten, schäbigen Strohhut.

«Weiß du, wo du jetzt bist?» hörte ich eine Stimme fragen.

Erschrocken drehte ich mich um. Haurvata Sampa stand ungefähr anderthalb Meter hinter mir. Er trug ein blaues Baumwollhemd und Bermudashorts, lächelte mich liebenswürdig an und beobachtete die Frau bei ihrer Gartenarbeit.

«Pssst», versuchte ich ihn zum Schweigen zu bringen. «Das ist meine Großmutter! Kann sie uns denn nicht hören?»

«Natürlich nicht», lachte er. «Wir sind nicht ‹hier› im üblichen Sinn des Wortes. Wir haben uns in eine frühere Zeit zurückversetzt. Wir können die anderen zwar beobachten; aber sie können uns nicht wahrnehmen.»

«Und wozu?» fragte ich «Warum sind wir überhaupt hier?»

«Es ist merkwürdig, wie unbehaglich den Menschen zumute wird, wenn sie mit ihrer eigenen Vergangenheit konfrontiert werden», lachte der Meister leise. «Es ist immer das gleiche. Ich frage mich nur, warum? Glaubst du wirklich, daß die Vergangenheit irgendwohin verschwunden ist? Daß es sie nicht mehr gibt, weil das Leben ‹weitergeht›, wie ihr es ausdrückt?»

«Willst du damit sagen, daß sie nicht verschwunden ist?» fragte ich ärgerlich. «Ich dachte, die Seele lebt nur im jetzigen Augenblick. Ewigkeit ist der Augenblick, das Jetzt! Das hast du mir doch selbst beigebracht.»

«Beruhige dich», warnte der Meister und legte mir die Hand auf die Schulter. «Ich habe die Wahrheit gesagt. Aber habe ich nicht auch erwähnt, daß das ‹Jetzt› die Vergangenheit und die Zukunft mit einschließt? Nein? Nun, dann habe ich bei deiner Ausbildung etwas versäumt. Was wir jetzt gleich nachholen werden! Schau dich einmal um. Was siehst du?»

Bei diesen Worten wies Sampa mit würdevoller Geste auf unsere Umgebung. Ich holte tief Luft und nahm dieses Erlebnis mit meinen Blicken in mich auf. Es war unheimlich. Aber nun, da ich wußte, daß man uns weder sehen noch hören konnte, fühlte ich mich etwas sicherer. Der Knoten in meiner linken Schulter löste sich, und endlich konnte ich mich wieder entspannen.

«Das ist das Haus, in dem ich aufgewachsen bin», antwortete ich mit einem Seufzer. «Ich muß damals fünf oder sechs Jahre alt gewesen sein...Ich weiß es nicht mehr genau. Ich erinnere mich eigentlich kaum noch daran. Die meisten meiner Erinnerungen stammen aus einer späteren Zeit.»

«Richtig», nickte der Meister. «Weißt du, warum du dich nicht mehr sehr gut an diese Zeit erinnern kannst?»

«Nein.» Ich schüttelte den Kopf. «Weißt du es?»

Der Meister verzog den Mund zu einem breiten Lächeln. «Ja! Komm mit.»

Er führte mich zum Eingang eines Gewächshauses, in dem Sukkulenten und blühende Pflanzen in gedämpftem Licht auf Tischen standen. Schweigend schritten wir durch einen der Gänge. Am Ende des Ganges spielte ein etwa sechs Jahre altes Mädchen.

Es war dünn und braunhäutig und hatte kurzes schwarzes Haar. An den Füßen trug es ein Paar zu große Hausschuhe aus Stroh. Es hatte nassen Sand in Einmachglasdeckel gefüllt und legte in kunstvollen Mustern Blüten und winzige Blätter darauf. Die Deckel lagen auf einer Bank aufgereiht. Das Kind summte beim Spielen vor sich hin.

«Löwe», rief der Meister mit freundlicher Stimme.

Rasch blickte das Mädchen auf, und auf seinem ernsten Gesicht leuchtete Freude auf. Es rannte auf Haurvata zu und fiel ihm um den Hals.

«Mein Lehrer! Da bist du ja wieder!» rief es. Seine dunklen Augen leuchteten.

«Und ich habe auch noch eine Freundin mitgebracht», sagte er und nickte zu mir hinüber.

Mir lief es kalt den Rücken hinunter. Was ging hier vor?

«Aber du hast doch gesagt..», begann ich.

«Dieses Mädchen kann uns sehen», sagte der Meister in beschwichtigendem Ton zu mir. «Sei ganz ruhig, mein Kind. Du kannst aus diesem Erlebnis etwas lernen, was für unsere Zwecke wichtig ist. Also hör zu und lerne.»

Ich lächelte matt zu dem Kind hinüber, das zu mir hochblickte. Nach einer Weile, die mir wie eine Ewigkeit vorkam, wandte es seinen Blick wieder von mir ab und richtete ihn auf den Meister.

«Wie ist es dir inzwischen ergangen, meine kleine Freundin?» fragte der Meister liebenswürdig. Er hatte sich zu dem Kind herabgebeugt und kauerte jetzt mühelos auf dem schmutzigen Boden.

«Gut», antwortete das Mädchen schüchtern. Dann fiel ihm plötzlich etwas ein. «Ich räume die Torten weg, dann kannst du dich hinsetzen», sagte es mit hoher, piepsender Stimme. «Hier. Es ist gar nicht schmutzig, siehst du?» Sie fegte mit ihrer kleinen Hand die Erde von der Bank und bot Haurvata einen Sitzplatz darauf an, als handle es sich um einen samtenen Thron.

«Ah, danke», lächelte der Meister. «Und was für Torten bäckst du heute?»

«Ach, hauptsächlich Apfeltorten, auch ein paar mit Bananen, und... Ich weiß auch nicht. Was für Torten gibt es denn noch?» fragte sie stirnrunzelnd und legte den Kopf schräg wie ein Spatz.

«Kirschtorten, Zitronentorten – viele, viele verschiedene Sorten!» lachte der Meister und nahm sie auf den Schoß. «Aber das ist doch ganz egal! Deine Torten sehen alle so gut aus – ich nehme von jeder Sorte eine!»

«Sie sind noch nicht fertig!» kicherte das Kind. «Du mußt noch warten.»

«Na gut, dann warte ich eben», sagte Haurvata. Dann warf er mir einen Blick zu und sah wieder das kleine Mädchen an.

«Weißt du, wer das ist?» fragte er beiläufig.

Wieder schaute das Kind mich nachdenklich an. «Nein», sagte es und schüttelte leicht den Kopf.

«Tja, liebe Freundin», erklärte der Meister, «sie ist eine Schülerin von mir. Sie gehört zu uns. Ich bringe ihr etwas bei, was mit der Zeit zu tun hat.»

«Zeit?» fragte das Kind strahlend. «Oh, dann hast du also auch eine Uhr? Mein Großpapa hat eine. Sie ist aus Silber und hängt an einer langen Kette. Ich hätte gern auch so eine.»

«Nein», lachte der Meister. «Ich habe keine Uhr. Ich habe etwas viel Besseres!»

«Was denn?» fragte das Kind voller Neugier. «Laß mich mal sehen!»

«Du siehst es bereits, mein Kind», antwortete der Meister. «Diese Frau kommt aus der Zukunft. Aus deiner Zukunft. So, wie du aus der Vergangenheit stammst. Aus ihrer Vergangenheit.»

«Das verstehe ich nicht», protestierte das Kind und schüttelte den Kopf. «Wir sind doch nicht in der Vergangenheit. Es ist doch jetzt! Die Vergangenheit ist ja schon vorbei.» Es streckte ihm die leeren Hände hin, um zu zeigen, daß das alles war, was von gestern übrig war.

Der Meister blickte mich an und zwinkerte mir ironisch zu.

«Aber, mein Löwe», sagte der Tibeter in leisem, singendem Tonfall – geduldiger, als ich ihn je erlebt hatte, «wie bist du denn in diesen jetzigen Augenblick hineingekommen? Wie bist du aus einem winzig kleinen Baby zu einem sechsjährigen Mädchen geworden? Ist das alles erst heute passiert?» fragte er mit übertrieben erstauntem Blick, bei dem ich genauso lachen mußte wie das kleine Mädchen.

«Du bist ja dumm», kicherte das Mädchen und gab ihm einen zärtlichen Nasenstüber. «Ich bin GROSS GEWORDEN! So machen es doch alle Menschen.»

«Das stimmt», nickte Haurvata ernst. «Dann liegt also nicht irgendwo noch ein alter Babykörper herum, aus dem du gerade herausgeschlüpft bist?»

Das Kind quietschte vor Lachen und purzelte aus seinen Armen. «NEEEIN!« kicherte es. «Ich bin GEWACHSEN! Weißt du das denn nicht?» neckte es ihn.

«Doch», lächelte der Mann, «ich versuche dir nur etwas klarzumachen. Das Baby von früher bist jetzt du. Und das kleine Mädchen, das du heute bist, wird eines Tages eine erwachsene Frau sein. Jeder trägt seine eigene Vergangenheit und seine eigene Zukunft mit sich herum. Sie geht nirgends hin. Sie ist immer gegenwärtig, immer hier. Verstehst du?»

«Das ist schwer zu verstehen», sagte das Mädchen stirnrunzelnd und lehnte seine Wange zärtlich an seinen Arm. «Laß uns jetzt etwas spielen.»

«Wir spielen heute abend», versprach er der Kleinen. «Wir gehen an einen Ort, wo du viel Spaß haben wirst. Und dann wirst du noch mehr über die Zeit erfahren. Es ist nicht schwer zu begreifen, wenn ich es dir zeige. Du wirst schon sehen.»

«Na gut», gab das Mädchen nach. Es wandte sich zu mir um und lächelte. Seine Augen waren tiefe braune Teiche, die mich in sich hinabzogen. Seufzend lächelte ich zurück. Ich fühlte mich von diesen Ereignissen gefangen wie ein Käfer in einem Einmachglas.

Plötzlich flackerte in den Augen der Kleinen etwas auf. Zwischen uns war ein Funke übergesprungen. Was war es? Ein unsichtbarer, unbeschreiblicher Blitz der Erkenntnis. Es war wie... Liebe. War es wirklich Liebe? Konnte die Frau, die ich jetzt war, das Kind aus ihrer Vergangenheit lieben und Liebe von ihm empfangen? Konnte die Liebe die Entfernung zwischen uns überbrücken und meinem jüngeren Ich Kraft für die lange, einsame Zukunft geben, die noch vor ihm lag?

Das Gurren der Trauertauben in den Bäumen drängte sich in mein Bewußtsein. Mein Lehrer stand jetzt neben mir und faßte mich am Arm. Die Szene vor uns war verschwunden, und wir schwebten wieder «zwischen» zwei verschiedenen Zeiten und Orten. Das war meistens nur ein flüchtiges Übergangsstadium. Es war der «weiße Raum» – der Strom des Lebens, die Energie, in der wir uns bewegten, wenn wir unser Bewußtsein auf einen anderen Punkt in Zeit und Raum – oder außerhalb von Zeit und Raum – verlagerten. Die Religion bezeichnet diese Energie als den Heiligen Geist.

«Wir scheinen nirgends und doch gleichzeitig überall zu sein», sagte ich meinem Lehrer ohne Worte.

«Ja», antwortete er. «Das ist die umfassende Realität, in der Zeit und Raum als kleinere Dimensionen existieren.»

«Oh! Was machen wir denn hier?» fragte ich. Mir war ein wenig unbehaglich zumute.

«Beunruhigt dich das?» fragte der Meister. «Möchtest du lieber woanders sein?»

«Na ja», gestand ich ein, «Formlosigkeit bedrückt mich. Ich bin nicht daran gewöhnt. Am Anfang fühle ich mich immer herrlich frei. Aber dann komme ich mir ganz verloren vor. Bring mich lieber an einen konkreten Ort!»

«Also gut», sagte Haurvata. Gleich darauf saßen wir in einem altmodischen Zug, der laut auf den Eisenschienen dahinratterte. Der Geruch von Holz, Leder und Staub drang mir in die Nase. Ich mußte niesen. Wir wurden kräftig hin und her geschüttelt; aber das hatte erstaunlicherweise auch etwas Beruhigendes. Es war eine erdhafte, rhythmische Bewegung, wie eine Mutter, die ihr Kind in den Armen wiegt oder ein vor Anker liegendes Boot, das auf den Wellen schaukelt. Ich fühlte mich gleich viel wohler.

Der Meister und ich trugen Reisekleidung aus Baumwolle und leichtem Wollstoff. Er hatte einen dunklen Anzug an und einen Hut auf, während ich ein himmelblaues Kostüm und darunter eine weiße Bluse trug. Ich blickte auf meine Hände herab. Sie steckten in makellosen, weißen Seidenhandschuhen.

«Ich hoffe, das ist keines meiner vergangenen Leben», sagte ich unangenehm berührt und warf einen bewundernden Blick auf die perlenbesetzte Handtasche auf meinem Schoß.

«Nein», lachte der Meister, «nur eine Vorspiegelung, um deine strapazierten Nerven zu beruhigen und dir deinen Wunsch nach einem Erlebnis mit klarer Struktur zu erfüllen. Bist du jetzt zufrieden?»

«Sehr», seufzte ich und ließ mich glücklich in diese angenehme Illusion hineinsinken. «Wenn du jetzt auch noch dafür sorgen könntest, daß uns die Indianer nicht angreifen, dann kann ich das Ganze vielleicht sogar genießen.»

«Hmmm», knurrte er. «Glaubst du, ich habe dich aus deinem Körper herausgerissen, damit du einen angenehmen Ausflug erlebst? Hast du vergessen, was für ein Ziel wir mit diesem Erlebnis verfolgen?»

«Oh», sagte ich überrascht. «Ich glaube, das habe ich tatsächlich vergessen. Was sollte ich denn heute lernen?»

Der Meister seufzte. «Das ist ganz einfach, liebe Freundin. Du bekommst einen Vorgeschmack davon, welche Erlebnisse jenseits der Mauer deiner Ängste liegen könnten. Zunächst einmal versuche ich die harte Betonschicht deiner Vorstellungen von Zeit und Raum aufzubrechen. Das ist sehr wichtig für dich, und ich würde dir raten aufzupassen, statt dich einfach treiben zu lassen, wie du es im Augenblick wohl am liebsten tun möchtest.»

Sofort setzte ich mich gerade hin und setzte eine aufmerksame Miene auf.

«Das ist schon besser. Bleib so», ermunterte er mich. «Die Unmani Dhun wollen dir eine wichtige Aufgabe anvertrauen. Wie du dich vielleicht noch erinnerst, geht es darum, ein Buch über den männlichen und den weiblichen Strom zu schreiben, der in jedem einzelnen Menschen und in der ganzen Welt wirkt. Dazu mußt du Zugriff auf deine Erinnerungen haben, denn ein großer Teil dieses Wissens ist bereits dort gespeichert.

Aber du mußt versuchen, diese Tätigkeit nicht als ‹Erinnern› zu betrachten, denn in Wirklichkeit ist die Idee der Erinnerung etwas schwerfällig. Oder um es wertfreier auszudrücken: Sich zu erinnern bedeutet, daß man in der Zeit zurückgeht, um seine damaligen Erfahrungen noch einmal zu durchleben. Es gibt aber eine viel schnellere und präzisere Methode: Man läßt die gewünschten Daten aus der Vergangenheit einfach nach Bedarf an die Oberfläche seines Bewußtseins aufsteigen.

Das entspricht ungefähr dem Unterschied zwischen der Postkutsche und der Übermittlung von Informationen durch unsere moderne Computertechnik. Natürlich funktioniert beides. Aber wer würde schon eine Postkutsche benutzen, wenn wir die Computertechnologie haben? Die ‹Technologie›, von der ich hier spreche, ist natürlich die Bewußtseinserweiterung. Ist dir bis jetzt alles klar?»

«Ja», antwortete ich. «Du willst mir also zeigen, wie trügerisch die Zeit ist, stimmt's? Indem du mich nach Belieben zwischen verschiedenen Zeiten hin und her springen läßt?»

«Richtig», nickte der Meister mit einem belustigten Glitzern in den Augen. «Und – funktioniert es?»

«Offensichtlich ja», lachte ich. «Auf jeden Fall habe ich jetzt nicht mehr so viel – na ja, so viel Respekt vor der Zeit wie früher. Du scheinst in der Lage zu sein, Zeit in Scheiben zu schneiden wie Margarine.»

«Sei nicht zu vermessen», warnte der Meister. «Zeit ist keineswegs etwas ‹Unwirkliches›. Auf ihre Weise ist sie sogar sehr real. Ohne sie wäre Erfahrung nur ein einziger großer Eintopf statt einer Reihe logisch miteinander zusammenhängender Ereignisse. Eine solche Erfahrung könnte der menschliche Geist, der linear denkt, gar nicht erfassen. Die Zeit ist eine Antwort auf die naturgegebene Struktur unseres Geistes. Sie ist weniger eine Tatsache als vielmehr eine Wahrnehmung. Verstehst du, was ich meine?»

«Ich glaube ja», antwortete ich. «Mit anderen Worten: Wenn unser Geist anders funktionieren würde, wenn er alle Erfahrungen gleichzeitig wahrnehmen könnte, dann hätten wir eine völlig andere Vorstellung von der Realität. Bin ich auf der richtigen Spur?»

«Ja, genau», stimmte der Meister zu.

Kaum hatte er das gesagt, wurde die Tür aufgestoßen, und ein schnurrbärtiger Mann mit Mütze und geschäftigem Gebaren kam den Gang entlang. Die anderen Fahrgäste in dem kaum besetzten Waggon reichten ihm ihre Fahrkarten, als er an ihnen vorbeikam. Er warf einen flüchtigen Blick darauf und steckte sie ein. Ich blickte Haurvata fragend an. Er lächelte nur höflich und streckte dem Schaffner zwei Fahrkarten für uns beide hin. Der warf uns über seine Brillengläser hinweg einen prüfenden Blick zu und ging dann weiter, wobei er durch die rüttelnden Bewegungen des Zuges immer wieder ins Schwanken geriet.

«Das menschliche Gehirn, liebe Freundin», fuhr Haurvata fort, «ist so etwas wie eine frühe Version des modernen Computers – seine Fähigkeiten, Informationen zu speichern, Zugriff darauf zu geben und sie von einem Datenträger zum anderen zu übermitteln, sind begrenzt. Selbst bei den intelligentesten Menschen verwirrt sich der Verstand sehr rasch. Je klarer ihm die Ankerpunkte der physischen Realität sind, um so weniger ist er in der Lage, sich eine Realität vorzustellen, die anders ist als die, die er kennt, und an ihre Existenz zu glauben.

Deshalb kommen sehr intelligente Menschen kaum jemals für den Weg der Bewußtseinserweiterung in Frage», erklärte er. «Sie stützen sich zu sehr auf einen materialistischen Standpunkt, der ihre Vermutungen – soweit sie das ermessen können – auch bestätigt. Sie denken gar nicht daran, daß die Voraussetzungen, von denen sie ausgehen, sie für ganz bestimmte Erlebnisse empfänglich machen und ihnen den Zugang zu anderen Erfahrungen verwehren. Alles, was sie nicht verstehen, tun sie als Irrtum oder Zufall ab. Die subtileren menschlichen Gaben der Intuition, Phantasie und spirituellen Erkenntnis sind bei ihnen verkümmert, weil sie sie nie benutzen. Daher können sie mit ihrem Geist zwar die Materie, aber niemals die Seele erfassen. Doch das ist nur die verbreitetste Form der intellektuellen Arroganz. Die Beschreibung gilt ebenso für den Mann auf der Straße wie für den sogenannten Wissenschaftler.»

«Aber wie wäre es denn, wenn unser Geist sich mehrere Realitäten gleichzeitig vorstellen könnte, zum Beispiel eine Zeit innerhalb einer anderen, und so weiter? Wäre die Welt dann besser?» fragte ich skeptisch.

«Was ich gesagt habe, bezieht sich nicht auf die große Masse der Menschen, liebe Tochter», sagte Haurvata. «Aus diesem Gespräch sollst hauptsächlich du profitieren. Du sollst erkennen, daß du beim Sammeln des Materials für dein Buch über alles Konventionelle hinausgehen mußt. Geh über die Zeit und über den menschlichen Geist hinaus – und vor allem über die begrenzte Vorstellung von dir selbst, in der Zeit und Geist dich gefangenhalten. Natürlich hat die Welt ihre Maßstäbe. Du kennst sie sehr gut. Aber sind diese Maßstäbe auch deine?»

«Das ist schwer zu beantworten», sagte ich und spielte nervös mit meinen Handschuhen. Sie waren mir zu warm geworden, und ich zog sie aus. Erlöst bewegte ich die Finger. «Erstens hatte ich offensichtlich schon genug innere Erlebnisse, um zu wissen, daß das Leben mehr ist als nur das, was mein Gehirn und meine Sinnesorgane mir vermitteln. Mir ist zum Beispiel klargeworden, daß ich mich an meine frühe Kindheit kaum noch erinnern kann, weil ich mich damals so häufig außerhalb meines Körpers befand! Du warst schon damals bei mir. Du nanntest mich ‹Löwe›, wie du es heute noch tust. Wie konnte ich das nur vergessen?

Trotzdem ist mir nicht wohl dabei, offensichtlich so ganz anders zu sein als die anderen Menschen. Wenn ich jetzt in aller Öffentlichkeit von anderen Ebenen, von Reisen in die Vergangenheit und so weiter erzählte, dann würde man mich entweder als Verrückte oder als Scharlatanin abstempeln. Ich liebe es nicht sehr, verspottet zu werden. Willst du etwa darauf hinaus? Werden alle Leute mit Fingern auf mich zeigen, wenn ich diese ‹Aufgabe› übernehme, die du mir anbietest?»

«Also gut», begann Haurvata. «Erstens einmal hast du überhaupt nichts ‹vergessen›. Wir haben nur einen Vorhang über die frühesten Erlebnisse gezogen, die du außerhalb deines Körpers hattest, damit du dich an die physische Welt anpassen und in dieser Welt ein konstruktives Leben führen konntest. Aus dem gleichen Grund sind den Menschen ihre Träume nicht bewußt. Es ist wissenschaftlich erwiesen, daß wir alle träumen. Wir wissen sogar, daß diese Träume für unser Wohlbefinden unbedingt notwendig sind. Aber viele Menschen erinnern sich hinterher gar nicht mehr an ihr Leben im Traumzustand. Haben sie es tatsächlich ‹vergessen›? Nein. Sie haben sich nur entschieden, einen Vorhang über ihre Traumerlebnisse zu ziehen, weil sie innerlich noch nicht bereit sind, sich bewußt mit den Inhalten ihrer Träume auseinanderzusetzen.

Du fragst dich jetzt sicher, warum das so ist. Ich will es dir er-

klären. Es besteht immer die Gefahr, daß das Traummaterial das
tägliche Leben des Träumers stört oder durcheinanderbringt.
Erinnerst du dich noch daran, was ich vorhin gesagt habe – daß
das Unterbewußtsein und das Unbewußte der Menschen hinter
ihrer ‹Mauer› verborgen liegt? Wenn ein Mensch keine Werkzeuge besitzt, mit deren Hilfe er den Inhalt seiner Träume enträt-
seln, in ein sinnvolles Muster verwandeln und in sein Leben
einordnen kann, dann kann der Traum statt einer Quelle der
Weisheit zu einer Quelle des Chaos werden.

Auch andere innere Erlebnisse wie zum Beispiel Reisen außerhalb des Körpers, die ich lieber als erweitertes Bewußtsein bezeichne, können unser normales Leben stören. Der Unterschied
zwischen dem ‹geistig Gesunden› und dem ‹Verrückten› ist eigentlich sehr einfach: Ein geistig gesunder Mensch kann mit der
Komplexität der menschlichen Erfahrungen umgehen. Er begreift, daß das Subjektive und das Objektive verschiedene Realitätsmaßstäbe haben, und verwechselt diese beiden Bereiche nicht.

Der Geisteskranke dagegen kann nicht zwischen ‹subjektiv›
und ‹objektiv› unterscheiden. Er versucht seine subjektiven Realitäten auf der objektiven Ebene auszuleben. So springt er zum Beispiel von einem Gebäude, weil er wirklich glaubt, daß er fliegen
kann. Oder er bringt seine Mutter um, weil der ‹Teufel› – die Verkörperung seiner eigenen bösen Triebe – es ihm befohlen hat. Mit
anderen Worten: Er kann nicht mehr konstruktiv mit den subjektiven Inhalten seines Ichs umgehen. Seine Mauer hat einen Riß bekommen, durch den alle grauenvollen Ungeheuer eindringen
können!»

«Aber was ist mit mir?» beharrte ich. «Warum war es besser für
mich, daß ein Vorhang über meine ersten spirituellen Erlebnisse
gezogen wurde?»

«Du brauchtest Zeit, um dich auf der physischen Ebene zurechtzufinden», entgegnete Haurvata. «Du mußtest deinen Weg
im Leben akzeptieren, egal, wie schwierig er war, und entschlossen sein, ihn durchzustehen. Du durftest dich nicht in dein inneres
Leben zurückziehen, um auf diese Weise vor der Einsamkeit und
Langeweile deiner Jugend zu entfliehen. Ich mußte dir deine Möglichkeiten vorübergehend beschneiden, damit du gezwungen
warst, stärker zu werden. Aber ich habe dich nie verlassen, mein
liebes Kind. Niemals.»

Ich blickte den Meister nicht an. Unter Aufbietung all meiner Willenskraft gelang es mir, die Tränen zurückzuhalten. Ich richtete meinen Blick auf den Hut einer Frau, die fünf Reihen vor mir saß.

«Und was deine Angst angeht, daß die Leute mit Fingern auf dich zeigen könnten», fuhr der Meister mit höflichem, ausdruckslosem Gesicht fort, «so kannst du es natürlich auch sehen, wenn du willst. Aber ich finde, das ist ein ziemlich geringes Opfer, wenn man bedenkt, daß man früher für so etwas auf dem Scheiterhaufen verbrannt oder den Löwen zum Fraß vorgeworfen wurde. Du dagegen wirst weder deine Familie noch dein Zuhause, noch deine wahren Freunde verlieren. Aber natürlich bleibt die Entscheidung einzig und allein dir überlassen. Du kannst immer noch zurück, wenn du willst. Noch ist es nicht zu spät.»

«Schau», sagte ich flehentlich, «ich habe ja gar nicht gesagt, daß ich es nicht tun will. Und ich bin dir wirklich dankbar für deine Führung und Unterstützung in all diesen Jahren. Aber ich muß noch darüber nachdenken, Haurvata. Das ist keine leichte Aufgabe. Wenn ich sie übernehme, muß ich mir überlegen, was für Konsequenzen das für mein Leben haben wird. Vielleicht ändert sich dadurch nichts – vielleicht alles. Ich weiß es einfach noch nicht.»

«Gut, laß dir ruhig Zeit», antwortete Haurvata mit unbeteiligtem Gesicht. «Wir haben jetzt schon so lange gewartet. Ein Weilchen länger spielt auch keine Rolle mehr.»

«Am meisten beschäftigt mich die Frage: Warum gerade ich?» fügte ich hinzu. «Es gibt doch sicher jemanden, der besser dafür geeignet wäre. Ich kann doch unmöglich die einzige sein, die für diese Aufgabe in Frage kommt.»

«Nein, das bist du nicht», seufzte der Meister, nahm den Hut ab und legte ihn sich auf den Schoß. «Aber du hast bei dieser Sache am meisten zu gewinnen und auch am meisten zu geben. Es wäre ein fairer spiritueller Tausch. Deshalb ist unsere Wahl zuerst auf dich gefallen. Aber du bist keineswegs unsere einzige Chance. Unsere Informationen werden schon seit geraumer Zeit durch die inneren Kanäle ausgesandt; und wir werden sie weiterhin aussenden. Sie liegen bereits ‹in der Luft›, wie ihr zu sagen pflegt.

Es sind schon ähnliche Bücher über dieses Thema geschrieben worden, und es werden noch viele weitere erscheinen. Aber der

Inhalt dieser Bücher wird jeweils durch die Linse der Denkstrukturen ihres Verfassers gefiltert sein. Zur Zeit geht es in diesen Büchern hauptsächlich um Deutungen und Anwendungen psychologischer Erkenntnisse. Bei dir haben wir das Gefühl, daß du diesen Informationen eine spirituelle Dimension hinzufügen könntest – für die Leser, die für diese Sichtweise bereits offen sind. Und das sind in Wirklichkeit mehr Menschen, als du im Augenblick glaubst. Vertraue mir.»

«Ich vertraue dir ja», beharrte ich. «Aber ich habe immer noch Zweifel an mir selbst. Ich werde ja sehen, welche Informationen zu mir durchdringen. Ich nehme an, wenn ich die richtige Person dafür bin, wird das Material für das Buch von selbst zusammenkommen. Aber jetzt habe ich noch eine Frage an dich, ehe dieses seltsame Erlebnis wieder zu Ende geht.»

«Was für eine Frage?» erkundigte sich der Adept.

«Haben wir die Geschichte meines Lebens eigentlich verändert, als wir die Zeit zurückdrehten?»

«Nein, mein Liebes», beruhigte Haurvata mich. «Wir haben den ‹stabilen› Kern der physischen Realität nicht berührt, denn dieser Kern ist starr und unnachgiebig. Wir haben nur auf die subjektive innere Verfassung des kleinen Mädchens Einfluß genommen. Sie mußte erfahren, daß sie überleben würde – daß sie sich selbst treu bleiben und einen wichtigen Beitrag zum Leben leisten würde. Und wir haben auch das Leben der erwachsenen Frau beeinflußt, die immer noch an ihrer Vergangenheit und ihrer Zukunft zweifelt.»

«Ja», antwortete ich leise. «Ich verstehe, was du meinst. Ich glaube, ich mache mir immer noch die gleichen Sorgen wie damals als kleines Mädchen. Ich habe immer noch ein bißchen Angst, daß aus meinem Leben letztes Endes nichts werden wird.»

«Dann denke darüber nach, was du tun kannst, um dem Ganzen zu dienen», erwiderte Haurvata. «Was DU tun kannst. Andere Menschen erlassen vielleicht Gesetze, beeinflussen die öffentliche Meinung oder häufen Reichtümer an. Aber bei dir sehe ich, daß du das Zeug zur Meisterschaft in dir hast. Dies ist deine Ausbildungszeit. Vergeude sie nicht.»

Haurvata verstummte. Er senkte das Kinn auf die Brust und schien vor sich hin zu dösen; und ich überließ mich ganz den wiegenden Bewegungen des Zuges. Ich blickte mich um, um zu sehen, wie die Landschaft an uns vorbeiraste. Sie war schön, wenn auch ein wenig trocken und trostlos; es war, als warte sie auf einen bedeutenderen Daseinszweck, als einfach nur zu existieren, wie sie es bereits seit hunderttausend Jahren tat. Aber das war natürlich nur eine Illusion. Ich schüttelte den Kopf und fragte mich, was im Leben eigentlich *keine* Illusion war. War es wirklich ungefährlich und vernünftig, meine eigenen Ankerpunkte der Realität aufzugeben, wenn von der Gegenwart, der Vergangenheit und der Zukunft, die sich zu dem bedeutungsvollen Augenblick namens «Jetzt» zusammendrängten, so vieles unbekannt war?

KAPITEL FÜNF

Für diesmal immerhin doch etwas

Allmählich ging der Winter vorüber. Obwohl es morgens nach wie vor kalt war und manche Tage sich immer noch in Nebel hüllten, schienen die Bäume es zu wissen. Aus ihren kahlen Zweigen brachen rosa und weiße Blüten hervor, die anmutig am Himmel schwebten wie Schaum auf den Wellen. Die Hecken, die wir im Herbst zurückgeschnitten hatten, reckten jetzt stolz zarte neue Zweige hervor, die mit blaßgrünen und blaßroten jungen Blättern geschmückt waren. In meinem Garten schoben die Zwiebelpflanzen ihre ersten Blätter aus dem Boden, und vergessene Stiefmütterchen, von denen ich geglaubt hatte, daß sie in der Hitze des letzten Sommers längst verdorrt waren, erwachten wieder zum Leben und bildeten dichte Teppiche aus dunkelgrünen gekräuselten Blättern.

Überall regten sich voll innerer Unruhe Erde, Äste und Zweige und strahlten eine feine Schwingung der Hoffnung und des Versprechens aus. Ich nahm mir einen Tag Zeit, um mich auf die neue Jahreszeit einzustimmen. Den Morgen widmete ich spiritueller Lektüre und dachte nach, und am Nachmittag säte ich die Blumensamen aus, die ich von einem Gartenversand bestellt hatte.

Dieser Tag der inneren Besinnung tat mir gut. Immer wieder kamen mir ganz unverhofft und unaufgefordert neue Ideen über die männlichen und weiblichen Verkörperungen der Seele. Erinnerungen an meine erstaunliche Reise durch die Zeit mit Haurvata Sampa und an das, was ich über die «Mauer» erfahren hatte, strömten wieder in mein Bewußtsein. Obwohl ich seit diesen Erlebnissen nur relativ wenig Neues erreicht hatte, versuchte ich mir einzureden, daß ich tat, was ich konnte. Die dumpfe Unruhe, die ich spürte, schrieb ich dem bevorstehenden Frühling zu.

Nach dem Mittagessen holte ich die Eierkartons hervor, die ich den Winter über gesammelt hatte, schnitt die Deckel ab, zählte die Kartons und stapelte sie auf der Veranda übereinander. Es waren acht Stück. Dann ging ich zum Werkzeugschuppen hinüber und zerrte einen Sack Erde und einen großen Eimer heraus. Ich wählte meine Samen aus und schnitt die luftdichten Tütchen, in denen sie lagen, vorsichtig auf. Es waren orangefarbene Zinnien, eine Nelkenmischung, Vergißmeinnicht, Muschelblumen, Geranien und Ranunkeln.

Ich war aufgeregt, und doch war mir gleichzeitig auch etwas unbehaglich zumute. Da ich mit Gartenarbeit noch nicht viel Erfahrung hatte, machte ich mir Sorgen um meine Samen. Ich hatte Angst, daß ich ihnen entweder nicht genug oder zuviel Wasser geben würde oder daß es auf der Veranda zu warm oder zu kalt für sie war, so daß sie nicht keimen konnten. Nervös deckte ich sie alle mit Plastikfolie ab und stellte sie an den hellsten Platz.

Nachdem ich die Veranda rasch wieder aufgeräumt und gefegt hatte, zog ich meine Leinenschuhe an und schlenderte durch den Garten. Die Narzissen, die ich letztes Jahr gesetzt hatte, blühten schon. Ich hatte um alle Beete Schneckenkörner gestreut, um sie zu schützen. Ein weißes Steinkraut hatte sich selbst ausgesät und trieb rund um das Rosmarinbeet, das jetzt mit blaßblauen Blüten übersät war, kräftig aus. Ich sah, wie die Tulpen, die ich vor zwei Monaten gesetzt hatte, inzwischen gewachsen waren. Dann bog ich um die Ecke zu dem Swimmingpool im Hinterhof und erschrak. Was ich dort sah, kam für mich vollkommen unerwartet.

Zwei Leute lagen in Liegestühlen am Wasser. Ich weiß noch, daß ich im ersten Augenblick der Überraschung und Verwirrung dachte, sie sähen aus wie Hippies aus den sechziger Jahren. Andererseits waren ihre bodenlangen Kleider sauber, und ihrem Gesichtsausdruck nach zu schließen, waren sie alles andere als «high». Einer von ihnen, der Mann, lag zurückgelehnt da und hatte die Knie angezogen; unter seiner Kleidung schauten nackte, spatenförmige braune Füße hervor. Er hatte den Kopf nach hinten gelegt, als wolle er die Sonnenstrahlen so intensiv wie möglich in sich aufnehmen. Er trug eine dunkle Sonnenbrille.

Die Frau war klein und ebenfalls dunkelhaarig. Sie trug ein schlichtes, langes, blau-weißes Kleid. Mit ihrem makellosen herzförmigen Gesicht und ihrer blassen, zartgelben Haut sah sie aus, als sei sie einer persischen Miniatur oder einem chinesischen Gemälde entstiegen. Ich erkannte, daß sie Asiatin war.

Die Frau blicke ruhig auf und lächelte mir zu, wie ein etwas herablassender Gast huldvoll seinen Gastgeber anlächelt. Der Mann setzte sich abrupt in seinem Stuhl auf und riß sich mit dramatischer, schwungvoller Geste die Sonnenbrille vom Gesicht. Es war mein Lehrer, Haurvata Sampa!

«Ha, ha, ha!» lachte er dröhnend mit der hemmungslosen Lustigkeit, zu der er fähig war, wenn ihn etwas freute oder amüsierte. Auch die Frau lachte, aber ihre Stimme ging in der dröhnenden Heiterkeit meines Lehrers völlig unter. Sie zog die kleine Nase kraus, und ihre Augen blitzten mich freundlich an. Mir fiel auf, daß sie flache Stoffschuhe trug. Sie faltete ihre zarten Arme und Hände wie weiße Flügel im Schoß zusammen.

«Ihr habt mir einen ganz schönen Schrecken eingejagt», sagte ich. Das Adrenalin pochte immer noch in meinen Adern. «Dich hätte ich ja eigentlich erkennen müssen, Haurvata – aber daß noch jemand anders dabei war, hat mich verwirrt.»

«Das tut mir leid, liebe Tochter», sagte der Meister. «Aber schließlich hast du mich ja selbst gerufen, nicht wahr? Und hier bin ich, dein Lehrer – diesmal mit einem Ehrengast!»

Er hatte sich erhoben. Sein dunkelhäutiges Gesicht strahlte. Er verneigte sich leicht nach rechts und wies auf die hübsche Frau, die immer noch in dem Liegestuhl saß.

«Die Unmani-Dhun-Meisterin Kyari Hota», stellte er vor. Er sprach ihren Namen klar und deutlich aus.

Haurvata hatte mir einmal gesagt, Unmani Dhun bedeute soviel wie «die zehnte Tür» – ein Begriff, der manchmal auch unter dem Namen «das spirituelle Auge» oder «Auge der Seele» bekannt sei. Als ich Kyari Hotas zarte Hände und feine Gesichtszüge musterte, fragte ich mich unwillkürlich, wie es ihr wohl gelungen war, in diese mächtige Gruppe aufgenommen zu werden.

Die Adeptin erwiderte meinen Blick, und auf ihrem Gesicht breitete sich ein sanftes Lächeln aus. Als sie aufstand, sah ich, daß sie klein und zierlich war, nicht größer als einen Meter sechzig. Langsam ging ich auf die beiden zu, ein wenig eingeschüchtert durch die Gegenwart eines spirituellen Lehrers, den ich noch nicht kannte – und noch dazu eines weiblichen! Ein paar Sekunden lang fehlten mir die Worte. Zögernd hielt ich ihr meine Hand entgegen – so wie man die Finger ausstreckt, um eine schöne, aber zarte Seeanemone in einem Gezeitentümpel zu berühren.

Sie sah mir tief in die Augen und ergriff meine Hand. Ihre Finger fühlten sich leicht und kühl an.

«Ich freue mich, dich begrüßen zu können.»

Ihre Stimme klang unerwartet fest und entschlossen und war melodisch wie der Klang tibetischer Glocken.

«Es ist immer ein besonderes Vergnügen für mich, wenn mein verehrter Bruder, Haurvata Sampa, mich bittet, ihm bei der Unterweisung eines Schülers zu helfen. Wie ich gehört habe, hast du eine Mission auf dich genommen, die zur weiteren Entwicklung der Menschheit beitragen soll. Ein löbliches, wenn auch schwieriges Unterfangen! Dein Thema ist eines meiner ‹Spezialgebiete›, wie du es ausdrücken würdest. Ich werde deine ‹Beraterin› bei diesem Projekt sein. Um es kurz zu machen, wir drei werden gemeinsam an diesem Buch arbeiten. Das heißt, natürlich nur, wenn du damit einverstanden bist?»

Sie zog eine Augenbraue hoch und lächelte mich freundlich an. Hundert unausgesprochene Fragen im Hinblick auf diese Meisterin schossen mir durch den Kopf und kämpften um meine Aufmerksamkeit. Mit Mühe drängte ich sie zurück und antwortete so einfach und sachlich, wie ich konnte.

«Ich wäre dankbar dafür», sagte ich. «Ich weiß noch nicht viel über dieses Buch. Ein paar Dinge habe ich mir schon notiert. Aber vieles ist mir noch ein Rätsel. Zum Beispiel hat Haurvata mir gesagt, daß mir dieses Wissen schon vor langer Zeit eingegeben worden ist, ohne daß ich es wußte. Darüber habe ich mir viele Wochen lang den Kopf zerbrochen, ohne es zu begreifen! Ich habe meine Zweifel, ob ich wirklich genügend Material zu dem Thema zusammenbekommen werde, um ein Buch damit zu füllen. Und ich glaube, ich habe auch noch ein paar andere Fragen . . .»

Kyari Hota lächelte beruhigend. «Mein Freund Haurvata Sampa hat mir einen Überblick über alles gegeben, was du bis jetzt gelernt hast. Hab keine Angst. Wir werden dich sicher aus deinem kleinen Hafen aufs offene Meer hinausführen! Du wirst

dich bald an die Weite und Freiheit der kosmischen Meere gewöhnen.»

Ihre Worte hatten eine seltsam belebende Wirkung auf mich.
Sie schienen mir mehr zu sein als nur eine Zukunftsprophezeiung. Sie kündigten eine neue Realität in der Gegenwart an. Ich
spürte, wie die Macht dieser Realität mir eine ganz neue, unbekannte Energie schenkte. Ich bebte am ganzen Körper. Fühlte
sich so ein Baum, wenn der Frühling ihn zu plötzlicher Blüten-
fülle drängte? Ich floß förmlich über vor Glück und neugewon-
nener Zuversicht.

«Kann ich euch etwas zu trinken anbieten?» fragte ich strahlend.

«Ja, gern», lächelte die Frau und entblößte ihre kleinen, elfen-
beinfarbenen Zähne. Liebenswürdig wandte sie sich an Haurvata, der mit einem kurzen Kopfnicken antwortete. «Für ihn
auch, bitte.»

So rasch ich konnte, lief ich in die Küche und brachte einen
Krug mit geeistem Kräutertee, eine Flasche Apfelsaft, drei Glä-
ser und eine Plastikschüssel mit Eiswürfeln. Ich stellte das Tablett neben den beiden ab, zog mir einen dritten Stuhl heran und
setzte mich zu ihnen. Sie waren während meiner Abwesenheit in
ein angeregtes Gespräch vertieft gewesen. Als ich näher kam,
hörte ich, daß sie sich über den Wetterumschwung unterhielten,
der vor kurzem eingetreten war. Es belustigte mich, wie alltäg-
lich das alles wirkte! Und doch waren es zwei Meister, die hier
saßen wie ein x-beliebiges Paar, das sich in einem Vorort an seinem Swimmingpool erholt. Bei diesem Gedanken mußte ich
trotz meiner Nervosität leise lachen. Haurvata fing meine belustigte Stimmung auf und reagierte gleich.

«Ah! Endlich haben wir dich so weit gebracht, daß du bei allem auch die humorvolle Seite siehst, mein Liebes», sagte er.
«Am Anfang habe ich mir wirklich Sorgen um dich gemacht.
Ich dachte, du bekommst jetzt gleich einen nervösen Ausschlag
oder noch etwas Schlimmeres. Sind zwei Adepten auf einmal
zuviel für dich? Haben wir dich überfordert? Wenn das so ist,
gehe ich gleich wieder!»

Er stand abrupt auf, als wolle er uns tatsächlich verlassen.

«Nein. Geh nicht!» rief ich. Halb befürchtete ich, er werde
wirklich verschwinden, wie er es immer tat, wenn unsere Lek-

tion beendet war. Gleichzeitig amüsierte mich seine schauspielerische Darbietung. Ich lachte laut und spürte, wie sich eine ungeheure Spannung in meiner Brustmuskulatur löste.

«Ah! Sie lacht. Jetzt können wir vielleicht endlich etwas Ernstes besprechen.» Bei diesen Worten setzte er mit übertriebener Geste seine dunkle Brille wieder auf und streckte die Hand nach dem Krug aus, um sich ein Glas Eistee einzuschenken.

Ich kicherte und unterdrückte die Welle hysterischer Lustigkeit, die mich zu übermannen drohte.

Haurvata schenkte Kyaris Glas voll und reichte es ihr.

«Danke», sagte sie.

«Jetzt setz dich hin und hör zu», befahl Haurvata. Er nickte auffordernd zu der Meisterin hinüber, die einen Schluck aus ihrem Glas nahm und es dann wieder aufs Tablett zurückstellte. Danach trat eine kurze Gesprächspause ein, während der sie mich nachdenklich betrachtete. Schließlich begann sie zu sprechen.

«Heute wollen wir die Entwicklung der Geschlechter aus spiritueller Perspektive betrachten. Du kannst es ‹spirituelle Chemie› nennen, wenn du willst, oder vielleicht sogar ‹sexuelle Evolution›. Es ist ein Thema, das die Menschen – selbst spirituell recht weit fortgeschrittene – schon lange verwirrt, denn es ist von vielen falschen Vorstellungen überschattet. Diese Vorstellungen sind im Bewußtsein der verschiedenen Kulturen und in der Datenbank des kollektiven Unbewußten der Menschheit verankert.

Natürlich sind in diesem kollektiven Gedächtnis auch die richtigen Vorstellungen gespeichert. Aber sie liegen tiefer unten als die falschen. Sie sind durch die Ideen, die sich im Lauf der Zeit in uns angesammelt haben wie verschiedene Gesteinsschichten, allmählich immer tiefer hinabgesunken. Wenn du graben und diese Vorstellungen freilegen könntest, würdest du vielleicht erkennen, wie sie in einzelnen Schichten übereinanderliegen wie die Überreste vorsintflutlicher Fische und anderer prähistorischer Meerestiere.

Die Wahrheit über Mann und Frau ist aber noch älter als die Dinosaurier. Der ursprüngliche kreative Impuls Gottes hat die Verkörperungen der Seele auf allen niedrigeren Ebenen der Schöpfung in männliche und weibliche Wesen eingeteilt. Der männlichen Verkörperung verlieh Gott seine Eigenschaften der Aktivität und Aggression, des Drangs nach Expansion, Erfahrung und Herrschaft. Der weiblichen Verkörperung schenkte er andere Eigenschaften von sich: Ruhe und Passivität, den instinktiven Drang zum Rückzug, zur Versenkung in sich selbst und zur Liebe.

Die männliche Verkörperung hielt den Schlüssel zur spirituellen Wandlung in der Hand; die weibliche Verkörperung dagegen kannte das Geheimnis der physischen Manifestation. Jeder Seele, die in den niedrigeren Welten Gestalt annahm, gab Gott diese beiden zueinander passenden Teile in der Hoffnung, daß sie im Laufe der vielen Jahrhunderte und der vielen Existenzen beide Aspekte des göttlichen Zustandes in sich erkennen und verwirklichen würde, so daß sie als vervollkommnetes Wesen in die höheren Welten zurückkehren konnte.

Am Anfang, im Goldenen Zeitalter der niedrigeren Welten, funktionierte diese Lösung auch sehr gut. Allen empfindungsfähigen Wesen war der Ursprung und der Zweck dieser Teilung bewußt. Männer wie Frauen respektierten den göttlichen Plan und förderten in jedem Menschen und auch in allen tierischen Lebensformen ein harmonisches Gleichgewicht zwischen männlichen und weiblichen Eigenschaften.

Zwar fühlten sich die Männer immer stärker zu ihrer männlichen Hälfte hingezogen und die Frauen zur weiblichen; doch diese Anziehungskraft zerriß niemals das Band der Liebe und des Vertrauens zwischen den beiden Geschlechtern. Männer und Frauen erkannten ineinander ganz richtig die Verkörperung ihrer weniger ausgeprägten Seite und strebten danach, die Eigenschaften, die Gott ihnen gegeben hatte, durch das Vorbild des anderen Geschlechts in ein ausgewogenes Gleichgewicht zu bringen. Doch mit der Zeit wandelte sich diese Idee und begann zu dem zu entarten, was sie heute ist. Kaum hatte die Degeneration der Idee begonnen – gegen Ende des Silbernen Zeitalters –, führte der Weg sehr rasch bergab. Natürlich spreche ich hier von einem Zeitraum von mehreren hundert Millionen Jahren. Die Artuslegende handelt hauptsächlich von diesem Degenerationsprozeß.»

«Wirklich? Mich haben die Artuslegenden schon immer interessiert! Es gibt so viele Romane und Phantasiegeschichten, die sich auf das Rohmaterial dieser Legenden stützen. Hat Artus denn wirklich gelebt? Und die Ritter der Tafelrunde auch?»

«Ja und nein», antwortete meine zierliche Meisterin.

Das Nachmittagslicht glitzerte in ihrem dunklen Haar, und ein leichter Wind zog sanft an ihrem Kleid und den losen Strähnen, die ihr Gesicht einrahmten; es war, als wolle er mit ihr spielen. Haurvata saß da, als sei er ebenso in ihren Vortrag vertieft wie ich.

«Aber im großen und ganzen lautet die Antwort sicherlich ja», fuhr sie fort. «Die Gelehrten siedeln die Legenden zu nahe an unserer Gegenwart an, wo sie sich mit den Ausschmückungen der ritterlichen Überlieferungen vermischen. Das ist ihr größter Fehler. Denn ursprünglich ist die Geschichte viel, viel älter!

Die Artuslegende ist ein Archetyp, der durch das Kulturgedächtnis der Bewohner des heutigen Großbritannien Eingang ins kollektive Unbewußte gefunden hat. Als sich deren Seelen dann in neuen Körpern reinkarnierten, festigten sie diesen Archetyp und verbreiteten ihn unter den Völkern Europas. Dieser Archetyp hat eine hohe ätherische Schwingung. Mit anderen Worten: Er ist eine Samengeschichte, aus der wir eine wichtige spirituelle Lektion lernen können. Das gilt übrigens für viele alte Geschichten. Deshalb haben sie sich über Jahrhunderte hinweg gehalten und erfreuen sich immer noch großer Beliebtheit.

Du wirst feststellen, daß die Artuslegende meist ganz bestimmte Leute anspricht, die in folgende Kategorien gehören: Seelen, die zur Zeit der Artuslegende auf der Erde inkarniert waren, und Menschen, die die Erkenntnisse, die diese Geschichte enthält, für ihr weiteres spirituelles Wachstum brauchen.»

«Passe ich in eine dieser Kategorien?» fragte ich.

«Du paßt in beide», lautete die milde Antwort. «Aber laß mich weitersprechen. Vielleicht weißt du noch, daß eines der Hauptmotive der Geschichte der Betrug der Königin Guinevere und des Ritters Lanzelot an König Artus ist. Die beiden haben eine außereheliche Liebesbeziehung. Sie werden ertappt, und Guinevere wird vor Gericht gestellt und zum Tode verurteilt. Doch im letzten Augenblick rettet Lanzelot sie, und von da an lebt sie als fromme Einsiedlerin. Das ist zumindest eine sehr bekannte Version der Legende.»

«Und was hat das mit unserem Gespräch über die veränderte Einstellung zum Männlichen und Weiblichen zu tun?» konnte ich mir nicht verkneifen zu fragen.

«Camelot ist die Erinnerung eines Kulturkreises aus einer Zeit

des Übergangs zwischen zwei Zeitaltern der Menschheitsge-
schichte: dem Silbernen und dem gerade bevorstehenden Bron-
zenen Zeitalter. Es war ein Übergang von einer verhältnismäßig
friedlichen und positiven Zeit zu einer Epoche voller Blutvergießen und Negativität. Von unserem Standpunkt aus, zu Beginn
des jetzigen – Eisernen – Zeitalters, wirkt Camelot wie eine
strahlende Vision im Nebel. Es weckt unsere ganze nostalgische
Sehnsucht nach einer besseren Zeit, einer Zeit, die nie wieder-
kehren wird!»

Kyari Hota stand auf und ging geistesabwesend zu den Geranien hinüber, die ihre schlichten weißen Knospen eifrig in die
Sonne reckten. Ein kleiner weißer Schmetterling – ein Anblick,
den ich den ganzen Winter über vermißt hatte – flatterte um
ihren Kopf herum, landete auf den Blüten und schlug zart mit
den Flügeln. Weiß auf weiß – Blüten und Schmetterling – existierten ein paar Sekunden lang außerhalb der Zeit.

Dann erhob sich der Schmetterling wieder von der Blüte, umkreiste noch einmal Kyari Hotas Kopf und flatterte in ziellosem
Zickzackflug davon. Die Meisterin verfolgte ihn mit den Blik-
ken und schenkte Haurvata und mir ein strahlendes Lächeln.
Dann ließ sie ihren Blick auf mir ruhen.

«Was hast du gerade gesehen, meine Tochter? Sag es mir.»

«Einen weißen Schmetterling. Er hat sich auf die Geranie gesetzt und ist dann wieder weggeflogen», antwortete ich.

«Ist das alles?» fragte sie.

«Tja...», zögerte ich. «Irgendwie war etwas Besonderes
daran. Als ob die Zeit stillgestanden hätte. Ich glaube, es hat
etwas damit zu tun, daß beide weiß waren – der Schmetterling
und die Blüte. Als der Schmetterling auf der Blüte landete und
so friedlich mit den Flügeln schlug und die Blüte einfach... eine
Blüte war, da hatte ich das Gefühl...Jetzt habe ich es! Irgendwie
erinnerte dieses Bild mich an die Seele, die aus einem aktiven
und einem passiven Prinzip besteht, wie du mir gerade erklärt
hast. Die ruhende Seele und die Seele in Aktion. Und beide sind
Teil des einen – des Ganzen!»

Ich war aufgeregt – vielleicht übertrieben aufgeregt – bei dieser Entdeckung. Fast hätte ich meinen Eistee verschüttet; aber
ich fing das Glas gerade noch rechtzeitig auf, ehe sein Inhalt sich
über meinen Schoß ergoß.

Da drang helles Gelächter an mein Ohr. Es war meine neue Lehrerin. Wir stimmten alle in ihr Gelächter ein.

«Gut beobachtet», murmelte Haurvata, als unsere Heiterkeit sich wieder gelegt hatte.

«Das ist ein Beispiel für das, wonach du uns vorhin gefragt hast – daß wir dir dieses Wissen eingegeben haben, ohne daß du es merktest», sagte Kyari Hota. «Es ist ein ‹verborgenes Wissen›. Verstehst du: Als du sahst, wie der Schmetterling sich auf die weiße Blüte setzte, spürtest du eine Schwingung in deinem Inneren. Wie eine Glocke, die angeschlagen wird, hallte dieses Gefühl in deiner ganzen Seele wider, und seine Wellen breiteten sich immer weiter aus – bis hin zu deinem Verstand und deinen physischen Sinnesorganen. Doch erst als du dich bemühtest und in deinem Inneren danach suchtest, begriffst du mehr davon als bei deiner ersten banalen Erklärung dieses Anblicks.»

«Ist es das, was man als Wachtraum bezeichnet?» fragte ich. Den Begriff hatte ich einmal von irgend jemandem gehört.

«Ja, so etwas Ähnliches», stimmte sie zu, «obwohl im Leben normalerweise immer alles genauso ist, wie du es siehst. Das heißt, wenn eine deiner Milchtüten ein Loch hat, bedeutet das meist nichts anderes, als daß du wieder in den Laden zurückgehen und neue Milch kaufen mußt! Doch ab und zu gibt das Leben dir ein bedeutungsvolleres, klareres Bild von sich selbst oder von dir. Verstehst du das?»

«Ja», antwortete ich. «Robert Frost hat einmal ein Gedicht darüber geschrieben. Es ist eines meiner Lieblingsgedichte. Ich glaube, es heißt ‹Für diesmal immerhin doch etwas›. Es handelt von jemandem, der in Brunnen hineinschaut immer auf der Suche nach etwas, aber stets nur sein eigenes Spiegelbild im Wasser sieht. Eines Tages hat er das Gefühl, am Grund des Brunnens etwas Weißes zu entdecken; doch da fällt ein Wassertropfen von einem Farnwedel ins Wasser und löscht seine Vision wieder aus. Er fragt sich: ‹Was war dieses Weiße? Die Wahrheit? Oder nur ein Kieselstein? Für diesmal immerhin doch etwas.›»

Ich seufzte. «Jetzt verstehe ich, warum mir dieses Gedicht so gut gefiel. Es erinnerte mich an meine eigene Situation. Oder eigentlich an die Situation aller Menschen. Man versucht, durch den oberflächlichen äußeren Schein der Dinge hindurchzuschauen, über sich selbst hinauszusehen. Aber man erhascht nur einen flüchtigen Blick, und schon ist die Vision wieder verschwunden!»

«Ja», antwortete die Meisterin mitfühlend. «So geht es allen Seelen, die versuchen, über den äußeren Schein der Welt hinauszukommen. Denn das, was am Grunde aller Dinge liegt, ist nichts anderes als die Wahrheit selbst!»

«Aber können wir die Wahrheit denn erkennen? Kann unser Verstand sie überhaupt wahrnehmen?» fragte ich.

«Ja, sicher», nickte Kyari. «Wie ich dir schon zu erklären versucht habe, liegt die Wahrheit bereits in dir – in jedem Menschen. Man muß sie erst erkennen und dann leben. Aber sie zu leben ist das wichtigste. Und das kannst du nur erreichen, indem du jede Situation, in die du in deinem Familienleben, bei der Arbeit oder beim Spiel hineingerätst, mit Liebe meisterst. Die Liebe wird Wahrheit in dein Leben bringen; durch sie wird die Wahrheit greifbar wie ein weißer Kieselstein! Die Wahrheit ist nur für die Menschen unerreichbar, die sich die Erfahrung der Liebe verweigern. Verstehst du?»

Sie erinnerte mich so sehr an Haurvata Sampa. Mich durchzuckte der Gedanke, daß die beiden Bruder und Schwester oder vielleicht sogar die männliche und weibliche Version desselben Ichs sein könnten. Es war eine verblüffende Idee. Ich behielt sie im Hinterkopf, um später eingehender darüber nachdenken zu können.

«Ich fürchte, wir haben uns sehr weit vom armen König Artus entfernt, meine Damen.» In Haurvatas rauher Stimme schwang ein belustigter Unterton mit.

Es war kaum zu glauben – ich hatte seine Gegenwart beinahe vergessen. Kyari Hota warf ihren kleinen Kopf zurück und lachte.

«Das stimmt, mein Freund. Aber sag jetzt bitte nicht, das liege daran, daß wir Frauen sind und keinen Gedanken logisch bis zu Ende verfolgen können!»

«So etwas wäre mir nie eingefallen», protestierte Haurvata. «Aber jetzt, wo du mich darauf bringst...»

Kyari Hota brachte ihn mit einem Lächeln und einer abschließenden Handbewegung zum Schweigen. «Also gut», sagte sie lachend. «Machen wir weiter mit dem armen Artus. Arm war er allerdings nur in materieller Hinsicht, denn wenn es ihm auch nicht gelang, sein Ideal auf der Erde zu verwirklichen, so ist er doch auf dem spirituellen Weg einen Schritt weitergekommen. Camelot mußte scheitern, weil so etwas in der damaligen Zeit nicht möglich war. Die negative Kraft wurde immer stärker und sammelte ihre Kräfte, um die Erde in den nächstniedrigeren Zyklus hinabzustoßen. König Artus' Ziel war edel, aber unerreichbar. Und doch bestand seine Mission darin, es wenigstens zu versuchen, und er hat es guten Herzens getan. Und das, meine liebe Tochter, ist das einzige, worauf es letzten Endes wirklich ankommt.»

Den letzten Satz sprach sie mit leiser, milder Stimme, und ihr sanfter Blick drang mir bis ins Herz. Mir wurde klar, wie verkrampft ich viele Dinge in der letzten Zeit gesehen hatte. Vor allem überwältigte mich die Bedeutung der Aufgabe, die man mir anvertraut hatte: über die männliche und die weibliche spirituelle Kraft zu schreiben. Innerlich sagte ich «danke» dafür. Kyari warf mir einen gütigen Blick zu und fuhr dann mit ihren Erklärungen fort.

«Der Betrug Guineveres und Lanzelots war ein Verrat am spirituellen Ideal der wahren Liebe zwischen Mann und Frau. Die Liebe zwischen Artus und Guinevere war keine romantische oder sexuelle Liebe, wenn sie auch beide Elemente in ausgewogenem Gleichgewicht enthielt. Da sie als das akzeptiert wurde, was die Ehe immer sein kann – als spirituelle Gelegenheit zur Gemeinschaft und zum beiderseitigen Wachstum, mit dem man gleichzeitig auch anderen Menschen dient –, ging sie eine Zeitlang gut.

Doch als Guinevere Lanzelot begegnete, wurde das niedrigere Ideal aktiviert. Und als die beiden der Versuchung nachgaben, infizierte das Gift alle Menschen in ihrer Umgebung, und so kam es zu dem Bruch, der schließlich zum Sturz des Königreichs Camelot führte.»

«Ich dachte, es hatte auch etwas mit Mordred zu tun», warf ich mit zaghafter Stimme ein.

«Ach ja, Mordred. Ein interessanter symbolischer Aspekt. Mordred stand für Artus' niedrigere sexuelle Instinkte. Daß Mordred aus einer unnatürlichen Verbindung zwischen Artus und seiner Schwester hervorging, deutet darauf hin, daß das Problem in Artus selbst angelegt ist. Die Hexerei, die im Schicksal von Mutter und Sohn eine so große Rolle spielte, ist ein Hinweis auf das destruktive Potential undisziplinierter sexueller Energie. Denn wenn man dem Sexualtrieb unkritisch und ohne spirituelle Liebe nachgibt, kann er ebenso negativ sein wie Hexerei. Verwendet ihr nicht auch im Hinblick auf die Sexualität Begriffe wie ‹verzaubert› und ‹verhext›?»

«Ja, das stimmt», gab ich zu. «Das ist eine beliebte Metapher für die sexuelle Anziehungskraft – die Sinneslust. Lust ist wie schwarze Magie, weil sie einen überwältigen und mit ihrer Macht beinahe hypnotisieren kann.»

Kyari nickte zustimmend. «Letzten Endes muß jeder seine Schulden begleichen, und Artus' spirituelle Schuld liegt darin, daß er sich der sexuellen Ausschweifung ergeben hat. Und so ist seine Schuld in Gestalt seines Sohnes Mordred auf ihn zurückgefallen. Doch Artus weigerte sich, die Verantwortung für seinen Akt der Wollust zu tragen. Er verstieß Mordred, und der Junge wuchs voller Zorn und Bitterkeit auf und schwelgte in Rachegedanken.»

«Hmm», sagte ich nachdenklich. «So habe ich die Sache noch nie gesehen. Normalerweise wird die Schuld immer Guinevere und Lanzelot zugeschoben. Das lenkt die Aufmerksamkeit von dem Fehler ab, den Artus begangen hat. Jetzt sehe ich viel deutlicher, was für eine Rolle er in dieser Tragödie spielt. Er war nicht nur ein unschuldiges Opfer!»

«Das stimmt», nickte Kyari. «Ursprünglich lag die Verantwortung bei Artus, denn in seinem Einflußbereich war er die Seele mit dem am höchsten entwickelten Bewußtsein. Und man darf auch nicht vergessen, daß Artus etliche Gelegenheiten hatte, die Tragödie seines Lebens zu verhindern: Erstens hätte er Mordred als seinen Sohn anerkennen und dadurch die Verantwortung für seinen Fehler auf sich nehmen können; und zweitens hätte er im Interesse des Ganzen energischer durchgreifen und Guinevere und Lanzelot voneinander trennen müssen, sobald die Gefahr deutlich erkennbar wurde. Ersteres hat er nicht getan, weil seine Angst und sein Abscheu vor sich selbst größer waren als sein Mitleid. Letzteres tat er nicht, weil er durch seine spirituelle Blindheit schwach und unaufmerksam geworden war. Artus hat seiner Verantwortung also nicht nur einmal, sondern sogar zweimal den Rücken gekehrt. Damit war sein Schicksal und das seiner Untertanen besiegelt.»

«Und was ist mit Guinevere und Lanzelot? Was hatten sie mit Artus' spiritueller Schuld zu tun?» fragte ich.

«Artus mußte auf leidvollem Wege – denn das ist der einzige Weg – erfahren, daß eine spirituell ausgewogene Liebe mehr wert ist als die schwarze Magie der Besitzgier und Lust. Er lernte es, indem er Guinevere und Lanzelot weiterhin liebte, obwohl sie ihrer sexuellen Begierde nachgegeben und sein Vertrauen mißbraucht hatten. Weil Artus ihnen verzieh, begann er zu lernen, sich selbst seine ähnlich gearteten Schwächen zu verzeihen.

Und natürlich haben auch die beiden Liebenden aus ihrer Erfahrung etwas gelernt. Aber im Vergleich zu dem spirituell vielschichtigeren Artus waren sie unerfahrene Seelen. Als Symbole stehen Lanzelot und Guinevere für die Gefahren, die einer ausschließlich romantischen Liebe innewohnen: Sie gehen so sehr ineinander auf, daß sie gar nicht sehen, wohin ihre Handlungen führen.»

«Jetzt wird mir etwas klar», sagte ich langsam und nachdenklich. «Ich weiß noch, wie ich reagierte, als ich vor vielen Jahren einen Film über Artus und Guinevere sah. Damals war ich ein Teenager. Ich war so traurig, als ich sah, wie all das Wertvolle, was diese Menschen erreicht hatten, in sich zusammenbrach; ich hatte Mitleid mit Guinevere, Lanzelot und Artus. Vielleicht dachte ich damals an die Lektionen, die ich in dieser Hinsicht bereits gelernt hatte und noch zu lernen hatte.»

«Das stimmt», sagte sie kurz. «Du mußt begreifen, meine Tochter, daß die ursprüngliche Idee des Männlichen und Weiblichen etwas Konstruktives war, während das Ideal, das seitdem an deren Stelle getreten ist, brutal destruktiv ist. Dieses Ideal ist vielleicht die größte Erfindung der negativen Kraft – noch größer als die Atombombe! Denn eine Bombe zerstört nur den Körper; aber die heimtückische, niederziehende Art und Weise, wie die Geschlechter sich gegenseitig aufreiben und zermürben, hält Männer und Frauen an eine Welt des Todes und der Schatten gekettet. Wenn wir nicht wieder zu dem ursprünglichen goldenen Ideal zurückkehren, gehen uns die Möglichkeiten zur spirituellen Evolution, die jetzt noch vor uns liegen, vielleicht völlig verloren!»

Ihr Gesicht war plötzlich ernst geworden. Jetzt war keine Spur von Humor oder Heiterkeit mehr darin zu entdecken. In den Sekunden, die ich brauchte, um ihre letzten Sätze zu verarbeiten, hörte ich das Zwitschern eines Vogels und meinen eigenen Atem.

Ich dachte über die Welt nach – auf der einen Seite die Möglichkeit einer großen Massenvernichtung und auf der anderen Seite die Vision einer Wiedergeburt des Goldenen Zeitalters. Ich fragte mich, wie diese enorme Wandlung wohl zustande kommen könnte und was die Unmani-Dhun-Meister im Augenblick taten, um ihr den Weg zu ebnen.

KAPITEL SECHS

Der innere Mann
und die innere Frau

Die nächsten Wochen vergingen wie im Flug. Ich begann in der Bücherei und in Buchhandlungen nach Material für das Buch zu suchen, das zu schreiben ich jetzt fest entschlossen war. Meine Freundin Ruth, eine intelligente und begabte Bildhauerin Anfang Sechzig, lieh mir ungefähr sieben Bände aus ihrer privaten Sammlung spiritueller und metaphysischer Literatur. Eines dieser Bücher sprach mich besonders an. Es war eine sehr ausführliche, gut durchdachte Erläuterung und Neuinterpretation des Konzepts von Anima und Animus. Der Durchschnittsleser hätte es vielleicht als zu trocken und wissenschaftlich oder als schwer verständliche psychologische Abhandlung abgetan. Aber für mich war es genau das richtige! Ich konnte es kaum erwarten, mich wieder mit meinen spirituellen Lehrern zu treffen und sie nach ihren Erkenntnissen zu diesem Thema zu befragen.

Zwar sah ich in dieser Zeit keinen meiner beiden Lehrer; aber ich dachte sehr oft an sie. Häufig spürte ich ihre unsichtbare Gegenwart, und manchmal, wenn meine inneren Fragen besonders rasch beantwortet wurden, war mir klar, daß sie mich bei meiner Suche behutsam leiteten. Ich wußte, daß ich durch die Fähigkeit meiner Seele, zu wissen und zu sein, mit dem höheren Bewußtsein kommunizieren konnte. Glücklich spürte ich, wie ich innerlich wuchs und lernte, mich intuitiv und präzise auf den Geist einzustimmen.

In dieser Zeit fiel mir auf, daß ich stärker als sonst auf meine innere Welt eingestimmt war. Kleine Vorahnungen und Intuitio-

nen ersparten mir sowohl im Haushalt als auch im Beruf Zeit und
Ärger. Dadurch ging mir alles, was ich anfing, leichter und ange-
nehmer von der Hand. Jetzt merkte ich erst, wie subtil diese inneren «Botschaften» waren, denn ich hatte sie in der Vergangenheit
so oft mißachtet. Einmal waren meine Hände von der Gartenarbeit schmutzig gewesen. Als ich begann, sie unter dem Strahl des
Gartenschlauchs zu waschen, merkte ich, daß ich vergessen hatte,
meine teure Armbanduhr abzunehmen – ein Geburtstagsge-
schenk meines Mannes. Rasch löste ich sie von meinem Handgelenk und steckte sie in die Tasche.

Eine innere Stimme flüsterte mir zu: «Vergiß nicht, daß du sie
dort hingetan hast.» Aber sie war so leise, daß ich nicht auf sie
hörte. Bald danach warf ich meine schmutzigen Sachen in die
Waschmaschine. Als der Waschgang gerade zu einem Viertel ab-
gelaufen war, wurde mir mit Schrecken klar, was ich angerichtet
hatte, und ich rannte zur Waschmaschine, um meine Uhr zu retten! Aber natürlich tickte sie nicht mehr. An jenem Abend rief
mich ein Freund an, und ich erzählte ihm meine traurige Geschichte. Ihm war «zufällig» etwas Ähnliches passiert. Er riet mir,
die Armbanduhr zu einem Uhrmacher zu bringen und reinigen
zu lassen, damit sie innen nicht rostete. Als ich die Uhr zurückbe-
kam, ging sie wieder. Aber ich hatte noch etwas Kostbareres
gewonnen: Jetzt wußte ich die kleinen Winke und Hinweise, mit
denen unsere Seele uns leitet, wirklich zu schätzen!

Nachdem ich drei Wochen lang «allein» gewesen war, bat ich
schließlich um eine Begegnung «von Angesicht zu Angesicht»
mit einem meiner Lehrer. Ehe ich zu Bett ging, meditierte ich und
richtete meine Aufmerksamkeit sanft auf die Unmani-Dhun-
Meisterin Kyari Hota. Doch an diesem Abend konnte ich nicht
einschlafen, ich versuchte es eine Dreiviertelstunde vergeblich.
Ich war förmlich aufgeladen mit Energie. Also stand ich wieder
auf, um ruhig im Wohnzimmer zu sitzen und zu lesen. Ich schaltete eine Lampe an und bückte mich, um eine Zeitschrift aufzuheben. Erschrocken fuhr ich zurück und schnappte nach Luft. Auf
der Couch saß die Unmani-Dhun-Meisterin.

«Daran solltest du dich eigentlich inzwischen gewöhnt haben»,
sagte sie scherzhaft.

Ich freute mich sehr, sie zu sehen.

«Ich hatte dich ja auch gerufen», sagte ich fröhlich. «Allerdings

rechnete ich damit, dir im Traumzustand zu begegnen. Ich
konnte nicht einschlafen. Deshalb bin ich hierhergekommen, um
zu lesen.»

«Hast du etwas Besonderes mit mir zu besprechen?» fragte die
Meisterin ziemlich unvermittelt. Sie stand auf und entfernte sich
ein paar Schritte von mir. Sie verströmte ein inneres Licht, das die
Umgebung mit einem eigenartigen Schimmer erhellte.

«Um die Wahrheit zu sagen: eigentlich schon», antwortete ich.
«Ich möchte gern mit dir über das Konzept von Animus und
Anima sprechen, mit dem ich mich gerade beschäftige. Ich habe
vor langer Zeit in einem Werk von C. G. Jung zum erstenmal
etwas darüber gelesen. Seine Ideen erschienen mir richtig, aber
doch irgendwie unvollständig. Das Buch, das ich jetzt gelesen
habe, wurde um 1980 geschrieben und geht weit über die Ideen
Jungs hinaus. Es ist nicht so sehr von viktorianischen Vorstellungen über die Frauen geprägt. Ich wollte dich fragen, ob diese
Theorie im großen und ganzen stimmt. Kann ich das Männliche
und das Weibliche mit ihrer Hilfe besser begreifen? Und würde
sie auch anderen Menschen helfen?»

Kyari Hota nickte nachdenklich mit dem Kopf. «O ja, dieses
Konzept könnte für andere Menschen sehr hilfreich sein. Es gibt
ziemlich viel dazu zu sagen, also laß uns gleich damit anfangen.
Du hast bei deinen Nachforschungen übrigens gute Fortschritte
gemacht. Ich habe dich beobachtet und dir geholfen, wo immer
ich konnte. Du läßt dich wunderbar von deinen Ahnungen und
Intuitionen leiten, und durch die positive Einstellung, die du entwickelt hast, wirst du immer produktiver.

Nun zur Anima und zum Animus. Zuerst wollen wir diese beiden Begriffe definieren. Die Anima ist das weibliche Prinzip im
Mann, und der Animus ist das männliche Prinzip in der Frau. Sowohl Anima als auch Animus sind spirituelle Strömungen. Es ist
so wie der Wechselstrom in der Steckdose. Beim Mann herrscht
der eine Strom vor, bei der Frau der andere. Aber es kreisen beide
Ströme durch Mann und Frau. Schau einmal hierher! Es ist leichter zu verstehen, wenn ich es dir zeige.»

Sanft umfaßte Kyari mein Gesicht mit ihren beiden Händen
und bog es leicht nach oben. Dann nahm sie die Hände wieder
fort, hob sie langsam und hielt sie mir vors Gesicht. Zwischen
ihnen begann eine Kugel aus sanftem Licht zu glühen und sich zu

drehen. Bald nahm die Lichtkugel die Gestalt eines Mannes und einer Frau an, deren Atome wie Sterne zu strahlen schienen und vibrierten. Nachdem ich sie eine Minute lang betrachtet hatte, erkannte ich zwei verschiedene Energiemuster. Das eine bewegte sich in Form einer Acht, während das andere sich spiralförmig um die Körper drehte wie ein Kokon.

«Was siehst du?» fragte Kyari.

Nachdem ich ihr die beiden Muster beschrieben hatte, erklärte sie sie mir: «Die achterförmige Bewegung stellt die physische Energie dar, die durch den menschlichen Körper strömt. Das ist eine elektrische Energie, die den Körper über das Nervensystem versorgt. Bricht dieses Energiemuster aus irgendeinem Grund zusammen, wird der Körper nicht mehr richtig ernährt und stirbt letzten Endes. Er hört einfach, Organ für Organ, auf zu existieren – so wie Zimmer, in denen in einem nach dem anderen das Licht ausgeht. Verstehst du, was ich meine?»

«Hm, hmm», sagte ich mit einem Gesichtsausdruck, den ich oft hatte, wenn ich mich intensiv auf etwas konzentrierte, was nicht in den Bereich des Physischen gehörte.

«Gut», sagte sie und fuhr dann lebhaft fort: «Die Spiralbewegung, die du beschrieben hast, repräsentiert das psychische Fließmuster der Energie. Diese Energie ist nichts Physisches und auf mechanischem Wege nicht erkennbar. Allerdings trägt dieses Energiesystem die elementare Lebenskraft des Individuums – seinen Drang nach Überleben und Wachstum. Das Psychische nährt das Physische. Wenn also die Lebenskraft eines Menschen abnimmt, wird auch seinem elektrischen Energiesystem die Unterstützung entzogen. Auf der Wechselbeziehung zwischen psychischer und physischer Energie beruhen die psychosomatischen Krankheiten: echte körperliche Erkrankungen, die aber emotionale oder mentale Ursachen haben.

Die physischen und die psychischen Energien enthalten sowohl beim Mann als auch bei der Frau männliche und weibliche Elemente. Um es konkreter auszudrücken: Jede Frau trägt auch männliche Hormone in sich und jeder Mann weibliche. Und auf der psychischen Ebene sind im Mann wie in der Frau dynamische Gegensatzpaare wie aktiv und passiv, Intuition und Logik angelegt, die den geistigen und emotionalen Grundton eines Individuums bilden.»

«So wie im Tao-te-king?» fragte ich. Dieses Werk der chinesischen Philosophie gehörte schon seit vielen Jahren zu meiner
Lieblingslektüre.

«Ja, genau», lächelte sie. «Weißt du noch, worin das Ziel der
Philosophie von Yin und Yang lag?»

«Dem Tao zu folgen?» mutmaßte ich.

«Ja, dem Tao zu folgen», antwortete sie befriedigt. «Das Tao ist
weder männlich noch weiblich, weder aktiv noch passiv. Es ist
der mittlere oder neutrale Strom. An diesem Strom orientieren
sich die Unmani-Dhun-Meister – und ihre Schüler!

Jung hatte das richtige Konzept schon in den Händen; aber wie
ein Fisch entschlüpfte es seinem Griff und sprang zurück ins Wasser des reinen Bewußtseins. Jung war, wie du richtig erkannt hast,
zu sehr von den Wertvorstellungen seiner Gesellschaft geprägt
und behindert, um die Wahrheit erkennen zu können. Jung
glaubte daran, daß der weibliche Strom grundsätzlich etwas Minderwertiges ist, und sah nur seine negativen Auswirkungen. Er
glaubte auch, daß der Animus in der Frau und die Anima im
Mann von Natur aus etwas verkümmert seien und nichts wirklich Bedeutendes zum Sein des Menschen beitragen könnten. Das
glauben auch heute noch die meisten gebildeten Menschen. Aber
es ist nicht wahr.»

Die Unmani-Dhun-Adeptin kam langsam auf mich zu. Die
seidenen Falten ihres langen Kleides rieben gegeneinander und er-
zeugten ein seltsames Quietschen, das angenehm und störend zugleich wirkte. Ich blickte in die Tiefe ihrer Augen und spürte, wie
mein Bewußtsein sich erweiterte, um alles zu erfassen, was sie mir
jetzt sagen würde.

«Die Wahrheit, Tochter, ist ganz einfach: Der männliche und
der weibliche Strom – Animus und Anima – bedeuten ein Ge-
schenk Gottes. Und als Geschenke von Gott sind diese beiden
Ströme ein heiliges Vermächtnis, das der Menschheit in die
Hände gelegt wurde, damit sie sich entfalten kann. Der weibliche
Strom im Mann wird ihm helfen, sich zu seinem höheren Ich zu
entwickeln. Das gleiche gilt für den männlichen Strom in der
Frau. Aber das muß ich noch ein wenig genauer ausführen.

Die meisten Männer und Frauen entwickeln ihre gegenge-
schlechtliche Seite nicht so weit, daß sie ihnen in spiritueller Hinsicht nützen könnte. Daher existieren sie einfach nur als sexuell

polarisierte Wesen. Ein sexuell polarisiertes Wesen aber ist unvollständig. Yin oder Yang allein ist etwas Unvollkommenes. Die beiden gegensätzlichen Prinzipien müssen sich miteinander vereinen und mit dem neutralen Strom des Geistes verschmelzen, damit die Seele wieder in ihre ursprüngliche Form zurückkehren kann. Das ist die wahre spirituelle Hochzeit: die Wandlung des Ich in ein spirituelles Ganzes!»

«Und was ist mit der ‹normalen› Ehe?» fragte ich verwirrt. «Und mit der Theorie von den ‹Seelengefährten› oder ‹Seelenpartnern›? Ich glaube zwar nicht daran, aber viele Menschen scheinen sie für wahr zu halten. Oder zumindest *wollen* sie daran glauben.»

«Ach ja, Seelengefährten», seufzte Kyari und ging langsam auf dem Teppich vor dem Kamin auf und ab. «Darf ich uns ein Feuer anmachen?»

«Ja, natürlich! Laß mich das machen», erbot ich mich.

«Bemüh dich nicht», wehrte sie ab. «Ich bin darin Expertin. Hör mir einfach nur zu.» Sie bückte sich, um die Türen des Kamins zu öffnen, knüllte Zeitungspapier zusammen, stapelte kleine Äste und Zweige übereinander und zündete sie dann flink an mehreren Stellen mit einem Streichholz an, so daß alles auf einmal Feuer fing und die Flammen hell emporloderten. Dann legte sie ein besonders großes Holzscheit obenauf und schloß die Türen sorgsam wieder. Dabei sprach sie die ganze Zeit.

«Der Theorie von den Seelengefährten liegt die Ansicht zugrunde, daß jeder Mensch als Individuum zwangsläufig unvollkommen ist. Manche Okkultisten sprechen sogar immer noch von ‹männlichen Seelen› und ‹weiblichen Seelen›. Mit anderen Worten: Man kann erst Erfüllung finden, wenn man seine ‹zweite Hälfte› in Gestalt eines idealen Partners gefunden hat. Das ist purer Unsinn! Wer an diese Theorie glaubt, der hat nicht erkannt, daß das Männliche und das Weibliche, Yin und Yang, nicht als voneinander getrennte Hälften auf der Welt existieren. Sie sind zwei gegensätzliche Aspekte derselben Kraft, die ständig aufeinander einwirken und in ewigem Wandel begriffen sind.»

Kyari zog in milder Entrüstung über die Idee von den Seelengefährten die Nase kraus. Dann verschwand der mißbilligende Ausdruck von ihrem Gesicht, und sie strahlte wieder.

«Die Seele ist ein Atom Gottes und daher vollkommen», lächelte sie. «Wenn die Menschheit nach dem Bildnis Gottes erschaffen wurde, wie kann sie dann unvollkommen sein? Wenn es überhaupt Seelengefährten gibt, dann existieren sie als männlicher und weiblicher Strom in jedem Menschen; und wenn diese Ströme sich miteinander vereinen, erhält der Mensch sein ursprüngliches, harmonisch ausgeglichenes spirituelles Bewußtsein zurück. Soviel zum Thema ‹Seelengefährten›. Mehr gibt es darüber nicht zu sagen.»

Sie breitete mit schwungvoller Geste die Hände aus. Ihre Bewegung ließ keinen Zweifel daran, daß dieses Thema für sie erledigt war. Doch für mich selbst war diese Diskussion noch lange nicht zu Ende. Ich fühlte mich durch die abrupte Art, wie sie das Gespräch beendete, ein wenig überrumpelt.

«Und jetzt zu deiner anderen Frage!» Sie setzte sich neben mich und legte sich ein Kissen auf den Schoß.

«Welche?» fragte ich. Ich hatte meine andere Frage längst wieder vergessen.

«Deine Frage über die Ehe zwischen Mann und Frau – das ist ein viel ergiebigeres Thema! Durch engen Kontakt mit einem geliebten Menschen des anderen Geschlechts kann man tatsächlich so weit über die normalen menschlichen Grenzen seines Ichs hinauswachsen, daß es einem gelingt, einen Blick in die höhere Welt zu werfen. Liebt man jemanden wirklich, erweitert man sein Ichbewußtsein und schließt diesen Menschen mit ein. Mit anderen Worten: Was bisher nur ein kleines ‹Ich› war, wird jetzt zu einem viel größeren ‹Wir›.

Erinnerst du dich noch an die Worte Jesu Christi: ‹Ich und der Vater sind eins›? Er sprach als Seele, die sich selbst verwirklicht und ihr ‹Ichgefühl› erweitert hatte. Diese Einheit ist die Verschmelzung des individuellen mit dem spirituellen Lebensstrom. Man wird niemals eins mit Gott, sondern mit dem Geist. Jesus hätte besser gesagt: ‹Ich und der Heilige Geist sind eins›. Das wäre korrekter gewesen. Natürlich hätte er auch das sagen können; aber wir müssen nun einmal akzeptieren, was in der christlichen Bibel überliefert ist.

Kannst du folgen?» Sie hielt inne, um mir Gelegenheit zu geben, Luft zu schöpfen und diese Ideen erst einmal zu verarbeiten. Ich hatte das Gefühl, daß wir furchtbar schnell vorangingen, viel schneller als sonst. Mein Verstand kam kaum mit.

«Ich glaube ja», sagte ich optimistisch. «Bis jetzt habe ich alles begriffen – wenn ich mich nicht täusche...»

Kyari Hota lachte. «Das ist eine Eigenschaft, die ich besonders liebe – uneingeschränktes Selbstvertrauen! Daran müssen wir auch noch arbeiten.»

«Ja», gab ich zu und grinste verlegen. «Ich glaube, manchmal bin ich tatsächlich etwas zu zaghaft. Aber jetzt bin ich wirklich neugierig. Wenn die Beziehung zwischen Mann und Frau so große Möglichkeiten zu spirituellem Wachstum in sich birgt, was geht dann dabei eigentlich immer schief? Warum werden diese Möglichkeiten so selten verwirklicht?»

«Ha!» fauchte sie. In diesem Augenblick erinnerte sie mich sehr an den Tibeter. «Hast du schon einmal etwas von Projektion gehört?»

«Ich bin mir nicht sicher. Erklärst du es mir?» bat ich sie.

Sie nickte und fuhr rasch fort: «Projektion entsteht durch das menschliche Vorstellungsvermögen... mit anderen Worten, aus einer Kombination von Gedanken und Gefühlen. Ganz allgemein bedeutet das, daß wir eine kreative Energie nach außen richten. Diese Energie manifestiert unsere inneren Vorstellungen in der äußeren Welt. Verstehst du, was damit gemeint ist?»

«Ich denke schon», sagte ich. «Du meinst, unsere Ideen und die Erwartungen, die wir an das Leben haben, prägen unsere Erfahrungen?»

«Genau», bestätigte sie. «Das funktioniert so ähnlich wie ein Filmprojektor. Der Film – das sind die Bilder, die in den inneren Körpern gespeichert sind, und die Leinwand ist das Leben selbst. Denken ist entweder abstrakte Wahrnehmung oder fühlende Wahrnehmung. Von den beiden hat die fühlende Wahrnehmung in den niedrigeren Welten viel mehr Einfluß. Und da jeder Gedanke eine innere Handlung ist, bringt er auch eine spirituelle Verantwortung mit sich. Man ist also für alles verantwortlich, was man denkt und nach außen projiziert, denn es wird sich direkt oder auf Umwegen verwirklichen und zu einem zurückkehren.

Mann und Frau haben sich so sehr von ihrer ursprünglichen Sicht der Seele entfernt, daß sie sich die Ganzheit dieses wunderbaren Wesens gar nicht mehr vorstellen können! Statt dessen ‹projizieren› sie die Aspekte ihres eigenen Charakters, die ihnen am unangenehmsten sind, nach außen und erleben sie als etwas

‹Fremdes›. Das klingt ein bißchen kompliziert. Deshalb will ich es von verschiedenen Seiten beleuchten, bis du es verstehst. In Wirklichkeit ist es ganz einfach; du mußt nur die Grundidee begreifen und diesen Vorgang erkennen, wenn du irgendwo mit ihm konfrontiert wirst.

Und jetzt hör zu. Eine Frau empfindet Eigenschaften, die als extrem männlich gelten, bei sich selbst am unangenehmsten. Genauso geht es dem Mann mit seinen weiblichen Eigenschaften. Zum Beispiel haben Frauen oft Angst davor, aggressiv zu wirken oder die Führung zu übernehmen, vor allem, wenn sie dabei auch mit den schwierigeren Führungsaufgaben zu tun haben, wie etwa mit Disziplinarmaßnahmen. Das liegt daran, daß man Frauen von klein auf beigebracht hat, andere Menschen zu umsorgen und ihnen zu gefallen. Männer dagegen können Güte, mangelndes Selbstbewußtsein und ähnliche Eigenschaften bei sich selber oft nicht akzeptieren, weil sie Angst haben, ‹schwach› zu wirken.

Personen, die ihre Anima beziehungsweise ihren Animus, das heißt, einen Teil ihres inneren männlichen oder weiblichen Ichs, nicht akzeptieren können, neigen dazu, die Existenz dieser Eigenschaften einfach zu leugnen. Natürlich ist ihr männliches oder weibliches Ich trotzdem da – aber es ist verschüttet. Dennoch strebt jeder Organismus nach Ganzheit. Wie ich dir vorhin gezeigt habe, existiert diese Ganzheit des Männlichen und Weiblichen in beiden Geschlechtern sowohl auf der physischen als auch auf der psychischen Ebene.

Wir alle streben instinktiv und automatisch nach Ganzheit, denn Ganzheit ist die Schablone, nach der alle Individuen geformt sind. Wenn jemand einen Teil von sich ablehnt, wird dieser abgelehnte Aspekt nach außen gerichtet – das nennt man Projektion – und manifestiert sich irgendwo in der äußeren Welt. Der instinktive Drang nach Ganzheit manifestiert sich auf physischer Ebene als sexuelles Begehren und auf psychischer Ebene als emotionale Reaktion auf einen Menschen des anderen Geschlechts.

Es ist ganz logisch, daß die Charakterzüge, die wir bei uns selbst ablehnen, eine verkrüppelte, verkümmerte, verzerrte oder anderweitig entstellte Form annehmen, weil sie sich nicht ausleben können und weil wir sie nicht in die Gesamtheit unseres Ichs integrieren. Daher ist es gar nicht verwunderlich, daß diese Projektionen in grotesker Gestalt in unserer Erlebniswelt auftauchen.

Die Seiten deines Ichs, die du nicht akzeptierst, haben eine geradezu unheimliche Fähigkeit, beharrlich an deine Tür zu klopfen und trotz deiner Abwehr in dein Leben einzudringen. Und sie sind alles andere als befriedigend.

Uns begegnen auf Schritt und Tritt Formen der Anima- und Animusprojektion. Frauen beispielsweise, die sich nach einem romantischen Liebhaber sehnen, projizieren ihr Ideal in ihre Phantasien vom ‹Märchenprinzen› – oder eine modernere Version davon. Das Merkwürdige daran ist aber, daß dieses Bild völlig unrealistisch ist. Denn die meisten Männer, die betont männlich sind, neigen gar nicht zur Romantik.

Das romantische Männerideal ist nur eine Projektion, die aus der egozentrischen Gefühlsbetontheit der Frau entspringt. Das klingt etwas unfreundlich den Frauen gegenüber. Deshalb will ich es näher ausführen. Die Sehnsucht nach Romantik bei der Frau ist in Wirklichkeit nichts anderes als der weibliche Egoismus, der im Mittelpunkt der Aufmerksamkeit, im Zentrum der Welt des Mannes stehen möchte. Die Frau will von jemandem geliebt oder leidenschaftlich begehrt werden; aber das ist nur eine Rolle, die sie spielen möchte, unabhängig vom wirklichen Charakter des Mannes. Um es einmal ganz negativ auszudrücken, Frauen ‹benutzen› Männer, um die romantische Vision zu verwirklichen, die sie von sich selbst haben.»

«Das ist ja faszinierend!» rief ich, stieß achtlos mein Kissen beiseite und sprang auf. «Sonst beklagen sich die Frauen doch immer darüber, daß die Männer sie ausnutzen. Du stellst das Problem einmal von einer ganz anderen Seite dar!»

«Hmm!» murmelte sie, streifte vorsichtig die Schuhe ab und zog ihre winzigen Füße hoch. «Und Frauen versuchen die Männer auch noch auf eine andere Art und Weise zu benutzen, indem sie sie mit Hilfe ihrer Sexualität manipulieren. Die Frau als Verführerin, als Vamp, als Sexbombe. Das sieht so aus: Die Frau erweckt sexuelles Begehren im Mann. Er konzentriert dieses Begehren natürlich auf die Frau, von der er sich Erfüllung erhofft. Die Frau sonnt sich dann in seiner sexuellen Aufmerksamkeit, und meistens gibt sie seinen Wünschen letzten Endes nach.

Doch früher oder später, sobald der Trieb des Mannes befriedigt ist, geschieht das Übliche. Er fühlt sich nicht mehr so zu ihr hingezogen wie am Anfang. Seine Leidenschaft kühlt ab, und die

Frau hat plötzlich das Gefühl, ‹hereingelegt› worden zu sein. In Wirklichkeit sind sie beide ‹hereingelegt› worden – die Frau durch ihre eigenen egozentrischen Manipulationen, und der Mann, weil er sich seiner spirituellen Verantwortung für seine Sexualität nicht bewußt war.»

«Das erinnert mich an etwas», warf ich ein, «was ich einmal gehört habe. Die Männer tun so, als liebten sie, um Sex zu bekommen; die Frauen tun so, als wollten sie Sex, um Liebe zu bekommen.»

«Ja, genau das ist es», lachte sie. «Ich wollte dir damit klarmachen, daß die Frau in beiden Fällen, die ich beschrieben habe, ihre männlichen Eigenschaften in einen Mann hineinprojiziert, der sie verfolgt und erobert – sei es nun auf romantische oder sexuelle Art. Die Frau muß ihre männlichen Impulse mehr akzeptieren. Das ist dringend notwendig. Sie muß ihr eigener Märchenprinz sein und sich selbst vor den Drachen ihrer unterdrückten inneren Kraft retten. Kraft, Mut, Würde und Edelmut – diese Eigenschaften liegen in jeder Frau verborgen wie in jedem Mann.»

Das Feuer im Kamin, das lange Zeit fröhlich vor sich hin gelodert hatte, begann nun allmählich zu flackern und auszugehen. Ich warf einen Blick auf meine Uhr; es war schon halb drei. Ich lockerte mit ein paar Bewegungen meinen Nacken und unterdrückte ein Gähnen. Allmählich wurde ich müde.

«Ich sehe schon, für heute abend ist es Zeit, Schluß zu machen, Liebes. Du warst eine geduldige Zuhörerin. Nachher im Traum werde ich dir noch mehr Informationen geben, die du in deinem Buch verwerten kannst. Du wirst dich beim Aufwachen zwar nicht mehr genau daran erinnern; aber sobald du dich an deinen Computer setzt, wird dir alles wieder einfallen. Ich bin immer bei dir. Wir bereiten dich darauf vor, Gott besser dienen zu können. Das braucht seine Zeit und kostet uns alle Mühe. Nun schlaf gut und lebe wohl.»

In dieser Nacht träumte ich, ich sei eine Prinzessin in einem schimmernden Schloß hoch oben über den Wolken. Von den Türmen und Zinnen meines Schlosses konnte ich mein Reich mit den hübschen kleinen Bauernhöfen und beschaulichen Dörfern kilometerweit überblicken. Das Land war fruchtbar, und die Menschen waren zufrieden. Doch vor kurzem war etwas Trauriges passiert. Mein Mann, der Prinz, war gegen ein paar furchtbare

Ungeheuer in den Kampf gezogen, die die Grenzbewohner meines Reiches in Angst und Schrecken versetzten. In meinem friedlichen Teil des Reiches kannte man diese Ungeheuer zwar nicht; doch vom Hörensagen wußte ich, daß sie erbarmungslos gegenüber Besiegten waren und sich grausam rächten, wenn sie einmal eine Niederlage einstecken mußten. Inzwischen waren schon Wochen vergangen, und der Prinz war noch immer nicht zurückgekehrt. Alle hielten ihn für tot; doch meine innere Stimme sagte mir, daß er noch lebte.

Die einzige Hoffnung schien das Baby zu sein, das ich bald zur Welt bringen würde. Ich wußte, daß es ein gesunder Sohn sein würde, ein Erbe, der eines Tages die Nachfolge seines Vaters antreten konnte. Eines Morgens setzten meine Wehen ein. Ich lag im Bett und spürte den Boden unter mir heftig zittern wie bei einem Erdbeben. Aber es war kein Erdbeben. Die Ungeheuer waren bis zu den Mauern meines Schlosses vorgedrungen! Die Rauchwolken in der Ferne verrieten mir, daß diese grauenvollen Geschöpfe auf ihrem Vormarsch viele Dörfer verbrannt hatten. In dem Augenblick, als die Tore des Schlosses nachgaben, kam mein Sohn zur Welt. Er schrie nicht und hatte auch keine Tränen in den Augen, sondern sah mich mit kühlem, scharfem Blick an und hob ein Schwert und einen Schild aus blauem Licht auf, der plötzlich neben meinem Bett lag.

Auf der Türschwelle stand der Eindringling, ungefähr drei Meter hoch und widerwärtig anzusehen – ein riesiges, schlangenähnliches Geschöpf in einer Rüstung, von der Schlamm und verweste Pflanzenteile herabhingen, als habe es jahrelang unter Wasser gelebt. Das Ungeheuer hatte viele Arme mit Zangen an den Enden. Entsetzt sah ich ihm ins Gesicht. Es überraschte mich, was für einen merkwürdig intelligenten Eindruck dieses Wesen machte – vor allem der Ausdruck in seinen traurigen, von Schuppen umrahmten Augen. Mein Sohn sprang auf, um mit dem Ungeheuer zu kämpfen. Ohne zu zögern, warf er sein Schwert nach ihm, und es bohrte sich in seinen Hals. Mit einem grotesken Schrei krümmte sich das Ungeheuer und war sofort tot. Aus dem blutigen Kadaver trat die Gestalt meines Mannes, des Prinzen, hervor – ihm war nichts geschehen.

Das Kind fiel seinem Vater voller Wiedersehensfreude um den Hals. Irgendwo in der Ferne läuteten die Glocken, als solle eine

Hochzeit gefeiert werden, und im ganzen Land brach Jubel aus. Mein Mann kam mit unserem Sohn im Arm auf mich zu. Das blaue Schwert und der Schild hatten ihren strahlenden Glanz verloren und sahen jetzt ganz normal aus. Ich blickte meinem Mann in die Augen und erkannte nun dort das sanft schimmernde Licht.

KAPITEL SIEBEN

Die Widersprüchlichkeit der Liebe

In dem Ungeheuer aus meinem Traum erkannte ich meine eigenen Ängste und meinen Abscheu vor mir selbst wieder und die Schuppen rund um seine Augen waren sicher ein Symbol dafür, daß Angst und Selbsthaß mich an der Erkenntnis der Wahrheit hinderten. Aber das blaue Schwert und der blaue Schild waren machtvolle, rätselhafte Symbole, die mich merkwürdig berührten. Ich konnte mir über ihren Sinn nicht klarwerden und vermutete nur, daß mir wohl mächtige Kräfte zur Seite stehen würden, wenn ich sie brauchte. Dieser Gedanke gab mir Zuversicht. Allmählich begann ich, mein Leben aus einer anderen Perspektive zu betrachten. Zu meinem Ärger entdeckte ich viele Lebensbereiche, in denen ich passiv geworden war und anderen Leuten, den Umständen und am häufigsten meiner eigenen Trägheit zum Opfer fiel.

Das waren die «toten Zonen» mangelnder Bewußtheit – Bereiche, in denen mein Bewußtsein zum «Einschlafen» neigte, wie Haurvata es gern ausdrückte. Diese mangelnde Bewußtheit hatte zweierlei Auswirkungen. Erstens bildete sie seelische «Ausgüsse», in die meine spirituellen Energien hinabflossen und verlorengingen. Zweitens schuf sie Öffnungen, durch die negative Energien in mein Leben eindringen konnten – nach dem Gesetz, daß ähnliche Schwingungen einander anziehen. Ich wußte, daß meine Passivität eine Gefahr für mich darstellte, der ich unbedingt Einhalt gebieten mußte.

Daher begann ich mir gleich in mehrerlei Hinsicht Disziplin

aufzuerlegen. Zunächst gewöhnte ich mir an, ein Traumtagebuch zu führen. Eine winzige Leselampe, die ich an der aufgeschlagenen Seite eines Ringbuchs festklemmte, ermöglichte es mir, nachts jederzeit meine Träume aufzuschreiben, ohne meinen Mann zu wecken oder selbst allzu wach zu werden. Ich hatte schon seit meiner Kindheit immer sehr lebhafte und einprägsame Träume. Doch in letzter Zeit war ich zu selbstzufrieden geworden, um mich darum zu kümmern. Wenn ich einen Traum nicht sofort deuten konnte oder wenn er keinen sinnvollen Zusammenhang ergab, schob ich ihn achselzuckend beiseite und hielt ihn für wertlos.

Jetzt begann ich Traumfragmente, Gesprächsfetzen, ja sogar einzelne Worte und Eindrücke aufzuschreiben. Erst nachdem ich diese «Traumscherben» mehrere Wochen lang gesammelt hatte, ergaben sie einen Sinn und einen Zusammenhang. Der Wert dieser Übungen lag auf der Hand. Jemand wollte mir etwas sagen, und dieser Jemand war ich! Also mußte ich die Sprache meines Traum-Ichs erlernen und aufmerksam zuhören, wenn es mit mir zu sprechen versuchte. Das war das mindeste, was ich tun konnte.

Die zweite Disziplin, die ich mir auferlegte, war schwieriger. Ich hörte auf, weißen Zucker zu essen. Das kam so: Ich hatte mehrere Tage hintereinander an meinem Buch geschrieben und erstaunlich gute Fortschritte gemacht. Ich war früher aufgewacht als sonst und hatte jeden Tag vier bis sechs Stunden an meinem Manuskript gearbeitet. Gleichzeitig hatte ich mit leichten Dehnungs- und Kräftigungsübungen begonnen, die unerwartet belebend und stärkend auf mich wirkten. Doch eines Tages machte ich, nachdem ich den ganzen Vormittag gearbeitet hatte und sehr produktiv gewesen war, eine Pause und aß ein paar Kekse.

Bald danach überkam mich eine merkwürdige Trägheit. Ich fühlte mich, als wöge ich hundert Kilo und hätte schon seit Tagen kein Auge mehr zugetan. Nachdem ich mich eine halbe Stunde lang vergeblich bemüht hatte, einen zusammenhängenden Gedanken zu formen, wankte ich ins Bett und fiel sofort in tiefen Schlaf. Nach einer Stunde wachte ich erfrischt auf und war bereit, wieder an meine Arbeit zu gehen. Mir war klar, was passiert war, und es rüttelte mich auf. Beinahe wäre mir dieser Zusammenhang gar nicht aufgefallen. Ich konnte nicht mehr ungestraft Raffinadezucker zu mir nehmen! Er wirkte auf mich wie ein starkes Schlafmittel.

Die dritte Disziplin gehörte weder in den spirituellen noch in den physischen Bereich; bei ihr ging es um Ordnung und System. Hier lag der Schlüssel zum Erfolg oder Mißerfolg meiner Versuche, meine spirituellen Erkenntnisse in eine konkrete Form zu bringen. Ich mußte mir meine Zeit besser einteilen! Als Freiberuflerin fiel mir das natürlich besonders schwer. Im Gegensatz zu den meisten anderen Menschen, die fest angestellt waren, hatte ich niemanden, der die Resultate meiner Bemühungen überprüfte. Wenn ich faulenzte oder mit wenig Begeisterung an die Arbeit ging, brachte ich eben einen Scheck weniger nach Hause – das war alles. Mir wurde klar, daß meine Lebensweise für mich in vielerlei Hinsicht eher ein Segen war und kein Fluch, wie ich manchmal glaubte. Meine finanzielle Lage hielt mir ständig einen Spiegel vor. An ihr erkannte ich, wie intensiv ich mich bei meiner Arbeit engagiert hatte. Die meisten meiner Freunde dagegen – zum Beispiel Jean, die Bankangestellte – konnten ihre Arbeit völlig mechanisch verrichten. Doch gerade weil sie sich auf eine äußere Autorität und Ordnung verlassen konnten, kamen viele von ihnen in Bereichen, wo solche Autoritäten und Ordnungen nicht existierten, nur mühsam voran.

Ob sie nun abnehmen, Sport treiben, lesen oder sich auf irgendeinem anderen Gebiet vervollkommnen wollten – ihre guten Absichten brachten sie oft nicht weiter. Wenn ich irgend etwas an meinem Leben verändern wollte, wußte ich, daß ich Wege finden mußte, mich selbst zu «managen». Dazu gehörte, daß ich mich motivierte, mir ein Ziel setzte, meine Zeit genau einteilte und mich, falls ich erfolgreich war, auch selbst belohnte. Und ich wußte auch, daß die «Managementmethoden», die ich anwandte, meiner Persönlichkeit entsprechen mußten.

Da ich es beispielsweise haßte, bei allem, was ich tat, auf die Uhr zu sehen und genau über meine Arbeit Protokoll zu führen, ersparte ich es mir, eines jener übertrieben systematischen Tagebücher zu führen, in die man bis ins kleinste Detail alles einträgt, was man am Tag getan hat – sogar, wie weit man gefahren ist und wieviel Geld man für das Benzin ausgegeben hat. Statt dessen kaufte ich mir einen Kalender mit lustigen Sprüchen, der mich zur Benutzung motivierte, indem er mich zum Lachen brachte. Ich setzte mir mit Hilfe meiner Kreativität und ruhiger Versenkung langfristige Ziele und begann dann sofort die kleinen Schritte in Angriff zu nehmen, die zum Ziel führten.

Und schließlich entdeckte ich die geheime Schönheit von Listen! Ich schrieb einfach alles auf, was ich zu tun hatte, so wie es mir einfiel, und erledigte dann eines nach dem anderen, bis die ganze Liste abgehakt war. Manchmal übertrug ich noch ein paar übriggebliebene Punkte auf eine neue Liste und bearbeitete diese Aufgaben dann zuerst, ehe sie «veraltet» oder «ungültig» geworden waren. Wenn etwas zu lange auf meiner Liste stehenblieb, wußte ich, daß mein Unterbewußtsein dieser Aufgabe aus dem Weg ging. Das konnte zwei verschiedene Gründe haben.

Erstens konnte es sein, daß jetzt vielleicht nicht der richtige Zeitpunkt für die Aufgabe war, die ich mir notiert hatte, oder daß sie noch eingehenderer Prüfung bedurfte. Dann beschäftigte ich mich innerlich genauer damit, um zu sehen, wo das Problem lag. Es konnte aber auch sein, daß meine geistige «Verfassung» in eine absteigende Phase hineingeriet oder bereits geraten war. Eines war besonders interessant: Ich stellte fest, daß ich die Aufgaben auf meiner Liste rascher und effizienter erledigen konnte, wenn ich ihnen gegenüber eine neutrale, distanzierte Haltung einnahm. Sobald ich der Versuchung erlag, emotional auf sie zu reagieren und mir eine Meinung über sie zu bilden, dann ging mir meine Arbeit so mühelos von der Hand, als müßte ich einen Kadaver quer durch eine Wüste schleppen! Ich hatte für diese Erkenntnis eine einfache Formel aufgestellt: Neutralität ist gleich Energie; Meinung ist gleich Widerstand.

Als ich begann, deutliche Fortschritte zu machen und meinen Zielen näher zu kommen, wuchsen meine Zuversicht und mein Selbstvertrauen. Ich begann auch meine Arbeit mehr zu lieben, hatte größere Erfolgserlebnisse bei meiner Lehrtätigkeit und bekam mehr Verträge. Ich lernte immer mehr über die Beziehung zwischen meiner inneren und meiner äußeren Welt und erfuhr, wie man durch die richtigen Bemühungen auf einem Gebiet wertvolles Wachstum auf einem anderen erzielen kann. Eines Nachts hatte ich einen seltsamen Traum. Ich war im Begriff, mich zu einem anstrengenden Gymnastikunterricht anzumelden. Als Kleidung brauchte man zwei Paar Strumpfhosen, die man übereinander anziehen mußte. Die untere Strumpfhose war weiß und hauchdünn, die äußere schwarz und dick. Ich erfuhr, daß die weiße Strumpfhose nur etwa einen Dollar kosten sollte und die schwarze fast zehnmal soviel. Ich begriff nicht, warum man zwei

Paar Strumpfhosen brauchte, und erwog ernstlich, mich einfach über diese Vorschrift hinwegzusetzen und nur eine zu kaufen. Aber letzten Endes beschloß ich doch, mich an die Regel zu halten und beide Strumpfhosen zu bezahlen.

Mein Mann half mir bei der Deutung des Traums. Wir hatten in der letzten Zeit häufig über die innere und die äußere Welt diskutiert und darüber gesprochen, daß man zu einem harmonischen Gleichgewicht zwischen diesen beiden Welten finden muß. Als ich ihm morgens von meinem Traum erzählte, sah er ziemlich schnell, daß die beiden Strumpfhosen etwas mit dieser Idee zu tun hatten. Sobald wir dieses zentrale Symbol entschlüsselt hatten, wurde uns auch der Rest des Traumes klar. Der Gymnastikunterricht bedeutete, daß ich im Begriff war, mich auf ein Projekt einzulassen, für das ich mich sowohl auf der inneren als auch auf der äußeren Ebene anstrengen mußte. Die innere Arbeit, die in Nachdenken, Empfinden, Phantasie und Planung bestand, würde mir ziemlich wenig Mühe machen. Aber dafür würde es mich um so mehr physische Anstrengung, Zeit und Arbeit kosten, diese Vision in die Realität umzusetzen.

Der Traum bestätigte die Wichtigkeit dessen, was ich vor kurzem gelernt hatte, nämlich die praktischen Techniken, um sich innerlich und äußerlich in Höchstform zu halten. Ich mußte meine Verbindung zu den inneren Welten rein und klar erhalten, und gleichzeitig mußte ich große physische Anstrengungen unternehmen, wenn meine Träume Resultate erbringen sollten. Wie groß war meine Bereitschaft, das alles zu tun? Als Antwort fielen mir ein paar Verse eines Gedichtes von Langston Hughes ein: «Halte deine Träume fest/denn wenn Träume sterben/ist das Leben nur noch ein Vogel mit gebrochenen Flügeln/der nicht mehr fliegen kann.» Ich wollte fliegen.

Die nächsten Wochen verbrachte ich in fieberhafter Aktivität, die mich, wenn auch nicht im Fluge, so doch ständig auf Trab hielt. An einem Wochentag mußte ich vier Schulklassen im Gedichteschreiben unterrichten. Das bedeutete, ich erhielt insgesamt hundertdreißig Gedichte, die ich lesen und mit Anmerkungen versehen mußte. Die besten Gedichte wurden sorgfältig bearbeitet, abgetippt und vervielfältigt. Zusätzlich gab ich Montag abends Familienunterricht in kreativem Schreiben für Kinder und Eltern. Das waren Privatstunden, und ich war gespannt, wie sich dieses Projekt wohl entwickeln würde. Außerdem standen mehrere Geburtstage bevor – der meines Mannes und der meines Sohnes. Und auch um meine ehrenamtliche Arbeit in der Gemeinde mußte ich mich in dieser Woche kümmern. Ich verbrachte meine ganze Freizeit damit, Mitteilungen und Merkblätter abzufassen, zu tippen und zu vervielfältigen. Dann ging auch noch mein Computer kaputt. Ich mußte Geburtstagsgeschenke kaufen und einen Kuchen backen. Ich fragte mich, wann ich wohl endlich wieder einmal eine Atempause bekommen würde.

Am Sonntag traf ich mich mit meiner Freundin Polly. Wir unterhielten uns über Beziehungen, und ich schilderte ihr in groben Zügen einige Ideen meiner spirituellen Lehrer zu diesem Thema. Polly war eine große, ziemlich sportliche junge Frau mit braunem Haar, die für jeden ein fröhliches Lächeln hatte. Sie war acht Jahre jünger als ich. Doch uns fiel dieser Altersunterschied kaum auf, weil wir eine ähnliche Lebenseinstellung hatten. Polly hatte auf dem College Psychologie als Hauptfach studiert. Sie war gerade geschieden worden, hatte eine Teilzeitbeschäftigung und bemühte sich, wieder Ordnung in ihr Leben zu bringen.

Ich hatte ihren Ex-Ehemann mehrmals getroffen und mich stillschweigend darüber gewundert, wie wenig die beiden zusammenpaßten. Heute beschloß ich, ihr gegenüber offener zu sein als früher.

«Polly», begann ich, als wir im Auto saßen und unsere Einkaufstüten hin und her geschüttelt wurden, während wir über die Straßenschwellen des Supermarkts fuhren, «kannst du mir eine Frage beantworten? Warum hast du Jesse eigentlich geheiratet?»

Polly lachte; aber ihr Gelächter hatte einen bitteren Unterton.

«Gute Frage. Na ja, er war ein hübscher Kerl. Er sah phantastisch aus, wenn er lächelte – einfach umwerfend! Du mußt doch zugeben, daß er ein hübsches Lächeln hat!»

Sie sah mich an, und ich stimmte widerstrebend zu. «Ja, er hat ein wunderschönes Lächeln. Und?»

«Tja...», fuhr sie fort und suchte nach einer Erklärung, «ich glaube, ich war einfach einsam. Und dann kam Jesse. Am Anfang waren wir sehr glücklich miteinander. Ich war verrückt nach ihm. Aber dann veränderte er sich – oder vielleicht haben wir uns auch beide verändert.»

«Hat er sich wirklich verändert, Polly?» fragte ich ernst.

Meine Freundin bog scharf um die Ecke. Ein Sack Katzenfutter fiel um und rutschte im Kofferraum hin und her.

«Nein», gab sie mit düsterem Gesicht zu, «er hat sich gar nicht verändert. Ich habe ihn am Anfang nur nicht so gesehen, wie er wirklich war. Ich sah nur das, was ich sehen wollte – meine eigenen Phantasievorstellungen von der Liebe. Um ehrlich zu sein, Jesse habe ich eigentlich nie richtig ‹gesehen›.»

Ihre Lippen zitterten, und ich sah Tränen in ihre Augen treten. Die Scheidung lag schon zwei Jahre zurück, aber Polly hatte die Enttäuschung ihrer sechsjährigen Ehe immer noch nicht verkraftet. Jesse hatte inzwischen eine Freundin und schien sehr zufrieden mit seiner Arbeit, seinem Boot und der Abwesenheit einer Ehefrau zu sein, die nicht zu ihm paßte.

Jesses und Pollys zwei kleine Kinder pendelten zwischen Mutter und Vater hin und her, da die Eltern nur ein paar Kilometer voneinander entfernt wohnten. Bis jetzt waren an den Kindern noch keine Anzeichen eines «emotionalen Traumas» zu entdecken, wie Polly sich ausdrückte. Aber es lag auf der Hand, daß sie jeden Tag nach Zeichen eines möglichen Schadens bei ihnen suchte wie der ängstliche Besitzer eines nagelneuen, wertvollen Autos.

Als ich an jenem Abend die Teller in die Geschirrspülmaschine geräumt hatte, sah ich mich um und stellte etwas überrascht fest, daß ich nichts mehr zu tun hatte. Ich klopfte an die Tür meines Sohnes, forderte ihn auf, die Stereoanlage leiser zu stellen, und zog mich dann rasch in mein Arbeitszimmer zurück, um mich in den Sessel zu setzen, in dem ich immer meditierte, und mich einfach zu entspannen. Mir fiel auf, daß mein Mann eine frische rosa-orangefarbene Rose in die Kristallvase neben meinem Computerdrucker gestellt hatte. Voller Zuneigung dachte ich an ihn. Womit hatte ich einen so aufmerksamen, treuen, intelligenten Mann verdient?

Ich schloß die Augen und ließ mich in den Sessel sinken. Meine Muskeln entspannten sich, und meine Atemzüge wurden langsamer und tiefer. Ich entdeckte eine schmerzende Stelle dicht am linken Schulterblatt, an der Stelle, wo ich normalerweise «festhielt», und streckte unbeholfen die Hand nach hinten aus, um sie zu massieren.

In diesem Augenblick sagte eine vertraute Stimme von hinten: «Überanstrenge dich nicht. Ich kann das besser erledigen.»

Ich drehte mich auf meinem Stuhl herum. Es war Haurvata Sampa.

«Haurvata! Ich freue mich so, dich zu sehen», sagte ich glücklich. «Diese Woche war so hektisch. Der Computer ist in Reparatur; aber ich habe wirklich eine Menge geschafft, ehe er kaputtging. Das Buch macht gute Fortschritte – ich habe mir viele Notizen gemacht. Jetzt weiß ich, daß ich es schaffen werde!»

«Daran habe ich nie gezweifelt», entgegnete er. «Ich habe mich nur gefragt, ob du wohl jemals deine Unschlüssigkeit aufgeben und endlich anfangen würdest.»

Ich lachte. Er war unverblümt wie immer und traf den Nagel auf den Kopf.

«Also, bist du bereit für die nächste Lektion?» Er breitete die Hände aus. Sie waren groß, kantig und braun, schienen zu allem fähig zu sein und waren doch so sanft wie die einer Mutter.

«Ja!» seufzte ich. «Ich bin ganz Ohr.»

«Nein, nicht hier.» Haurvata runzelte leicht die Stirn. «Ich spüre eine Unruhe in der Atmosphäre.»

Mein Sohn hörte Rockmusik, und die Wände meines Arbeitszimmers erzitterten unter den Bässen seiner Stereoanlage.

«Ich weiß, was du meinst», sagte ich zustimmend. «Also – wo gehen wir hin? Sollen wir einen Spaziergang machen?»

Er zog die Augenbrauen hoch. «Bei dem Regen?»

«Welcher Regen?» fragte ich erstaunt. Ich hatte gar nicht gemerkt, daß es regnete. Der Sonnenuntergang vor einer Stunde war schön und klar gewesen. Doch in diesem Augenblick hörte ich einen Donner grollen. Ich warf Haurvata einen erschrockenen Blick zu.

Er lachte leise. «Nein, Kind, ich habe den Donner nicht hergezaubert. Es ist tatsächlich ein Gewitter im Anzug. Deshalb wollen wir diesmal woandershin reisen. An einen Ort, wo wir nicht naß werden!»

Draußen erhob sich ein leises Rauschen. Da wußte ich, daß es tatsächlich angefangen hatte zu regnen. Bald hörte ich die Tropfen deutlich auf die Einfahrt und die Hecken vor meinem Fenster prasseln.

«Ich bin bereit», grinste ich. «Sag mir, was ich tun soll.»

«Sitz einfach genauso da wie vorhin, mach die Augen zu und entspanne dich. Suche mit deinen inneren Augen nach mir. Sobald du mich siehst, wirst du aufstehen und auf mich zukommen. Dann führe ich dich weiter.»

Ich tat, was er gesagt hatte. Diese Übung war mir sehr vertraut, denn er hatte mich jahrelang in der Technik des inneren Reisens unterwiesen. Doch wie ein Kind war ich immer wieder gespannt auf alles «Neue», was er mir zu zeigen hatte. Und auch die Geduld, die er mit mir hatte, erstaunte mich jedesmal. Von ihm hatte ich gelernt, wie ich mit meinem Sohn umgehen mußte, der jetzt im Teenageralter war und schon von Kindheit an ein besonders eigensinniger Junge gewesen war.

Einmal hatte ich Haurvata gefragt, wie ich mich meinem Sohn gegenüber verhalten sollte. Er hatte geantwortet: «Mit einem Stein kann man nur kommunizieren, indem man zu Wasser wird. Und mit Wasser kann man nur kommunizieren, indem man es in einem Gefäß auffängt oder in einen Kanal lenkt. Wenn du deinen Sohn lieben willst, mußt du um ihn herumfließen und ihm zeigen, wie er sanfter und weicher werden und sich auf natürlichem Wege dem Geist öffnen kann. Um deinen Mann zu lieben, mußt du ihm helfen, seinem inneren Leben Gestalt und Form zu verleihen, damit ihm bewußter wird, daß er ein spirituelles Wesen ist.»

Ich hatte Haurvata erzählt, daß mir das gelungen war. Unser Familienleben hatte sich von Jahr zu Jahr besser entwickelt, und wir schienen zu immer Größerem fähig zu werden. Ich versenkte mich noch tiefer in mich selbst und dachte über die Größe der Liebe nach. Ich begann mich auf die himmlische Musik einzustimmen, die heute abend wie ein melodisches Klimpern von Glocken und anderen Instrumenten war, die ich nicht kannte. Ich fragte mich, was für ein Erlebnis mir wohl heute abend bevorstand. In dem Augenblick, als ich Vermutungen darüber anstellte, spürte ich oben an meinem Kopf ein leichtes, saugendes Gefühl. Im Nu hatte ich meinen physischen Körper verlassen und befand mich in einer wunderschönen Welt.

Es schien ein tropischer Garten mit üppiger Vegetation zu sein. Süßer, schwerer Blumenduft hing in der Luft. Er erinnerte mich an die wohlriechenden Kräuter und Blüten, die man in heißes Wasser taucht, um den Duft besser zur Entfaltung zu bringen. Ich fragte mich, ob die Frauen, die das in ihrem Heim taten, darauf wohl durch die Erfahrungen gekommen waren, die ihre Seelen in dieser Region der höheren Welten machten. Die Wege waren tadellos gepflegt, und auf jedem Quadratmeter war etwas Schönes, Interessantes zu entdecken.

Dann sah ich den tibetischen Meister mit gekreuzten Beinen unter einem blühenden Baum sitzen. Er blickte zu mir empor, als begrüße er mich an diesem Tag zum erstenmal.

«Ah!» rief er befriedigt. «Da bist du ja. Jetzt können wir anfangen.»

Er führte mich die Wege entlang, an klaren Bächen mit seltsam durchsichtigem Wasser vorbei, das die Farbe von Sonnenuntergängen hatte. Schließlich sah ich in der Ferne ein pagodenähnliches Bauwerk. Ein kurzer Weg führte zu den Stufen hin. Es war ein sehr einfaches Gebäude aus weißlichem Stein und schmucklosem, birkenfarbenem Holz. Das Holz gab einen subtilen, angenehmen Duft ab, sehr frisch und neutral. Im Innenhof hielt ein Mann einen Vortrag.

Er war mittelgroß und dünn und schien Ende Vierzig zu sein. Er war kahlköpfig und trug ein einfaches Gewand und Gamaschen in derselben Farbe wie das Gebäude. Etwa fünfundzwanzig Männer und Frauen saßen auf dem Boden und hörten ihm zu. Auch er selbst saß, aber nicht auf einem erhöhten Sitz, sondern auf gleicher Höhe wie seine Schüler. Der Hof war von einer breiten, hölzernen Brüstung mit niedrigem Geländer umgeben. Dort saßen vereinzelt ein paar Leute, sahen zu und lauschten aufmerksam.

«Warum sitzen diese Leute hier und nicht im Innenhof?» flüsterte ich meinem Lehrer zu.

«Sie möchten vom Lehrer dieses Hauses der Weisheit als Schüler aufgenommen werden. Deshalb kommen sie jeden Tag hierher und hoffen, daß er sich ihnen zuwendet und sagt: ‹Kommt mit.› Aber jedesmal, wenn wieder ein Tag vergangen ist und er nichts gesagt hat, verliert einer von ihnen den Mut und bleibt weg. Wenn du öfter hierherkommst, wirst du es sehen.»

Interessiert betrachtete ich die Kandidaten, die ehrerbietig auf dem harten Boden saßen, und fragte mich, welche von ihnen wohl als nächste wegbleiben und welche ausharren würden. Schweigend folgte ich meinem Meister. Wir gingen die paar Stufen zu dem Hof hinunter, in dem der Vortrag gehalten wurde. Der Lehrer hielt inne und blickte Haurvata an. Dann faltete er die Hände und verneigte sich tief.

«Sei gegrüßt, mein Bruder. Liebe Schüler, ihr habt heute das Glück, den großen Unmani-Dhun-Adepten Haurvata Sampa kennenzulernen.»

Seine Stimme klang sanft, aber schön und kräftig. Die Schüler wußten offensichtlich, wer Haurvata war. Ehrerbietig blickten sie in seine Richtung, und auf ihren Gesichtern zeigte sich ein bewundernder Ausdruck.

«Vielen Dank, daß wir an eurer Versammlung teilnehmen dürfen, mein Bruder Vahira Manu. Ich bin nur für kurze Zeit hier. Dies ist meine Schülerin», sagte Haurvata mit seiner tiefen Stimme.

Der Lehrer nickte mir zu und betrachtete mich mit freundlichem Interesse. Ich verneigte mich erst vor ihm und dann vor den anderen. Haurvata bedeutete mir mit einer Geste, mich hinzusetzen. Wir setzten uns an die Seite des Innenhofs in die Nähe von Vahira Manu. Da fiel mir zum erstenmal das eigenartige Licht auf, das in einer breiten Säule von oben auf die Fläche fiel, auf der wir saßen. Es wirkte heilend und belebend zugleich.

«Ich sprach gerade von der Liebe», erklärte der Lehrer und griff den verlorenen Faden wieder auf.

«Es gibt viele verschiedene Konzepte über die Liebe. Aber die Liebe selbst ist kein Konzept. Sie ist die himmlische Musik, die Stimme Gottes, die durch alle Welten hallt. Das ist Liebe, meine Freunde. Alles Geringere ist keine wahre Liebe. Die Stimme Gottes erschafft die Welten und zieht sie am Ende des Maha Kalpa, des Großen Kreislaufs, wieder in Sich zurück. Die Stimme Gottes schenkt den Seelen Leben und befähigt jede Seele, ihr eigener Gott zu sein – der Gott ihres Universums. Ja, meine Schüler, das ist Liebe.

Was? Ihr sagt, es gibt auch noch andere Arten von Liebe? Natürlich gibt es die! Man liebt zum Beispiel einen bestimmten Ort oder seine Mitmenschen; ein Mann liebt eine Frau oder eine Frau einen Mann, und Eltern lieben ihre Kinder. Es gibt sogar die Liebe zum Essen und Trinken.»

Die Schüler lächelten; einige lachten auch leise vor sich hin. Es war eine zwanglose Gruppe. Sie waren aneinander gewöhnt und erstarrten inzwischen auch nicht mehr in Ehrfurcht vor ihrem erhabenen Lehrer.

«Ist das auch Liebe? Sag uns deine Meinung, Sampa. Sprich zu uns.»

In der Menge erhob sich ein leises Raunen, und erwartungs-
volle Gesichter wandten sich dem Gast zu. Haurvata dachte
einen Augenblick nach. Dann verneigte er sich ehrerbietig vor
seinem spirituellen Bruder.

«Nein, heute abend möchte ich meinen Bruder Vahira Manu
über dieses Thema sprechen hören und an seiner Weisheit teilhaben. Aber ich bin auch der Meinung, daß man die Liebe in verschiedene Grade einteilen muß – gewissermaßen in einer Skala,
die von der höchsten bis zur niedrigsten Form reicht. Man muß
zwischen Formen der Liebe unterscheiden, die den wichtigen
Drang nach oben in sich tragen, und anderen Formen, die so
schwer sind, daß sie hinabsinken.»

«Das ist ein gutes Bild, mein Freund», lächelte der schlanke
Lehrer. «Ja, die wahre Liebe unterscheidet sich von der falschen
tatsächlich durch den Drang nach oben. Hebt eure Liebe euch
empor? Zieht sie euch empor zur Gottheit, wie die Flamme den
Nachtfalter anzieht? Dann ist es gut. Wenn nicht, dann ist es ein
anderes Gefühl, das sich nur als Liebe verkleidet hat. Seht ihr? So
einfach ist das. Mehr gibt es über die Liebe nicht zu sagen!»

Es war klar, daß die Schüler, die heute hier versammelt waren,
mehr erwarteten als nur diesen kurzen Vortrag. Ihre unausge-
sprochenen Fragen standen ihnen deutlich im Gesicht geschrieben. Haurvata warf mir einen Blick zu und fragte mich stumm,
ob ich auch eine Frage hätte.

«Meister Manu», fragte eine Frau mit breitem Gesicht und
hellen grauen Augen, «wenn die Liebe so einfach ist, warum
haben wir dann so viele Probleme damit? Warum ist die Liebe
nicht leicht, so wie du sie beschreibst?»

Die kleine Gruppe nickte und stimmte der Frau einhellig zu.
Auch ich nickte zustimmend. Es war eine gute Frage.

«Einfach? Leicht? Ist das denn dasselbe?» fragte der Lehrer
und ließ einen scharfen Blick über die Menge gleiten. «Ich habe
gesagt, die Liebe ist einfach. Und das ist sie auch. Aber leicht?
Nein, meine Lieben, die Liebe ist das Schwierigste auf der Welt.
Und warum? Weil wir Bindung und Anhaften mit Liebe ver-
wechseln. Wir halten den Wunsch, unsere eigenen Bedürfnisse
mit Hilfe eines anderen Menschen zu befriedigen, für Liebe. Die
Liebe ist schwierig, weil wir sie so dringend brauchen!

Eine spirituelle Armut hält das Herz der niedrigeren Welten

umkrallt, meine Kinder! Es ist die Liebesarmut. An die Stelle der Liebe ist der Materialismus getreten; doch mit allem Geld, aller Macht und allem Erfolg der Welt kann man sich keinen einzigen Augenblick der Freude und keine Minute der Freiheit erkaufen. Die Menschen, die sich in Pelze hüllen und an deren Händen Juwelen glitzern, gehen heute abend hungrig ins Bett. Und für ihren Hunger gibt es auf der Erde keine Linderung.

Werdet ihr auch zu diesen Hungrigen gehören? Oder werdet ihr Nahrung erhalten? Wenn ihr Liebe braucht, müßt ihr sie erst einmal in euch selbst finden. Und um die Liebe in eurem Inneren entdecken zu können, müßt ihr sie herschenken, ohne an eine Belohnung zu denken. Denn Liebe ist nur Geist, und der Geist gehört niemandem. Er ist Gott.»

Mit diesen Worten erhob sich der Lehrer und ging ruhig fort. Die Schüler blieben eine Zeitlang in Gedanken versunken sitzen. Sie ließen die Worte ihres Lehrers nachwirken. Dann verließen auch sie einer nach dem anderen den Innenhof. Ich blickte zu der Brüstung empor, wo die Kandidaten saßen, die als Schüler aufgenommen werden wollten. Einer hatte sich schon davongeschlichen. Ungefähr sechs waren noch da.

Sampa war aufgestanden. «Na, was hast du für einen Eindruck, mein Kind?» fragte er mich schmunzelnd. «Wie findest du unseren verehrten Lehrer Vahira Manu?»

«Ich finde ihn angenehm. Er strahlt eine gebändigte Kraft aus», antwortete ich nachdenklich. «Er ist auch ein guter Redner. Was er gesagt hat, war sehr schlicht und traf genau den Kern der Sache. Er hat nichts Überflüssiges gesagt und die Schüler nicht mit Dingen überfordert, die zuviel für sie gewesen wären.»

«Du hast eine gute Beobachtungsgabe», sagte der Meister anerkennend. «Dafür ist Vahira Manu berühmt! Auch du mußt lernen, dich so auszudrücken, wenn du dein Buch schreibst. Nicht so kompliziert. Nicht so langatmig. Verstehst du?»

«Ja», lachte ich. Ich hatte im Lauf der Jahre gelernt, mich knapp und präzise auszudrücken. Aber es war ein ständiger Kampf, den ich nicht immer gewann. Deshalb war ich Haurvata dankbar für die Erinnerung.

Inzwischen hatten wir den Tempel wieder verlassen und schlenderten durch die Gartenanlagen. Zu meinem Erstaunen waren sie ziemlich kahl. Doch inmitten der monotonen Gartenlandschaft funkelte ein großer Teich wie ein Edelstein. Das Wasser hatte die gleiche unbeschreibliche Farbe, die ich vorher schon gesehen hatte. Auf der schimmernden Wasseroberfläche schwammen ein paar Seerosen. Der Teich war von glatten Steinen eingefaßt; dazwischen lag sanft leuchtender Quarzsand. Zwischen den Steinen wuchsen kleine Blumen. Doch ansonsten war alles sehr schmucklos. Ich machte Haurvata auf den Kontrast zwischen dem schlichten Tempelgelände und dem prächtigen Garten aufmerksam, durch den wir vorhin gegangen waren.

«Das ist Manus Stil», erklärte Haurvata. «Er mag nichts Überladenes. Den Tempel hat er selbst gebaut.»

Wir setzten uns auf einen kleinen Hügel an einer Seite des Teiches. Mir ging immer noch meine Freundin Polly durch den Kopf. Ich beschloß, den Meister zu fragen, was mit ihr los war.

«Haurvata», sagte ich. «Ich habe eine Freundin, der ihre gescheiterte Ehe das Herz gebrochen zu haben scheint. Für ihren Ex-Ehemann geht das Leben weiter; aber sie kann sich offensichtlich immer noch nicht von der Vergangenheit lösen. Sie ist eine begabte, attraktive Frau. Trotzdem scheint sie nicht in der Lage zu sein, einen neuen Partner zu finden, und außerdem macht sie sich ständig Sorgen um ihre Kinder.»

«Das Bewußtsein deiner Freundin ist zu materialistisch geworden», erklärte der Meister, ohne zu zögern. «Sie möchte gern alles so festhalten, wie es ist, ohne Veränderung – egal, ob es gut so ist oder nicht. Sie muß ihre objektiven Sinne stärker entwickeln. Wenn sie lernen würde, ihr Bewußtsein zu erweitern, dann würde auch ihr Horizont sehr viel weiter werden!»

«Natürlich habe ich ihr schon von der Technik der Bewußtseinserweiterung erzählt», antwortete ich. Diese Technik befähigt einen dazu, sowohl im Wachzustand als auch im Traum die Wechselwirkungen zwischen der inneren und der äußeren Welt zu erkennen und zu erforschen. «Aber Polly ist so mit ihren Problemen beschäftigt.»

«Im Augenblick kannst du nicht viel tun, mein Kind», sagte mein Lehrer und schüttelte bedauernd den Kopf. «Aber du hast den Samen in sie gelegt. Wenn sie ihn lange genug mit ihren Tränen begossen hat, keimt daraus vielleicht ein neues Leben empor!»

«Hoffentlich», murmelte ich. Ein Fisch sprang aus dem Wasser. Seine Schuppen blitzten silbern auf, als er wieder ins Wasser zurückfiel.

«Ich will dir eines der Probleme erklären, die Frauen im allgemeinen mit der Liebe haben», erbot sich der Unmani-Dhun-Meister.

Ich warf ihm einen sonderbaren Blick zu, und er begann leise und tief in sich hineinzulachen. «Hast du das Gefühl, daß ich dabei nicht mitreden kann?»

«Doch, doch, natürlich kannst du mitreden», versicherte ich ihm hastig. «Wenn ich dich sonderbar angesehen habe, liegt das nur daran, daß du es so . . . so unerwartet ausgedrückt hast. Das ist alles.»

«Nun gut.» Er runzelte seine dichten Augenbrauen und kam zum Thema. «Frauen machen sich im allgemeinen viel zu viele Gedanken über ihre Beziehungen. Sie können die Dinge nicht einfach so lassen, wie sie sind, sondern müssen ständig an einer Beziehung ‹arbeiten›, jemanden ‹retten› oder ‹verstehen›. Sie versuchen Gefühle mit Hilfe ihrer Gefühle zu verstehen, und das kann man nicht – ebensowenig, wie man den Verstand mit dem Verstand begreifen kann.»

«Männer tun das aber», widersprach ich sanft.

Haurvata lächelte verhalten. «Nimmst du meine Worte etwa persönlich? Wenn du das tust, ist das deine Sache. Jedenfalls kann eine Frau kein Problem lösen und nichts begreifen, wenn sie die Dinge aus einer zu engen Perspektive sieht. Frauen müssen lernen, die Dinge indirekt anzugehen, um ihre Probleme lösen zu können. Wenn sie direkt auf ihre Empfindungen oder die eines anderen Menschen losgehen, werden die Mauern um sie herum nur immer höher und dicker. Frauen müssen sich mehr auf ihre Kreativität und Logik verlassen; sie müssen ihr Übergewicht an Emotionen durch andere spirituelle Ströme ausgleichen! Dann wird ihr Verhalten viel gesünder und konstruktiver für zwischenmenschliche Beziehungen.

Ein Mensch kann nicht hauptsächlich von Gefühlen leben; er braucht etwas Solides, was seinem Geist Nahrung gibt. Wenn man den Geist eines Menschen nährt und kräftigt, kommt alles andere von selbst – auch die emotionale Liebe. Ein Mann kann sehr lange von einem bißchen emotionaler Liebe zehren. Kinder brauchen mehr, vor allem, solange sie noch klein sind. Und

Frauen, die ihre spirituelle Seite noch nicht entwickelt haben, scheinen am meisten Liebe zu brauchen.»

«Warum geraten Frauen so leicht in diese Gefühlsfalle, Haurvata? Was stimmt mit uns nicht?» Die Gefühlsbetontheit der Frauen beunruhigte mich, und ich fragte mich, ob sie wohl auf irgendeinen irreparablen Defekt in der weiblichen Natur hindeutete.

«Mit euch Frauen ist alles in Ordnung, mein liebes Kind», beruhigte Sampa mich. «Wirklich. Ich habe mich im Augenblick eben nur auf die speziellen Fehler eines der beiden Geschlechter konzentriert. Das bedeutet nicht, daß das andere Geschlecht nicht ebenso große Irrtümer begeht.»

«Aha. Und was haben die Männer für Fehler?» fragte ich.

«Darauf wollte ich gerade zu sprechen kommen», lächelte er. «Männer geraten leicht in die Falle, sich von dieser emotionalen Liebe auf eine Art und Weise zu nähren, die Respekt oder Fairneß gegenüber den Frauen vermissen läßt. Sie füllen sich mit dieser Liebe an, so wie sie den Tank ihres Autos mit Benzin füllen. Viele Männer glauben, wenn sie jeden Monat ihr Gehalt nach Hause bringen, der Frau einen Kuß auf die Wange geben und sie ab und zu zum Abendessen einladen, bieten sie ihr eine angemessene Gegenleistung für ihre Liebe. Aber sie greifen nicht auf ihre inneren Quellen zurück, um wirklich etwas von sich selbst zu schenken. Durch diese Verweigerung versäumen sie die Gelegenheit zu wahrer Vertrautheit und Freundschaft und zum Opfer für andere. Und sie entdecken auch nicht viel von ihrer eigenen spirituellen Natur. Kurzum, sie haben zwar die materiellen Möglichkeiten der Ehe genutzt, aber die spirituellen Möglichkeiten versäumt.»

Die Unterhaltung berührte mich tief. «Gut», sagte ich. «Jetzt habe ich schon eine recht genaue Vorstellung davon, was Männer und Frauen tun können, um ihre Fehler zu korrigieren. Aber was für einen Standpunkt müssen sie denn eigentlich einnehmen, um die Möglichkeiten zu verwirklichen, die die Ehe ihnen bietet?»

«Sie können zu einem Vorbild der Liebe werden. Sie können ihre materialistischen Vorstellungen von der Liebe ändern – nicht mehr ‹haben›, sondern ‹sein› wollen. Sie müssen sich selbst lieben und verwirklichen und in sich so vollkommen wie möglich sein. Sie müssen mit dem Tauziehen des emotionalen Gebens und Nehmens aufhören. Denn siehst du, mein Kind, Geben und Nehmen gehören immer noch zur emotionalen Ebene. Mann und Frau müssen sich einfach als Gefäß für die Kraft Gottes betrachten, die *durch sie* gibt. Sie müssen ihre Liebe entpersönlichen. Erst dann werden ihre Seelen strahlen, und die schlafende Göttlichkeit in ihnen selbst und ihrem Partner wird zum Leben erwachen.»

Ich dachte über alles nach, was ich heute abend in Gesellschaft meines Meisters und des weisen Lehrers Vahira Manu gehört hatte. Ich speicherte es in meinem Inneren und fand mich plötzlich in meinem physischen Körper wieder. Das Gewitter hatte inzwischen nachgelassen, aber es regnete immer noch in Strömen. So bekam die Erde noch einen letzten Hauch eiskalter Winde und Regengüsse, ehe der unvermeidliche Frühling kam.

KAPITEL ACHT

Beziehungen

Ich beugte mich gerade über die Toilettenschüssel; da klingelte das Telefon. Es schellte laut sechs- oder siebenmal, bis ich verblüfft merkte, daß der Anrufbeantworter nicht eingeschaltet war. Langsam und schwerfällig schleppte ich mich zum Telefon und nahm den Hörer ab.

«Hallo?» sagte ich und bemühte mich, meine Stimme so normal wie möglich klingen zu lassen.

«Hallo!» erwiderte die Anruferin. Es war Kyari Hota, die Unmani-Dhun-Meisterin. «Wie wäre es, wenn ich bei dir vorbeikomme und dich zum Frühstück einlade? Ich bin in einer halben Stunde da, wenn es dir recht ist. Ich muß dir etwas zeigen!»

«Moment!» stöhnte ich. «Nicht so schnell. Das ist wirklich eine nette Idee; aber ich habe da ein Problem, von dem du nichts weißt.»

«Was denn für ein Problem?» fragte die Stimme am anderen Ende der Leitung.

«Ich muß zum Beispiel heute nachmittag Unterricht geben», flüsterte ich mühsam.

«Ach, das macht nichts», beruhigte Kyari mich. «So lange dauert das, was ich mit dir vorhabe, nicht. Vielleicht eine oder zwei Stunden. Wann hast du denn Unterricht?»

«Von halb eins bis drei», sagte ich. «Aber ich brauche auch noch...»

«Jetzt ist es erst halb neun», unterbrach sie mich. «Du bist spätestens um halb elf zurück. Dann hast du noch zwei ganze Stunden Zeit, um dich fertigzumachen. Reicht das nicht?»

«Doch, schon», stöhnte ich. «Aber ich habe einen Kater! Ich fühle mich nicht wohl. So, jetzt weißt du es.»

«Warum hast du das nicht gleich gesagt?» fragte sie. «Wie ist denn das passiert? Du trinkst doch nie viel.»

Ich lachte bitter. «Das ist ja gerade das Problem.»

«Wieviel hast du getrunken?» fragte Kyari.

«Ein Glas Wein», antwortete ich mit matter Stimme.

«Ein Glas?» wiederholte Kyari. «Nur eins? Oh. Na ja... Eigentlich ist das ganz verständlich. Wir haben deinen physischen Körper in den letzten Wochen ein bißchen umgestellt. Einfach ausgedrückt, wir haben deine Schwingung etwas erhöht. Nichts Besonderes – wir haben dadurch nur einige deiner hartnäckigsten Energieblockaden beseitigt, damit du deine Arbeit zu Ende führen kannst! Wir dachten, du hättest es gemerkt.»

Ich ächzte und ließ mich resigniert auf einen Küchenstuhl sinken. «Das habe ich auch», antwortete ich. «Aber dieses eine Mal wollte ich es ignorieren. Wir waren zu einer großen, eleganten Party mit ein paar Kollegen meines Mannes eingeladen. Das Essen war phantastisch. Wahrscheinlich hätte ich lieber bei der Diätcola bleiben sollen. Als ihr meine Schwingungen erhöhet, habt ihr gleichzeitig auch meine Gifttoleranzschwelle gesenkt. Ich frage dich, warum können spirituelle Menschen eigentlich nichts richtig schön Ungesundes mehr vertragen, wie Alkohol, Süßigkeiten, Pommes frites und anderes? Verrat mir das mal. Wo ist da die Gerechtigkeit?»

«Na, komm schon», redete sie mir gut zu. «Du bist gar nicht so übel dran, wie du denkst. Das Schlimmste ist vorbei, und es bringt doch nichts, wenn du jetzt den ganzen Vormittag durch die Wohnung wankst und dir selber leid tust. Ich bin in einer halben Stunde bei dir. Es ist wichtig. Du wirst schon sehen.»

«Also gut», gab ich nach. «Aber laß es lieber eine Dreiviertelstunde werden.» So lange brauchte ich, um mich zurechtzumachen, denn ich konnte mich nur langsam bewegen. Als ich mich bückte, um mir die Schuhe anzuziehen, hörte ich einen Wagen in die Einfahrt einbiegen und hupen. Neugierig sah ich aus dem Fenster. Es war Kyari Hota. Sie trug eine lange Hose und einen Pullover und schälte sich aus einem sportlichen, knallroten Auto.

Mit erstauntem Kopfschütteln ging ich zur Tür. «Wo hast du bloß das Auto her?»

«Komm», drängte sie, «steig ein. In dem Wagen fährt man wie auf einer Wolke!»

Ich ging um das Auto herum, um seine schnittigen Konturen zu bewundern. Es war nagelneu und trug anstelle eines Nummernschildes nur den Namen des Händlers, von dem es stammte. Ich ließ mich in den Beifahrersitz zurücksinken, der mich so weich umschloß wie ein Lederhandschuh einen Baseball.

«Oh!» hauchte ich. «Das ist ja toll. Nun erzähle mir, wie du an dieses Ding gekommen bist.»

Kyari öffnete das Handschuhfach und nahm etwas heraus, was wie eine neue Brieftasche aussah. Sie öffnete sie und zeigte mir eine neue Kreditkarte. «Auf Probe», lächelte sie. «Ich darf den Wagen zwei Tage oder dreihundert Kilometer probefahren – je nachdem, was zuerst kommt. Und so lange brauche ich ihn nicht einmal!»

Sie legte den Rückwärtsgang ein. Wir fuhren drei Kilometer zu einem Café und setzten uns in eine Nische am Fenster. Kyari bestellte sich eine Tasse Kräutertee und Obstsalat. Ich verlangte koffeinfreien Kaffee und Vollkorntoast.

Die Kellnerin, die uns «Schätzchen» nannte, brachte uns die heißen Getränke sofort. Während der Dampf aus unseren Tassen aufstieg, griff die Meisterin in ihre große Handtasche und holte etwas heraus, das wie ein Fotoalbum aussah.

«Rate mal, was ich hier habe!» sagte sie aufmunternd.

«Sieht aus wie ein Fotoalbum», meinte ich. «Von wem ist es?»

«Von dir», antwortete sie.

Ich betrachtete den Einband des Albums eine ganze Minute lang. Dann schüttelte ich den Kopf. «Nein», sagte ich. «Dieses Album habe ich noch nie gesehen.»

«Na ja, es ist auch nicht deins im eigentlichen Sinn des Wortes», korrigierte sie sich. «Es ist eine Sammlung von Fotos aus verschiedenen Zeiten deines Lebens, die ich für dich zusammengestellt habe. Die Bilder stammen aus deinen spirituellen ‹Aufzeichnungen›, die, wie du ja weißt, in den inneren Welten aufbewahrt werden. Ich als deine Lehrerin habe Zugang zu ihnen. Ich hoffe, es macht dir nichts aus.»

«O Gott», stöhnte ich und stützte den Kopf in die Hände. «Warum muß das ausgerechnet mir passieren? Wozu müssen wir uns dieses Album ansehen?»

«Tja», seufzte die Adeptin. «Das wollte ich dir als nächstes erklären. Es wird Zeit, daß du mehr aus den Erfahrungen lernst, die du als Frau in diesem Leben gemacht hast. Dann kannst du jetzt und in Zukunft bessere Entscheidungen treffen. Du neigst dazu, unangenehme Erinnerungen zu verdrängen...»

«Werde ich auch einen Grund haben, das zu verdrängen, was in diesem Album ist?» fragte ich dazwischen.

«...und deshalb hast du aus deinen Erfahrungen nicht so viele bewußte Erkenntnisse gewonnen, wie du konntest. An problematische Erlebnisse sollte man sich erinnern, liebe Freundin – nicht an die Emotionen, die man dabei hatte, sondern an die objektiven Lektionen, die in diesen Herausforderungen lagen.»

«Also gut», seufzte ich. Allmählich fand ich mich mit der Richtung ab, in die dieses Gespräch ging. «Natürlich hast du recht. Ich bin nur gerade ein bißchen grantig, das ist alles. Kümmere dich nicht darum.»

Die Meisterin tätschelte mir die Hand und schlug das Album auf. Ich rechnete mit Babyfotos. Statt dessen fiel mein Blick auf ein Schwarzweißfoto von mir mit hoch aufgetürmter Frisur, engem, schenkelkurzem Rock und Pfennigabsätzen. Die Menge an Augenmake-up, die ich auf diesem Foto trug, hätte bei meinem heutigen Verbrauch eine Woche gereicht.

«Könnte das nicht meine böse Zwillingsschwester sein?» schlug ich vor.

Kyari kicherte leise und blätterte weiter. Ich sah noch schrecklichere Fotos von mir aus der Zeit des Sexkätzchen-Stadiums und schauderte zusammen. Es war deutlich zu sehen, wie völlig ich die Idee akzeptiert hatte, daß eine Frau attraktiv und passiv sein muß, ein schmückendes Accessoire für den Mann. Die nächsten Bilder zeigten mich im Hippiestadium: langes, glattes Haar, kaum Make-up und kaum Kleider am Leib. Jetzt war ich das «Naturkind». Als nächstes kam ein Hochzeitsfoto; dann sah ich mich als Hochschwangere, wie ich mit dickem Bauch und Peter-Pan-Frisur herumwatschelte. Das war der Wendepunkt! Jetzt begann ich allmählich so auszusehen wie heute, wenn man von dem Bauch absah. Die letzten Fotos blätterte ich rascher durch, da sie mir vertrauter waren.

«Du wirst gleich wissen, warum wir uns dieses Album anschauen. Jetzt sieh dir mal diese Bilder an.» Kyari blätterte rasch

ein paar Seiten weiter und schlug ein «Verbrecheralbum» meiner
früheren Freunde auf.

Ich sah meine Meisterin finster an. «Hoffentlich lerne ich auch
wirklich etwas aus dieser Erfahrung», murmelte ich vor mich hin.

«Das hängt von dir ab», konterte sie. «In diesen Beziehungen
gibt es ganz spezielle Verhaltensmuster, die du, glaube ich, bis
jetzt nicht erkannt hast. Das wollen wir heute korrigieren, denn
ehe du das spirituelle Konzept vom Männlichen und Weiblichen
anderen erklären kannst, mußt du erst einmal in der Lage sein, es
auf dein eigenes Leben anzuwenden.»

«Das ist hochinteressant», sagte ich tapfer. «Mach weiter!»

«Keine Sorge, das tue ich! Du erinnerst dich sicher noch, daß
wir das letzte Mal über das Konzept von Anima und Animus gesprochen haben. Der Animus ist das männliche Prinzip in der
Frau, und die Anima ist das weibliche Prinzip im Mann. Ich persönlich bezeichne es lieber als den ‹inneren Mann› und die ‹innere
Frau›. Die Existenz dieser beiden Prinzipien innerhalb der
Menschheit sorgt für ein ausgewogenes Gleichgewicht und gibt
jedem Menschen die Möglichkeit, Gott ähnlich zu werden.

Das Problem ist nur, daß es den meisten Menschen schwerfällt,
diese Eigenschaften des anderen Geschlechts, die sie in sich tragen, sinnvoll einzusetzen. Statt dessen leben sie ihr vorherrschen-
des Geschlecht aus und suchen sich Partner, die ihre weniger stark
ausgeprägten Züge verkörpern. Dadurch berauben sie sich ihrer
spirituellen Möglichkeiten. Außerdem ziehen sie aufgrund ihrer
eigenen Unvollkommenheit wahrscheinlich auch andere unvollkommene Menschen an. Aber hier ist es nicht wie in der Mathematik – zwei Hälften ergeben kein Ganzes! Zwei unvollkommene
Menschen neigen dazu, unzufrieden miteinander zu sein, denn
der eine spiegelt das wider, was dem anderen fehlt.

Beim letztenmal haben wir uns unter anderem darüber unterhalten, daß Frauen ihren Animus oft nach außen projizieren, weil
sie ihre männlichen Eigenschaften nicht akzeptieren und ausleben
können. Aufgrund ihrer Neigung, diese männlichen, selbstbewußten Tendenzen zu unterdrücken und zu verleugnen, haben sie
eine ziemlich komplizierte Einstellung zu Männern. Sie können
nie direkt und offen sein, sondern versuchen immer alles indirekt,
auf Umwegen und durch Berechnung zu erreichen. Ein Beispiel
für dieses Verhalten ist die Redensart: ‹Ein Mann läuft einer Frau

so lange hinterher, bis sie ihn einfängt.› Deshalb sagt man den Frauen nach, daß sie Meisterinnen der Manipulation sind. Die Männer halten Frauen für hinterlistig oder bestenfalls widersprüchlich. Aber wenn Frauen tatsächlich so handeln, dann tun sie es nur, weil sie glauben, keine andere Wahl zu haben!

Dieses berechnende Verhalten, das alles auf Umwegen erreichen will, findet man aber nicht nur bei Frauen. Männer mit stark ausgeprägten weiblichen Zügen verhalten sich oft ähnlich. Sie versuchen Menschen und Gelegenheiten zu sich heranzuziehen, statt selber die Initiative zu ergreifen und etwas zu schaffen. Sie verbergen ihre wahren Motive und sind oft sehr geheimnistuerisch, weil sie in ihrem Unterbewußtsein Angst haben, nicht das zu erreichen, was sie wollen. Mit den passiven Strategien, die sie einsetzen, möchten sie ihre Ziele ohne offenen Kampf erreichen. Sie fürchten nämlich, daß sie einen offenen Kampf verlieren würden, und glauben, durch Manipulation eher etwas erreichen zu können. Manchmal entwickeln sie ein so großes Geschick darin, ihre Motive vor anderen zu verbergen, daß sie ihnen zum Schluß sogar selbst verborgen bleiben.»

Das überraschte mich. Doch irgendwo in meinem Inneren machte es «klick». Allmählich nahm eine Erkenntnis in mir Gestalt an. Mir wurde klar, was dieses Gespräch mit meinen früheren Beziehungen zu Männern zu tun hatte.

«Diese Beschreibung kommt mir bekannt vor», unterbrach ich Kyari. Die Kellnerin kam vorbei und schenkte mir Kaffee nach. «Natürlich passen nicht alle meine früheren Freunde in dieses Schema. Aber auf viele trifft es zu. Ich bin erstaunt.»

«Dazu gibt es keinen Grund», lächelte die Meisterin. «Du bist nicht die einzige in dieser Situation. Viele Menschen entscheiden sich bei der Partnerwahl immer wieder für einen ganz bestimmten Typ. Das liegt daran, daß sie sich in diesem Lebensbereich häufig von unbewußten Projektionen leiten lassen.»

«Das war mir bis jetzt nicht so ganz klar», sagte ich nachdenklich. «Aber jetzt, wo du es erwähnst, muß ich sagen, daß deine Beschreibung tatsächlich auf viele Menschen zutrifft.»

«Also», fuhr die Meisterin fort und nippte an ihrem lauwarmen Pfefferminztee, «dieser Irrweg, den wir gerade beschrieben haben, ist auf Introversion zurückzuführen. Die Kräfte der Seele, die eigentlich auf natürliche Weise durch uns hindurch und in die objektive Welt hinausströmen sollten, werden in unserem Ich eingeschlossen. Bei Männern, auf die diese Beschreibung zutrifft, ist die Gefahr geringer. Doch bei Frauen ist es leider der Normalfall, da sie sich den gesunden Ausdruck ihrer Wünsche und ihres persönlichen Willens häufig nicht gestatten oder ihn unterdrükken. Das heißt, bis jetzt. Der Unmani-Dhun-Orden hofft das zu ändern.

Du hast dich zu einer Reihe von Männern hingezogen gefühlt, die mehr oder weniger in das spirituelle Schema passen, das ich gerade beschrieben habe. Bei ihnen kamen die weiblichen Züge stärker zum Ausdruck als die männlichen. Ist dir das jetzt klar?»

«Ja! Ich sehe es ganz deutlich», stimmte ich aufgeregt zu. «Aber bisher habe ich es nie begriffen.»

«Solche Männer strahlen eine feminine Energie aus, die auf viele Leute – Männer wie Frauen – unwiderstehlich wirkt. Man bezeichnet sie häufig als ‹jungenhaft›. Jungen können sehr anziehend wirken; das liegt daran, daß sie eine Mischung aus männlich und weiblich, Kind und Erwachsenem sind. Manchmal sind sie verspielt, dann wieder energisch und selbstbewußt, dann wieder geben sie sich launisch und lassen sich von ihren Phantasien leiten. Aber solche jungenhaften Männer sind im allgemeinen auch ziemlich egozentrisch, verantwortungslos und unreif – eben wie richtige Jungen. Warum fühlen sich Frauen dann überhaupt zu ihnen hingezogen? Dafür gibt es verschiedene Gründe.

Ein Frauentyp, der feminine Männer anziehend findet, besitzt eine Vorliebe für die ‹Mutterrolle›. Solche Frauen ziehen es vor, den Mann lieber mütterlich zu umsorgen, als ihm eine gleichberechtigte Partnerin zu sein. Daß ein Mann von ihnen abhängig ist, gibt ihnen das Gefühl von Macht und Autorität, und das genießen sie. Doch in Wirklichkeit weichen sie damit einer verborgenen Frage aus. Diese Frage lautet: Warum muß man sein Gefühl der Macht und Autorität unbedingt von einem Menschen beziehen, der emotional von einem abhängig ist? Eine ähnliche, aber viel konstruktivere Erfahrung wäre es zum Beispiel, als leitende Angestellte eine Gruppe von Mitarbeitern zu führen. Aber dann müßte man in der objektiven Welt für seine Autoritätsposition arbeiten. Und dazu ist die ‹Supermutter› selten bereit.

Manche Frauen bevorzugen feminine Männer aber auch, weil sie eine Verstärkung zu ihrer eigenen Weiblichkeit bieten, durch

Eigenschaften wie Gefühl, Phantasie und innere Schau. Solche Frauen haben vielleicht ein schwaches Bild von sich als weiblichem Wesen und suchen einen Mann, der ihnen die Eigenschaften vor Augen führt, die ihnen ihrer Meinung nach fehlen. Oder vielleicht ist die männliche Seite bei ihnen sehr stark ausgeprägt, und deshalb brauchen sie einen weiblichen Mann in ihrer Umgebung, um ihr Leben im Gleichgewicht zu halten. Beziehungen zwischen femininen Männern und diesem Frauentyp sind nicht so destruktiv wie die Beziehung zwischen einem femininen Mann und der alles beherrschenden ‹Supermutter›. Manche dieser Beziehungen können sich sogar für beide Seiten als konstruktiv erweisen.

Es kommt hier auf die Bewußtheit an. Man muß sich der richtigen Beziehung zwischen dem männlichen und dem weiblichen Strom bewußt sein und sich bemühen, diese beiden Ströme in seinem Inneren im Gleichgewicht zu halten. Und was für eine Beziehung sollte zwischen diesen beiden Strömen herrschen? Um es kurz zu machen, die Rolle des Weiblichen besteht darin, das Männliche durch Inspiration und Gefühl zu bereichern. Und die Aufgabe des Männlichen besteht darin, auf diese inneren Ströme zu achten und verantwortungsvoll darauf zu reagieren.»

«Aha», sagte ich. «Ich glaube, jetzt habe ich es. Im Grunde läuft es darauf hinaus: Wir müssen innerlich ausgeglichen sein, sonst ist die Beziehung zu unserem Partner es auch nicht. Auf meinen Fall bezogen, was habe ich dann eigentlich falsch gemacht?»

«Falsch würde ich es nicht nennen», sagte die Meisterin großmütig. «Ich würde es eher als eine etwas handfeste Methode bezeichnen, bei der man aus Erfahrung lernt.»

«Ach, du meinst, wie wenn man sich mit dem Hammer auf den Daumen schlägt?» witzelte ich.

«Der Schmerz weckt wenigstens unsere Aufmerksamkeit, nicht wahr?» lächelte Kyari zurück. «Das funktioniert erstaunlich gut. Du hast dir immer wieder weibliche Männer ausgesucht, bei denen die Anima die treibende Kraft war, um endlich so weit zu kommen, daß du die Verantwortung für die in deinem Inneren schlummernden männlichen Eigenschaften akzeptieren konntest und die Möglichkeiten des Weiblichen besser schätzen und einsetzen lerntest. Dadurch, daß du die verschlungenen seelischen Prozesse und äußeren Manipulationen dieser Männer durchschautest, wurde dir klar, was für Konsequenzen es hat, wenn man seinen männlichen Strom nach innen richtet. Du hast miterlebt, wie frustrierend es für sie war, daß sie bei der Verwirklichung ihrer Ziele versagten. Dadurch erkanntest du, wie wichtig es ist, deine eigenen Träume und Sehnsüchte nicht zu verleugnen. Als du zu dieser Erkenntnis gekommen warst und anfingst, deine männliche *und* deine weibliche Seite bewußt und konstruktiv zum Ausdruck zu bringen, verschwand dieses Beziehungsmuster völlig aus deinem Leben.»

«Das stimmt», sagte ich glücklich. «Endlich hatte ich das klar erkannt. Und ich wußte, was ich tun mußte.»

Die Kellnerin kam an unseren Tisch und schenkte uns wieder Kaffee und heißes Wasser nach. Sie war sehr liebenswürdig, plauderte mit uns und fragte uns schließlich, ob wir Schwestern seien. Ich sagte nein; doch gleichzeitig antwortete Kyari: «Ja.» Die Frau warf uns einen sonderbaren Blick zu, und ich unterdrückte den Impuls, verzweifelt die Augen zum Himmel emporzuschlagen. Doch Kyari blieb gelassen.

«Eigentlich sind wir Verwandte», vertraute sie der Frau in ernstem Ton an. «Wir sind aus Nordchina.»

Diese Neuigkeit hatte eine interessante Wirkung auf die Frau. Sie schien plötzlich aufzuhorchen und begann uns zu erzählen, daß sie schon immer nach China reisen wollte; doch alle Leute sagten, sie sei verrückt. Schließlich machte sie uns das Kompliment, daß wir nur einen ganz, ganz leichten Akzent hätten und wie gut wir Englisch sprächen.

Kyari lächelte und sagte, China sei ein faszinierendes Land, und wenn es unsere Kellnerin dorthin zöge, solle sie erst einmal ein paar Bücher über China lesen, sich ein paar Fotos ansehen und in ihrer Phantasie dorthin reisen. Kyari erklärte ihr, kein Traum sei unerfüllbar, und äußerte beiläufig die Vermutung, daß sie vielleicht früher einmal in China gelebt hatte. Darüber dachte die Kellnerin ein paar Sekunden lang nach. Dann schüttelte sie lachend den Kopf.

«An so etwas glaube ich nicht», sagte sie mit einer wegwerfenden Handbewegung, als wolle sie diese Idee weit von sich schieben.

«Na ja, jedenfalls ist es ein interessanter Gedanke», lächelte Kyari, als die Frau mit ihren Kannen wieder fortging.

«Wenn wir zwei miteinander verwandt sind, dann bin ich die Tante von Ling-Ling, dem Panda», zischte ich empört. «Wie konntest du so etwas sagen! Ich dachte, Meister müßten sich immer... immer würdevoll benehmen. Oder wenigstens ehrlich sein.»

Kyari blitzte mich mit ihren dunklen Augen belustigt an. «Was weißt du denn schon davon?» fragte sie unverblümt. «Du hast früher tatsächlich einmal in China gelebt und warst eine entfernte Verwandte von mir. Und wer weiß – vielleicht fließt sogar Pandablut in deinen Adern. Ich glaube, dir ist der Sinn meines Gesprächs mit der Kellnerin völlig entgangen.»

«Ich hasse Bambussprossen», schimpfte ich.

«Die Kellnerin hat auf den spirituellen Strom reagiert, der durch uns auf sie übersprang», fuhr Kyari fort. «Die Erwähnung Chinas war nur das auslösende Moment für sie, sich dem Geist und ihren eigenen Träumen und Sehnsüchten zu öffnen, die ihr entglitten waren. Viele Männer und Frauen sind so wie sie, liebe Tochter. Sie verzichten zu leicht um materieller Sicherheit willen auf ihre persönliche Erfüllung – oder einfach, weil sie keinen Mut haben oder sich nicht genug für ihre eigenen Ziele einsetzen. Jetzt habe ich einen Samen in sie gelegt. Es hängt von ihr ab, ob sie etwas damit anfängt oder nicht.»

«Davon hatte ich keine Ahnung», sagte ich zerknirscht. «Ich dachte, du machst dir einen Spaß mit ihr.»

Die Meisterin schüttelte den Kopf. «Ehrlich gesagt, du hast wirklich eine erschreckende Vorstellung von spirituell hochentwickelten Seelen. Wir tun alles – ich wiederhole: alles –, was der Seele nicht schadet, um einen Menschen auf eine höhere Lebensebene emporzuheben. Die konventionelle Vorstellung von Heiligen paßt nicht auf spirituelle Meister. Wir sind nicht ohne Freude und Humor!

Selbstverleugnung ist für den spirituellen Schüler, der am Anfang seiner Entwicklung steht und seine Leidenschaften wie Zorn, Lust, Gier und Eitelkeit erst noch unter Kontrolle bringen muß, durchaus sinnvoll. Aber die Adepten sind über solche Versuchungen erhaben. Deshalb können wir alles bekommen, was wir wollen. Sogar einen roten Sportwagen! Und wenn wir unsere Freiheiten nicht voll ausschöpfen, liegt das nur daran, daß wir sie nicht brauchen. Du bist in letzter Zeit viel zu verkrampft. Wenn du dich nicht ständig bemühtest, so ein sturer Holzklotz zu sein, könntest du dich vielleicht entspannen und deinem wahren Ich ähnlicher werden. Vielleicht würdest du entdecken, wer du wirklich bist. Und womöglich würde dir das sogar gefallen.»

«Du hast recht. Das habe ich verdient», seufzte ich. «Aber das mit dem ‹Holzklotz› wollen wir lieber wieder vergessen, ja? Haurvata hätte mich beinahe auch schon als Pinocchio bezeichnet. Nein – bitte erspare mir die Erklärung. Da ihr zwei ja unter einer Decke steckt, weißt du es wahrscheinlich sowieso schon.»

«Bald mußt du anfangen, dir Gedanken darüber zu machen, was du deinen Schülern heute erzählen willst, Liebes», sagte Kyari in freundlicherem Ton und lächelte. «Ich will mit dir noch über die Männer in deinem Leben sprechen, die nicht in das vorhin beschriebene Schema passen. Manche deiner Partner waren sehr männlich im traditionellen Sinn des Wortes.»

Kyari blätterte weiter in dem Album und zeigte mir Fotos einiger Männer, die sie meinte. Dann begann sie mit ihren Erklärungen.

«Bis in die Gegenwart ist es dir schwergefallen, deine Träume selbstbewußt und zuversichtlich zu verfolgen, und in vielen deiner Partnerwahlen spiegelte sich dieses Problem wider. Doch im allgemeinen geht aus den Aufzeichnungen deiner vergangenen Leben hervor, daß du eine ausgeprägte Vorliebe für ein Leben voller Aktivität und Veränderungen hast. Du hast in früheren Inkarnationen schon häufig Führungspositionen innegehabt und fühlst dich naturgemäß zu verantwortungsvollen Stellungen hingezogen.

In diesem Leben haben wir dir allerdings ein paar Fesseln angelegt, damit du dich nicht automatisch wieder so verhieltest, wie du es in der Vergangenheit oft getan hast. Die Beschränkungen, die dir in deiner Kindheit auferlegt wurden, waren sehr sinnvoll. Sie haben deine natürliche Aggressivität und Ichbezogenheit ein wenig gezügelt und Eigenschaften in dir zutage gefördert, die du bitter nötig hattest: Bescheidenheit und Mitgefühl für den Durchschnittsmenschen. Sie haben dich auch gezwungen, deine Energien nach innen zu wenden, da es so schwierig für dich war, dich auf der physischen Ebene auszudrücken.

So hast du natürlich auch die aggressiveren und erfolgreicheren Männertypen angezogen. Sie waren ein gesunder Ausdruck deiner bereits gut entwickelten männlichen Natur. Aber früher hast du diese männliche Seite in dir nicht voll anerkannt. Es kam zu Konflikten mit deinen Partnern, und du hast nie begriffen, daß diese Probleme entstanden, weil zwei starke Persönlichkeiten um die Vorherrschaft kämpften. Bei deinem Mann ist das anders, und deshalb schätzt du diese Beziehung auch so sehr. Dein Mann ist eine starke Persönlichkeit, aber doch selbstsicher genug, um nicht den ‹Boß› herauskehren zu müssen. Er ist dir ein wahrer Freund und Gefährte und gleichzeitig die männliche Stütze, die du bei einem Vater nie hattest.»

Ich lächelte bei dieser Beschreibung meines Mannes. Sie stimmte genau, und ich wußte, was für ein Glückspilz ich war. «Ich bin dir wirklich dankbar für alles, was du mir heute gesagt hast. Beziehungen sind eigentlich ziemlich einfach, sobald man sich selbst besser versteht.»

«Ja», nickte Kyari. «Aber zum Überleben genügt es noch nicht, daß du deine eigenen Projektionen erkennst. Du mußt auch sehen, was das andere Geschlecht in dich hineinprojiziert. Darüber möchte ich nun mit dir sprechen. Denn nicht nur Frauen neigen dazu, ihre unentwickelten männlichen Eigenschaften in Männer hineinzuprojizieren; die Männer tun das gleiche mit den Frauen. Zu diesen projizierten femininen Zügen gehören zum Beispiel warmherzige Zuneigung, Intuition, Gefühlsbetontheit und die Neigung, andere Menschen zu umsorgen.

Manche Männer mißtrauen den Frauen, weil sie diese Eigenschaften besitzen. Dabei müßten die Männer sie eigentlich dringend entwickeln. Männern, die ihre weiblichen Züge nach außen projizieren, fällt es schwer, dauerhafte Beziehungen zu Frauen aufzubauen; und sie haben auch keine Möglichkeit, ihre inneren Welten zu entdecken und zu erforschen. Sie führen ein oberflächliches Leben, öffnen ihr Herz niemals im wahren spirituellen Sinn einem anderen Menschen und lassen ihre Liebe nie zum Göttlichen emporwachsen.

Nun, hier liegt ein wesentlicher Unterschied zwischen Männern und Frauen, der dir vielleicht schon aufgefallen ist. Frauen bewundern Männer mit weiblichen Eigenschaften in der Regel; doch Männer haben nicht die gleiche Einstellung zu männlichen Zügen bei Frauen. Das hat damit zu tun, daß weibliche Eigenschaften von Natur aus kooperativ sind. Männliche Eigenschaften dagegen sind konkurrenzorientiert. Daher fühlen viele Männer sich von Frauen, die ihre männliche Seite zu deutlich zeigen, instinktiv bedroht – vor allem im Bereich ihrer eigenen Interessen und Bemühungen.

Das primitive männliche Prinzip hat den instinktiven Drang, sich die Vorherrschaft zu erkämpfen. Dieser Instinkt dient der Erhaltung der Art nach dem Darwinschen Prinzip, daß der Stärkere überlebt. Der instinktive Hang zum Dominieren wird natürlich durch die soziale Notwendigkeit eingeschränkt, in einer zivilisierten Umwelt mit anderen Menschen friedlich umzugehen und zu kooperieren. Aber wenn Männer im Konkurrenzkampf gegen eine Frau antreten müssen, ist das häufig eine verwirrende und beunruhigende Erfahrung für sie. Es widerspricht dem primitiven Denkmuster, das ihnen einprogrammiert wurde. Das ist alles so archaisch!

Ein Mann, der von einer Frau erwartet, daß sie im streng traditionellen Sinn ‹weiblich› ist, ist furchtbar um seine Machtposition besorgt und möchte sie um jeden Preis schützen. Seine Partnerin muß schön und unterwürfig sein und alle Eigenschaften besitzen, mit deren Hilfe er sein Bild von sich aufrechterhalten kann. Da sein seelisches Wohlbefinden von der Rolle abhängt, die die Frau in seinem Leben spielt, hat er sehr genaue Vorstellungen davon, wie sie aussehen, sprechen, sich verhalten oder sein muß. Im allgemeinen betrachten solche Männer die Frau als eine Verlängerung ihres Selbstbildes, da ihr Ich zu schwach ist, um auf eigenen Füßen stehen zu können. Eine Beziehung zu so einem Mann ist zwangsläufig unbefriedigend, weil er eine Frau niemals als das innere Wesen akzeptieren und unterstützen wird, das sie ist. Das kann er gar nicht, weil er auch sich selbst nicht so akzeptiert.

Manche Männer sind narzißtische Romantiker, die sich in ihren Visionen ausmalen, wie stark und verwegen sie sein könnten, wenn nur ihre Frau attraktiver oder femininer wäre! Diese Einstellung ist uralt: ‹Wenn du so und so wärst, dann könnte ich so und so sein.› Damit schiebt man die Verantwortung für seine Unfähigkeit, irgendeine wünschenswerte Eigenschaft bei sich selbst zu verwirklichen, einem anderen in die Schuhe. Natürlich ist das teilweise richtig; aber auf lange Sicht ist es keine sehr sinnvolle Einstellung. Das Verhalten und die Einstellung anderer Menschen spielen zwar eine wichtige Rolle in unserer Realität; doch die einzige wahre Macht, die wir haben und die uns keiner nehmen kann, ist das Recht und die Fähigkeit, uns selbst zu verändern.

Um es zusammenzufassen, meine Tochter: Die Partnerwahl eines Menschen spiegelt stets den Grad der spirituellen Entwicklung wider, den er zu dem Zeitpunkt erreicht hat. Wenn dein Partner dich nicht gut und rücksichtsvoll behandelt, liegt das vielleicht daran, daß du selbst dich nicht so behandelst. Wenn dein Mann sich dir nicht mitteilt, mag es sein, daß dein innerer Mann und deine innere Frau sich auch nichts zu sagen haben. Hast du einen kritischen Partner, spiegelt das deine eigene selbstkritische Haltung und deinen eigenen Perfektionismus wider. Und so weiter und so fort. Sobald du das erkannt hast, wird dir auch klarwerden, daß eine unglückliche Ehe nur ein Symptom einer inneren Krankheit ist. Ehe du versuchst, den anderen zu ändern, beschließe lieber, an dir selbst zu arbeiten. Damit wirst du bessere Resultate und wahre Veränderungen erzielen.

Hast du soweit irgendwelche Fragen?» fragte Kyari und holte tief Luft.

Ich wollte schon den Kopf schütteln, da fiel mir plötzlich etwas ein, was ich unbedingt noch wissen wollte. «Ich möchte dir gern eine Frage über meine Ehe stellen, wenn du nichts dagegen hast.»

«Natürlich nicht», antwortete Kyari. «Was könnte relevanter sein als diese Frage?»

Ich lebte nun schon seit einigen Jahren mit meinem Mann zusammen. Wir waren früher schon einmal verheiratet gewesen, aber unsere Ehe war auseinandergegangen, als mein Sohn gerade vier Jahre alt war. Für mich kam in der Zwischenzeit eine zweite Ehe mit einem Mann, der überhaupt nicht zu mir paßte, während mein erster Mann allein blieb und Jura studierte, um sich ein besseres Leben zu verschaffen.

Er war ein hochintelligenter, aber zurückhaltender Mann und hatte für mein Bedürfnis nach Zuneigung und Kontakt zu anderen Menschen weder Verständnis noch Sympathie aufbringen können. Er war geduldig und etwas schwerfällig, ich dagegen war temperamentvoll und gefühlsbetont und strebte immer nach Veränderungen. Als unsere Ehe auseinanderging, waren wir uns darüber einig, daß wir nicht zusammenpaßten, und trennten uns in aller Freundschaft. Fünf Jahre später, mit den schmerzlichen Erfahrungen meiner zweiten Ehe hinter mir, fanden wir wieder zusammen. Dieses Mal erwies sich unsere Ehe als ein durchschlagender Erfolg.

«Ich möchte gern wissen», begann ich und holte tief Luft, «warum meine Ehe diesmal funktioniert und vorher so kläglich gescheitert ist. Haben wir uns denn verändert? Oder kannten wir uns vorher nicht richtig? Oder waren wir einfach zu jung?»

«Langsam, langsam», sagte Kyari leise lachend, «immer mit der Ruhe. Ich will dir deine Frage beantworten. Um eine ziemlich komplizierte Geschichte etwas zu vereinfachen: Deine Ehe ist beim zweitenmal gutgegangen, weil ihr beide inzwischen eine viel höhere Bewußtseinsebene erreicht habt als bei eurem ersten Versuch. Vorher wart ihr beide sehr unausgeglichen, und da es euch an Ganzheit fehlte, wart ihr mit der Verantwortung, das Leben, das ihr euch beide wünschtet, selbst zu schaffen, überfordert. Und ihr hattet auch noch nicht genügend spirituelle Erkenntnisse, um die Gefahren zu umgehen, die auf eurem Weg lauerten. Ihr habt viele Hoffnungen und Erwartungen ineinander hineinprojiziert, die ihr euch eigentlich selber hättet erfüllen müssen.

Da ihr selbst unzulänglich wart, fandet ihr auch den Partner unzulänglich. Da ihr euch selbst spirituell nicht lieben konntet, wart ihr auch nicht in der Lage, euch gegenseitig Liebe zu schenken. Ihr brauchtet den anderen nur für eure eigene Zufriedenheit, nicht, um ihm etwas zu geben. Eure Ehe ist aus einem Grund gescheitert, aus dem viele Ehen kaputtgehen – egal, ob sie geschieden werden oder nicht. Ihr wußtet nicht, was für einen Sinn die Ehe hat, und ihr kanntet euch selbst nicht richtig.»

«Oh», grinste ich. «Gut, daß ich gefragt habe.»

Kyari lachte herzlich. «Jetzt siehst du in deinem Mann eine große, strahlende Seele, liebe Tochter. Und er erkennt das gleiche in dir. Ihr seht euer eigenes Spiegelbild in den Augen des anderen, und keiner von euch wird die Liebe und das Vertrauen des anderen jemals enttäuschen! Ihr habt wirklich Glück; aber ihr habt euch dieses Geschenk mit den schwierigen Kämpfen verdient, die euer spirituelles Ich im Laufe seiner Entwicklung zu bestehen hatte.»

Wir ließen ein großzügiges Trinkgeld für die Kellnerin auf dem Tisch liegen. Kyari bezeichnete es augenzwinkernd als «kleine Anzahlung für die Chinareise». Ich hatte an diesem Tag wieder etwas über das Mitgefühl gelernt. Mir war klargeworden, daß das größte Geschenk, das man einem anderen Menschen machen kann, die Kraft ist, an sich selbst zu glauben – die Kraft, sich das Leben zu erträumen, das man führen möchte, ob es einen nun nach China oder in die inneren Welten führt.

KAPITEL NEUN

Der aktive und
der passive Weg zu Gott

Da die Unmani Dhun meine Schwingungsfrequenz verändert hatten, besaß ich nun ein wesentlich höheres Energieniveau, was viele Wochen lang anhielt. Nach meiner trüben Erfahrung auf der Cocktailparty machte ich einen großen Bogen um alle Nahrungsmittel und Getränke, die womöglich eine negative Reaktion hervorrufen konnten. Während dieser Zeit trieb ich eine Reihe Projekte, die ich schon vor Monaten begonnen hatte, mit großer Energie voran. Ich schrieb Anträge, Briefe und Mitteilungen, bewilligte kostenlosen Unterricht und führte mit vielen Leuten Telefongespräche über meine Arbeit an den Schulen.

Doch es war nicht zu vermeiden, daß der mühelose Energiezustrom, der ein so großes Geschenk für mich gewesen war, allmählich wieder nachließ. Ich ignorierte diese Veränderung aber und rackerte mich noch eine Woche lang weiter ab. Eines Tages war ich völlig erschöpft, weil ich mehrere Tage und Nächte fast ununterbrochen gearbeitet und kaum geschlafen hatte, und legte mich ins Bett. Stunden später erwachte ich. Mein physischer Körper war bleischwer, und erbittert stellte ich fest, daß ich krank war. Beklemmungen in meiner Brust deuteten darauf hin, daß ich eine Infektion der Lungen hatte, die schon immer der schwächste Punkt meines Körpers gewesen waren. Ich begann zu husten. Ich hatte die Kräfte meines Körpers erschöpft und seine Warnungen ignoriert. Jetzt mußte ich den Preis dafür bezahlen.

Zum Glück war der Preis diesmal recht gering. Durch eine vernünftige leichte, gesunde Ernährung, genügend Schlaf und ein mäßigeres Arbeitspensum kam ich wieder ins Gleichgewicht. Akupressurbehandlung, die bei mir so gut wirkte, beseitigte die Beschwerden mit meiner Lunge, und der Heilungsprozeß machte rasche Fortschritte. Ich stieß einen Seufzer der Erleichterung aus. Die Gefahr, der ich gerade noch mit knapper Not entronnen war, hatte mir einen Dämpfer aufgesetzt!

Dieser zum Glück nicht schwere körperliche Zusammenbruch war nur ein Schatten der chronischen Atemwegsprobleme, unter denen ich schon seit meinem zehnten Lebensjahr als Folge einer Rippenfellentzündung litt. Als ich dann erwachsen wurde, genas ich immer langsamer von diesen ständigen Lungenerkrankungen. Mein Körper wurde immer wieder von hohem Fieber geschüttelt. Ich hustete Schleim, bis mir die Brust weh tat, bekam Kehlkopfentzündung und verlor meine Stimme. Antibiotika schienen die geheimnisvollen Organismen, die diese Krankheiten hervorriefen, überhaupt nicht zu beeindrucken. Ich sah förmlich vor mir, wie sie sich jedesmal vor Lachen ausschütteten, wenn ich versuchte, sie mit einer neuen Pille zu vertreiben.

In den ersten Jahren meiner spirituellen Unterweisung waren diese Anfälle besonders schlimm. Ich hatte privat damals schon etliche emotionale Zerreißproben bestanden. Doch je mehr meine spirituelle Entwicklung voranschritt, um so mehr verbesserte sich auch meine seelische Verfassung und damit mein allgemeiner Gesundheitszustand. Meine Lungenerkrankungen wurden immer seltener, kürzer und leichter. Doch wie ein von seiner Sucht geheilter Alkoholiker wußte ich, daß ich nie vergessen würde, wie gefährlich und unter Umständen sogar lebensbedrohend dieses Leiden sein konnte.

Eines Tages, als es mir schon recht gutging, fuhr ich in die Stadt, nach Sacramento, um mich mit meinem Mann zum Mittagessen zu treffen. Nach einem schönen gemeinsamen Essen in einem mexikanischen Restaurant trennten wir uns. Ich parkte mein Auto in der Nähe des von Bäumen überschatteten Capitol Parks und begann herumzubummeln. Der Tag war angenehm mild, aber nicht besonders warm. Um diese Jahreszeit schlenderten noch nicht viele Menschen draußen umher, doch durch die vielen hin und her hastenden Büroangestellten und Jogger herrschte im Park reges Leben. An einer sonnigen Stelle tauchte eine Bank vor mir auf. Ich strebte auf sie zu, setzte mich hin, schloß die

Augen und entspannte mich. Da durchbrach Kyari Hotas Stimme die Stille.

«Schön, dich zu sehen», sagte sie fröhlich. «Ich habe heute vieles mit dir zu besprechen. Geht es dir jetzt wieder besser?»

«Ja, danke», antwortete ich glücklich und schlug die Augen auf. Die Meisterin stand in einem blauen, streng geschnittenen Kostüm vor mir. «Viel besser. Was gibt es denn?»

«Ich möchte mit dir über den aktiven und den passiven Weg zu Gott sprechen», erwiderte Kyari und setzte sich neben mich. «Eigentlich gibt es nur einen Weg zu Gott, liebe Tochter. Aber da die Schöpfung dualistisch ist, hat sie zwei Seiten: den positiven und den negativen Pol oder den männlichen und den weiblichen Strom, wie du ja bereits weißt. Und daher gibt es auch zwei Wege zur spirituellen Entfaltung, die einander widersprechen und sich gleichzeitig ergänzen – den aktiven und den passiven. Der aktive und der passive Weg sind zwei verschiedene Möglichkeiten, sich mit der Gotteskraft zu verbinden. Bring diese beiden Wege in deinem Inneren in ein harmonisches Gleichgewicht, und du kannst durch die enge Pforte in die himmlischen Welten eintreten!»

«Du hast genau den richtigen Zeitpunkt gewählt, um mir das zu sagen», gähnte ich, während die Sonne hinter Wolken verschwand. «Gleichgewicht ist genau das, was mir in der letzten Zeit gefehlt hat. Ich glaube, ich bin so elend krank geworden, weil ich mich zu sehr überanstrengt habe.»

Die Meisterin nickte zustimmend. «Du hast eine Grundtatsache des Lebens ignoriert. Die niedrigeren Welten sind natürlichen Zyklen unterworfen. Diese Zyklen entstehen durch das Pulsieren der spirituellen Energie im Universum und die Ruhepausen dazwischen. Die spirituelle Energie, einmal ausgesandt, bewegt sich wellenförmig in Zeit und Raum. Die Menschen erleben diese Energiewellen und -pulse in allem, was sie tun – bei ihrer Arbeit und ihren kreativen Bemühungen und auch in ihren Beziehungen zu anderen Menschen.

Konkret bedeutet das, daß du Zeiten der Energie und der Langeweile, der Inspiration und der Mutlosigkeit, der Harmonie und der Disharmonie erlebst. Achte auf diese Zyklen, und du kannst intuitiv auf den Wellen reiten und in den dazwischen liegenden Wellentälern neue Kräfte sammeln. Ignoriere sie, und du wirst vieles in deinem Leben falsch einschätzen und viele kleinere und größere Verluste erleiden. Zum Beispiel kann es sein, daß man einen Plan oder eine Beziehung aufgibt, obwohl der Erfolg unmittelbar bevorsteht, weil man einen bloßen Ruhepunkt irrtümlicherweise für einen totalen Mißerfolg gehalten hat. Oder man bringt ein großes Geschäft ins Rollen, doch die Energien des positiven Zyklus haben sich schon erschöpft, so daß man am Schluß alles verliert.»

Zwei Eichhörnchen liefen keckernd über den Rasen vor uns und kletterten an einer riesigen Eiche empor. Von dort blickten sie hinunter und schimpften laut auf uns herab.

«Jetzt verstehe ich», warf ich ein. «Ich hatte nicht begriffen, daß meine neue spirituelle Energie nur eine vorübergehende Welle war. Wahrscheinlich erwartete ich, daß sie ewig andauern würde. Und als ich sie dann erzwingen wollte, brach ich zusammen!»

«Dein einziger Fehler war, daß du in deinen Anstrengungen nicht nachgelassen hast, als die spirituellen Ströme dich nicht mehr unterstützten», sagte Kyari. «Dieser Streß hat deine physische Widerstandskraft geschwächt, und so konnte dein Krankheitsmuster einsetzen.»

«Ja», gab ich zu. «Den Geist zwingen zu wollen ist genau das gleiche, als wolle man auf dem Trockenen schwimmen!»

Kyari lachte vergnügt. «Na ja, wenigstens hast du etwas daraus gelernt und wirst diesen Fehler nicht so schnell wieder machen. Denn siehst du, ein harmonisches Gleichgewicht kannst du nur erreichen, indem du deine Beziehung zu den spirituellen Kräften stets überwachst. Das läßt sich mit den Bewegungen eines Surfers auf dem Meer vergleichen. Zuerst einmal muß er eine Welle ansteuern. Dann muß er sich ihr richtig nähern, das Gleichgewicht halten und sich, wenn sie sich bricht, geschickt durch sie durchmanövrieren. Und wenn die Welle dann wieder abebbt, muß er sanft von ihr herabgleiten, damit er nicht vom Brett fällt. Der Surfer muß einen gesunden Respekt vor seinem Element haben. Das Meer ist zwar schön, aber für jemanden, der es nicht kennt, kann es auch gefährlich sein!»

«Ein guter Vergleich», sagte ich anerkennend. «Bewußtsein, Haltung, Gleichgewicht, richtiges Verhalten und Unterscheidungsvermögen – ich wußte gar nicht, daß Surfen ein so spiritueller Sport ist!»

«Na ja, vielleicht sehen es nicht alle Surfer so», lächelte Kyari.

«Aber ich glaube, wirklich gute Surfer lernen die Prinzipien ihres Sports und können sie später, wenn sie ein bewußtes Interesse an spirituellen Dingen haben, auch darauf anwenden.»

Die Meisterin erhob sich von der Bank und räkelte sich. «Jetzt sitzen wir schon lange genug hier, findest du nicht auch? Laß uns ein bißchen herumlaufen.»

Ich war dankbar dafür, daß ich meiner inneren Stimme gefolgt war und an diesem Tag bequeme flache Schuhe angezogen hatte. Kyari ging gern spazieren und schritt erstaunlich kräftig und unermüdlich aus. Wir schlenderten über den Rasen, auf dem Frühlingsblumen angepflanzt waren. Über uns rauschten Königspalmen sanft im Wind. Die Adeptin sprach die ganze Zeit.

«Dein Irrtum, der die Krankheit hervorgerufen hat, bestand darin, daß du das aktive Prinzip überstrapaziert hast. Das aktive Prinzip ist der männliche Pol. Es kommt in Streben und Aggression zum Ausdruck. Das aktive Prinzip ist die Kraft, mit deren Hilfe wir uns durch unsere Erlebnisse im Rad des Lebens bewegen und immer wieder Ursachen schaffen und die Wirkungen dieser Ursachen ernten. Dadurch, daß wir Ursachen säen und Wirkungen ernten, lernen wir, kritisch zwischen mehreren Alternativen zu unterscheiden, den Zusammenhang zwischen unseren Handlungen und ihren Auswirkungen zu erkennen und unsere Handlungsfelder auf eine immer höhere Ebene emporzuheben.

Das aktive Prinzip gibt dem Menschen den Schwung und die Zuversicht, ein Ziel zu verfolgen und sich auch durch Hindernisse nicht von seiner Suche abbringen zu lassen. Ohne eine stark ausgeprägte aggressive Seite könnte kein geistiger Sucher zu den himmlischen Welten gelangen. Er hätte schon lange vorher aufgegeben, wenn er auf die passiven Kräfte dieser Welt gehört hätte, die ihm ständig einflüstern, er solle sich nicht den Mühen und der Einsamkeit eines spirituellen Lebens aussetzen!

Das passive Prinzip bildet mit seinen Eigenschaften der Verneinung und Ruhe ein ausgleichendes Gegengewicht zum aktiven Prinzip. Das Passive drückt sich durch den weiblichen Pol in der Tendenz aller Materie aus, zur Ruhe zu kommen und sich aufzulösen. Das Passive ist die Kraft der automatischen, zyklischen Veränderung – die natürliche Ebbe und Flut des physischen Universums. Das passive Prinzip der Seele strebt nach einem harmonischen Gleichgewicht mit allen anderen Kräften des natürlichen Lebens.

Im Gegensatz zum aktiven Prinzip gibt das passive nach, wenn es sich mit Hindernissen konfrontiert sieht. Das tut es aber nicht aus Schwäche, sondern aus seinem instinktiven Überlebens- und Selbsterhaltungstrieb heraus! Die passive Seite des Menschen sagt: ‹Verschwende deine Energien nicht mit vergeblichen Anstrengungen. Rette dich.› Der passive Instinkt bringt uns ganz deutlich zum Bewußtsein, daß das Leben keine Schachfigur in den Händen unseres Willens ist, sondern ein Strom von Kräften, die mächtiger sind als wir!

Kannst du folgen, liebe Tochter?»

«Ja, natürlich», antwortete ich. «Es ist sehr einleuchtend.»

Lächelnd fuhr die Meisterin fort.

«Für sich allein ist der aktive Strom ebenso unvollkommen wie der passive. Wir brauchen beide, um das Gleichgewicht und die Stabilität schaffen zu können, die wir für unseren Weg zum Höchsten brauchen. Gemeinsam bilden das aktive und das passive Prinzip Kontrapunkte und schaffen eine dynamisch ausgeglichene Spannung zwischen den Gegensätzen. Das kann zur höheren Weisheit führen. Aber wie du bereits erwähnt hast, kommt dieses Gleichgewicht selten vor. Ich will dir sagen, warum.

Die meisten Kulturen geben einem der beiden Prinzipien den Vorzug und entwickeln eine negative Einstellung gegen das andere. Eine aggressive Kultur wie eure beispielsweise neigt dazu, der Eroberung, Leistung und Expansion einen wichtigen Stellenwert einzuräumen. Eine Zivilisation, die das aktive Prinzip auf Kosten des passiven in den Himmel hebt, kann durchaus eine Zeitlang erfolgreich sein. Doch letzten Endes wird sie sich durch ihre Unkenntnis der Kräfte, die außerhalb ihres Willensbereichs liegen, selbst zerstören. Diese Kräfte werden sie zu Fall bringen! Das ist gewissermaßen der Vergeltungsschlag der passiven Seite, die am Ende immer siegt, wenn sie verletzt oder ignoriert wird.

Eine Kultur, in der das Passive vorherrscht, verehrt die natürliche Welt mit ihren Kräften und Zyklen häufig auf Kosten der individuellen Leistung und Entwicklung. Passive Kulturen schauen eher zurück als nach vorn, und ihr größtes Bestreben ist es, die Dinge stabil zu halten und Veränderungen zu vermeiden.

Eine passive Kultur fällt immer wieder aggressiveren Kulturen zum Opfer, und zwar aus einem ganz einfachen Grund: weil es in ihrem Wesen liegt nachzugeben, während das Wesen des Aggressiven die Expansion ist.

Die Beiträge solcher passiven Kulturen zur Geschichte der Menschheit liegen häufig auf dem Gebiet der Religion und Philosophie, manchmal auch im Bereich der bildenden Kunst und der Musik. Das liegt daran, daß die passive Haltung versucht, sich auf das einzustimmen, was bereits existiert, auf den vielen Ebenen der unsichtbaren Welten, die man in eurem Kulturkreis den ‹Himmel› nennt. Aktive Kulturen dagegen leisten die meisten Beiträge auf dem Gebiet der materiellen Erfindungen und verbreiten diese Errungenschaften mit Hilfe ihrer dritten Gabe – der Gabe der Eroberung – auf der ganzen Welt. Ja, du hast richtig gehört – Eroberung. Alle wertvollen Ideen haben sich durch Eroberung ausgebreitet, sowohl innerhalb eines Planeten als auch in ganzen Sonnensystemen. Das ist eine althergebrachte, wenn auch in der Regel ziemlich gewaltsame Methode, den statischen Widerstand vieler menschlicher Geister gegen Veränderungen zu brechen!

Und was für eine Rolle spielt der einzelne in diesem kulturellen und planetarischen Drama gegensätzlicher Kräfte, die einander bekämpfen?» endete sie in dramatischem Ton. «Das Individuum ist selbst ein Schlachtfeld dieser gegnerischen Kräfte! Die Herausforderung für den Menschen besteht darin, diese Kräfte in sich zu verstehen und dadurch ins Gleichgewicht zu bringen. Wenn er das nicht tut, gerät er bestenfalls in eine Sackgasse seiner spirituellen Entwicklung; und schlimmstenfalls fallen seine Persönlichkeit und seine Ichstruktur gänzlich auseinander!»

Wir waren inzwischen bei einer Kreuzung angelangt, an der der Park endete. Von hier aus konnten wir, wenn wir zurückblickten, die Kuppel des Kapitols erkennen, die sich jenseits der Baumwipfel in den Himmel emporreckte. Vor uns stand ein neuerbautes Luxushotel, das einen ganzen Häuserblock einnahm und mit seinem rosa-sandfarbenen Verputz und den eisernen Balkons eine lässige Eleganz ausstrahlte. Im Schrittempo fahrende Autos verstopften die dreispurige Einbahnstraße. Ein Straßenverkäufer betrieb ein gutgehendes Geschäft von seinem winzigen Wägelchen aus. Er verkaufte Hot Dogs und Brezeln.

Als wir uns der Straßenecke näherten, sahen wir eine alte Frau in einem schäbigen Pullover, die sich offensichtlich nicht entscheiden konnte, ob sie die Straße überqueren sollte oder nicht. Immer wenn die Ampel auf Grün umschaltete und die Menschen unwillkürlich vorwärtsströmten, streckte sie vorsichtig einen Fuß aus und zog ihn dann wieder zurück, als habe sie vor irgend etwas eine Todesangst. Das wiederholte sich immer wieder, obwohl die Ampel mehrmals Grün zeigte. Wir blieben stehen und beobachteten die Alte fasziniert und mitleidig zugleich. Schließlich stürzte sie vorwärts, obwohl die Ampel Rot zeigte, und hastete in panischer Angst über die Straße.

Ich seufzte und warf Kyari einen Blick zu.

«Na, was meinst du?» fragte die Meisterin unbeteiligt.

«Die Frau muß geistig gestört sein», vermutete ich. «Irgendwie ist sie so passiv geworden, daß sie nicht einmal mehr die einfachste Entscheidung treffen kann – zum Beispiel, ob sie über die Straße gehen soll oder nicht.»

Kyari nickte zustimmend. «Hin und wieder geraten alle normalen Menschen in irgendeinem Bereich ihres Lebens in einen Konflikt, und dann fällt es ihnen schwer, eine Entscheidung zu treffen. Doch belanglose Dinge erledigen wir automatisch; dazu brauchen wir keine bewußte Entscheidung zu treffen. Das gibt uns die Möglichkeit, uns auf die wichtigen Dinge unseres Lebens zu konzentrieren und die Energie und Beharrlichkeit aufzubringen, die wir brauchen, um sie zu meistern.

Aber wenn ein Mensch zu passiv wird, kann er nicht mehr zwischen wichtigen und unwichtigen Dingen unterscheiden. Selbst die belangloseste Entscheidung erhält dann Gewicht. Schenken wir Kleinigkeiten zuviel bewußte Aufmerksamkeit, verschwenden wir die aggressiven Impulse unserer Seele und erschöpfen die Kräfte, mit deren Hilfe sie in diesem Leben Fortschritte machen könnte. Daher dürfen wir den passiven Instinkten nicht die Führung überlassen. Wir müssen eine aktive, dynamische Haltung zum Leben einnehmen.»

Als die Ampel wieder auf Grün schaltete, trat Kyari leichtfüßig auf die Straße, und ich folgte ihr. Wir schlenderten durch die in blaßrosa, kastanienbraunen und blaugrünen Tönen gehaltene Hotelhalle, bewunderten die eindrucksvollen Blumenarrangements aus Anthurien und Strelitzien und unterhielten uns über die modernen Skulpturen, die dem Hotel eine eigenwillige, künstlerische Atmosphäre verliehen. Schließlich griff ich unser Gesprächsthema wieder auf.

«Ich verstehe, was du mir über das Problem der Passivität sagen willst», erklärte ich. «Aber was passiert eigentlich, wenn das Gegenteil vorherrscht? Ich meine, wenn jemand zu aggressiv ist?»

Kyari verlangsamte ihren Schritt, als sie mir antwortete. Ein paar Hotelgäste, die an uns vorbeigingen und einen Teil unseres ernsten Gesprächs mithörten, musterten uns mit leichter Neugier. «Dann liegt das Problem hauptsächlich darin, daß man seinen Willen zu stark entwickelt und einsetzt – also jene Seite des Ichs, die als Kanal für die aggressiven Triebe dient. Ein Mensch mit einem stark ausgeprägten Willen glaubt, sein Ziel erreichen zu können, indem er einfach bestimmte Ursachen schafft. Das kann ein Baby sein, das nach Milch schreit, oder ein spiritueller Schüler, der glaubt, durch geistige Theorien oder durch bloße persönliche Bemühungen zu Gott gelangen zu können!

Bis zu einem gewissen Grad funktioniert das tatsächlich, da der Geist auf Gedanken reagiert und ein aktiver Wille unter anderem auch Gedanken projiziert. Doch es gibt auch viele negative Möglichkeiten. Zum Beispiel kann es sein, daß ein Mensch nach etwas verlangt, wofür er noch gar nicht bereit ist. Das kann unerwartete und unangenehme Konsequenzen haben. Am häufigsten kommt es vor, daß man in seinem Bestreben, sein Ziel zu erreichen, verkrampft und nervös reagiert. Aber Spannung blockiert wiederum die Empfänglichkeit. Das Paradoxe an der Sache ist, daß unangemessener Willenseinsatz zum totalen Mißerfolg führen kann, während wir mit einer weniger aggressiven Methode mehr Erfolg gehabt hätten.»

«Tja, dann ist es also offensichtlich am besten, einen harmonischen Ausgleich zwischen diesen beiden Prinzipien anzustreben», folgerte ich. «Aber wie macht man das?»

«Indem man beide Methoden wohlüberlegt einsetzt», erwiderte Kyari sanft. «Der richtige Einsatz des femininen Prinzips besteht darin, gegenüber unseren Mitmenschen, unseren spirituellen Lehrern, unseren Angehörigen und dem Leben selbst bescheiden und demütig zu sein. Denn sie alle sind nichts anderes als verschiedene Gesichter Gottes. Wenn wir bescheiden und demütig bleiben, sind wir offen für die Führung Gottes, der uns zeigen

wird, wann es sinnvoll ist, nachzugeben oder auf seinem Standpunkt zu beharren – wann wir unsere Meinung offen sagen und
wann wir sie lieber verbergen sollten. Diese Offenheit und das gesunde Urteilsvermögen, das man sich durch ein aktives Leben er-
wirbt, sind alles, was man braucht, um auf dem Weg zu Gott
Fortschritte machen zu können. Du darfst auch nicht vergessen,
daß ‹Aktivität› im spirituellen Sinn sich nicht auf die physische
Ebene beschränkt, sondern auch das einschließt, was man durch
seine Gedanken und Empfindungen in Bewegung setzt.»

Wir verließen das Hotel wieder und gingen vier oder fünf
Straßen weiter nach Westen. Die schmutzigen, verwitterten Häu-
serfronten der Gebäude in diesem Viertel bildeten einen unwirk-
lichen Kontrast zu der Eleganz der moderneren Häuser im Zentrum der Stadt. Diese älteren Gebäude sollten im Rahmen eines
Sanierungsprojekts bald abgerissen werden. Doch vorläufig
waren dort immer noch baufällige Pfandleihhäuser, schäbige
Kneipen und «Hotels» mit wackeligen Feuerleitern unterge-
bracht, die nur noch an einem seidenen Faden zu hängen schienen.
Der Geruch von Urin und Erbrochenem hing in der Luft.

Als wir langsam an einem dieser Gebäude vorbeigingen, starrten die Menschen, die auf den Bürgersteigen und Gassen herum-
lungerten, mit ausdruckslosem Blick durch uns hindurch. Unangenehm berührt erklärte ich Kyari, ich hätte das Gefühl, von
Gespenstern umgeben zu sein. Die Bewußtseinsextreme, die ich
in diesem Augenblick erlebte, lösten eine Erkenntnis in mir aus,
die mir vorher nicht so klargewesen war. Ich begann zu empfinden, daß das Problem dieser Menschen nicht nur mit ihrer materiellen Situation zusammenhing. Mit ihnen war auch auf der inneren Ebene etwas nicht in Ordnung.

«Auch Armut und Reichtum sind Funktionen des aktiven und
passiven Stroms», bemerkte Kyari, die meine Gedanken erriet.
«In dieser Gegend existieren sie Seite an Seite, so wie im Bewußtsein eines jeden Menschen. Mit anderen Worten, Armut und
Reichtum sind Geisteszustände und Seinsformen. Ein Mann, der
im Ghetto zur Welt kommt, kann später Bürgermeister werden,
während ein anderer, der von Geburt an alle Privilegien genießt,
später vielleicht zum Stadtstreicher herabsinkt. Die Armut läßt
sich nie ganz auslöschen, weil sie das Ergebnis einer spirituellen
Entscheidung und nicht nur der sozialen Umstände ist.»

Doch jetzt waren wir am Eingang zur Greyhoundbusstation angelangt. Kyari blieb stehen und winkte mich hinein. Wir schlenderten durch die Station und beobachteten die Menschen, die an einem mit Nummer versehenen Tor Schlange standen, und die kleine Menschenmenge im Warteraum, der nur für Passagiere mit Fahrscheinen zugänglich war. Ich warf Kyari einen Blick zu und sagte: «Das wurde wahrscheinlich so eingerichtet, damit die Penner den Raum nicht als Schlafzimmer benutzen, meinst du nicht auch?»

Die Meisterin nickte. Dankbar registrierte ich, daß sie auf einen Schnellimbiß neben dem Busbahnhof zusteuerte. Dort konnten wir uns wenigstens hinsetzen. «Komm», sagte sie und blinzelte mir zu. «Ich lade dich zu einem Tee ein.» Kaum saßen wir mit unseren Getränken in der Hand da, konfrontierte ich sie mit meiner ersten Frage.

«Ich bin auch der Meinung, daß die Menschen nicht nur Opfer der Gesellschaft sind. Wir alle haben unser Leben weitgehend selbst in der Hand. Aber warum sollte jemand sich statt für Reichtum für die Armut entscheiden?» fragte ich stirnrunzelnd.

«Wir treffen unsere Entscheidungen auf verschiedenen Bewußtseinsebenen», entgegnete Kyari. «Entscheidungen, die wir in Unkenntnis der spirituellen Gesetze treffen, sind zwangsläufig falsch. Aber die Seele lernt nur auf diese Art und Weise – durch direkte Erfahrung. Die Tatsache, daß die Seele überhaupt eine Wahl hat, ist schon eine ziemlich bahnbrechende Neuerung. Schließlich ist es noch gar nicht so lange her, daß das Klassensystem die wirtschaftliche Erfahrungswelt aller Menschen völlig bestimmte. Der einzelne wurde entweder in ein Leben der Armut oder des Reichtums, unbegrenzter oder begrenzter Möglichkeiten hineingeboren. Ein großer Teil der künftigen Erfahrungen war bereits durch den ‹Zufall› der Geburt vorherbestimmt. Die sozialen Mächte kamen den Menschen überwältigend vor, und das hielt sie passiv.

Doch die Demokratie hat der Menschheit in den Endjahren dieses Zeitalters die Gelegenheit zu rascherem spirituellem Fortschritt gegeben. Sie ermöglicht es den einzelnen, ihre Entscheidungen aufgrund ihres spirituellen Bewußtheitsgrades zu treffen, ohne daß ihnen bereits durch die Umstände ihrer Geburt völlig die Hände gebunden sind. Doch wie du siehst, nutzen viele diese

Freiheit nicht. Sie haben noch nicht die Entwicklungsstufe erreicht, auf der sie fähig wären, sich mit Hilfe der aktiven Kraft – der kreativen Kraft der Seele – ein besseres Leben zu schaffen.»

Durch den Lautsprecher hallte die Aufforderung an die Passagiere, in den Bus einzusteigen. Binnen Minuten fuhr das glänzende Fahrzeug aus der Halle heraus und tauchte im Straßenverkehr unter.

«Das ist wirklich faszinierend», seufzte ich und dachte über Kyaris Worte nach. «Erzähl mir noch ein bißchen mehr über Reichtum und Armut. Ich glaube nicht, daß ich schon alles verstanden habe. Was hat es mit der aktiven und der passiven Kraft zu tun?»

«Im Grunde genommen entsteht Armut dadurch, daß die passive Kraft in einem Menschen die Oberhand gewinnt», begann sie. «Passivität ist eine geschwächte Lebenskraft, und der Mangel an materiellen Dingen ist nur das äußere Symptom eines viel schwerwiegenderen inneren Problems. Natürlich spreche ich hier nicht von Menschen, die freiwillig bescheiden leben, sondern von echter Armut – von Leuten, die nicht genug haben, um anständig existieren und einen kreativen Beitrag zum Leben leisten zu können. Passivität befindet sich am unteren Ende der Überlebensskala. Ihre engen Verwandten sind Angst, Abhängigkeit, Isolation und Selbstzerstörung.»

«Haben die Calvinisten nicht geglaubt, Armut sei ein Zeichen für die Ungnade Gottes?» warf ich ein, denn dieser Gedanke war mir gerade zufällig gekommen.

«Ja», nickte die Meisterin. «Aber das zeigt nur, daß die Menschen in ihrer Vorstellung von sich selbst einem Trugschluß unterlegen sind, indem sie ihre Beziehung zu Gott als passiv ansehen. Um es ganz klar zu sagen: Gott hat nichts damit zu tun, ob du reich oder arm bist. Wir schaffen uns unseren Reichtum und unsere Armut selbst. Unser Reichtum hängt davon ab, ob wir bereit sind, unsere materielle Erfahrungswelt aktiv zu gestalten. Und wie gestaltet man seine materiellen Erfahrungen? Genauso, wie Gott es tut – durch die Lebenskraft oder den Geist. Auf diese Weise kann die Seele eine Familie gründen und erhalten, einem Beruf oder Hobbys nachgehen, sich künstlerisch ausdrücken, sich in der Gemeinde engagieren und so weiter, wenn sie will. Doch zuerst muß die Seele sich dem Geist, der Gotteskraft in ihrem Inneren öffnen.»

«Soll das heißen, Reichtum sei ein Zeichen dafür, daß ein Mensch spirituell höher entwickelt ist? Und wenn ja – wie ist es dann bei Frauen? Ich lese in der Zeitung immer wieder, daß Frauen im Hinblick auf wirtschaftliche Dinge pessimistischer sind. Sie haben auch meist weniger Geld als Männer.»

«Frauen sind insgesamt ärmer als Männer, weil sie weniger Erfahrung in der Manifestation materieller Dinge gehabt haben. Ihr normaler Tätigkeitsbereich hat sich bis heute auf Zyklen der natürlichen Welt wie beispielsweise das Großziehen von Kindern und die Landwirtschaft beschränkt. Diese Dinge gehören zur passiven Seite des Lebens. Doch heutzutage müssen die Frauen ihre Fähigkeiten weiter ausdehnen; sie müssen auf allen Gebieten produktiv und kreativ sein. Das heißt, daß die Frauen insgesamt lernen müssen, die aktiven Kräfte ihrer Seele freizusetzen – Zyklen individueller Kreativität in Gang setzen, aufrechterhalten und wieder beenden –, um wachsen und lernen und etwas Wertvolles zum Leben beitragen zu können.»

«Du meinst, etwas anderes, als nur Kinder aufzuziehen», sagte ich.

«Ja», antwortete die Adeptin, «obwohl ich damit nicht sagen will, daß die Kindererziehung keine wichtige oder keine wertvolle Tätigkeit wäre. Ein Kind mit spiritueller Liebe und spirituellem Bewußtsein zu erziehen ist einer der wichtigsten Beiträge, den ein Mann oder eine Frau leisten kann, meine Tochter. Aber das ist nicht Kreativität in dem Sinn, wie ich es meine. Wenn man ein Kind aufzieht, geht man vor allem im Rahmen biologischer und psychischer Wachstums- und Veränderungsphasen auf die Bedürfnisse eines anderen ein.

Um jedoch einen Roman zu schreiben, muß man selbst die Initiative ergreifen und dann auch durchhalten. Auch hier gibt es Zyklen; aber kreative Zyklen unterscheiden sich sehr von den natürlichen Zyklen der physischen Welt. Kreative Zyklen sind spirituelle Erfahrungen, die eine Veränderung im Bewußtsein des kreativen Menschen bewirken. Durch unsere Erfahrungen mit schöpferischen Zyklen lernen wir mehr über den Geist und unsere Beziehung zu ihm. Verstehst du das?»

«Ja», sagte ich ernst. «Jetzt begreife ich auch, warum die Frauen es im Augenblick so schwer haben. Sie sind zwischen ihren bequemen Verhaltensmustern der passiven Kreativität, wie Mutterschaft und Haushalt, und der Herausforderung der individuellen Kreativität, wie Beruf und künstlerische Tätigkeit, hin und her gerissen. Aber ich glaube, jetzt gibt es kein Zurück mehr. All die Faktoren, die zum Zerfall der Familie beitrugen, haben den Frauen ihre traditionellen Stützen unter den Füßen weggerissen. Frauen sind jetzt zu individueller Kreativität gezwungen; ohne sie können sie nicht überleben!»

«Richtig», stimmte Kyari zu. «Das ist zwar eine spannungsgeladene Situation; aber sie gehört auch zu den enormen spirituellen Möglichkeiten dieser Zeit. Wenn die Frauen Möglichkeiten finden, die Gegenwart und die Zukunft durch ihre individuelle Kreativität zu bereichern, werden alle Menschen davon profitieren.»

«Das begeistert mich wirklich, Kyari.» Ich seufzte. «Aber nun bin ich äußerst gespannt auf deine Antwort auf meine zweite Frage. Wenn Reichtum besser ist als Armut, besteht die Lösung des Problems dann ganz einfach darin, reich zu sein?»

«Ganz und gar nicht.» Kyari schüttelte lächelnd den Kopf. «Extreme Armut und extremer Reichtum deuten auf ein mangelndes Gleichgewicht in der Erfahrungswelt eines Menschen hin. Das Ziel der Seele besteht nicht in der Anhäufung von Reichtum; sie muß sich die Fähigkeit erwerben, ein erfülltes, verantwortungsbewußtes Leben zu führen. Außerdem, Tochter, hat das, was die Seele aus ihrer Fähigkeit, materielle Dinge zu manifestieren, lernt, überhaupt nichts mit ‹Haben› zu tun, sondern mit ‹Sein›! Mit anderen Worten, die Seele erlernt die Prinzipien der Kreativität, die es ihr ermöglichen, in harmonischem Einklang mit dem Wohle des Ganzen alles zu manifestieren, was sie braucht! Diese Kreativität ist das eigentliche Wesen der Seele, denn durch sie kann man auf allen Ebenen und allen Planeten für immer zum Gott seines eigenen Universums werden.»

«Aha! Und was sind das für Prinzipien? Sind sie ein Geheimnis?» wisperte ich aufgeregt.

Kyari lachte und schüttelte nachdrücklich den Kopf. «Nein. An ihnen ist nichts Geheimnisvolles! Ich werde sie dir erklären, und du kannst sie weitererzählen, wem du willst. Aber denk daran, jeder erhält das, was dem ethischen Niveau entspricht, auf dem er sich befindet!»

«Was soll das heißen?» fragte ich neugierig.

«Das heißt, daß die Gesetze der Manifestation zwar für alle wirken; aber ob die Ergebnisse positiv sind oder nicht, hängt von der Reinheit der Absichten ab. Wer sich dieser Gesetze aus selbstsüchtigen Motiven bedient, schafft eine Schuld, die er wieder ausgleichen muß – wenn nicht in diesem Leben, dann in einem anderen.

Die Gesetze der Manifestation lauten folgendermaßen – Schritt eins: Du mußt ein einziges, klares Ziel im Kopf haben. Mit Ziel meine ich das Endresultat dessen, was du dir in deinem Leben wünschst. Dein Ziel muß klar definiert sein, weil du durch diese Klarheit ein inneres Bild schaffst. Dieses Bild ist die Gußform, die der Geist dann mit Leben füllt. Und es darf nur ein einziges Ziel sein, weil man durch diese Ausschließlichkeit seines Strebens alle Kräfte seiner Seele sammelt, auch die Kraft des Willens und der Phantasie. Belaste diesen Schritt nicht mit unnötigen Details, indem du dir all die tausend Einzelheiten ausmalst, die zur Erreichung deines Ziels notwendig sind. Denn dadurch zerstreust du die aggressiven Kräfte in alle Winde und schaffst Bedingungen, die den Geist unter Umständen in seinem Wirken einschränken. Die Einzelheiten werden sich im Lauf des schöpferischen Prozesses ganz natürlich entfalten.

Ich will dir auch noch ein paar Warnungen mit auf den Weg geben, die du bei Schritt eins beachten mußt. Du darfst dich nicht für ein Ziel entscheiden, dem du nicht deine ganze Liebe und dein aufrichtigstes Interesse widmest. Und es darf auch kein Ziel sein, mit dem du nur das Bild verwirklichen würdest, das ein anderer Mensch von dir hat oder das du selbst in deiner Phantasie von dir hast. Solchen Gedankengebäuden fehlt die Anziehungskraft, die nicht aus dem Geist, sondern aus dem Herzen kommt. Nur Ziele, die dein wahres inneres Wesen widerspiegeln, sind deiner kreativen Bemühungen würdig – Ziele, die einen Teil deines Lebenszwecks darstellen!»

«Hmm! Ich sehe da ein Problem. Die meisten kennen sich selbst nicht einmal gut genug, um sich für die richtigen Ziele zu entscheiden. Ich fürchte, das liegt daran, daß wir uns nicht so akzeptieren können, wie wir wirklich sind. Deshalb schauen wir nicht gern in uns hinein.»

«Da hast du ganz recht», bestätigte die Meisterin. «Das hängt alles mit der mangelnden Fähigkeit zusammen, euch selbst zu akzeptieren, mit eurem Gefühl der Unwürdigkeit. Die Menschen suchen überall nach ihren wahren Zielen, nur nicht in sich selbst. Und deshalb geht, selbst wenn sie sich die größte Mühe geben, ihre Ziele zu manifestieren, und dabei auch alles richtig machen, immer etwas schief. Sie müßten erst einmal innehalten, versuchen, sich selbst mehr zu lieben, und diese Einstellung dann als Ausgangspunkt nehmen.»

«Das ist großartig!» rief ich. «Sprich weiter.»

«Nun gut. Das zweite Gesetz der Manifestation ist viel leichter zu befolgen», fuhr Kyari fort. «Denn jetzt mußt du nur noch die richtigen physischen und geistigen Anstrengungen unternehmen, um dein Ziel Wirklichkeit werden zu lassen. Für einen Schriftsteller bedeutet das, daß er sein Handwerk lernen, viel lesen und schreiben muß und so weiter. Je hochgesteckter sein Ziel ist, um so länger mußt du dich anstrengen, um es zu erreichen. Im Schnellverfahren geht es nicht; und wenn du tatsächlich auf rasche Lösungen stoßen solltest, betrachte sie mit Mißtrauen. In dieser Zeit mußt du auf viele kurzfristige Bequemlichkeiten verzichten, um einen langfristigen Gewinn zu erzielen. Es ist eine Zeit, in der du Selbstdisziplin üben und dich von allem fernhalten mußt, was dich von deinem Ziel abbringen könnte. Du mußt all deine Kraft, all deinen Mut und deine ganze Demut zusammennehmen, wenn die negativen Kräfte der Welt, die dich von deinem Ziel abbringen wollen, deine Aufrichtigkeit auf eine harte Probe stellen.»

«Leicht? Hast du gesagt, das sei der leichtere Schritt?» fragte ich mit gespieltem Entsetzen.

Die Meisterin lachte vergnügt. «‹Leicht› ist vielleicht nicht ganz das richtige Wort. ‹Direkt› wäre zutreffender.»

«Also gut, akzeptiert», seufzte ich. «Und worin besteht der dritte Schritt?»

«Der dritte Schritt ist einfach. Nicht leicht. Und auch nicht direkt. Aber einfach.»

«Schon gut, schon gut. Verrat ihn mir.»

«Der dritte Schritt besteht darin, aus dem Weg zu gehen.»

«Wie bitte? Sag das noch einmal.»

«Mit anderen Worten: Nachdem du dich für das richtige Ziel entschieden und die entsprechenden Anstrengungen unternommen hast, mußt du einfach loslassen und Gott seinen Beitrag zum kreativen Prozeß der Manifestation leisten lassen. Denn in Wirklichkeit arbeitest du nicht allein daran, sondern gemeinsam mit dem Geist. Das sollte dich mit Zuversicht, Dankbarkeit und Freude erfüllen, denn du weißt, daß Gott dich liebt und dich zu immer größerer Bewußtheit und einer immer umfassenderen Erfahrung des Lebens hinführt. Aus dem Weg zu gehen ist also keine Passivität, sondern einfach die vernünftige Handlung eines Menschen, der jemand anderem die Tür aufhält!

Viele Menschen sind sich über die Wichtigkeit dieses Schrittes nicht im klaren. Sie halten zwar die Tür auf, versperren aber den Eingang! Und dann wundern sie sich, wenn Gott ihre menschlichen Bemühungen nicht durch seine Gnade ergänzt. Die Antwort liegt auf der Hand. Sie sind zu besorgt, zu ängstlich, sie klammern sich zu sehr an den Erfolg ihrer Bemühungen, und deshalb sind sie nicht in der Lage, den Geist seinen Teil dazu beitragen zu lassen. Und diejenigen, die glauben, es besser zu wissen als der Geist, sind am schlimmsten. Sie versuchen ihn zu lenken, aber das geht nicht. Wenn diese ängstlichen Menschen nur einfach loslassen könnten, würden sie feststellen, daß man sich auf den Geist verlassen kann! Die Resultate, die er bewirkt, sind größer, erstaunlicher und origineller als alles, was das menschliche Bewußtsein allein erreichen könnte.»

«Gut», sagte ich. «Ich habe aber noch eine Frage. Wie steht es mit positivem Denken und visueller Vorstellung? Was für eine Rolle spielen sie in deinem Konzept?»

«Positives Denken und visuelle Vorstellung sind Fragmente des Ganzen», sagte Kyari rasch. «Sie gehören zum Prozeß der Manifestation. Das Problem ist nur, daß ihr diese Fragmente übernommen habt, ohne zu wissen, welche Rolle sie innerhalb des gesamten kreativen Prozesses spielen. Die visuelle Vorstellung zum Beispiel ist sehr wichtig; aber wenn du kein einziges, klar umrissenes Ziel vor Augen hast, das deinem Wesen entspricht, funktioniert sie nicht. Wenn die Leute die Technik der Visualisation entdecken, benehmen sie sich wie Kinder in einem Laden mit Süßigkeiten. Sie lassen ihren Wunschphantasien freien Lauf, ohne an die Folgen zu denken. Kann das gutgehen? Kaum! Die Seele hat an so etwas kein Interesse und macht bei diesen kindischen Eskapaden nicht mit.

Außerdem geht es bei der Visualisation nicht in erster Linie um Bilder, wie viele glauben. Die Bilder sind zwar eine Hilfe; aber eigentlich verleihen wir ihnen erst durch die emotionale Anziehung, die wir in sie hineinlegen, Leben. Es kann durchaus sein, daß du eine ganz klare Vorstellung von etwas hast; aber wenn du dich nicht sehr stark dazu hingezogen fühlst, wirst du es trotzdem nicht erreichen. Diese Kraft zieht sowohl positive als auch negative Erfahrungen an. Wenn man zum Beispiel große Angst vor der Armut hat, wird man automatisch arm. Verstehst du jetzt, was ich meine?»

«Ja, natürlich. Ich nehme an, das gilt ebenso für das positive Denken?»

«Richtig», nickte sie. «Aber leider ist das positive Denken nur zu häufig willkürlich und mutwillig. Es hat nur wenig mit dem wahren Ziel der Seele zu tun und kann außerdem vollkommen egoistisch sein. Positives Denken kann auch niemals für sich allein etwas bewirken. Man muß trotzdem noch die richtigen Anstrengungen unternehmen. Aber nun möchte ich zum Abschluß noch etwas über die Gesetze der Manifestation hinzufügen. Es ist etwas subtiler, und ich möchte ganz sichergehen, daß du es auch verstehst.»

«Ich bin ganz Ohr», sagte ich. Der Lautsprecher kündigte die Ankunft eines Busses an. Eine Familie mit drei kleinen Mädchen mit langen Zöpfen ging zur Theke, um sich etwas zu trinken zu holen.

«Sobald du dich für ein einziges, klar definiertes Ziel entschieden hast, das für dich richtig ist, die notwendigen Schritte unternommen und die Resultate Gott überlassen hast, mußt du absolut darauf vertrauen, daß dein Ziel sich erfüllen wird. Ich wiederhole: absolut vertrauen! Zweifel wirken zerstörerisch auf dein inneres Bild – auf das Gefühl, das du deinem Ziel gegenüber hast. Sie blockieren den Emotionsstrom, der deinem inneren Bild seine lebendige Anziehungskraft verleiht. Zweifle deshalb nie. Wenn du alles so gemacht hast, wie ich es dir erklärt habe, besteht auch gar kein Grund dazu. Auch der Zweifel kann zu einer geistigen Angewohnheit werden, und Menschen, die ihm verfallen sind, müssen zwangsläufig scheitern! Also – was soll ein Zweifelnder tun? Einfach aufhören zu zweifeln! Oder ein Leben voller Trauer und Enttäuschungen führen. Die Entscheidung liegt bei ihm.

Und schließlich und endlich, glaube ja nicht, daß die Gesetze der Manifestation für dich nicht gelten! Diese Gesetze sind allgemeingültig und unwandelbar. Sie gelten für jeden Menschen – ohne Ausnahme. Auch für dich. Niemand ist so außergewöhnlich oder so schlecht, daß diese Gesetze ihn im Stich lassen. Wenn du das Gefühl hast, die einzige Ausnahme im ganzen Universum zu sein, dann klammere dich ruhig an dieses Privileg. Es ist das einzige, das du je haben wirst. Es ist der Ehrentitel eines Narren, und man muß teuer dafür bezahlen.»

Die Meisterin zwinkerte mir zu und erhob sich ganz unerwartet. Sie griff in ihre Tasche, zog etwas heraus und legte es mir in die Hand. Ich starrte es an und schwieg ein paar Sekunden lang verblüfft.

«Eine Schokoladentrüffel?» fragte ich dann ungläubig.

«Wolltest du denn keine?» fragte sie und zog in gespieltem Erstaunen die Augenbrauen hoch.

«Wahrscheinlich doch», seufzte ich. «Ich habe schon den ganzen Tag sehnsüchtig daran gedacht. Aber ich hätte nicht geglaubt...»

«Tst, tst, tst», machte sie. «Du hast sie manifestiert, also kannst du sie ruhig auch genießen. Stell dir vor, du hättest statt dessen an einen weißen Porsche gedacht...»

Lachend stand sie auf. Ich blieb wie angewurzelt stehen und starrte immer noch die braune, in krauses Papier eingepackte Schokoladenkugel an. Plötzlich fiel mein Blick auf eines der bezopften Mädchen – das kleinste –, das mich interessiert betrachtete. Seine Augen waren dunkelbraun wie die meiner Meisterin und von dichten Wimpern umrahmt. Ich dachte gar nicht nach, sondern folgte einem spontanen Impuls.

«Hier», sagte ich und stand auf. «Das wolltest du doch sicher haben, stimmt's?» Ich lächelte ein wenig und legte dem Mädchen die Süßigkeit sanft in die Hand. Auf seinem Gesicht flackerte ein Ausdruck der Überraschung und plötzlichen Erkenntnis auf. Es war die Seele, die sich ihrer Kraft bewußt wird, alles zu manifestieren, was sie sich in ihrem Leben wünscht und braucht – ob es nun etwas Süßes ist oder die Erkenntnis Gottes.

KAPITEL ZEHN

Der Traum von der Bärin

Was ich über den aktiven und den passiven Weg zu Gott erfahren hatte, half mir, die Probleme zu klären, die ich in meinem Leben durch diese beiden Extreme – Passivität auf der einen Seite und zu starker Willenseinsatz auf der anderen – schon gehabt hatte. Ich hatte das ungute Gefühl, daß beide Haltungen auf einer unbewußten Ebene tief in meinem Inneren verankert waren; und ich fürchtete, daß es mich große Mühe kosten würde, diese negativen Mechanismen aufzuspüren und durch eine ausgewogenere Einstellung zu ersetzen. Mich beschlich die Vorahnung einer Niederlage. Es war eine innere Warnung, daß das Passive selbst jetzt, wo ich mich bemühte, mein Verhalten zu ändern, all seine Kräfte zusammennahm, um den Kampf doch noch zu gewinnen, indem es mich zermürbte. Ich hatte in letzter Zeit auch immer wieder Alpträume, für die ich keine logische Erklärung finden konnte. Jeder war grundlegend anders, nur eines hatten sie gemeinsam: Ich wachte nach jedem Traum in panischer Angst und laut schreiend auf.

Auch heute nacht war es so. Kurz bevor der Morgen anbrach, hatte ich folgenden Traum: Ich wohnte in einem zweistöckigen Haus, in das irgendwie eine große schwarze Bärin mit einem kleinen Bärenjungen eingedrungen war. Ich war ganz hysterisch vor Angst. Seltsamerweise sah ich als Beobachterin des Traumes aber gleichzeitig ganz deutlich, daß die Bärin mir nichts tun wollte. Sie war zwar nicht sonderlich zahm, aber auch nicht zerstörungswütig. Wenn ich in einer ruhigeren Verfassung gewesen wäre, hätte ich einfach das Haus verlassen und Hilfe holen oder die Bärin irgendwie hinaustreiben können.

Statt dessen lockte ich sie die Treppe hinauf in eines der Schlafzimmer und schloß die Tür hinter ihr. Dann führte ich das Junge aus dem Haus. Damit endete der Traum, und ich wachte völlig verängstigt auf. Aber ich erinnerte mich noch an das unheilvolle Gefühl, daß ich die falsche Entscheidung getroffen hatte. Bald würde die Bärin in Wut geraten – genau das, was ich befürchtet und dann selbst bewirkt hatte, indem ich sie im Schlafzimmer einschloß. Denn ich hatte das einzige getan, womit ich sie bedrohen konnte – ich hatte sie von ihrem geliebten Jungen getrennt.

An jenem Morgen grübelte ich lange über meine Alpträume und vor allem über diesen Traum mit der Bärin nach. Ich hielt ihn in meinem Traumtagebuch fest, um ihn auch in Zukunft jederzeit abrufen zu können, und ging dann meinen üblichen Pflichten nach. Doch an jenem Nachmittag, kurz bevor ich normalerweise mit den Vorbereitungen für das Abendessen begann, bekam ich unerwartet Besuch von meinem tibetischen Meister.

«Guten Tag», sagte er und schenkte mir ein strahlendes Lächeln.

«Oh! Ich hatte gar nicht damit gerechnet, dich so bald wiederzusehen», rief ich glücklich. «Ich überlege schon lange, ob ich dir von meinen Alpträumen erzählen soll. Sie scheinen von Woche zu Woche beängstigender zu werden! Letzte Nacht hätte ich es beinahe nicht mehr ausgehalten.»

«Das wirst du mir sicherlich noch etwas genauer erklären», sagte der Meister trocken.

Ich faßte die wichtigsten Ereignisse meiner Alptraumserie zusammen und beendete meine Schilderung mit der Geschichte von der Bärin.

«Diesen Traum will ich dir erklären, liebe Tochter», sagte der Tibeter. «Er hängt eng mit dem Thema unserer Gespräche zusammen. Im spirituellen Sinn ist es auch ein Krafttraum für dich. Aber zuerst einmal möchte ich etwas Allgemeines über dieses Alptraumprogramm sagen, das du mir gerade geschildert hast.

Diese Träume gehören zu dem spirituellen Reinigungsprozeß, den du gerade durchmachst, um den nächsten Schritt in deiner persönlichen Entwicklung tun zu können. Mit jeder Entwicklungsebene und jedem weiterem Grad der Hingabe an Gott werden höhere Anforderungen an den spirituellen Schüler gestellt. Diese Anforderungen müssen mit den Idealen und dem Leben Gottes gefüllt werden und nicht mit dem Schund und Schlamm der materialistischen Welten!

Das ist natürlich metaphorisch gesprochen; doch der Ballast in unserem Verstand und die emotionalen Lasten, die wir mit uns herumschleppen, sind im Vergleich zu der Realität der Liebe und des Dienstes an Gott wirklich nichts als überflüssiges Gewicht und Schmutz. Du erlebst im Augenblick eine Reinigung von all dem geistigen und emotionalen Abfall, der dich viele Existenzen lang behindert hat. Wenn du es fertigbrächtest, diesen Träumen ohne Zögern ins Gesicht zu sehen, wüßtest du, was ich meine! Um dir eine kleine Hilfe auf deinem Weg zu geben, will ich diesen Traum von der Bärin für dich deuten. Hör genau zu, dann wirst du ein Gespür dafür bekommen, wie du deine Träume in Zukunft selbst deuten kannst.

Das Haus in deinem Traum stellt dein Bewußtsein dar. Die zwei Stockwerke deuten darauf hin, daß es in dem Traum um zwei verschiedene Ebenen geht – den Verstand und die Emotionen. Der Schlüssel zur Entwirrung der Traumsymbolik liegt in deiner panischen Reaktion, als die Bärin in dein Haus eindrang. Sie steht für deine eigenen, tief verdrängten aggressiven Instinkte. Ein Bär ist ein gutes Symbol für so etwas, da er einen Teil seines Lebens im Winterschlaf verbringt, aber doch großen Schaden anrichten kann, wenn er gereizt wird.

Der Traum zeigt, daß du, indem du diese aggressiven Instinkte verleugnest, statt sie in dein Wesen zu integrieren, unter Umständen gerade die Katastrophe entfesselst, die du eigentlich vermeiden wolltest. Daß du die Bärin im oberen Stockwerk einsperrtest, bedeutet, daß du versuchst, diese aggressiven Triebe im Bereich des Verstandes einzuschließen. Doch unterdrückte Aggressionen sind immer gefährlich, denn Aggression ist eine Form der spirituellen Energie, die um deiner physischen, emotionalen, geistigen und spirituellen Gesundheit willen freigesetzt werden muß.

Das Bärenjunge repräsentiert als Abkömmling seiner Mutter die Resultate deiner unterdrückten aggressiven Instinkte. Als du das Junge aus deinem Haus brachtest, wolltest du die Ursache von ihrer Wirkung trennen; aber das geht nicht. Ursache und Wirkung existieren ineinander und durch einander. Du mußt die Verantwortung für das Männliche in dir akzeptieren. Und dann mußt du Gottes Geist erlauben, es zu verwandeln und für einen spirituellen Zweck nutzbar zu machen.

Deine starke männliche Seite ist im Laufe vieler Existenzen ehrgeizigen Strebens entstanden. Du hast schon viele Male an führender Stelle gestanden, politisch und militärisch, warst oft Herrscher oder Soldat und hast auch nicht selten Blut vergossen. Durch diese Erfahrungen hast du Geschmack daran gefunden, der großen Masse der Menschen deinen Willen aufzuzwingen. Du warst manchmal fair, manchmal rücksichtslos, manchmal großzügig, dann wieder hinterhältig, und der Geist hat dich im Laufe der Zeit immer näher an den Mittelweg herangeführt, der in der Herrschaft über sich selbst besteht. Dieses Entwicklungsmuster gehört zu deiner Persönlichkeit, denn du hast dich entschlossen, im Leben eine aktive Rolle zu spielen und alles auf dich zu nehmen, was damit zusammenhängt – auch die Verantwortung für die Ursachen, die du in Bewegung gesetzt hast.

In deinem jetzigen Leben hast du die Aufgabe übernommen, die aggressive, eigenwillige Seite deines Wesens durch die Eigenschaften der Liebe und Demut und des Dienstes auszugleichen. Doch du wirst keinen Erfolg damit haben, wenn du das, was du bisher gewesen bist, einfach verleugnest. Deine Vergangenheit war weder gut noch schlecht. Sie ist der Preis für dein inneres Wachstum. Sie hat dich dorthin gebracht, wo du jetzt bist. Du brauchst Gott nicht unbedingt als Heilige zu dienen. Du kannst ihm auch als Kämpferin dienen. Und glaube mir, Gott braucht Kämpfer in diesem Zeitalter dringender als Heilige! Ich sehe, meine Deutung deines Traumes hat dich überrascht und beunruhigt. Du solltest das alles nicht in so einem negativen Licht sehen, liebe Freundin. Durch die Erfahrungen deiner früheren Leben hast du einen starken Willen, Disziplin und Entschlossenheit entwickelt – Eigenschaften, die jetzt für dich sehr wertvoll sein werden, wenn du sie in den Dienst Gottes stellst.»

Ich schwieg eine Weile und erholte mich von dem Schock, den die Worte des Meisters in mir hervorgerufen hatten. Auf eine solche Deutung wäre ich nicht gekommen. Mir war mein Traum völlig rätselhaft gewesen. Hätte Haurvata Sampa ihn mir nicht erklärt, hätte ich ihn wahrscheinlich nie verstanden. Zumindest hätte ich nicht begriffen, was er mit meiner Entwicklung im

Laufe meiner früheren Existenzen zu tun hatte. Ich dankte ihm für diese Einblicke und sagte ihm auch, wie sehr ich sein Wissen bewunderte. Innerlich schwor ich mir, den Rat des Adepten zu befolgen und meine aggressive Seite irgendwie in mein Wesen zu integrieren. Aber wie?

«Dieser Traum», fuhr er fort, «wollte dich darauf hinweisen, daß du die aggressive, männliche Seite deines Wesens, die du so lange verleugnet hast, nun integrieren und vergeistigen mußt. Die Probleme, die du als Kind mit dem Jähzorn hattest, hängen damit zusammen, daß diese ungeheure Energie in deinem Innern blockiert ist. Jeder Zorn entsteht dadurch, daß die aggressiven Kräfte eines Menschen nicht richtig nach außen strömen, weil der von Natur aus freie, kreative Ausdruck seiner Seele sich bei ihm nach innen gekehrt hat. Dein Hang zur Selbstkritik hängt mit dieser Introversion zusammen; und die Neigung, andere Menschen zu kritisieren, ist eine Projektion dieser Introversion nach außen.

Du mußt zwar lernen, gewissen Hindernissen gegenüber eine demütige, passive Haltung einzunehmen und Widerständen nachzugeben, wenn es notwendig ist. Aber du mußt auch mit Mut und Zuversicht vorwärtsstreben. Wann du nachgeben und wann du vorwärtsstürmen sollst, das wird dir klarer werden, wenn du nicht mehr den Zwang in dir fühlst, eine Seite deines Wesens zu unterdrücken. Vergiß nicht, obwohl du eine Frau bist und dich nach gewissen sozialen Normen richten mußt, besitzt du uneingeschränkte innere Freiheit. Betrüge dich nicht selbst, indem du dein einmaliges, individuelles Wesen mißverstehst!

Also, mein Löwe», sagte er und lächelte plötzlich, «hast du die Kraft, deinen Körper zu verlassen und einen Lehrer kennenzulernen, der vielleicht noch größer ist als alle Meister, die du bis jetzt besucht hast?»

«Noch größer als Vahira Manu? ... Oder als du oder Kyari Hota? Ich glaube nicht, daß ich schon bereit für ... für eine Begegnung mit Gott bin, oder was meinst du?»

Der Meister warf seinen massigen Kopf nach hinten und lachte dröhnend.

«Nein, mein Kind! Keine Angst. Der Tag, an dem du das Angesicht Gottes sehen wirst, liegt noch in weiter Zukunft. Jetzt müssen wir uns auf eine ganz andere Reise begeben. Willst du dich mir anvertrauen, ohne daß ich dir weitere Erklärungen gebe?»

«Natürlich», sagte ich voller Begeisterung. «Ich bin bereit! Was soll ich tun?»

«Nichts», sagte er sanft.

Ich sah ihm in die Augen und spürte, wie ich in einen dunklen Tunnel stürzte. Tiefer, tiefer, immer tiefer fiel ich, und plötzlich jagte ich mit rasender Geschwindigkeit in eine Welt aus orangegoldenem Licht hinein. Um mich her erschienen farbige Kugeln. Dann sah ich in der Ferne die Gestalt meines Lehrers in einem Körper, der funkelte wie eine Million Sterne.

Ein paar Sekunden lang schien alles vor meinen Augen ins Wanken zu geraten. Ich war dabei, mich auf eine Wahrnehmungsebene einzustimmen, die viel feiner war als die meiner physischen Sinnesorgane, an die ich gewöhnt war. Als ich mich wieder gefaßt hatte, stand mein Meister vor mir.

«Wo sind wir, Haurvata?» fragte ich.

«In der zweiten der inneren Welten», antwortete er. «Du wirst sie vielleicht gleich erkennen. Siehst du die Berge dort drüben?»

Er wies hinter sich. Ich schaute in die Richtung, in die sein Arm zeigte. Zuerst konnte ich gar keine Berge erkennen; doch dann wurde mir klar, daß mein Blick schon lange auf sie gerichtet war! Sie waren so groß, daß ich den Hals recken mußte, um bis zu den Gipfeln hinaufzuschauen.

«Tir, Geza und Kamshar», erklärte Sampa. «Und am Fuße dieser Berge liegt unser heutiges Ziel – der Thron von Shangra Raj, dem Herrn der niedrigeren Welten!»

«Oh!» rief ich unwillkürlich. Shangra Raj war der Herrscher über die negative Kraft und verteilte sie über alle Dimensionen der niedrigeren Welten. Ich hatte schon etliche Auseinandersetzungen mit ihm gehabt und war nicht neugierig darauf, ihn wiederzusehen – nicht einmal in Begleitung eines großen Unmani-Dhun-Adepten. Offenbar konnte man mir meine Empfindungen am Gesicht ablesen.

Haurvata lachte nachsichtig.

«Du bist also nicht erpicht auf diesen Besuch, mein Kind? Manchmal bist du ein Löwe, dann wieder ein Kaninchen – heute hast du offensichtlich deinen Kaninchentag! Willst du wieder in deinen Kaninchenkörper zurückkehren?»

Er lachte fröhlich über seinen Witz, bis ich schließlich auch lächeln mußte, wenn auch widerwillig.

«Shangra Raj gehört nicht gerade zu meinen Lieblingsmeistern», knurrte ich unwirsch. «Er ist grausam, tückisch und gefährlich! Ihm ist jedes Mittel recht, um die Seelen in den niedrigeren Welten festzuhalten, und er verbreitet überall Furcht und Lügen. Du hast gesagt, ich würde heute einen größeren Meister kennenlernen als je zuvor. Du hast mich hinters Licht geführt!»

Haurvatas Heiterkeit kannte keine Grenzen. Wieder warf er den Kopf zurück und lachte, aber diesmal lachte ich nicht mit. Ich dachte daran, wie oft es Shangra Raj mit seinen Intrigen schon beinahe gelungen war, mich zu vernichten. Vor allem in den ersten Jahren meiner spirituellen Schulung war er mir ständig auf den Fersen gewesen und hatte versucht, mich in meine alten Fallen der Angst und Isolation zurückzujagen. Einmal war ich sogar dem Selbstmord nahe gewesen. Doch dann hatte ich Schritt für Schritt den Weg zu meinem gesunden Menschenverstand zurückgefunden.

«Bist du etwa eingeschnappt?» fragte Haurvata, dem meine düstere Stimmung aufgefallen war. «Anscheinend hat die negative Kraft doch noch einen kleinen Teil von dir im Griff, meine Liebe. Und diesen Teil wirst du vielleicht eines Tages teuer bezahlen müssen. Sollen wir ihn uns nicht lieber zurückholen?»

«Na gut. Du hast recht», gab ich zurück. «Aber ich verstehe nicht, was es uns bringen kann, diesen Meister zu besuchen.»

«Deine Angst und dein Abscheu sind fehl am Platz», erklärte Haurvata mir. «Natürlich kannte ich deine Einstellung zu Shangra Raj. Deshalb habe ich dich hierhergebracht – damit du deiner Angst ins Auge sehen und dich ein für allemal von dieser Fessel lösen kannst. Denn du weißt ja, daß du durch Schwingungen mit allen Dingen verbunden bist, denen du ein intensives Gefühl entgegenbringst, ganz egal, ob es positiv ist oder negativ.

Nun bin ich bei dir, und du stehst unter meinem Schutz», fuhr er fort. «Hier kann dir nichts passieren. Raj erwartet uns, und seine Erläuterungen werden das Interessanteste sein, was du bis jetzt gehört hast. Bist du bereit weiterzugehen?»

«Ja», sagte ich widerstrebend. Ich wußte, daß er die Wahrheit gesagt hatte. Trotzdem war ich alles andere als begierig darauf, diesem mächtigen negativen Wesen gegenüberzutreten.

Wir wanderten eine Weile durch ein bewohntes Gebiet, das ein Vorort der großen Stadt Kamshar zu sein schien, in der Shangra Raj lebte. Buntgekleidete Menschen gingen ihren Beschäftigungen nach – in ihren Gärten, als Handwerker oder in einer künstlerischen Tätigkeit. Es waren gutaussehende, mittelgroße Menschen mit dunkler Haut, die einen merkwürdigen Blauschimmer hatte.

Viele starrten uns neugierig an, und einige verneigten sich tief vor Sampa. Ich fragte mich, ob er hier wohl auch bekannt war. Er schien überall Zugang zu haben.

Nachdem wir etwa einen Kilometer weit gegangen waren, blieben wir stehen und tranken aus einer sprudelnden Quelle, die von hübschen pastellfarbenen Steinen eingefaßt war. Für diejenigen, die hier eine Rast einlegten, um ihren Durst zu löschen, war zwischen den Steinen eine Trinkschale angebracht worden.

«Das Eiswasser von den Gipfeln der Drei Berge», erklärte Haurvata im sachlich berichtenden Ton eines Reiseführers.

Wir tranken beide. Ich hatte zwar keinen Durst, aber das Wasser schmeckte so eigenartig süß und erfrischend, daß ich zwei Schalen voll davon zu mir nahm, ehe wir weitergingen. Dann schwebte ein Luftkissenfahrzeug vom Himmel herab, umkreiste uns zweimal und sank etwa hundert Meter vor uns elegant zu Boden. Sampa war stehengeblieben, als er es am Himmel sah, und machte mir jetzt ein Zeichen, ebenfalls zu warten. Die Pilotin des Fahrzeugs, eine schick gekleidete Frau in rotvioletter Uniform, stieg aus und marschierte auf uns zu.

«Grüße von unserem Herrn, dem Shangra Raj», rief sie und begrüßte Haurvata mit einer feierlichen Geste.

«Viele Grüße auch von uns», entgegnete der Meister ruhig. Dann sagte er zu mir: «Komm, Tochter. Wir gehen zum Palast.»

Wir kletterten in das Fahrzeug, das sich rasch in die Lüfte erhob und in Richtung der steil aufragenden Gipfel davonschwebte. Ich warf Sampa einen ängstlichen Blick zu. Er blinzelte mir beruhigend zu. Obwohl er nichts sagte, konnte ich seine nach außen projizierten Gedanken lesen.

«Hab keine Angst, mein Kind. In dieser Welt existiert deine Luftkrankheit nicht, denn hier gelten andere Schwerkraftgesetze. Du wirst keine Beschwerden haben.»

Ich stieß einen Seufzer ungeheurer Erleichterung aus und setzte mich gemütlich hin, um dieses unerwartete Abenteuer, so sehr ich konnte, zu genießen.

Je näher wir den Bergen kamen, um so mehr verschlug mir ihre Schönheit den Atem. Sie schimmerten wie Kristalle in ihren facettenreichen Vorsprüngen und Spalten. Die Gipfel selbst waren in Wolken gehüllt, doch von den steil abfallenden Felswänden stürzten atemberaubende, klare Wasserfälle herab. Das Wasser – oder vielleicht waren es auch die Berge – erzeugte eine ganz eigenartige Musik, wie eine Frauenstimme, die ein seltsam bewegendes und hypnotisierendes Lied, doch ohne Melodie singt.

Bald waren wir angekommen und stiegen aus. Shangra Raj wohnte in einem herrlichen Palast auf hohen Säulen, die mit Halbedelsteinen besetzt waren. Die Inneneinrichtung war von orientalischer, überladener Pracht wie ein Sultanspalast im alten Arabien. Bald blickten wir ins Angesicht des Herrschers selbst. Er saß auf einem eher schlichten goldenen Thron, über den Felle wilder Tiere drapiert waren.

«Ach, da seid ihr ja! Willkommen, meine verehrten Gäste», sagte der große Herrscher. Sein Blick begrüßte den Unmani-Dhun-Meister ehrerbietig und ruhte dann unverblümt und abschätzend auf mir. Ich begann mich wie eine Maus zu fühlen, die von einer Katze taxiert wird.

Da lachte der Herrscher. «Ich sehe, du hast jemanden mitgebracht, der mir bekannt vorkommt! Sie hat mir früher einmal gedient, aber dann hat sie es vorgezogen, sich von mir zu trennen. Normalerweise erweise ich Leuten, die mir untreu geworden sind, keine Gnade! Aber in diesem Fall mache ich eine Ausnahme, da ein Unmani-Dhun-Meister mich darum gebeten hat.»

Er starrte auf mich herab. Sein Gesicht war streng und hochmütig und sein Blick durchdringend; und doch mußte ich insgeheim zugeben, daß seine männlichen Gesichtszüge sehr schön waren. Das rasche Wechselspiel seiner Mienen faszinierte mich. Erst war er der freundliche, huldvolle Gastgeber, dann der kalte, unnahbare Herrscher, dann wieder der liebenswürdige Gastgeber. Ich fragte mich, ob meinem Meister das wohl auch auffiel.

Doch Haurvata verneigte sich tief und ehrerbietig vor ihm und blieb selbst dann noch in dieser Haltung, als er zu sprechen begann. Diese Demutsbezeugung brachte mich völlig aus der Fassung.

«Wir sind gekommen, Herr», sagte Haurvata, «um dich um einen Gefallen zu bitten. Wir sind hier, um von deiner Weisheit zu lernen – der größten Weisheit in den drei Welten deines Reiches. Meine Schülerin hier bittet demütig um die Gunst, von deinen Lippen die großen Gesetze deines Landes über die beiden Geschlechter vernehmen zu dürfen. Wirst du mit ihr sprechen, Gebieter?»

«Du nennst mich ‹Gebieter›?» erstaunte sich Shangra Raj hohnlächelnd. «Du, der große Unmani-Dhun-Adept, vor dem meine eigenen Leute sich verneigen, als seist *du* hier der Gebieter und nicht ich!»

Trotz der tapferen Miene, die ich zur Schau stellte, zitterte ich innerlich. Ich hielt es in diesem Augenblick für die klügste Taktik, dem Beispiel meines Lehrers zu folgen. Langsam sank ich auf die Knie und neigte den Kopf.

Doch da änderte sich Shangra Rajs Ton, als wehe plötzlich eine frische Brise durch den Palast.

«Aber bitte kommt doch her, meine Freunde. Erhebt euch, erhebt euch! Verneigt euch nicht vor mir. Setzt euch zu mir wie meinesgleichen.»

Er winkte uns herbei, und als hätte er sie gerufen, kamen Diener auf leisen Sohlen herbei und stellten zwei prunkvolle Polstersessel neben uns.

«Ja, ich werde mit dieser hier... deiner Schülerin sprechen», fuhr er mit leichtem Spott in der Stimme fort. «Ich kann ihr tatsächlich vieles beibringen, obwohl sie inzwischen glaubt, daß es weisere Meister gibt als mich. Aber jetzt soll sie sehen, was sie sich verscherzt hat, indem sie einen anderen Weg wählte. Meine Welten sind unermeßlich und vom Nektar eines unendlich süßen Wissens erfüllt! Wissen, das Macht über das Herz und den Verstand aller Seelen verheißt. Und ich selbst bin die Quelle dieser Macht! Sie strömt aus meinem Körper in alle unter mir liegenden Welten.

Schaut her, dann werdet ihr sehen, daß ich die Wahrheit sage!» Er winkte uns zu dem großen Fenster zu unserer Rechten hinüber. Wir folgten seiner Aufforderung. Der Anblick, der vor mir lag, verschlug mir den Atem. Der Palast Shangra Rajs befand sich am Fuße der drei mächtigen Berge. Von hier aus ergoß sich ein Lichterstrom in das darunter liegende Land und erfüllte es mit

Farbe und Musik. Mit unseren spirituellen Sinnen nahmen wir wahr, daß diese Lichter in kaskadenartig gestuften Strömen auch in die darunter liegenden Ebenen herabflossen.

Wir wandten uns um, um Shangra Raj unsere Bewunderung zu zeigen, die sich deutlich auf unseren Gesichtern widerspiegelte.

«So! Jetzt hast du es gesehen!» fuhr der Herrscher mich schroff an. «Und nun will ich dir von den Geschlechtern erzählen.» Mit diesen Worten begann der Vortrag von Shangra Raj, dem Herrn der Drei Welten:

«Das Männliche und das Weibliche sind die zwei Teile des Ganzen, das ihr als ‹Seele› bezeichnet. Das Wesen dieser beiden Teile ist göttlich und unwandelbar. Ihr Wirken ist eines der größten Geheimnisse, dem der Mensch heutzutage gegenübersteht! Er wird es niemals entschlüsseln; es hat gar keinen Zweck, es zu versuchen. Diese beiden Teile bekämpfen einander ständig. Im Augenblick hat der Kampf zwischen den Geschlechtern seinen Höhepunkt erreicht – trotz der Bemühungen der Unmani Dhun, die Beziehungen zwischen ihnen zu verbessern.

Der Mann verachtet die Frau und hat Angst vor der Macht, die sie durch ihre sexuelle Anziehungskraft und die Zwänge der Familie auf ihn ausübt. Die Frau dagegen glaubt in ihrer Furchtsamkeit und ihrem Unwissen, die Liebe eines Mannes sei für sie das Allernotwendigste auf der Welt, und wird zur Sklavin dieser Illusion. Der Mann benutzt die Frau als sexuelles Spielzeug, Haushälterin und Versorgerin seiner Nachkommen; und die Frau benutzt den Mann dazu, daß er ihre materiellen Bedürfnisse erfüllt und sie von den Realitäten der objektiven Welt abschirmt.

Tja, meine Freunde, Mann und Frau benutzen sich gegenseitig als bloßes Werkzeug zur Erfüllung ihrer egoistischen Bedürfnisse, auf das sie ihre Verantwortung abwälzen können. Und doch weinen und klagen sie, daß ihr Partner sie nicht versteht und nicht richtig zu würdigen weiß! Ha! Mit diesem Selbstmitleid können sie sich zwar selbst betrügen; doch das ändert nichts daran, daß sie die Früchte dessen ernten müssen, was sie während dieser erbärmlichen Existenzen, in denen sie nur sich selbst dienten, gesät haben.

Dein Meister Haurvata Sampa hat dich gelehrt, daß ich, Shangra Raj, die Menschen in diesen niedrigeren Welten festhalten will wie gefangene Tiere. Daß ich sie gegen ihren Willen versklave und blind für die höheren Realitäten mache, die die Unmani-Dhun-Meister zu bieten haben. Aber das sind Lügen. Mann und Frau klammern sich ja selbst mit aller Kraft an ihre Blindheit! Das macht mir meine Arbeit sehr einfach. Ich brauche mich nur zurückzulehnen und ab und zu in dem Topf umzurühren! Alles andere geht von selbst – wie alles in meinem Reich.

Zur Zeit befindet sich die Erdebene in einem großen Umbruch. Die Frau beginnt ihre Möglichkeiten als freies spirituelles Wesen zu erahnen. Das führt zu ungeheuren Umwälzungen in Familie und Gesellschaft. Doch trotz dieser großen äußerlichen Wandlungen hat sich im Grunde genommen nichts verändert. Ja, ich behaupte, es ist immer noch alles beim alten und wird auch so bleiben!

Denn das menschliche Bewußtsein ist ein starres Netz archaischer Vorstellungen, die die Weltsicht des Menschen und alle seine Erfahrungen prägen. Obwohl die spirituellen Ebenen direkt vor ihrer Nase, ja sogar in ihrem Herzschlag liegen, verleugnen Mann und Frau ihr eigenes Wesen, weil es nicht dem entspricht, was ihnen beigebracht wurde. Wenn man einem Menschen lange genug einredet, daß er ein Felsblock ist, dann wird sein Körper letzten Endes tatsächlich zu Stein. Und genau das ist passiert!

Nichts wird sich verändern, solange Mann und Frau ihre Auffassung, wer sie sind und welche Verantwortung sie für sich selbst und andere tragen, nicht von Grund auf ändern. Sie müssen lernen, erst einmal ihre eigenen Bedürfnisse zu erfüllen, um dann in wohlwollender, selbstloser Liebe zusammenzufinden und einander Gefährten und Gehilfen zu sein. Aber ich frage euch: Wird das je geschehen? Wäret ihr heute hier und würdet mich nach meiner Weisheit fragen, wenn ihr das wirklich glaubtet?»

Der Herrscher der negativen Welten lachte leise in sich hinein. Er sah uns mit harten Augen an, die voller Gewißheit und Lebensüberdruß waren. Mit einem Schock kam mir zum Bewußtsein, daß auch ich schon oft so empfunden hatte wie er. Sein Gesicht war wie ein Spiegel, in dem ich meinen eigenen Zynismus erkannte.

KAPITEL ELF

Der große Shangra Raj

Der große Herrscher erhob sich von seinem Thron. Seine prunkvollen Gewänder schleiften raschelnd auf dem glattpolierten Fußboden aus edlen Hölzern entlang, in die Halbedelsteine eingesetzt waren. Haurvata forderte mich mit einem Blick auf, mich ebenfalls zu erheben. Ich gehorchte. Shangra Raj ging auf mich zu und sah mir scharf ins Gesicht. Sein Blick beunruhigte mich.

«Ah, jetzt erinnere ich mich wieder», sagte er langsam und mit zischender Stimme. «Du bist meinem Einfluß so völlig entglitten. Um so größer ist mein Mitleid mit dir! Du glaubst also tatsächlich, daß du das Höchste erreichen wirst? Daß es dir gelingen wird, Gott zu sehen?»

Sein verächtliches Gelächter dröhnte wie Hammerschläge durch den riesigen Raum. Ich warf meinem Meister einen raschen Blick zu; doch seine Augen waren mit kühlem, gelassenen Ausdruck auf Shangra Raj gerichtet.

«Das wird schwieriger sein, als du dir vorstellen kannst!» fuhr der Herrscher der Drei Welten fort, und seine Augen blitzten mich an. «Ich will dich daran erinnern, wie schwer es ist!»

Plötzlich breitete er mit schwungvoller Geste die Arme aus. Ich hatte das Gefühl, von etwas getroffen zu werden, empfand aber keinen körperlichen Schmerz dabei. Ich wurde in eine andere Realität hineingezogen und war der Kraft, die mich in einen heftigen schwarzen Strudel hinunterzerrte, hilflos ausgeliefert.

Was ich nun erlebte, ist schwer zu beschreiben. Ich kann nur sagen, es war so ähnlich wie ein Film, bei dem ich gleichzeitig zuschaute und mitspielte. Zuerst blitzten unzählige winzige Bilder vor mir auf – so wie in alten Filmen Seiten eines Kalenders ganz schnell durchgeblättert werden, um anzuzeigen, wieviel Zeit inzwischen vergangen ist. Dann kamen und gingen die Bilder langsamer. Eines von ihnen schien immer größer zu werden, bis es in voller Größe vor mir stand – und ich befand mich auch darin!

Ich sah mich als junge Frau an einem trockenen, staubigen Ort. Die Sonne versengte mein Gesicht, und meine Füße hatten in den dünnen Sandalen, die sie vor dem felsigen Boden schützten, harte Schwielen bekommen. Ich schien hier die jüngste Tochter zu sein – eine Position, die praktisch der einer Dienerin gleichkam. Gerade trat ich mit einem Krug voll schmutzigem Wasser aus dem Haus. Der Krug war schwer; daher machte ich eine Pause, um mich auszuruhen. Zufällig blickte ich zum Horizont hinüber, an dem sich eine kleine Staubwolke abzeichnete. Reiter näherten sich unserem Dorf. Ängstlich lief ich ins Haus zurück.

Als nächstes sah ich die Reiter – schmutzige Soldaten, die Schwerter trugen und in Leder gekleidet waren – im Haus ihr Unwesen treiben. Gierig rafften sie alles zusammen, was sie an Eßbarem finden konnten; und was sie nicht mitnehmen konnten, zerstörten sie. Meine zwei älteren Schwestern und ich wurden vergewaltigt. Eine meiner Schwestern schlugen sie zusammen. Ein alter Mann in gestreiftem Gewand lag blutüberströmt am Boden. Obwohl ich als Beobachterin nur wenig bei diesem Anblick empfand, wußte ich irgendwie, daß es mein Vater war. Überall hörte ich Weinen und Wehklagen. Ein dunkler Same der Angst und des Hasses wuchs in mir.

Dann verblaßte das Bild wieder.

Als nächstes sah ich Flammen und spürte eine sengende Hitze. Ich dachte, vielleicht haben die Soldaten jetzt unser Haus angezündet. Aber es war kein Haus. Ich stand selbst in Flammen. Ich wurde irgendwo in einem kleinen Dorf als Hexe verbrannt. Es tat unbeschreiblich weh, als die Flammen am Saum meines Kleides emporzüngelten und meine Haut versengten. Ich schrie.

Dort inmitten der Menschenmenge sah ich das einzige Gesicht, das mir etwas bedeutete. Als Beobachterin entdeckte ich es. Es war ein dunkelhaariger, verheirateter Mann in mittleren Jahren. Er hatte mich geschwängert und an die Dorfautoritäten verraten, um seine eigene Haut zu retten. Ich war zum Tode verurteilt worden, weil ich ihn angeblich mit einem Liebeszauber verhext hatte. Entsetzt und schuldbewußt sah er mich an. Seine Frau, eine verhärmte Frau mit harten Zügen, schrie immer wieder mit haßverzerrtem Gesicht: «Verbrennt die Hexe! Verbrennt die Hexe!» Ich spürte, wie die Flammen mein Gesicht versengten. Der Schmerz war so heftig, daß ich meinen Körper verließ.

Als ich aus dem verkohlten Körper herausschwebte, der einmal meine physische Hülle gewesen war, durchströmte mich ein Gefühl freudiger Erleichterung. Endlich war ich den Schrecken meines qualvollen Todes entronnen. Friedlich schwebte ich eine Zeitlang, die mir wie eine Ewigkeit vorkam, in unendlichen Lichtregionen dahin. Aber dieses Glück und dieser Friede dauerten nicht lange!

Bald sah ich mich als Tochter eines französischen Adligen wieder. Es war mir ein Rätsel, warum unser Zuhause so einfach und armselig war. Ich sah meine geliebte Mutter, eine schöne, zarte Frau, auf dem Sterbebett liegen. Ihr Gesicht, das sie zum letztenmal zu mir emporwandte, war blaß wie eine Kamelienblüte. Der Kummer hatte ihr das Herz gebrochen. Ihr Mann, ein geistesgestörter Verschwender, hatte das ganze Vermögen der Familie durchgebracht. Wir standen ohne einen Pfennig da.

Nach dem Tod der Mutter verlor mein Vater völlig den Verstand. Meine Schwester heiratete einen Mann, der sie trotz der Schande liebte, die über uns gekommen war. Aber ich hatte nicht so viel Glück wie sie. Verwirrt und unglücklich fand ich mich, eine kleine, verängstigte junge Frau mit kastanienbraunem Haar, auf einem Schiff nach Tahiti wieder. Ich sollte einen Pflanzer heiraten, einen älteren Mann, den ich noch nie gesehen hatte. Dann sah ich diesen Pflanzer als Beobachterin meines Traums am Hafen stehen und auf mich warten. Er suchte in der Menschenmenge nach dem Gesicht seiner Braut. Seine gezierte Haltung kam mir merkwürdig bekannt vor.

Dieser Pflanzer war derselbe Mann, der mich in meinem früheren Leben verraten und auf den Scheiterhaufen gebracht hatte! Das junge Mädchen sah ihn, und das Herz wurde ihm schwer. Hatte es vielleicht eine seltsame Vorahnung? Schnell, ganz schnell huschten die Bilder an mir vorüber: ein Leben voll harter Arbeit, Zwietracht, finanzieller Rückschläge und Untreue. Schließlich ertränkte sich die Frau aus Verzweiflung.

Als nächstes sah ich ein Leben in China vor mir. Ich war reich geschmückt, jung und schön. Meine Füße waren eingebunden, und Armbänder aus Gold und Jade baumelten von meinen blassen Armen herab. Ein ekelhaft dicker Mann lag auf mir und schlief mit mir. Ich empfand nichts. Ich war eine Konkubine, völlig dem Opium verfallen, und starb einen qualvollen, würdelosen Tod. Von Dämonenvisionen verfolgt, erstickte ich an meinem eigenen Erbrochenen.

Nun geschah noch etwas Seltsameres. Meine Erlebnisse waren jetzt völlig von Opiumvisionen beherrscht. Zimmer um Zimmer, übereinanderliegend, mit niedrigen Decken, nur durch dünne Trennwände voneinander abgeteilt, schoben sich in mein Blickfeld. In jedem Raum fand Geschlechtsverkehr statt. Von meinem erhöhten Aussichtspunkt konnte ich in alle Zimmer hineinblicken. All diese Geschlechtsakte zeichneten sich durch eine sinnlose Raserei aus, eine niedrige, unwürdige Lust, die wie ein deutlich wahrnehmbarer Gestank über der ganzen Szene hing. Männer mit Männern, Frauen mit Frauen, Männer mit Tieren, Menschen in Gruppen – hier fand Sex in allen möglichen Kombinationen und Variationen statt.

Ich war entsetzt und angeekelt! Und doch blieb ich da und sah fasziniert zu. Der Drang des starken sexuellen Stroms begann nun auch in meinem eigenen sexuellen Zentrum zu pulsieren und erregte in mir ähnlich übersteigerte Begierden. Plötzlich fand ich mich in einem der Zimmer wieder. Ich hatte Geschlechtsverkehr mit einem Mann, der den Unterleib eines Stiers mit riesigem erigiertem Glied zu haben schien. Mehrere Frauen mit üppigen, aufreizenden Körpern und gierigen, lachenden Gesichtern nahmen an der Orgie teil. Die heftigen Stöße des männlichen Gliedes gingen in das Geräusch einer Trommel über, die in meinem Kopf, meinem Körper, überall unaufhörlich hämmerte! Bald war ich nur noch ein winzig kleiner, geängstigter Bewußtseinspunkt. Die Trommelschläge erdrückten mich, erstickten mich. Ich bekam Angst um mein Leben und schrie!

Da änderte sich der Schauplatz ganz plötzlich, als hätte ich ihn durch die Heftigkeit meiner Angst ausgelöscht. Jetzt sah ich eine ländliche Szene in Indien vor mir. Als ich näher kam, hörte ich einen Gesang. Dann sah ich sie – etwa sieben wandernde Hindumönche, die alle das gleiche safrangelbe Gewand trugen. Ein plötzliches, überwältigendes Gefühl des Schreckens überkam mich. Sie durften mich nicht finden! Ich tauchte in den Brunnen hinab, der vor mir stand, und sank tiefer, tiefer, immer tiefer in das trübe Wasser hinab.

Schließlich schwamm ich am Grund des Brunnens umher und war sehr zufrieden mit mir, weil ich den singenden Mönchen entronnen war. Da sah ich plötzlich ein seltsames Geschöpf vor mir, einen Frosch mit goldener Krone. Und was noch merkwürdiger war, er sang ein Lied! Ich kannte es, also stimmte ich ein und steuerte auch noch den Text dazu bei. Da hörte er auf zu singen. Mir fielen die Augen dieses Frosches auf. In seinem glitschigen, grünen, ein wenig lächerlichen Gesicht saßen harte, zynische Augen. Der Froschkönig berührte mich und begann mich sexuell zu stimulieren. Ich spürte, wie ich auf seine Liebkosungen reagierte und sie genoß, und verfiel in ein Koma matter sexueller Wollust. All meine Wachsamkeit war wie weggeblasen. Da hielt mein Liebhaber plötzlich inne und musterte mich mit einem verächtlichen, wissenden Ausdruck in seinen harten Augen.

«Aha», sagte er leise mit höhnischem Lächeln, «wen haben wir denn hier? Ist das die Ziege? Die Verräterin?»

Der Froschkönig sah mich drohend an. Da wußte ich, daß er ein mächtiges, gefährliches Wesen war! Ich war vom Regen in die Traufe geraten! Blitzschnell schwamm ich zur Wasseroberfläche, und der Froschkönig folgte mir dicht auf den Fersen!

Da fand ich mich im Palast des Shangra Raj wieder. Ich war halb ohnmächtig in meinem Sessel zusammengesunken. Mein Herz hämmerte wie verrückt, und das Adrenalin pulsierte durch meinen Körper, als sei ich einer körperlichen Gefahr ausgesetzt gewesen.

Haurvata blickte mir prüfend ins Gesicht. Seine Augen hatten einen gütigen Ausdruck. «Wie geht es dir?» fragte er ruhig.

«Ganz gut», sagte ich demütig. Der Schock, nach diesem schrecklichen Augenblick plötzlich wieder in die Realität des Reiches von Shangra Raj zurückversetzt zu werden, hatte mich etwas verwirrt. Doch hinter Haurvata vernahm ich das unverwechselbare Lachen Shangra Rajs. Plötzlich tauchte vor meiner Nase ein Kelch mit Wasser auf.

«Trink!» hörte ich die barsche Stimme unseres Herrn und Gastgebers.

Ich blickte auf und erkannte den Bruchteil einer Sekunde lang die Züge des Froschkönigs im Gesicht Shangra Rajs wieder. Es waren dieselben zynischen Augen, dasselbe harte Lächeln! Er war der Froschkönig gewesen!

Trotzdem nahm ich das Wasser mit zitternden Händen an und trank, bis ich keinen Durst mehr hatte.

«Na, mein Kind, wie schätzt' du nun deine Chancen ein, den Männern und Frauen zu zeigen, wie sie besser miteinander leben können?» Seine Stimme klang spöttisch. «Ich habe dir die Erinnerung an einen Bruchteil deiner früheren Leben zurückgegeben. Nur ein kleines Beispiel dafür, wie unmenschlich Menschen miteinander und Männer mit Frauen umgehen! Nur ein ganz flüchtiger Blick in die Abgründe, in die die Menschheit auf der Suche nach Lust, Macht und Befriedigung ihres Willens hinabsteigt!»

«Gebieter», sagte ich mit schwacher Stimme. «Ich glaube, daß es auch eine bessere Weise gibt. Vielleicht nicht für die große Masse, aber doch für einige Menschen, die nach einem höheren Weg streben. Kann das nicht sein?»

«Das habe ich nicht zu entscheiden», sagte der Herrscher finster. «Meine Aufgabe ist es, die Seelen dazu zu bringen, daß sie in den niedrigeren Welten bleiben wollen, in die sie gehören. Und wenn ein paar von ihnen entfliehen – was kümmert mich das? Unzählige andere bleiben und werden immer wieder in neue Körper hineingeboren. Kaum haben sie ihre alte Schuld abgetragen, hat sich auch schon wieder neue angesammelt, und sie haben höchstens ein bißchen mehr Einblick in die Gesetze des Lebens gewonnen!

Und das eine Gesetz, das sie am allerwenigsten begreifen und in jedem ihrer Leben immer wieder verletzen, ist das Gesetz der Liebe. Überrascht dich das? Glaubst du, daß ich, Shangra Raj, die erhabenen Gesetze der spirituellen Hierarchie, von der ich nur ein bescheidener Teil bin, nicht kenne? Du bist unwissend wie alle anderen weinerlichen Narren, die sich vor mir ducken und mich fürchten und verabscheuen, als sei ich die Ursache ihrer Schwäche!

Nein, du Närrin, ich bin nicht der Grund für das Verderben des Menschen», sagte er langsam. «Dafür ist der Mensch selbst verantwortlich. Der Sex ist nicht viel mehr als ein Werkzeug, das der Fortpflanzung dient. Er schenkt Männern und Frauen Vergnügen, weil er meinem Zweck dient – der Fortdauer des physischen Lebens. So wunderbar der Sex scheinbar auch sein mag – er ist nur ein schattenhaftes Abbild einer viel geheimnisvolleren Freude: der Vereinigung der Seele mit dem himmlischen Klang. Das ist eine Ekstase, nach der zu streben euch Erdbewohnern die Vorstellungskraft und der Mut fehlen!

Der Mensch ist Seele, hält sich aber für ein Tier. Bestenfalls glaubt er, Verstand oder Emotion zu sein. Doch da er sein wahres Wesen vergessen hat, paßt auch alles andere nicht. Es ist, als versuchte man ein Puzzlespiel zusammenzusetzen, ohne zu wissen, wie es im kompletten Zustand aussehen müßte. Der Mensch hat sein Bild von der Ganzheit verloren.

Und um die Sache noch komplizierter zu machen, mißversteht er, da er ein so bruchstückhaftes Bild von sich selbst hat, auch die andere Hälfte seines Wesens. Beim Sex hat der Mann den Trieb, einfach seinen Samen in den Körper der Frau zu verströmen, denn dieser Beitrag zur Fortpflanzung entspricht seiner Natur. Darüber hinaus ist Sex für ihn eine Form der Selbstbestätigung! Der Sexualtrieb der Frau ist komplizierter. Da sie den Samen des Mannes in sich tragen und heranreifen lassen muß, um die Frucht der sexuellen Vereinigung zu gebären, und dann so lange für das Kind sorgt, bis es erwachsen ist, reagiert sie beim Sex nicht nur körperlich, sondern auch emotional. Für sie ist Sex eine Form der Zuneigung!

Wenn eine Frau einem Mann ihren physischen Körper öffnet, dann öffnet sie sich ihm auch emotional. Das ist unvermeidlich, denn es ist ein wichtiger Mechanismus für das Überleben des künftigen Kindes. Die moderne Empfängnisverhütung hat sich zwar auf die physischen Folgen des Geschlechtsverkehrs ausgewirkt, aber nicht auf diesen gefühlsmäßigen Mechanismus. Wehe der Frau, die glaubt, sich durch wahllosen Geschlechtsverkehr mit vielen verschiedenen Partnern von ihrer Natur befreien zu können! Und noch mehr wehe dem Mann, der glaubt, eine Frau zu seinem Vergnügen benutzen zu können, ohne die Verantwortung für ihre Gefühle zu tragen!

Die Seelen besitzen im Hinblick auf die Sexualität unterschiedliche Reifegrade, weil sie sich auf verschiedenen Ebenen der spirituellen Entwicklung befinden. So einfach ist das! Wenn eine unreife Frau sich einem Mann sexuell öffnet, fühlt sie sich wahrscheinlich verletzlich und abhängig. Wenn ein unreifer Mann Geschlechtsverkehr ausübt, hat er dabei höchstwahrscheinlich ein Gefühl der Macht und Dominanz. Sexueller Mißbrauch und häusliche Gewalttätigkeit – jene Mißstände, die in den modernen Gesellschaftssystemen eures heutigen Planeten so sehr überhandnehmen – sind die syphiliskranken Kinder dieses hoffnungslosen, chaotischen Teufelskreises unreifer sexueller Reaktionen!

Die Frau nimmt im Leben einen niedrigeren Rang ein, weil sie naiverweise Liebe, Sex und Familie als ihre Heilige Dreifaltigkeit anbetet und nicht Gott, den Heiligen Geist und die Seele. Sie möchte in ihrem Traum von der Liebe wie auf Wolken dahinschweben, statt der rauhen Wirklichkeit ihres Bewußtseinszustandes ins Auge zu sehen und sich um spirituelles Verantwortungsbewußtsein und Ganzheit zu bemühen! Sie ist unglücklich und braucht Zuwendung, weil sie unvollkommen ist. Und doch zieht sie den Mann auf ihre Bewußtseinsebene herunter und gibt ihm das Gefühl, unzulänglich zu sein, weil er ihr nicht das geben kann, was ihr fehlt.

In Wirklichkeit sind auch die Männer flache, oberflächliche Geschöpfe – Mechanismen, die nur zum Schlafen, Essen, Herumhuren und zur täglichen Arbeit taugen. Sie unterscheiden sich nicht sehr von den Dinosauriern in den primitiven Jugendjahren eures Planeten! Ihre völlige Phantasielosigkeit und die Formlosigkeit ihrer Empfindungen machen sie hilflos; sie können die himmlischen Welten nicht ohne fremde Hilfe erreichen. Wenn es keine Frauen gäbe, würden die Männer sich damit zufriedengeben, bis ans Ende der Welt in ihrer Aggressivität und ihrem Imponiergehabe zu schwelgen und sich gegenseitig zu bekämpfen!

Inzwischen haben Mann und Frau in eurer westlichen Kultur begonnen, ihre Rollen zu tauschen oder zumindest ineinanderfließen zu lassen. Ob das wohl funktionieren kann? Nur, wenn sie begreifen, was sie da tun! Ohne Nachdenken läßt es sich nicht erreichen. Kinder, die ohne die ständige Zuwendung von Mutter oder Vater aufwachsen, verkümmern sowohl emotional als auch geistig. Frauen, die mit Erfolg Rollen übernehmen, die früher den Männern vorbehalten waren, sind häufig unerklärlich unzufrieden. Männer, die versuchen, gefühlsmäßig so zu reagieren, wie die Frauen es von ihnen erwarten, müssen vielleicht feststellen, daß sie ihr eigenes Leben nicht mehr begreifen können. Warum?

Euer Bewußtsein ist ein starres, genau festgelegtes Schema, das sich aus unzähligen Eindrücken, Entscheidungen und Erfahrungen vieler Leben aufbaut. Das läßt sich nicht so schnell verändern! Mann und Frau müssen ihre Situation genau analysieren und klären, was sich überhaupt verändern läßt, was man ändern sollte und was lieber so bleiben soll, wie es ist. Aber da sie das nicht tun, leiden ihre Kinder an einer bedauernswerten Entwurzelung der spirituellen Werte – einer Entwurzelung, durch die die modernen Großstädte eurer Welt zu riesigen spirituellen Geisterstädten geworden sind, in denen die Menschen in erbärmlicher Einsamkeit umherwandern!

Ich sehe, du wunderst dich über meine Worte. Du, Kind, weißt nicht, wer ich bin – ich, Shangra Raj, der Herrscher der negativen Welten! Ich bin nicht das grausame Ungeheuer, das du dir in deiner Phantasie erschaffen hast. Die Macht, die ich ausübe, ist etwas Unpersönliches. Sie ist Gesetzen unterworfen, die schon zu Anbeginn deiner Welten in Kraft getreten sind! Ich überwache diese Gesetze nur. Und wenn ich einen grausamen Eindruck mache, ist diese Grausamkeit nur die Macht des Stroms, den ich vertrete, nicht mehr und nicht weniger! Ich diene der spirituellen Hierarchie ebenso, wie der Meister hier ihr auf seine Weise dient.

Du siehst mich ebenso wie dich selbst als Spiegelbild in einem Teich, dessen Oberfläche kleine Wellen kräuseln – das Bild ist verzerrt, kommt dir aber trotzdem bekannt vor! Ja, mein Kind, wenn du mir in die Augen schaust, siehst du dich so, wie du in deinen schlimmsten Ängsten bist. Ich bin nicht böse; ich bin nur deine Vorstellung vom Bösen. So wie der Adept deiner Vorstellung vom Guten entspricht!

Wenn die Seele in einen Körper hineingeboren wird, nimmt sie dessen genetisches Programm an. Die Seele tritt nicht schon im Mutterleib in den Körper ein, wie so viele religiöse Dogmatiker behaupten, sondern erst nach der Geburt. Zwischen ihren physischen Existenzen hält sie sich in den Welten auf, die manche als Himmel bezeichnen, um dort das zu lernen, was ihre körperlichen Erfahrungen ihr nicht vermitteln konnten. Die ‹Erinnerungen›, die manche Menschen angeblich an die Zeit im Mutterleib haben, beweisen nicht, daß die Seele schon vor der Geburt existiert hat, sondern nur, daß sie sich völlig mit dem Körper identifiziert, in den sie eingetreten ist und den sie zu ihrer ‹Heimat› gemacht hat.

Bei der genetischen Programmierung stehen die typischen Eigenschaften eures Geschlechts im Vordergrund. Aufgrund dieses Ungleichgewichts sucht ihr Erfahrungen, in denen diese Eigenschaften zum Ausdruck kommen, aber auch Erlebnisse gegensätzlicher Art als Ausgleich. Ist dir das klar? Mit anderen Worten: Männer suchen normalerweise Erfahrungen, die ihren angeborenen männlichen Tendenzen entsprechen, bemühen sich aber gleichzeitig, diese Tendenzen durch weibliche Erfahrungen wieder auszugleichen. Nach den männlichen Erfahrungen streben sie ganz bewußt; um die weiblichen bemühen sie sich häufig unbewußt.

Die naheliegendste Möglichkeit, seine männlichen beziehungsweise weiblichen Tendenzen auszugleichen, besteht darin, sich einen Partner zu suchen, der dem anderen Geschlecht angehört. Aber es gibt noch einen viel interessanteren Weg. Die Seele kann sich Erlebnisse schaffen, die sie dazu zwingen, auch die gegengeschlechtlichen Eigenschaften in sich zutage zu fördern, weil sie diese Erlebnisse sonst nicht meistern könnte.

Eine Seele in einem männlichen Körper, die sich auf einer ziemlich hohen spirituellen Ebene befindet, kann zum Beispiel versuchen, ihre aggressiven Neigungen durch größeres Mitgefühl gegenüber allen Lebewesen auszugleichen. Vielleicht wählt dieser Mann eine behinderte Partnerin, die seine liebevolle Fürsorge braucht. Oder er nimmt selbst eine solche Behinderung auf sich, die ihm die Möglichkeit gibt, sich mit der Lage der Hilflosen und Unterdrückten zu identifizieren und sie zu verstehen. Beide Wege sind sinnvoll, wenn sie die gewünschte Veränderung bewirken!

Ja, so kann es gehen! Doch dieser Wandlungsprozeß läuft in meinen Welten, die Milliarden von Jahren existieren, sehr langsam ab! Erst in letzter Zeit machen die Unmani-Dhun-Meister viel Aufhebens davon, daß es ihnen gelingt, einige wenige Menschen mit solchen Illusionen zu verführen wie dem Versprechen, daß sie Gott sehen können! Ha! Wer hat Gott denn schon gesehen? Hat *er* ihn etwa gesehen?» Er wies auf Haurvata. «Wenn er ja sagt, dann lügt er! Denn es gibt keinen Gott, du Närrin – es gibt nur die rohe Kraft des Lebens selbst und mich, den Herrscher des Ganzen!»

Sein Gesicht war von einer Macht verzerrt, die in grellen, harten Lichtern aus ihm hervorbrach und mich blendete.

«Schütze deine Augen», warnte Haurvata und berührte meine Hand, die kalt auf der Lehne meines Sessels lag.

Ich gehorchte ihm und unterdrückte das Bedürfnis, laut auf-
zuschreien. Dann wurde ich plötzlich, aber sanft fortgezogen,
schwebte durch einen Tunnel und war wieder von bunten Lichtern umgeben. In meinem Bewußtsein streckte ich den Arm
nach Haurvata aus, und er war da. Kurze Zeit später befand ich
mich wieder in meinem Körper und meinem Arbeitszimmer, in
dem dieses wunderbare und doch furchterregende Abenteuer begonnen hatte.

Ich schlug die Augen auf. Mein Lehrer saß in einem Sessel und
lächelte mir zerstreut zu, als sei gar nichts Außergewöhnliches
geschehen. Ich mußte laut lachen.

«Was findest du denn so lustig, mein Löwe – oder bist du
heute das Kaninchen?» fragte er augenzwinkernd.

Ich lachte noch schallender.

«Wahrscheinlich eine Kombination aus beidem», scherzte ich.
«Vielleicht sollten wir es Lönchen nennen – oder Kanöwe?»

«Kanöwe gefällt mir besser», sagte er und lächelte milde.
«Lönchen klingt wie ein Gemüse. Tja, mein Kanöwe, wie hat dir
dein Abenteuer gefallen? War dein Vertrauen zu mir fehl am
Platze?»

«Es war beängstigend, wunderbar und... und... wahrscheinlich vor allem überraschend für mich!» stammelte ich. «Er hat
mir so vieles gezeigt, was ich noch nicht wußte! Und es gibt
auch noch einige andere Dinge, die mich überrascht haben. Es
stimmt – ich hatte die negative Kraft vorher nicht richtig begriffen. Ich hielt sie immer für etwas Böses! Aber diesen Fehler
werde ich nie wieder machen! Und ich habe in seinen Augen
auch meine eigenen negativen Tendenzen erblickt.»

«Was hast du denn da gesehen?» fragte Haurvata.

«Na ja, zum Beispiel Zynismus, Verachtung, Stolz... und
noch etwas anderes», antwortete ich und rang um Worte.

«Gib nicht auf. Versuch es zu erklären», drängte Haurvata
mich. «Was war dieses andere?»

«Ich weiß es nicht. Wahrscheinlich eine Art Überdruß. Man
könnte es als Langeweile bezeichnen; aber das trifft den Kern der
Sache nicht ganz. Weißt du, was es ist, Haurvata?»

«Ja, liebe Freundin», sagte er ernst. «Und weil du es schon erkannt hast und mich nur noch brauchst, um es klarer auszudrük-
ken, will ich es dir verraten. Es ist eine Schwere des Herzens.

Es ist der Preis, den der Herr der Drei Welten für das Privileg bezahlen muß, den negativen Strom zu verteilen. Diese Schwere dringt in jede Seele ein, die sich – wissentlich oder unwissentlich – zum Werkzeug der negativen Kraft machen läßt. Verstehst du das?»

«Ja!» rief ich und atmete tief auf. «Das habe ich so viele Leben lang empfunden. Deshalb hätte ich mich vor ein paar Jahren beinahe umgebracht. Dieses Gefühl ist viel stärker als alle Vorstellungen vom Bösen, die ein Mensch haben kann!»

«Das ist wahr», erwiderte der Unmani-Dhun-Meister mit seiner klangvollen Stimme. «Die negative Kraft in ihrer reinen Form kann einen Menschen unter sich zermalmen wie einen Klumpen Dreck! In kleineren Dosen ist sie wie eine Droge – sie gibt dem Menschen ein Gefühl der Macht und Freude, ja sogar die Illusion der Freiheit. Und wenn er dann von ihr abhängig geworden ist, steigert sie sich immer mehr! Und schließlich zerstört sie ihre eigenen Kanäle, durch die sie fließt. Deshalb sucht sie ständig neue Wege, auf denen sie sich überall in den niedrigeren Welten ausbreiten kann! Nein, die negative Kraft ist nicht böse, aber sie kommt dem Bösen so nahe wie nichts anderes!

Du bist eine Ausnahme, mein Kind, denn du gehörst zu den wenigen Menschen, die sich im Zentrum dieser negativen Macht aufgehalten haben, ohne von ihr völlig zermalmt oder verdorben worden zu sein! Du wurdest zwar verspottet, erniedrigt, gequält und unterjocht, aber niemals besiegt. Irgendwie hast du auf deine eigene, unverwechselbare Art überlebt. Das ist dir hauptsächlich dadurch gelungen, daß du dir einen großen Vorrat an Imitationen der gleichen Eigenschaften angelegt hast, wie Shangra Raj selbst sie besitzt!»

«Was?» fragte ich erstaunt.

«Mit anderen Worten, du hast Stolz, Zynismus, Verachtung und Zorn imitiert. Du hast dich so sehr auf die negative Kraft eingestimmt, daß du viele ihrer Geheimnisse lernen konntest. Und so hast du intuitiv und völlig richtig erkannt, daß der Shangra Raj selbst überlebt, indem er ganz bestimmte Einstellungen vorgibt. Also hast du es genauso gemacht wie er und hast seine schlimmsten Angriffe überstanden, bis sie nachließen. Deine gefährlichsten Konfrontationen aber hast du mit der reinen Essenz der negativen Kraft selbst erlebt! Daher rührt die Schwere des Herzens, von der du gesprochen hast!

Wird die reine negative Kraft auf jemanden gerichtet oder strömt sie durch ihn hindurch, ist sie total destruktiv. Sie kann einen Menschen wahnsinnig machen oder aus dem Körper herausreißen, so daß er vorzeitig stirbt! Aber die negative Kraft geht auch ein Risiko ein, wenn sie versucht, eine Seele auf diese Art und Weise zu vernichten.

Denn weil die Seele ein Funke Gottes und ein reines positives Atom ihres Schöpfers ist, kann sie niemals wirklich zerstört werden. Man kann sie nur verletzen und in ihrer spirituellen Entfaltung weit zurückwerfen, und das ist sicherlich auch keine Bagatelle! Aber das Ich weiß nichts von seiner Unzerstörbarkeit. Die Macht der negativen Kraft beruht zu einem Großteil darauf, daß die Menschen irrtümlicherweise glauben, sie könne sie vernichten.

Wenn also Shangra Raj die ganze Kraft seines reinen negativen Stroms auf jemanden richtet, verwendet er seine mächtigste Waffe. Dann zeigt die negative Kraft sich ganz offen und enthüllt dem Opfer, das sie ins Visier genommen hat, ihr wahres Wesen! Bei dir hat sie das auch getan, mein Kind, und sie war sicher, dich besiegen zu können. Du solltest wieder von der spirituellen Leiter herunterstürzen, die hinaufzusteigen du dich so lange und so intensiv bemüht hattest. Doch statt dessen erkanntest und begriffst du das größte aller Geheimnisse: Nichts kann dich zerstören! So hast du dir den Weg zur Unsterblichkeit gebahnt, und Shangra Raj hat eine Niederlage erlitten, die ihn teuer zu stehen kam!

Warum teuer? Weil du jetzt sein größtes Geheimnis kennst – seine verborgene Schwäche! Und weil du mutig und wortgewandt genug bist, um sie der Welt zu verraten! Deshalb!»

Bei diesen Worten lachte der Meister so schallend, daß sein Körper erbebte und sein Gelächter im ganzen Zimmer widerhallte. Es war, als fliege ein Düsenjäger über unsere Köpfe hinweg. Ich lachte nicht mit. Aber tief im Inneren meines Herzens empfand ich eine Freude, die ebenso heftig war wie sein Gelächter.

KAPITEL ZWÖLF

Vom Atem der Götter getragen

Ein paar Wochen später, auf der Heimfahrt vom Zahnarzt, wäre ich an einer Straßenecke beinahe in eine handgreifliche Auseinandersetzung mit drei Strolchen hineingeraten. Mein Gesicht und mein Mund fühlten sich von der Spritze noch ganz taub an. Ich stand an einer Kreuzung, schaute auf die Ampel und wartete auf den grünen Pfeil, der mir anzeigen würde, daß ich nach links auf die Hauptstraße abbiegen durfte. Plötzlich hörte ich von links Männerstimmen.

«Haaa», lachten die Männer höhnisch und zeigten auf mich. «Guck mal! Ein Chinesenweib. He, Schlitzauge! He, du da drüben! Hörst du nicht? He, Plattgesicht! Bist du taub, oder was?»

Natürlich sah ich zu ihnen hinüber. Es waren drei ungepflegte, schlampig gekleidete Kerle, die ihrem Aussehen und ihrem Benehmen nach zu urteilen entweder betrunken oder hoffnungslose Schwachköpfe sein mußten. Im allgemeinen hatte ich bisher noch keine großen Probleme mit rassistischen Belästigungen, Witzen oder versteckten Andeutungen gehabt. Und wenn ich doch einmal so etwas hörte, ignorierte ich es einfach. Was hatte es schon für einen Sinn, sich von unwissenden, haßerfüllten Leuten provozieren zu lassen? Ich beachtete die Männer einfach nicht. Trotzdem verspotteten sie mich weiter.

«He, Chinesin», schrien sie im Chor. «He, du! Schlitzauge! Schau mal her!»

Der grüne Pfeil kam ewig nicht. Während ich wartete, zog ein kleiner Film an meinem inneren Auge vorüber. Hier standen drei armselige Vertreter des männlichen Geschlechts, die das verzweifelte Bedürfnis hatten, «den großen Mann zu spielen». Heute beschlossen sie, eine hilflose Frau zu drangsalieren, die zu ängstlich und machtlos war, um sich zu verteidigen. Wahrscheinlich hatten sie das schon öfter getan. Und sicherlich würden sie es irgendwann wieder tun. Ich muß wie das ideale Opfer auf sie gewirkt haben.

Aber heute war ich nicht in der Stimmung, um Opfer zu sein. Davon hatte ich vor ein paar Minuten unter dem Bohrer des Zahnarztes schon genug zu spüren bekommen. Ich drehte mich um und sah den Männern direkt ins Gesicht. Dann machte ich eine Geste, die solche Kerle überall auf der Welt verstehen. Ich zeigte ihnen «einen Vogel».

Es war erstaunlich, was für eine wundersame Wandlung diese eine Geste bei den drei Männern bewirkte. Sie standen da wie angewurzelt, schwiegen ein paar Sekunden lang fassungslos und überhäuften mich dann mit einem Schwall obszöner Schimpfworte. Was ihrem Wortschatz an Abwechslungsreichtum fehlte, das machten sie durch ihre rasende Wut wett. Sie waren wie Stiere, denen man ein rotes Tuch vorgehalten hatte! Einer wagte sich sogar auf die Straße und kam drohend auf mich zu. Doch da schaltete zum Glück die Ampel auf Grün. Ich winkte den Männern freundlich zu und bog nach links ab.

Später fragte ich mich, ob ich mich richtig verhalten hatte. Würde Gott mich nun niederstrecken, weil ich mich mit diesen Idioten auf eine Stufe gestellt hatte? Das konnte ich mir nicht vorstellen; und außerdem war ein Teil meines Ichs überzeugt davon, daß es sich gelohnt hatte – ganz gleichgültig, welchen Preis ich dafür zahlen mußte. Wer sagt, daß spirituelle Menschen unbedingt Opfer sein müssen?

An diesem Abend war ich außergewöhnlich wach und voller Energie. Mir wurde klar, daß der Zwischenfall des heutigen Tages belebend auf mich gewirkt hatte; denn er hatte mich gezwungen, etwas zu tun, was sonst nicht meine Art war. Einige starre Schablonen in meinem Selbstbild waren dadurch zerschlagen worden, und ich hatte Zugang zu Energiereserven bekommen, die vorher hinter der Fassade meiner «Nettigkeit» verborgen gewesen waren. Ich dachte, daß der Geist diesen Vorfall vielleicht bewußt herbeigeführt hatte, um mich zu größerem Selbstbewußtsein anzuspornen – eine Eigenschaft, die ich mir in meinem Traum von der Bärin nicht gestattet hatte.

Plötzlich spürte ich eine sanfte Gegenwart neben mir. Es war Kyari Hota. Ich zügelte meine Emotionen, damit meine spirituellen Sinne nicht durch Kyaris Gegenwart überwältigt wurden und damit ich die besondere Bewußtheit aufrechterhalten konnte, die für unsere Begegnungen notwendig war. Aber es war nicht leicht, unbeteiligt zu bleiben.

«Da bist du ja wieder!» rief ich. «Ich freue mich so. Warum bist du so lange nicht gekommen?»

«Es wird leichter für dich sein, wenn du mehr Distanz zu diesen Dingen hast», sagte sie heiter.

«Aber ich *habe* doch Distanz», beharrte ich. «Glaubst du, daß das nicht Distanz genug ist?» Ich schnitt ein groteskes, schielendes Gesicht, und sie stimmte in mein Lachen ein.

«Na ja, für den Anfang ist das ganz gut», scherzte sie. «Heute haben wir viel vor. Wir wollen keine Zeit verlieren.»

Ich grinste und schlang die Arme um meine Knie. Dann erzählte ich ihr von dem Vorfall mit den drei Männern an der Straßenecke. Ich war sehr neugierig, was sie wohl davon halten würde.

«Das hast du auch ohne mich sehr gut begriffen», lachte sie leise und schüttelte den Kopf. «Niemand kann spirituell lange überleben, wenn er sich mit der Rolle des passiven Opfers abfindet. Es ist den Männern recht geschehen, und sie werden es sich überlegen, ehe sie wieder eine überlegene Haltung gegenüber jemandem einnehmen, der einen schwachen Eindruck macht. Es stimmt auch, daß du freier wirst, wenn du dich von den restriktiven Schablonen befreist, die die Gesellschaft dir auferlegt. Man muß stets spontan handeln können; zu viele ‹Du solltest› und ‹Du solltest nicht› schränken deine wertvolle innere Freiheit ein.»

«Ich dachte, du würdest schockiert sein», gestand ich.

Kyari lachte. «Na ja, ein anderer Meister wäre vielleicht anderer Meinung als ich. Aber schließlich hast du ihnen ja nur den Vogel gezeigt und keinen Tritt vors Schienbein gegeben! Es ist so ein schöner Abend. Wollen wir ein bißchen laufen?»

«Was? Jetzt?» fragte ich erstaunt.

Sie nickte und löste sich in Luftatome auf. Als ich mich von meiner Überraschung erholt hatte, verließ auch ich das Zimmer und zog einen Trainingsanzug und Joggingschuhe an. Ich band mir noch vorsichtshalber einen Pullover um die Hüften und ging ins Wohnzimmer, wo mein Mann sich eine Fernsehserie ansah.

«Na, wie ist das Programm?» fragte ich ihn und schaute auch einen Augenblick zu.

«Hmmm ... ziemlich langweilig. Ich hoffe immer, daß es noch besser wird. Aber das wird es nie. Eigentlich ist es nur Zeitverschwendung.»

Er drückte auf die Fernbedienung und schaltete auf ein anderes Programm um. Jetzt erschien eine Frau auf dem Bildschirm, die einen Schlager aus den sechziger Jahren sang.

«Gehst du noch fort?» fragte er mit einem Blick auf meine Kleidung.

«Hm, hmm! Ich gehe spazieren. Ich komme bald wieder.»

«Na, dann viel Spaß», murmelte er. Nach ein paar Sekunden rief er mir nach: «Soll ich lieber mitkommen?»

«Nein, nein, nicht nötig», antwortete ich und lief hastig zur Tür. Leise fiel sie hinter mir ins Schloß, und ich stand draußen in der frischen Nachtluft.

Es war Vollmond, und der Mond stand beinahe direkt über meinem Kopf. Er verschwand immer wieder hinter Wolken, die in phantastischen Formen über sein Gesicht flossen. Die Gegend sah plötzlich sehr merkwürdig aus; die Häuser wirkten nun, da die Realität unsichtbarer Gegenwarten die Luft erfüllte, seltsam verletzlich.

Heute nacht waren in den oberen Regionen, wo die Wolken am Mond vorbeijagten, die Sylphen, die Elementargeister des Windes, am Werk. Als ich an sie dachte, erhob sich auf der Straße ein Wirbelwind, kreuzte meinen Weg und wühlte die abgefallenen Blätter zu einem Derwischtanz auf. Ich ging auf die Hauptstraße zu. Da hörte ich hinter mir ein Miauen und drehte mich um. Es war meine Katze Mitzi, mit langem weißem Fell und dunklen Flecken und einem buschigen Schwanz, den sie hoch erhoben trug wie eine Fahne. Mitzi hatte mich aus dem Haus gehen sehen und wollte jetzt sicher nachschauen, ob Futter in Aussicht war, obwohl sie erst vor zwei Stunden ihr Abendessen bekommen hatte.

«Nein, Mitzi», rief ich ihr zu, «diesmal gibt es nichts zu fressen.

Du hast dein Abendessen schon bekommen. Ich gehe nur ein bißchen spazieren!»

Dann lief ich raschen Schrittes weiter. Als ich mich umdrehte,
sah ich, wie die Katze sich erhob und mir nachzutrotten begann,
allerdings in gemächlicherem Tempo. Ich wußte, daß sie die Verfolgung aufgeben würde, sobald ich um die Ecke gebogen war.
Schließlich war Mitzi ja kein Hund.

Ich begann mich zu fragen, wo Kyari Hota wohl blieb. Ob sie
überhaupt kommen würde? Ich runzelte die Stirn. Die Nacht war
wunderschön. Trotzdem ging ich nicht gern allein spazieren. Ich
beschloß, bis zur Ecke zu gehen und dort zu warten. Da sah ich
aus der Ferne jemanden auf mich zukommen. Sie war es!

«Gott sei Dank! Ich dachte schon, du seist weggegangen!»
klagte ich.

«Ich mußte doch noch meine Joggingschuhe anziehen», grinste
sie spitzbübisch.

Tatsächlich steckten ihre winzigen Füßchen, an denen sie
vorher gelbe Ballerinas aus Seide getragen hatte, jetzt in weißen
Adidas-Lederschuhen. Ich lachte. Eine spirituelle Meisterin in
Joggingschuhen. Das war wirklich zuviel!

«Du glaubst wohl, ich kann nicht joggen?» fragte sie und zog
eine ihrer dünnen Augenbrauen in die Höhe. In Trainingshosen
sah sie noch kleiner aus. Doch ich dachte an die letzte Kung-Fu-
Meisterin, die ich im Fernsehen gesehen hatte und die ihre größeren und jüngeren Gegnerinnen mühelos durch die Luft gewirbelt
hatte, und beschloß, mir das Lachen lieber zu verkneifen.

«Aber nein!» versicherte ich liebenswürdig. «Auf so etwas
wäre ich nie gekommen.»

Wir liefen ungefähr fünf Minuten lang schweigend nebeneinander her. Die Straße war wie ausgestorben; nur ab und zu fuhren
ein paar Autos vorbei. Abends, wenn die Schule geschlossen
hatte, war in der Birch Street nicht viel los. Ich dachte die ganze
Zeit daran, wie glücklich ich war, einfach mit einer guten Freundin zusammensein und neben ihr herlaufen zu können. Dann fiel
mir wieder ein, wer diese «Freundin» war, und ich zuckte zusammen und musterte sie aus den Augenwinkeln. Genau im selben
Augenblick warf auch sie mir einen Blick zu. Wir mußten beide
lachen.

«Ich habe eine Frage», begann ich spontan und wünschte mir,

die Straßenlaternen würden nicht so hell scheinen, damit man die Sterne sehen konnte. «Ich weiß, es klingt ziemlich dumm; aber ich habe in der letzten Zeit viel nachgedacht, und da bin ich auf diese Frage gekommen. Sind Frauen den Männern in spiritueller Hinsicht eigentlich unterlegen?»

«Das ist eine interessante Frage!» sagte sie in ihrem singenden Tonfall. «Da du mich danach gefragt hast, will ich es dir sagen.»

Wir waren an einem Fußgängerüberweg stehengeblieben und warteten, bis ein Lastwagen an uns vorbeigebraust war. Dann joggten wir über die Straße und liefen auf den Park zu. Kyari schien zu wissen, wo ich hinwollte. Oder vielleicht hatte sie auch ihre eigenen Pläne. Ich konnte nicht feststellen, wer von uns beiden eigentlich wen führte, aber ich wußte, daß zwischen uns vollkommene Harmonie herrschte. Ich wartete, bis sie weitersprach.

«Um deine Frage beantworten zu können, ist es sinnvoll, zwischen zwei Dingen zu unterscheiden: dem, was auf der spirituellen Ebene existiert, und den bloßen typischen Symptomen einer Rasse oder Kultur, die sich auf einer bestimmten Entwicklungsstufe befindet. Die Idee, daß der Mann der Frau überlegen ist, ist euer kulturelles Erbe der letzten Jahrtausende. Aber das war keineswegs immer so. Vor langer Zeit war die Erdmutter – ob sie nun Isis oder Ischtar oder Demeter hieß – die höchste Göttin in euren Kulturen. Die Erdmutter repräsentierte die Natur, und da die Frauen eng mit der Natur verbunden sind, hatten sie am Ansehen dieser Göttin teil.

Als die Lebensweise der Menschen sich änderte und sie nicht mehr von der Natur abhängig waren, sondern sie beherrschten, verloren die Frauen ihren Status. Die ersten Völker waren Jäger und Sammler. Als nächstes kamen Gruppen, die Ackerbau trieben, und schließlich Nomaden und Hirtenvölker. Mit jeder dieser Veränderungen entfernten die Menschen sich mehr von der Erdmutter; sie waren jetzt mehr darauf ausgerichtet, die Natur zu erobern, statt sie zu verehren und zu bewahren.

Im Lauf der Zeit wurden die friedlicheren Kulturen von aggressiveren Nomadenvölkern besiegt, die männliche Götter verehrten. Sie räumten ihren männlichen Gottheiten die höchste Position ein und wiesen den Göttinnen eine untergeordnete Stellung zu. Dieses Phänomen – daß Kulturen, in denen das Männliche eine beherrschende Rolle spielt, Völker unterwerfen, in denen das Weibliche dominiert – zeigt sich in Afrika, Asien und Süd- und Mittelamerika bis zum heutigen Tag. Die neuesten Veränderungen werden dort durch die europäische Zivilisation eingeführt, die, wie du ja weißt, extrem patriarchalisch ist.

Immer wenn eine Gesellschaft sich vom Weiblichen auf das Männliche umorientierte, änderten sich auch ihre Ansichten. Die weibliche Sexualität, die man einst geehrt hatte, wurde nun plötzlich suspekt. Entscheidungen zu treffen wurde zur Männersache. Aber das sollte man nicht persönlich nehmen, meine Liebe. Es ist nur eine politische und wirtschaftliche Tendenz, die mit dem Geist nichts zu tun hat. Die Gesellschaftssysteme verändern sich ständig weiter – auch wenn dir dieser Wandlungsprozeß sehr langsam vorkommt –, und manchmal senkt sich die Waagschale zugunsten des einen Geschlechts, dann wieder zugunsten des anderen. Im heutigen postindustriellen, elektronischen Zeitalter haben die Frauen wieder Zugang zur wirtschaftlichen Macht und damit vielleicht auch die Möglichkeit, die Waage ins Gleichgewicht zu bringen. Ich rechne fest damit, daß das geschehen wird.»

«Hmm», sagte ich nachdenklich. «Das hoffe ich auch. Aber du hast gerade etwas erwähnt, worüber ich gern noch genauer Bescheid wissen möchte.»

«Schieß los», ermunterte mich Kyari Hota.

«Du hast doch gesagt, daß Frauen eng mit der Natur verbunden sind. Das höre ich immer wieder, aber warum eigentlich? Warum stehen Frauen und die Natur miteinander in Verbindung? Oberflächlich betrachtet, klingt das gar nicht so einleuchtend. Liegt es einfach daran, daß Frauen Kinder zur Welt bringen, so wie die Natur immer wieder neue Lebewesen hervorbringt?»

«Hinter dem ‹Erdmutter›-Klischee steckt mehr, als die meisten Menschen ahnen!» antwortete die Meisterin. «Zum Beispiel haben eure Wissenschaftler festgestellt, daß den Lebensformen auf allen Evolutionsebenen eine weibliche genetische Struktur zugrunde liegt. Erst wenn das männliche Chromosom hinzukommt, wird ein Lebewesen männlich. Wenn man diese männliche Komponente wieder entfernt, kehrt das Leben in seine weibliche Form zurück. Doch umgekehrt geht es nicht. Wenn man aus einer befruchteten Zelle das weibliche Chromosom entfernt, stirbt die Zelle. Die Natur zeigt auch, daß weibliche Lebensformen sich manchmal ganz ohne männliche fortpflanzen können.

Aber männliche Lebensformen können sich nicht ohne weibliche vermehren.

Weibliche Lebewesen sind also viel besser an das Leben auf dieser Ebene angepaßt. Die weibliche genetische Struktur steht mehr mit den Gesetzen der physischen Ebene im Einklang als die männliche. Die Fortpflanzungsfähigkeit der Frau spiegelt die Fortpflanzungsfähigkeit der Natur wider. So ist zum Beispiel bekannt, daß der Menstruationszyklus der Frau mit den Mondphasen zusammenhängt; und man hat schon oft festgestellt, daß Gruppen von Frauen, die zusammenleben, auch zusammen menstruieren.

Die Aktivitäten der Männer dagegen zeichnen sich im allgemeinen nicht durch dieses zyklische Muster aus. Da den Männern das instinktive Gespür für die Ebbe und Flut der natürlichen Welt fehlt, fallen sie leichter ganz bestimmten Irrtümern zum Opfer. Sie neigen dazu, sich behaupten zu wollen, wenn sie eigentlich nachgeben sollten; und in Zeiten, in denen es klüger wäre, sich zurückzuziehen und Kräfte zu sammeln, gehen sie sinnlose Risiken ein. Ob sie wollen oder nicht – die Männer müssen sich in hohem Maße mit den Gesetzen einer Umgebung in Einklang bringen, die im wesentlichen weiblich bestimmt ist. Wenn sie das nicht tun, werden sie in ihrem Leben viele Krankheiten und Rückschläge erleiden. Und sie werden den Grund für ihre Schwierigkeiten nie richtig begreifen.»

«Das ist ja faszinierend», rief ich. Ich genoß die kühle Nachtluft und die erfrischende Offenheit von Kyaris Erklärungen. «So hat es noch nie jemand dargestellt. Das klingt ja, als hätten die Männer viel von den Frauen zu lernen!»

«Ja, liebe Tochter», stimmte Kyari zu. «Sicherlich sind Frauen ebenso spirituelle Wesen wie Männer. In mancher Hinsicht sind sie sogar spiritueller, da sie meist enger mit den inneren Welten in Verbindung stehen. Das heißt, Frauen haben weniger Hemmungen als Männer, sich von ihren Gefühlen, Phantasien und Intuitionen leiten zu lassen. Sie stehen spirituellen Dingen aufgeschlossener und neugieriger gegenüber. Eines Tages wird die Wissenschaft, die immer größere Fortschritte macht, die Frauen eingeholt haben und eine für den Verstand akzeptable Sprache für jene Dinge entwickelt haben, von deren Existenz diese unerschrockenen Seelen schon längst wissen. Männer verlangen äu-

ßere Beweise; die Realitätsmaßstäbe der Frau liegen mehr in
ihrem Inneren.»

«Das stimmt», nickte ich. Ich konnte mühelos mit Kyari
Schritt halten, denn sie lief sehr langsam.

Als wir um die Ecke bogen, trottete uns ein Hund mit dickem
Fell entgegen und sah uns mit glänzenden Augen an. Er war offensichtlich gut gepflegt und machte wahrscheinlich gerade seinen Abendspaziergang. Kyari und ich blieben stehen, streichel-
ten ihn und sprachen mit ihm. Nachdem er uns ein paarmal
freundlich beschnuppert und mit dem Schwanz gewedelt hatte,
ließ er uns stehen, und wir gingen weiter.

Jetzt lag der Park vor uns. Ich hörte die Baumwipfel sanft im
Wind rauschen. Im Mondlicht tauchte eine Bank auf. Wir steu-
erten darauf zu, setzen uns hin und genossen eine Weile schweigend die Geräusche der Nacht, das sanfte Murmeln des Windes
und der Blätter.

«Ich bin dir wirklich dankbar für deine Erklärungen», begann
ich zögernd. «Das klingt alles sehr einleuchtend. Aber wenn
Frauen spirituell wirklich auf der gleichen Stufe stehen wie Männer, wie du ja gesagt hast, warum gibt es dann nicht mehr spirituelle Meisterinnen? Das verstehe ich nicht.»

«Ich will es einmal so ausdrücken, meine Tochter», sagte die
Meisterin und lächelte geduldig. «Jede Seele – egal, in welchem
Geschlecht oder in welcher Rasse sie sich inkarniert hat – ist allen
anderen Seelen ebenbürtig. Alle Seelen sind Gott gleich viel
wert. Gott liebt sogar die drei Männer, die dich beleidigt haben,
und deshalb schuldest du ihnen Gottes Liebe, wenn auch nicht
deine persönliche Zuneigung. Doch die weiblichen und männlichen Verkörperungen sind für verschiedene Zwecke und verschiedene Erfahrungen bestimmt; also gibt es natürlich auch
einige wichtige Unterschiede.

Die weibliche genetische Struktur, die den natürlichen Zyklen
auf der physischen Ebene entspricht, hat zwei Vorteile: physisches Durchhaltevermögen und die intuitive Weisheit des Körpers. Doch gerade aus diesem Grund besitzt sie weniger spirituelle Ausdauer als die männliche Struktur. Um die Meisterschaft
über sich selbst zu erlangen, müssen Frauen über die Instinkte
ihres Körpers hinauswachsen, die sie dazu drängen, ihre Funktion der Fortpflanzung und des Umsorgens zu erfüllen, und die

ihre Aufmerksamkeit ganz auf physische Belange konzentrieren. Die Frauen müssen sich mehr von ihrem Bedürfnis nach materieller Sicherheit und emotionalen Beziehungen distanzieren und es wagen, alles aufs Spiel zu setzen, um einen höheren Lohn zu erringen!

Das können Frauen natürlich ohne weiteres schaffen. Doch wegen der Nachteile, die ich gerade beschrieben habe, wählen die meisten Seelen für jene Existenzen, in denen sie der Meisterschaft näher kommen wollen, eine männliche Gestalt. Schließlich dauert es viele Leben, bis man überhaupt als Kandidat für die Meisterschaft in Frage kommt; und selbst dann bestehen viele Seelen die Prüfungen nicht, da sie sehr schwierig sind. Deshalb braucht man im allgemeinen noch etliche Leben mehr, bis man auch dieses letzte Ziel erreicht hat. Und da stellt einem die weibliche genetische Struktur einfach zusätzliche Hindernisse in den Weg, denen die meisten Seelen lieber aus dem Weg gehen.

Doch aus verschiedenen persönlichen Gründen haben einige Unmani-Dhun-Adepten sich entschlossen, ihre letzten Prüfungen in weiblichen Existenzen zu bestehen. Bei mir lag das daran, daß ich den spirituellen Herausforderungen, die ich bestehen mußte, um Meisterschaft zu erlangen, am besten als Frau gewachsen war. Also bestand ich meine Prüfungen als Frau und entschloß mich, auch den Seelen, die sich im Körperbewußtsein befinden, später stets in weiblicher Gestalt zu erscheinen.

Du lebst in einem interessanten Zeitalter. Denn zur Zeit haben viele hochentwickelte Seelen sich in einem weiblichen Körper inkarniert, um die menschliche Zivilisation vor dem Abgrund der ökologischen Katastrophe, der sozialen Anarchie und des Krieges zu retten, an dem sie steht. Diese Seelen nutzen die Tatsache, daß den Frauen die Familie mehr am Herzen liegt und daß Frauen eine größere Sensibilität für die spirituellen und emotionalen Aspekte des Lebens haben, aus, um mehr Stabilität in die menschliche Gesellschaft zu bringen. Doch um ihren Einfluß geltend machen zu können, müssen sie lernen, auch ihre männlichen Eigenschaften zum Vorschein zu bringen. Sie müssen es wagen, aus ihrer traditionellen Rolle herauszutreten und sich in aller Öffentlichkeit für spirituelle und soziale Veränderungen einzusetzen. Viele dieser Seelen können in einem weiblichen Körper die Meisterschaft über sich erlangen, wenn sie es wirklich wollen.»

«Das ist ja eine gute Nachricht!» rief ich glücklich. «Letzten Endes heißt das, daß die Begrenzungen unseres Körpers die Seele nicht beeinträchtigen! Manche Feministinnen werden natürlich empört sein, weil man überhaupt von Unterschieden zwischen Mann und Frau spricht! Ihnen ist nicht klar, daß das wahre Selbst weder männlich noch weiblich ist, sondern unabhängig vom Körper existiert. Sie haben das Gefühl, sich aufgrund ihrer Weiblichkeit wehren zu müssen, weil sie glauben, daß ihr Geschlecht weitgehend bestimmt, wer sie sind. Doch wenn man sich daran erinnert, daß man schon viele Leben als Mann und als Frau hinter sich hat, denkt man nie wieder so!»

«Genau das ist es», stimmte die Meisterin zu. «Ohne dieses Wissen fühlen Frauen sich durch diese Erklärung natürlich übervorteilt.»

«Und ich kann es ihnen nicht einmal übelnehmen», setzte ich hinzu. «Ich habe mich in meiner Kindheit und als junge Frau auch immer gefragt, warum es in der Gesellschaft so wenig dynamische Frauen in Führungspositionen gab, die uns als Rollenvorbilder dienen konnten. Ich meine, obwohl Frauen im allgemeinen als das sensiblere, introvertiertere Geschlecht gelten, hat es im kreativen Bereich nicht gerade übermäßig viele Beethovens und Shakespeares gegeben.»

«Das liegt hauptsächlich an den Beschränkungen, die die Gesellschaft der weiblichen Kreativität auferlegt hat», erklärte die Adeptin. «Doch diese Beschränkungen lösen sich jetzt sehr rasch auf. Aber ganz egal, ob Mann oder Frau – erfolgreiche kreative Menschen haben alle eines gemeinsam. Sie haben die Eigenschaften des anderen Geschlechts in sich sehr stark entwickelt. Sind es Männer, dann sind sie im allgemeinen außergewöhnlich sensibel, gefühlsbetont und phantasievoll. Und erfolgreiche kreative Frauen sind wahrscheinlich aggressiver, selbstbewußter und selbständiger als die meisten ihrer Geschlechtsgenossinnen. Das liegt daran, daß kreative Menschen stark introvertiert und gleichzeitig stark extrovertiert sein müssen, um ihre Visionen manifestieren zu können.

Doch kreative Männer und Frauen, bei denen die Eigenschaften des anderen Geschlechts stark ausgeprägt sind, sind immer etwas ungewöhnlich, werden häufig mißverstanden und manchmal sogar gefürchtet oder abgelehnt. Man braucht viel Selbstsicherheit und inneres Gleichgewicht, um mit solchen inneren

Gaben und äußeren Konflikten durchs Leben zu gehen. Manche besitzen dieses innere Gleichgewicht und diese Selbstsicherheit nicht. Diese Unglücklichen leiden sehr.»

«Aus dieser Perspektive habe ich die Kreativität noch nie betrachtet!» rief ich begeistert. «Das hilft mir auch, mich selbst besser zu verstehen. Danke.»

«Ich tue nur meine Pflicht», sagte die Meisterin und zwinkerte mir zu. «Aber ich habe dir noch kein sehr ausgewogenes Bild von den spirituellen Eigenschaften von Mann und Frau vermittelt.»

«Nein?» fragte ich verblüfft. «Ich habe das Gefühl, daß du mir das wunderbar veranschaulicht hast!»

«Nein», sagte sie. «Habe ich nicht. Und zwar zum Teil deshalb, weil ich dir erst einmal das Gefühl nehmen mußte, daß mit den Frauen etwas nicht stimmt. Aber der Unterschied zwischen dem männlichen und dem weiblichen spirituellen Strom läßt sich auf andere Weise viel leichter begreifen. Für dich ist es vielleicht lebenswichtig, diesen Unterschied zu kennen.»

«Also gut. Dann erklär ihn mir», sagte ich bereitwillig.

«Mit Erklärungen hat das wenig zu tun», erwiderte Kyari und faßte mich leicht am Arm. Alles um mich her verschwamm und verwandelte sich in eine riesige, wogende Ebene aus Braun- und Goldtönen. Hier und da standen ein paar dürre Bäume, und im schwindenden Licht des Tages, der sich dem Ende zuneigte, graste eine Herde anmutiger Elenantilopen. Ich spürte, daß es Spätnachmittag war und daß vielleicht schon in ein paar Stunden die Dämmerung hereinbrechen würde. Da schob sich von rechts eine dunkle Gestalt in mein Blickfeld, die ebenso anmutig dahinstürmte wie die wilden Tiere der Steppe.

Ich sah mich nach meiner Meisterin um. Sie saß etwa drei Meter hinter mir auf einem kleinen Hügel. Sie hatte ein Gewand aus groben, graubraunen Naturfasern an, und ihre Füße steckten in dünnen Ledersandalen. Auf dem Kopf trug sie eine merkwürdige Stoffhaube, die ihr in weichen Falten bis zu den Ohren herabhing. Lächelnd wies sie auf die schwarze Gestalt, und ich wandte ihr wieder meine Aufmerksamkeit zu.

Es war ein Mann, über einen Meter achtzig groß und sehr dunkelhäutig. Er war dünn, und seine Beine sahen aus, als seien sie fürs schnelle Laufen wie geschaffen. Mit der rechten Hand hielt er einen Speer hoch empor, von dem helles Gras oder die Mähne irgendeines Tieres herabhing. Er war barfuß und fast nackt; nur um seine Geschlechtsteile hatte er ein Tuch geschlungen.

Der Mann blieb etwa dreihundert Meter vor uns stehen und beobachtete ein paar Minuten lang die grasende Herde. Dann stimmte er einen rhythmischen Gesang an, zuerst tief und dann allmählich immer höher und lauter werdend, so daß er bis an unsere Ohren drang. Er hielt den Speer über seinen Kopf und hatte das Gesicht zum Himmel erhoben.

«Was macht er denn da?» wisperte ich.

«Geh hin und schau es dir an», lächelte die Meisterin und zeigte mit dem Finger auf mich. Ich spürte, wie eine Kraft mich nach unten zog, so wie der Schlaf einen in einen Traum hineinzieht. Mit einem Mal war ich keine Beobachterin mehr. Ich war selbst der Mann.

Ich war ein Massai.

«Prophetin!» rief ich. Meine Stimme war ein dunkler Fluß, in dem ein starker Unterton des Stolzes mitschwang.

«Ich bin hier, mein Sohn», erwiderte Kyari Hota und stand auf, um mich zu begrüßen.

Langsam ging ich auf die kleine, hellhäutige Frau zu. Sie war meine Lehrerin und Führerin. Eine weise Frau.

«Wie gefällt dir mein Gebetsgesang?» fragte ich mit breitem Grinsen. «Ich habe ihn aus vielen mächtigen Worten aus meinen Träumen zusammengesetzt. Ich glaube, du hast mir diese Träume geschickt. Sie sind wie eine Kette für die Götter. Glaubst du, daß ihnen die Kette gefallen wird?»

«Ja», nickte Kyari. «Es ist ein schönes Lied, voll von der Sehnsucht der Seele nach Gott. Aber du hast noch mehr auf dem Herzen. Ich sehe es an deinen Augen. Was ist es, mein Sohn?»

«Dir bleibt auch wirklich nichts verborgen», lachte ich. «Ja! Es wird Krieg geben. Viele Krieger werden am Fluß mit den Ajemubu kämpfen. Ich bin jetzt erwachsen. Ich ziehe auch mit.»

«Mkhuto», seufzte die Meisterin, «du scheinst darüber nicht gerade unglücklich zu sein.»

«Nein, meine Lehrerin», sagte ich ein wenig beschämt. «Ich bin doch Krieger. Ich bin geboren, um zu kämpfen. Bin ich deshalb ein schlechter Schüler? Kann ich in meinen Träumen denn nicht fliegen? Kann ich nicht in die Zukunft sehen? Durch all diese Fähigkeiten, die du mir beigebracht hast, werde ich ein mächtigerer

Krieger sein als alle meine Feinde. Hab keine Angst – niemand kann mir etwas tun. Meine Beine sind schnell, und mein Arm verfehlt nie sein Ziel!»

Nach dieser prahlerischen Rede entblößte ich die Zähne zu einem selbstbewußten Lächeln. Die Meisterin nickte und forderte mich auf, mich niederzusetzen.

«Mir tut der Nacken weh, wenn ich zu dir hinaufsehen muß, Mkhuto», sagte sie liebevoll. «Du bist so groß geworden – und das so schnell. Gestern warst du noch ein Grashalm, der sich von einem heftigeren Windstoß leicht herunterbiegen ließ. Jetzt bist du ein Elefantenbulle, der seinen Heldenmut zum Himmel hinauftrompetet.»

«Und das hier ist mein Stoßzahn!» Ich lachte von Herzen und stieß meinen Speer in die Luft.

Die Meisterin schüttelte den Kopf. «Du hast immer noch etwas von einem kleinen Jungen an dir, Mkhuto. Glaubst du nicht, daß es vielleicht noch zu früh ist, um zu sagen, ob du ein großer Krieger werden wirst wie dein Vater – oder vielleicht ein noch größerer Mann? Einer, der seinem Volk kein Blutvergießen, sondern Weisheit bringen wird?»

«Was kann es denn noch Größeres geben als einen Krieger, weise Frau?» fragte ich verwirrt. «Mein Vater ist ein großer Krieger, und er ist auch König. Ich bin sein ältester Sohn. Also werde ich eines Tages auch König sein. Und Krieger. Ich kann kein großer Zauberer werden wie du, der sich vom Atem der Götter tragen läßt. Aber wenn du als meine Beraterin bei mir bleibst, wenn du zu mir kommst und als mein wichtigster Minister in meinen Hause lebst, dann habe ich beides, Macht *und* Weisheit!

Bleib bei mir, Lehrerin. Ich werde dafür sorgen, daß mein Volk dich anerkennt. Zuerst werden sie Angst vor dir haben; aber bald werden sie dich lieben. Du wirst schon sehen!»

«Nein, Mkhuto», sagte Kyari sanft und legte mir die Hand auf die Schulter, die die ihre nun fast berührte. Sie blickte in mein erwartungsvolles Gesicht, und ihre Liebe sank tief, tief in den fruchtbaren Boden meines Herzens hinein wie Winterregen. «Ich bin nur ein Gast auf dieser Erde. Ich lebe bei den Göttern, und du weißt, daß die Götter nicht die Partei eines Menschen gegen einen anderen ergreifen. Das habe ich dir doch beigebracht! Aber eines Tages wird dein Volk Weisheit dringender brauchen als Macht.

Deine Leute werden mehr ihren Geist als ihre Speere und mehr ihr Herz als ihre kindische Zauberkraft sprechen lassen müssen. Und dann werde ich nicht dasein. Nur du.»

«Aber, Lehrerin», begann ich.

«Pst», sagte die Meisterin. «Mach die Augen zu. Ich werde dir die Sicht schenken. Es wird die letzte Vision von mir sein. Aber auch wenn ich nicht mehr in meinem Körper hier anwesend bin, werde ich trotzdem noch bei dir sein und vom Land der Götter aus über dich wachen. Wenn du willst, kannst du dorthin reisen und mich besuchen. Ich habe dir ja gezeigt, wie es geht. Denke immer daran. Und nun schau.»

Sie legte mir die Hand auf die Stirn, und ich hatte eine Vision. Sie war nicht so klar wie sonst, sondern eher wie ein Fiebertraum. Es war eine sehr lebhafte Vision, und ich konnte mich hinterher nur noch an ein paar Bilder erinnern: einen Krieg, meine Krönung als König und Nachfolger meines verstorbenen Vaters, noch einen Krieg und viele Tote. Aber ich erinnerte mich auch noch an etwas anderes. Ich sah mich als alten Mann, wie ich mein Dorf verließ und nur eine Kürbisflasche mit Wasser, ein Säckchen Fleisch und meinen Speer mitnahm.

Plötzlich war ich wieder in meinem weiblichen Körper. Der Massai stand da, wo er vorhin stehengeblieben war, schwenkte seinen Speer durch die Luft und sang sein Gebet. Er sah sich langsam um, als spüre er etwas; aber er schien uns nicht wahrzunehmen. Dann lief er rasch in Richtung Osten, und seine Schritte warfen lange Schatten vor ihn in die untergehende Sonne.

Nach langer Zeit verschwand der Mann aus meinem Blickfeld. Ich hatte das Gefühl, etwas verloren zu haben – etwas Wertvolles, das mir gehörte und das man mir weggenommen hatte.

«Kyari?» sagte ich.

«Ja, Tochter?» antwortete sie und sah mich von der Seite an.

«Was hatte das alles zu bedeuten?»

«Diese Frage kannst du dir selber beantworten», sagte sie. «Wie hast du dich gefühlt? Was hast du gedacht?»

Ich schüttelte heftig den Kopf. «Ich weiß nicht. Ungewöhnliches Zeug. Ich fühlte mich jung und voller Zuversicht, wartete ungeduldig auf den bevorstehenden Kampf und war bereit, mich zu bewähren. Ich hegte nicht den leisesten Zweifel, daß ich viele Kriege gewinnen und ein großer König werden würde.

Ich glaubte, ich könnte Macht und Weisheit gleichzeitig besitzen. Wie Salomo, nehme ich an. Nichts konnte mich bremsen.»

«Ja», nickte die Meisterin. «Und wie fühlst du dich jetzt? Ich meine, als du selbst?»

«Was?» fragte ich stirnrunzelnd. «Als ich selbst? Ach so, jetzt verstehe ich, was du meinst. Als Frau. Tja... ich weiß nicht recht. Anders auf jeden Fall. Aber was beweist das schon? In diesem Leben bin ich kein Massai. Was verrät mir das über den Unterschied zwischen Mann und Frau?»

«Wenn du dich daran erinnern kannst, was für ein Gefühl es war, ‹er› zu sein, dann verstehst du mehr als alles, was ich dir mit logischen Erklärungen begreiflich machen könnte. Er stand sehr direkt mit der Lebenskraft in Verbindung. Er war von ihr erfüllt. Übrigens ist wirklich ein großer Krieger aus ihm geworden. Und ein guter König. Aber was er auf dem Schlachtfeld sah und tat, mäßigte ihn. Und die Herrschaft über sein Volk machte ihn reifer und abgeklärter.

Und eines Tages, als seine Söhne erwachsen waren, tat er etwas noch nie Dagewesenes. Er dankte zugunsten seines ältesten Sohnes ab und verließ das Dorf – zum großen Kummer und Wehklagen seiner Frauen und Kinder und seiner Untertanen, die ihn anfangs bewundert und später geliebt hatten. Sechs Monate lang durchwanderte er glücklich und zufrieden sein ganzes Königreich bis in die Gebiete eines anderen Stammes, mit dem die Massai einen Vertrag geschlossen hatten. Doch eines Tages fanden Angehörige dieses Stammes ihn und erschlugen ihn im Schlaf.»

Ich nickte und sah, wie sich dieses dramatische Geschehen vor meinem inneren Auge entfaltete, während die Meisterin es mir erzählte. «Die Mörder waren Schurken aus dem benachbarten Stamm, bezahlte Mörder. Aber... mein Sohn, der neue König, hatte sie gedungen. Warum, Kyari?»

«Weil er Angst vor dir hatte», sagte sie einfach. «Vergiß nicht, daß du schon als Junge den Grundstein zum Ruhm deiner Tapferkeit und Männlichkeit gelegt hattest. Als du deine Familie verließest und im Reich umherzuwandern begannst, warst du für viele eine Art Übermensch. Zwar gingst du den Menschen aus dem Weg; doch schon die Tatsache, daß du lebtest und auf freiem Fuß warst, war eine Bedrohung für deinen Sohn und seine Familie. Was hätte er tun sollen, wenn du es dir anders überlegt hättest und zurückgekommen wärst, um dein Recht auf den Thron wieder geltend zu machen? Und wenn er ihn dir verweigert hätte und du daraufhin versucht hättest, deine alten Verbündeten wieder für dich zu gewinnen, um gegen deinen eigenen Sohn Krieg zu führen? Auf wessen Seite hätte das Volk sich wohl gestellt?

Eigentlich hat die Frau deines Sohnes das Komplott angezettelt. Sie war von Neid zerfressen, weil sie wußte, daß ihr Mann sein Leben lang in deinem Schatten stehen würde. Sie hat auch den Giftanschlag verübt, dem deine Lieblingsfrau zum Opfer fiel. Dein Sohn war immer ein schwacher Mensch. Er hörte auf sie, und so drang das Gift in sein Herz ein. Du kennst diesen Mann auch in deinem heutigen Leben. Und etwas in dir möchte immer noch die Hand ausstrecken und ihn mit einem Speer durchbohren, ehe er dir das gleiche antun kann.

Aber dazu ist es jetzt zu spät, Löwe. Damals mußtest du sterben. Aber du warst auch nicht ganz schuldlos daran. Du hast deinen Sohn nie so erzogen, wie du es hättest tun sollen. Du warst zu sehr damit beschäftigt, der mächtige Herrscher, der weise Staatsmann und der Vater deines Volkes zu sein. Aber nie, niemals ein Vater für deine eigenen Kinder. In dieser Hinsicht hast du versagt.»

Die Meisterin stand auf und drehte mir den Rücken zu. Sie ging langsam fort, und ich starrte ihrem immer kleiner werdenden Rücken nach. Erst nach ein paar Minuten wurde mir klar, wo ich war und wie ich hierhergekommen war.

«He!» schrie ich und rannte verzweifelt hinter ihr her. «Du kannst mich doch nicht einfach hierlassen!» Ich bekam vom schnellen Rennen kaum noch Luft, und das Blut pochte in meinem Kopf, als wolle er zerspringen. Ich wußte, daß ich beim nächsten Schritt umfallen und hier sterben würde. Meine Leiche würde den Geiern einer anderen Zeit zum Fraß dienen.

Doch da veränderte sich plötzlich alles. Meine Beine waren jetzt schwarze Kolben, die mich leicht und mühelos über die Erde trugen. Meine Lungen waren weiße Segel, die sich mit Luft füllten. Und mein Herz war so stark wie die Sonne, die auf meine dunkle Haut brannte!

«Löwe!» seufzte die Adeptin und breitete die Arme nach mir aus, als ich sie rasch einholte. «Also komm zurück, mein Sohn ... meine Tochter. Laß uns jetzt heimgehen.»

Sanft setzte sie mich wieder auf der Parkbank ab. Ich saß eine Zeitlang da und starrte auf meine Füße, die mir aus irgendeinem unerfindlichen Grund merkwürdig vorkamen. Dann strömten die Erinnerungen in mein Gehirn zurück, und ich hob ruckartig den Kopf und starrte die Meisterin an, die vor mir stand.

«Warte einen Augenblick!» keuchte ich. «Was ist denn eigentlich gerade passiert?»

Kyari lachte herzlich. «Du hast überlebt. Ich hätte dich nicht dortgelassen. Außerdem geht das gar nicht. Dein Körper gehört hierher, wo er die Zeitspanne leben wird, die ihm zugemessen ist. Aber ich hoffe, daß du aus deiner Erfahrung etwas gelernt hast.»

«Das kann man wohl sagen», murmelte ich. «Ich kann noch gar nicht alles in Worte fassen, was mir gerade klar wird. Über dieses frühere Leben und über die Dinge, die ich damals gelernt und zu lernen versäumt habe. Und was für ein ganz anderes Gefühl es ist, ein Mann zu sein. Es hängt nicht nur mit körperlicher Stärke zusammen. Als Mkhuto hatte ich ein Gefühl der Macht und Kraft, das ich in diesem Leben nicht verspüre. Könnte das die Verbindung mit dem spirituellen Strom gewesen sein, von der du mir erzählt hast?»

«Ja», antwortete die Meisterin. «Aber das muß ich dir noch näher erklären. Männer haben diese Verbindung; aber das bedeutet noch lange nicht, daß sie sie für spirituelle Zwecke einsetzen. Oft nutzen sie sie nur, um zu erobern und zu herrschen, so wie Mkhuto. Das tun sie, weil sie es nicht besser wissen. Auch heute noch – ob im Geschäftsleben, an der Börse oder auf dem Sportplatz – setzen sie den göttlichen Strom auf dieselbe aggressive Art und Weise ein. Im richtigen Maß ist das in Ordnung, aber meistens ist es reine Energieverschwendung!

Frauen können auch an diesem Strom teilhaben; doch da sie nicht direkt mit ihm in Verbindung stehen, versuchen viele ihn über Männer zu erreichen – meistens über ihren Partner oder ihre Söhne. Gelingt ihnen das nicht, greifen sie vielleicht auf religiöse, übersinnliche oder okkulte Praktiken zurück, die ihnen ein Gefühl der Sicherheit und der Macht über ihr Leben geben. Auf lange Sicht jedoch geraten sie in eine noch größere Abhängigkeit. Ihr Werkzeug wird zur Krücke. Wenn du mir nicht glaubst, beschäftige dich einmal mit diesem Gebiet, und versuche herauszufinden, wie viele Leute, die wirklich an diese Dinge glauben,

Männer sind und wie viele Frauen. Du wirst feststellen, daß die meisten Anhänger weiblichen Geschlechts sind.

Aber jetzt will ich dir ein Geheimnis verraten, das die Frauen nicht kennen. Sie brauchen gar keine Männer und keine magischen Praktiken, um mit den spirituellen Kräften in Verbindung zu treten. Sie können an diesen Kräften teilhaben, indem sie sich dem Heiligen Geist öffnen. Das erreicht man durch Kontemplation und indem man sich um den Zustand der spirituellen Hingabe bemüht. Wenn eine Frau das wüßte und darauf vertraute, würde sie automatisch in die beste Obhut gelangen, die es gibt – in die Obhut Gottes! Eine Frau kann aus eigener Kraft ein vollständiges spirituelles Wesen sein!»

«Aha», seufzte ich nachdenklich. «Du hattest recht. Es ist tatsächlich eine lebenswichtige Erkenntnis für mich. Ich war mir dessen nicht ganz sicher, und manchmal habe ich immer noch das Gefühl, daß ich es nie schaffen werde, dieses Buch zu schreiben oder meine Arbeit als Lehrerin in einen regelmäßigen Fluß zu bringen. Es ist, als fehlte mir irgendwo in meinem Inneren eine Synapse. Ich habe schon verzweifelt danach gesucht. Aber wenn ich dich richtig verstanden habe, brauche ich nur zu lernen, mein Leben dem Geist anzuvertrauen. Dann habe ich alle Energie und Kraft, die ich brauche.»

«Genauso ist es», sagte die Meisterin in bestimmtem Ton. «Selbstvertrauen, günstige Gelegenheiten und die richtigen Werkzeuge, um deine Aufgabe zu erfüllen – das alles wirst du automatisch bekommen, wenn du die richtige Verbindung zum Geist herstellst. Falls du willst, zeige ich dir noch ein paar Quellen für weitere Nachforschungen. Aber für heute möchte ich diese Diskussion abschließen und zum Thema der Meisterschaft, vor allem bei Frauen, zurückkehren.»

«Bitte», lächelte ich. «Genau das möchte ich hören.»

Die Adeptin nickte. Ihr Gesicht hob sich blaß vom Nachthimmel ab.

«Das weibliche Bild in der Religion, das am meisten verehrt wird, ist eindeutig die Jungfrau Maria. Natürlich nicht die wirkliche Frau, sondern die idealisierte Mutter Jesu Christi. Die Jungfrau Maria ist in Wirklichkeit nichts anderes als die Erdmutter, die über die Griechen Eingang in die christliche Mythologie gefunden hat. In jeder Religion gibt es irgendeine Variante dieser Erdmutter. Aber natürlich gibt es auch noch andere Göttinnen. In den hellenistischen Mythen zum Beispiel kommen viele weibliche Gottheiten vor, wie Hera, Aphrodite und Demeter. Sie repräsentieren verschiedene Aspekte des polarisierten weiblichen Stroms. Auch männlichere Verkörperungen dieses Stroms gehören dazu, wie Athene und Artemis.

Diese Bilder von Göttinnen helfen uns, die Persönlichkeit der Frau und die Formen, wie sie sich in der Gesellschaft ausdrückt – als Jungfrau, Geliebte, Ehefrau, Mutter, weise Frau und Karrierefrau –, zu verstehen und richtig zu würdigen. Die meisten Frauen identifizieren sich in erster Linie mit einem oder zwei dieser Bilder. Und eine Frau in wirklichem innerem Gleichgewicht trägt von jedem ein paar Eigenschaften in sich! Trotzdem müssen wir zwischen idealisierten männlichen und weiblichen ‹Typen› und der Chance zur Meisterschaft unterscheiden.

Mythologische und religiöse Archetypen sind in Wirklichkeit keine Götter und Göttinnen, sondern stellen nur Projektionen unseres bruchstückhaften Begriffs vom Göttlichen dar. Als solche sind sie nicht falsch, sondern nur unvollständig. Meisterschaft dagegen ist die völlige Entfaltung des Selbst, zu dem sowohl männliche als auch weibliche Eigenschaften und die einmalige Individualität der entfalteten Seele gehören. Dein Ziel muß die Herrschaft über dich selbst sein. Gib dich nicht mit weniger zufrieden! Und suche nicht außen danach, denn in deiner Gesellschaft gibt es gar kein Bild dafür.»

Mit diesen Worten stand sie auf und ging in die Nacht hinaus. Kaum hatte ich zweimal mit den Augen geblinzelt, war sie auch schon fort. Der Platz auf der Bank neben mir war leer ohne sie. Ich streckte die Hand aus, um ihn zu berühren. Er war noch warm. Dann sah ich mich um und fragte mich, ob wohl jemand unser Gespräch mitgehört oder Kyari verschwinden gesehen hatte. Der Mond kam hinter einer dicken Wolke zum Vorschein und ließ sein perlmuttfarbenes Licht über das Gras fließen. Schließlich stand ich auch auf und ging nach Hause.

Von irgendwoher aus dem Lande der Götter drang Kyaris Stimme an mein Ohr. Sie war sanft und klar.

«Löwe», sagte sie, «diesen Namen habe ich dir damals in deinem Leben in Afrika gegeben. Mögest du lange leben und mächtig sein. Diesmal für Gott.»

KAPITEL DREIZEHN

Die Macht der Sexualität

Heute beschäftigte mich das Thema Sexualität. Die Schlagzeilen der Morgenzeitung berichteten wieder einmal von einem Sexualverbrechen. Dazu war ein Foto des Opfers abgedruckt: ein hübsches Mädchen, dessen lächelndes Gesicht in paradoxem Widerspruch zu der Geschichte in der Zeitung stand. In unserer Gesellschaft war Sexualität so häufig mit Perversion und Gewalt verbunden. Das war sogar in einigen meiner früheren Existenzen schon so gewesen. Wie konnte eine normale Körperfunktion solch negative Formen annehmen? Vielleicht gab es irgendeine entscheidende Erkenntnis zu diesem Thema, die mir bisher entgangen war. Wie wichtig war der Sex überhaupt für die spirituelle Erforschung des Wesens von Mann und Frau?

Ich schrieb eine Anzahl Fragen auf und befestigte die Liste an der Pinnwand über meinem Schreibtisch. Ich war entschlossen, irgendwie eine Antwort auf diese Fragen zu bekommen – sei es durch Kontemplation, Bücher oder indem ich einen meiner Lehrer, Kyari Hota oder Haurvata Sampa, danach fragte. Zu diesem Zweck ging ich auch in die Buchhandlung und kaufte mir ein paar Titel, die vielversprechend klangen. Doch ihre Lektüre in den folgenden Wochen verwirrte mich mehr, als daß sie mir eine Erkenntnis gebracht hätte. Irgend etwas fehlte, aber ich wußte nicht genau, was es war.

Eines Tages, als ich am Schreibtisch in meinem Arbeitszimmer saß und Aufsätze korrigierte, unterbrach mich eine sanfte Stimme in meinen Gedankengängen. Ich legte den Stift beiseite und blickte auf. Es war Kyari Hota.

«Guten Morgen», sagte sie. «Ich dachte, ich komme einfach einmal vorbei und schaue, wie es dir geht. Ich hatte das Gefühl, daß du mich sehen willst.»

«Das ist charmant untertrieben! Ich habe jede Menge Fragen», begann ich und stapelte die Aufsätze ordentlich an der Seite meines Schreibtischs auf.

«Ich weiß», sagte die Meisterin sachlich. «Ich glaube, du wolltest mit mir über das Thema Sexualität diskutieren?»

«Richtig», nickte ich. «Ich habe ein paar Bücher über sexuelle Praktiken gelesen, die angeblich zu spiritueller Erleuchtung führen. Doch ehrlich gesagt verwirrt die Sache mit dem Sex mich jetzt noch mehr als vorher. Können wir darüber reden?»

«Gewiß», nickte Kyari. «Es ist ein sehr emotionsgeladenes Thema. Aber im Grunde genommen ist es ganz einfach.»

Nachdem sie ihre Gedanken geordnet hatte, wandte sie sich mir zu.

«Vielleicht ist es für dich eine Hilfe, wenn wir uns auf eine Reise in die inneren Welten begeben. Dort könnte ich dir einige wichtige Realitäten zu diesem Thema zeigen, statt dir nur davon zu erzählen. Fühlst du dich heute einem Abenteuer gewachsen?»

«Klar», sagte ich und unterdrückte ein Gähnen. «Das ist genau das, was ich jetzt brauche! Ich war nahe daran, über meinen Aufsätzen einzuschlafen.»

«Dann versuchen wir etwas anderes», schlug die Meisterin vor. «Ich nenne dir jetzt eine Silbe, die du immer wieder vor dich hin singen sollst. Drehe und wende sie in deinen Gedanken hin und her, bis sie den ganzen Raum erfüllt. Laß dich in den Klang hineinfallen – immer tiefer. Wir treffen uns dann gleich in den inneren Welten wieder.»

Ich schloß die Augen und begann die Silbe zu singen, die sie mir gegeben hatte. Zuerst war es nur ein dünner Klangfaden, ein Wort wie alle anderen, wenn auch ohne jeden erkennbaren Sinn. Doch bald veränderte sich der Klang. Er schien in meinem ganzen Gehirn widerzuhallen und mein Bewußtseinszentrum zu erweitern. Ich sah, wie in diesem erweiterten Zentrum Farben und Formen Gestalt annahmen. Bald erstand aus dem Nebel eine Welt, in der die Unmani-Dhun-Adeptin auf mich wartete.

«Sei gegrüßt», sagte die Meisterin, die ein leichtes Kleid und Sandalen trug. «Willkommen im Museum des Kali-Ra.»

Als ich mich auf die Schwingung dieses Ortes eingestimmt hatte, sah ich, daß Kyari vor einem modernistischen Gebäude stand, das die Farbe grünlichblauen Glases hatte. Von einer großen Skulptur, deren Form mich an eine abstrahierte Frauengestalt erinnerte, die in eine männliche Gestalt verschlungen war, plätscherte eine glitzernde Wasserfontäne herab.

«Nanu», rief ich und reckte den Hals, um die Skulptur in voller Höhe sehen zu können. «Hier war ich noch nie. Wo sind wir?»

«Im Museum des Kali-Ra», wiederholte Kyari mit einer großartigen Gebärde. «Du hast mich nach der Sexualität gefragt. Hier können wir dieser Frage am besten nachgehen. Kali-Ra ist die Sexualkraft der niedrigeren Welten, die Macht, die den Strom der Zeugungskraft in den materiellen Körpern beherrscht. In diesem Gebäude kannst du mehr über die Sexualkraft erfahren, als du wissen mußt oder vielleicht auch wissen willst. Doch als deine Führerin werde ich ein paar Erfahrungen auswählen, die für dich am wertvollsten sind.»

Während ihrer Erläuterungen ging sie langsam auf das Gebäude zu. Ich folgte ihr. Zuerst schien es gar keine Tür zu geben; doch als wir uns dem Gebäude näherten, sah ich, wie eine der Glasscheiben beiseite glitt. Ehe wir hineingingen, schnippte Kyari dicht an meinem Ohr mit den Fingern. Ich fuhr zusammen, und mir wurde plötzlich bewußt, daß um uns herum viele Leute waren. Sie trugen ähnliche Gewänder wie meine Meisterin, gingen in dem Gebäude ein und aus, unterhielten sich miteinander und lachten. Dieser plötzliche Wandel kam so überraschend für mich, daß ich Kyari einen erschrockenen Blick zuwarf. Sie lachte vergnügt.

«Ich habe gemerkt, daß du deine inneren Sinne noch nicht richtig eingeschaltet hattest, meine Liebe. Halbe Sachen genügen nicht. Du mußt dein ganzes Bewußtsein einsetzen, um die volle Wirkung deiner subjektiven Erlebnisse zu spüren. Sonst können sie sich dieser primitiven Maschine, die ihr als Gedächtnis bezeichnet, nicht einprägen! Und da du später darüber schreiben sollst, kommen wir um dieses besondere Organ nicht herum. Verstehst du?»

«Hm, hmm», stimmte ich zu und grinste. «Danke.»

Inzwischen waren wir in dem Gebäude und befanden uns in einem Raum, der wie die Empfangshalle eines großen Hotels aussah. Vor der Rezeption stand eine kleine Schlange. Wir stellten uns an, und als wir am Schalter angelangt waren, fragte ein gutaussehender junger Mann, dessen braunes Haar sich an den Schläfen lockte, nach unserem Namen und woher wir kamen. Kyari nannte ihm ihren Namen und gab als Herkunft den Orden der Unmani Dhun an. Der Mann warf ihr ein strahlendes Lächeln zu und reichte ihr eine dünne, durchsichtige Scheibe, auf der diese Informationen vermerkt waren. Dann nannte auch ich ihm meinen Namen und meine Herkunft und bekam eine ähnliche Scheibe. Ich warf Kyari einen fragenden Blick zu. Sie heftete sich die Scheibe an die Brust, und ich tat das gleiche. Irgendwie blieb die Scheibe dort kleben. Ich fragte die Meisterin, wie das funktionierte.

«Es funktioniert nach einem ähnlichen Prinzip wie die statische Elektrizität auf der Erde», antwortete sie.

«Du meinst, genauso, wie mein Rock manchmal an meinen Nylonstrümpfen festklebt?» fragte ich kichernd.

«Im Grunde ja», antwortete sie. «Sollen wir jetzt mit unserem Rundgang beginnen?»

Den ersten Teil des Museums durchwanderten wir schweigend. Ich wartete darauf, daß die Meisterin etwas sagen würde. Da sie es nicht tat, nutzte ich die Zeit, um das Kunstwerk – ein Wandbild, das die Schöpfung der männlichen und weiblichen Verkörperungen aus dem einzelnen Atom der Seele darstellte – in mich aufzunehmen. Auf beiden Seiten schimmerten schöne Skulpturen in dem blassen, blaugrünen Licht, das durch die Museumsmauern hereinflutete.

«Was siehst du hier?» fragte Kyari schließlich.

«Die Erschaffung von Mann und Frau», antwortete ich. «Ich glaube auch, die Skulpturen haben alle eine sexuelle Bedeutung. Obwohl ich zugeben muß, daß ich mit vielen nichts anfangen kann.»

Sie lachte. «Du kannst die Skulpturen nicht alle verstehen, weil sie von verschiedenen Planeten der physischen Ebene stammen. Die Körper und die künstlerische Phantasie unterscheiden sich von Planet zu Planet. Deshalb ist das so verwirrend für dich.»

«Ach so», sagte ich und zog die Augenbrauen hoch. Ich musterte eine merkwürdige Gestalt und fragte mich, ob in ihr wohl ein anderer Körper oder eine andere künstlerische Phantasie zum Ausdruck kam, wollte Kyari aber nicht danach fragen.

«Wir sind der Museumsführung vorausgegangen», erklärte Kyari. «Wir werden irgendwann einmal auf sie warten, damit du ein paar von den Erklärungen mithören kannst. Aber jetzt möchte ich dir erst einmal selbst etwas erklären und die Fragen beantworten, die du zum Thema Sexualität hast.»

«Ich bin bereit», rief ich eifrig.

Die Meisterin nickte und begann sofort mit ihren Erklärungen.

«Der Geschlechtstrieb ist das instinktive Bedürfnis des Körpers, sich mit dem ‹anderen› zu vereinigen und dadurch vollständig zu werden», sagte sie. «Er basiert auf der Polarität zwischen Männlichem und Weiblichem, die in den niedrigeren Welten herrscht, und dem angeborenen Wunsch der Seele, nicht nur ein Teil, sondern etwas Ganzes zu sein. Das angenehme Gefühl nach dem Geschlechtsakt hat sehr große Ähnlichkeit mit dem seligen Zustand, um den sich viele Menschen bei der Meditation bemühen. Es ist eine Lösung von allen Bindungen und ein Wohlgefühl, das von der Erweiterung des Selbst herrührt, die der sexuelle Höhepunkt vorübergehend bringt. Aber eben nur vorübergehend. Die sexuelle Vereinigung ist kein Weg, der zum höheren Bewußtsein führt.»

«Aha!» rief ich. «Das ist es also. Ich hatte schon immer das Gefühl, daß etwas Wahres daran sein müsse, was ich in manchen Büchern gelesen habe. Und doch kam mir an der Idee, daß man mit Hilfe der Sexualität zu Gott gelangen könne, irgend etwas nicht richtig vor.»

«Das stimmt», nickte die Meisterin. «Das Problem ist: Kein Erlebnis in der materiellen Welt, ob es nun eine körperliche oder eine feinstofflichere Erfahrung ist, kann die harte Arbeit ersetzen, die die Seele leisten muß, um sich das Recht zu erwerben, ein Instrument Gottes zu werden. Dazu muß die Seele ihrer spirituellen Schuld ins Auge sehen und sie tilgen; sie muß die Eigenschaften der Liebe und der Bereitschaft zum Dienst entwickeln und lernen, als Bürger in den höheren Welten zu leben, nicht nur als Besucher.

Die Idee, daß der Sex dem Menschen die Tore zum Himmel öffnen kann, ist nichts weiter als ein Versuch, die Erfahrung des Himmels durch das Gefühl zu ersetzen, als sei man im Himmel. Es ist eine romantische Illusion, so wie der Glaube, daß man frei wird, wenn man mit einem schnellen Wagen über die Autobahn rast! Alkoholiker und Drogenabhängige handeln aus ähnlichen Motiven, und ihre Bemühungen sind genauso erfolglos. Früher oder später schiebt man das Ziel der geistigen Ausdehnung dann beiseite und konzentriert sich auf das leichter erreichbare Ziel des sofortigen sinnlichen Lustgewinns. Dieser Lustgewinn ist aber etwas Mechanisches und hat wie alles Mechanische die Tendenz, sich zu wiederholen. Dann wird der Sex einfach zu einer Sucht, zum Reflex und Hindernis für die Seele.»

Wir gingen gerade durch eine Galerie, in der Zeichnungen und Gemälde ausgestellt waren, die den Liebesakt in den verschiedensten Formen zeigten. In der ruhigen, gelassenen Atmosphäre des Museums wirkten diese Kunstwerke fast wie klinische Studienobjekte. Ich entdeckte viele Abbildungen von Menschen, die von der Erde stammten; doch die Wesen aus anderen Welten faszinierten mich ebenso. Alle schienen eines gemeinsam zu haben: intime Berührung und sexuelle Vereinigung.

«Na gut», nickte ich und seufzte. «Du sagst also, daß Sex als spiritueller Weg nicht funktioniert. Aber wenn das stimmt, warum hat sich diese Theorie dann so lange gehalten?»

«Weil», fuhr Kyari fort, und ihre Augen blitzten schalkhaft, «die Menschen gern daran glauben möchten!»

Ich lachte. «Nein! Bitte sei fair. Ist das wirklich der Grund?»

«Nun gut», lenkte sie ein. «Um fair zu sein – diese Vorstellung hat ihre Wurzeln natürlich auch in der Geschichte. Die sogenannten spirituellen Sexualpraktiken sind ein Überbleibsel eines uralten Systems, mit dessen Hilfe man das sexuelle Zentrum im Menschen öffnen, seine Energie sammeln und nacheinander zu den höheren spirituellen Zentren emporheben kann.»

Ich horchte auf. «Und das funktioniert?» fragte ich.

«Nur theoretisch», erklärte sie nüchtern. «In der Praxis gibt es einige Probleme. Zunächst einmal ist es schwierig, die richtige spirituelle Führung zu finden, um diese Praktiken zu erlernen. Das Wissen ist größtenteils verlorengegangen, und es existiert keine lückenlose Linie von Meistern. Zweitens ist es bestenfalls eine langsame und ineffiziente Methode. Und man verliert seine Schüler dabei allzu leicht an die schwächeren Ströme der niedrigeren spirituellen Zentren. Diesen Prozeß zu Ende zu führen würde also viele Existenzen in Anspruch nehmen – wenn man überhaupt dabei Erfolg hat. Die sexuellen Praktiken existieren zwar nach wie vor, haben aber nur wenige ernsthafte Anhänger.»

«Tja», seufzte ich. «Das war wirklich eine Offenbarung. Ich bin froh, daß mir das jetzt endlich klar ist. Können wir uns trotzdem noch weiter über dieses Thema unterhalten?»

«Natürlich», erwiderte die Meisterin. «Aber erst möchte ich dir dort drüben etwas zeigen. Ich glaube, das wird dich interessieren.»

Sie faßte mich an der Schulter und wies mit dem Finger in einen sanft leuchtenden, blaßrosa Korridor. Am Ende des Korridors befand sich ein Raum mit Stühlen für ungefähr hundert Leute. Wir traten ein und setzten uns. Ich warf meiner Meisterin einen verwirrten, fragenden Blick zu; doch sie blickte starr geradeaus. Ich tat das gleiche wie sie. Bald erfüllten Klänge den Raum, und vor uns erschien ein dreidimensionales Bild.

«Ein Hologramm?» fragte ich leise.

Die Meisterin nickte.

Das Bild stellte einen Mann und eine Frau beim Liebesakt dar. Als ihre Körper auf die sexuellen Berührungen reagierten, begannen farbige Ströme von ihnen auszugehen. Zuerst waren die Farben blaß, dann wurden sie immer intensiver und wirkten beinahe elektrisch. Aus den Sexualzentren der beiden Menschen entsprang eine tiefrote Farbe, die sich überall ausbreitete und auch die anderen Farben mit einem karminroten Schimmer überflutete.

Auf dem Höhepunkt des Orgasmus kam plötzlich eine andere Energie zum Ausbruch. Diese Energie war überraschenderweise von gelblichweißer Farbe und heller und kräftiger als alle anderen. Das Licht überströmte die beiden Körper und breitete sich überall aus; es schien in immer größer werdenden Kreisen vom Herzzentrum auszugehen. Die beiden Kreise durchdrangen sich gegenseitig, und ihre Atome vermischten sich miteinander. Bald bildete sich aus den beiden Kreisen eine riesige Kugel; das Ganze wirkte wie ein Mutterschoß aus Licht, in dem die beiden Liebenden in vollkommenem Frieden dahinschwebten.

Als das Bild wieder verschwunden war, blieb ich beeindruckt auf meinem Stuhl sitzen. «Oh! Davon kann man nur träumen!» flüsterte ich.

«So könnte es sein», sagte die Meisterin. «Aber die meisten von euch sind zu egozentrisch, um so etwas je zu erreichen. Bei aller

Aufmerksamkeit, die ihr dem Sex widmet, seid ihr nicht distanziert genug und kümmert euch nicht genug um euren Partner, um diesen Kreis zu schließen. Diese kleine ‹Show›, die du gerade gesehen hast, hatte weniger mit Sex zu tun als mit Liebe.»

Wir verließen den Raum und gingen wieder zurück in den Haupttrakt des Gebäudes, wo Kyari mir die Bibliotheken und die historischen Abbildungen von Menschen verschiedener Kulturkreise beim Liebesakt zeigte, darunter auch Götter und Göttinnen, deren wichtigste Eigenschaften oder Funktionen mit der weiblichen beziehungsweise männlichen sexuellen Energie zusammenhingen. Ich erkannte einige Gottheiten aus unserer irdischen Welt wieder, darunter die achtarmige Kali aus Indien und eine anmutige Marmorskulptur der Aphrodite.

«Mir fällt auf, daß die meisten dieser Kunstwerke Frauen darstellen», sagte ich. «Warum bringt man Frauen eher mit Sex in Verbindung als Männer? Ich meine, wo sind die männlichen sexuellen Entsprechungen zu Kali und Aphrodite?»

«Nun, Aphrodite hatte ihren Adonis», sagte Kyari. «Aber sie war von seiner körperlichen Schönheit angezogen, und Schönheit, die sinnliche oder emotionale Liebe erweckt, gehört zum weiblichen Strom. Das hängt alles mit der Fortpflanzungsfunktion des Weiblichen zusammen. Was Kali anbetrifft – sie ist eine interessante Gedankenkonstruktion, denn sie umfaßt sowohl kreative als auch destruktive Funktionen, gewissermaßen die zwei Gesichter des Weiblichen.»

«Was meinst du mit ‹zwei Gesichter›?» forschte ich.

«Das ist eine Metapher für die Mutter, die Kinder hervorbringt, sie aber auch wieder verschlingen kann», erklärte Kyari. «Mit anderen Worten, was ‹Mutter Natur› uns in Hülle und Fülle gibt, das kann sie auch wieder wegnehmen, wenn ihr der Sinn nach Zerstörung steht. Es ist ein Bild, das Angst und Respekt vor der Gottheit insbesondere, aber auch vor den Frauen im allgemeinen erwecken will. Im weitesten Sinn bedeutet es aber auch, daß der weibliche Strom die Menschen in ihrem Streben nach Gott emporheben, aber auch in den Schlund der Sexualität und des Materialismus hinabstürzen kann.»

«Ich verstehe», meinte ich nachdenklich.

Wir befanden uns jetzt in einer Abteilung des Museums, wo sexuelle Fortpflanzungsvorgänge verschiedener Lebensformen in

Bild und Ton gezeigt wurden. Wir traten ein paar Schritte zurück, um mehrere dieser Darstellungen gleichzeitig überblicken zu können. Es wunderte mich, daß auch Kindergruppen mit erwachsenen Führern dabei waren, als befänden sie sich auf einem Schulausflug. Ich fragte die Meisterin danach.

«Das ist so üblich», antwortete sie. «Kinder werden vor der Pubertät in das Museum gebracht, um etwas über die spirituellen und materiellen Aspekte der Fortpflanzung zu erfahren. Anders als in eurer Welt gilt Sex hier als ein wichtiges Fach, und eine Erziehung, die den Kindern kein umfassendes Grundwissen darüber vermittelt, wie man mit diesem mächtigen Strom umgeht und was für eine große Verantwortung das ist, wäre unvollkommen!»

«Die Idee finde ich großartig», stimmte ich zu. «Kein Wunder, daß die jungen Menschen in unserer Welt Sexualität als so verwirrend empfinden. Im Vergleich zu den Menschen in dieser Welt sind wir vollkommen unwissend! Gibt es deshalb bei uns so viele sexuelle Perversionen wie zum Beispiel Gewalttätigkeit beim Sex? Vielleicht kommt es dir makaber vor; aber ich habe schon oft darüber nachgedacht, warum das so ist.»

Die Meisterin neigte nachdenklich den Kopf zur Seite und fuhr fort:

«Im Zusammenhang mit dem spirituellen Ideal, das wir gerade gesehen haben, läßt sich die gewaltsame Seite der Sexualität besser verstehen», sagte sie langsam. «Im allgemeinen ist bei gewaltsamem Sex natürlich die Frau das Opfer. Die Hingabe des Ichs verkehrt sich ins Gegenteil: Man nimmt einem anderen etwas weg. Und was gibt es Wichtigeres, was man einem Menschen nehmen könnte, als das Leben?

Diese Art der Sexualität ist oft damit verbunden, daß die Männer Angst vor dem weiblichen Strom haben und zornig auf ihn sind. Gewalt ist ein Versuch, Macht über etwas auszuüben, wovor man sich fürchtet. Solche Perversionen findet man bei innerlich schwer gespaltenen Personen. Ihr männliches inneres Selbst fürchtet und verabscheut das weibliche. Diese innere Situation projiziert sich nach außen, und so kommt es zur Gewalttätigkeit gegen Frauen. Daß es in eurer Kultur so viel Gewalt gegen Frauen gibt, zeigt, daß die männliche und die weibliche Kraft auf der individuellen Ebene besser integriert werden müßten. Und es zeigt auch, daß Sex eine sehr mächtige Kraft ist, die sowohl für positive als auch für negative Zwecke eingesetzt werden kann.»

«Diese Erklärung hilft mir sehr», sagte ich und nickte. «Aber du hast noch etwas anderes Interessantes erwähnt. Warum haben Männer Angst vor Frauen und dadurch auch vor dem Sex?»

Die Adeptin war stehengeblieben und setzte sich zu Füßen einer gelassen lächelnden weiblichen Gottheit mit orientalischen Gesichtszügen nieder. Sie erinnerte mich an eine Statue der chinesischen Göttin des Mitgefühls, Kuan Yin, die ich einmal gesehen hatte.

«Eigentlich gibt es zwei Gründe dafür», erwiderte die Meisterin. «Erstens hat die männliche Verkörperung der Seele sexuelle Probleme, die die meisten Frauen nicht kennen. Die Schwingungen, die die männlichen und weiblichen Chromosomen in ihrem Körper erzeugen, sind für manche Männer ziemlich verwirrend, zumal Männer von Frauen aufgezogen werden und alle kleinen Jungen sich zuerst einmal mit ihrer Mutter identifizieren.

Das erklärt auch, warum es so viele männliche Stammesrituale gibt und warum die männliche Pubertät mit so viel Unruhe und manchmal sogar Gewalt verbunden ist. Es erklärt auch, weshalb viele Männer Angst vor der Homosexualität haben. Jungen haben das Bedürfnis, sich von ihrer inneren und äußeren Abhängigkeit vom Weiblichen zu lösen, um sich in der Gesellschaft eine männliche Identität aufzubauen. Erwachsene Männer haben oft immer noch das Gefühl, sich beweisen zu müssen, daß sie anders sind als Frauen, um nicht in diese Abhängigkeit zurückzugleiten und um sich ihrer sexuellen Identität sicher zu sein.»

«Gibt es deshalb bei den Männern so viel mehr sexuelle Perversionen als bei Frauen?» fragte ich.

«Genau», nickte sie.

«Gut», sagte ich. «Und was ist der zweite Grund, warum Männer Angst vor Frauen haben?»

«Der zweite Grund ist ihr Streben nach Macht», fuhr Kyari fort. «Die Menschen im allgemeinen und ganz besonders die Männer streben danach, alles unter Kontrolle zu haben. Doch im Zustand der sexuellen Erregung und beim sexuellen Höhepunkt haben sie sich ganz und gar nicht unter Kontrolle! Männer haben Angst vor Frauen, weil diese fähig sind, das Irrationale in ihnen zu wecken. Außerdem wird die Abgrenzung des eigenen Ichs vorübergehend aufgehoben, wenn man sich beim Geschlechtsakt einem anderen Menschen hingibt. Das ist für alle Personen mit schwacher Ichstruktur beängstigend.

Außerdem öffnet man seinem Partner beim Geschlechtsverkehr seinen Gefühlskörper. Natürlich nicht durch den bloßen Akt des Eindringens und des Orgasmus, sondern durch die Bewußtseinsveränderung, die beim Geschlechtsverkehr entstehen kann. Das hat große Ähnlichkeit mit dem Prozeß der spirituellen Hingabe, der für jeden wirklich nach Gott suchenden Menschen so wichtig ist.

Die Hingabe an Gott führt zu einer Lockerung des eigenen Willens, einer Reinigung der Persönlichkeit durch Selbstlosigkeit und einem Gefühl der Bewußtseinserweiterung, bei dem man sich mit allen Geschöpfen Gottes verwandt fühlt. Man ‹teilt› sein Selbst auf höchster Ebene mit Gott und der Schöpfung, liebe Tochter. Und wenn du dein kleines Ich Gott hingibst, dann teilt Gott auch einige seiner Eigenschaften mit dir!»

Ich schüttelte den Kopf. «Der Vergleich überrascht mich. Aber er ist vollkommen einleuchtend! Ist das das Thema des Hohenliedes?»

«Ja», erwiderte die Meisterin. «Ich glaube, ein Vers daraus lautet: ‹Er küsse mich mit dem Kusse seines Mundes; denn seine Liebe ist lieblicher denn Wein.› Damit ist natürlich die Liebe Gottes gemeint. Die sexuelle Bilderwelt kommt dieser Erfahrung des Einswerdens mit dem Heiligen Geist ganz einfach am nächsten. Eine ähnliche Metapher lautet, daß man trunken ist vom Getränk des Geistes, das häufig als ‹Wein› bezeichnet wird. Verstehst du das Bild jetzt?»

«Ja», seufzte ich. «Und da behaupten die Leute immer, Sex sei etwas rein Chemisches, und so weiter. Nach dem, was du mir gerade verraten hast, kommt mir dieses Gerede ziemlich geistlos vor.»

«Nicht geistlos», gluckste die Meisterin, «nur beschränkt. Diese ‹Chemie›, von der du sprichst, ist nur der sexuelle ‹Geschmack› eines Menschen, ähnlich, wie man eine Vorliebe für bestimmte Nahrungsmittel hat – der eine mag sein Essen lieber würzig, der andere mag es mild gewürzt, der dritte hat eine Vorliebe für Gebratenes. Das hat genausoviel mit Liebe zu tun, wie der Geschmack der Nahrungsmittel etwas mit Ernährung zu tun hat! Mit anderen Worten: Es ist kein zuverlässiger Hinweis darauf, was dir hilft, als Seele zu wachsen und zu blühen. Ein Teil des Reifeprozesses besteht in der Entdeckung, daß Karotten kein Eis sind, aber trotzdem süß schmecken und den Vorteil haben, daß sie auf den Körper nicht destruktiv, sondern aufbauend wirken. Ebenso entdeckt der Mensch, daß Liebe besser ist als bloße sexuelle Anziehungskraft und einem kurzfristig und auch langfristig gesehen mehr Glück und Freude schenkt.»

«Trotzdem scheinen die Menschen heutzutage von Sex besessen zu sein», bemerkte ich. «Früher hielt man sexuelles Verlangen für eine Sünde und Schande. Heute redet man uns Schuldkomplexe ein, wenn unser Sexualtrieb nicht stark genug ist!»

«Ja», nickte die Meisterin. «Die alten Vorstellungen von Sex als Sünde waren falsch und mußten korrigiert werden. Doch wie üblich schlug das Pendel dann zum anderen Extrem aus. Wenn der Sexualtrieb sich völlig frei ausdrücken kann, wird er immer individuell verschieden sein. Doch im allgemeinen ist er in der Jugend am stärksten, denn dann ist die sexuelle Polarisierung am ausgeprägtesten. Später gelangt man durch die Erfahrungen des Erwachsenwerdens, wie Ehe und Kinder, zu einem größeren inneren Gleichgewicht zwischen Männlichem und Weiblichem. Dann kommt auch der Sexualtrieb ins Gleichgewicht.»

Wir hatten inzwischen den größten Teil des Museums besichtigt. Hin und wieder blieb die Meisterin stehen, um mich auf etwas Besonderes hinzuweisen oder mit mir über ein paar der seltsamen Überlieferungen dieser Welt zu diskutieren. Dann kamen wir in einen Raum, in dem Gemälde und andere Kunstwerke hingen, die berühmte Liebende aus Geschichte und Literatur darstellten. In den Regalen standen Bücher mit Goldschnitt. Ich trat näher, um die Titel lesen zu können. Einer lautete «Romeo und Julia».

«Es wird Zeit, daß du etwas über die romantische Liebe lernst», sagte die Meisterin mit ihrer melodischen Stimme.

Sie wies auf einen Stuhl in einer Ecke, und wir setzten uns. Nach kurzem Schweigen erschien eine kleine Gruppe von Besuchern an der Tür, und bald waren alle Stühle in dem Zimmer besetzt. Ein Mann – offensichtlich der Führer der Gruppe – blieb stehen und warf einen Blick in unsere Richtung. Ein anerkennendes Lächeln huschte über sein Gesicht, und er begann in freundlichem Ton mit seinen Ausführungen.

«Wie wir bereits gesehen haben, ist die romantische Liebe eine Projektion unserer eigenen idealisierten männlichen oder weiblichen Eigenschaften auf einen Menschen des anderen Geschlechts. Eine Frau sieht im Mann den Helden ihrer Phantasien, und ein Mann sieht in der Frau die Prinzessin seiner Träume. Die Idealisierung des Partners und eine sehr hohe Gefühlsintensität sind die Hauptmerkmale der romantischen Liebe. Die Idealisierung rührt daher, daß im Unterbewußtsein des Menschen mächtige männliche und weibliche Archetypen aufgerührt werden. Und die Gefühlsintensität entspringt einem starken Bedürfnis, sich mit dem ‹anderen› zu vereinen und die Sehnsucht zu stillen, die jedem Menschen innewohnt – als Seele etwas Ganzes zu sein.

Die romantische Liebe ist also im Grunde eine Projektion eines Teils unserer selbst. Daher bringt sie uns sowohl Schmerz als auch Glück. Wenn wir mit der Person zusammen sind, die wir lieben, fühlen wir uns belebt und als etwas Ganzes. Wenn wir von ihr getrennt sind, fühlen wir uns unvollkommen und sind niedergeschlagen. Doch selbst unsere Niedergeschlagenheit kann uns in den Wehen der romantischen Liebe wie etwas Wunderbares vorkommen, weil unsere Gemütsverfassung sich in diesem Zustand so weit über das Normale hinaus ausgedehnt hat. Die Ausweitung positiver Emotionen ist der größte Vorteil der romantischen Liebe. Sie vermittelt uns die Erfahrung eines größeren Verbundenseins mit dem Leben. Fäden der Liebe strömen von uns aus und berühren alle Menschen und Dinge in unserer Umgebung.

Der Fehler der romantischen Liebe besteht darin, daß sie den ‹anderen› idealisiert. Dadurch halten wir die Realität für eine ganze Weile von uns fern; doch letzten Endes bricht die Alltagswelt dann doch über uns herein. Wenn der Bann gebrochen ist, erkennt der Liebende vielleicht plötzlich die Fehler seines Partners und glaubt, eine falsche Entscheidung getroffen zu haben. Vielleicht kommt er sogar zu dem Schluß, daß er an der Nase herumgeführt oder betrogen worden ist. Wahrscheinlicher ist, daß er sich selbst hinters Licht geführt hat. Aber eventuell ist die Vision, die ein Verliebter vom Gegenstand seiner Anbetung hat, auch gar nicht so weit von der Wahrheit entfernt. Dann paßt das Paar möglicherweise gut zusammen und kann relativ reibungslos in eine

Alltagsbeziehung hinübergleiten, nachdem die Gefühlsintensität
des romantischen Verliebtseins verflogen ist.

Haben Sie bis jetzt Fragen, oder möchte jemand etwas sagen?»
fragte der Führer, und sein Blick wanderte rasch über die Gruppe,
von einem zum anderen.

«Könnte man sagen, daß die romantische Liebe die religiöse
Ekstase des Durchschnittsmenschen ist?» schlug ein Mann mit
silbernem Haar ironisch vor.

Die Gruppe lachte ein wenig über diesen Scherz, und der Führer lächelte. «Ja, wahrscheinlich. Romantische Liebe ist tatsächlich der Wunsch, das ganze Leben in sich aufzunehmen, aber in
diesem Fall auf eine einzige Person konzentriert. Der Drang aller
Menschen, diese Liebe zu finden, entspringt dem Bedürfnis,
etwas von sich herzuschenken und sein Herz einer vollkommene-
ren spirituellen Erfahrung zu öffnen. Zunächst einmal zeigt die
romantische Liebe dem Menschen, daß er sich nicht isolieren
kann; er braucht andere Menschen. Erleidet er gelegentlich eine
Abweisung oder einen Verlust, lehrt ihn das Mitgefühl mit den
Leiden anderer. Verletzlichkeit und Leidenschaft sind die Kennzeichen der romantischen Liebe – aber sie sind gleichzeitig auch
charakteristisch für den Gottsucher!»

Die Adeptin blinzelte mir zu, und ich lächelte zurück. Die
Gruppe blieb da, um noch mehr über die romantischen Helden
und Heldinnen der niederen Welten und die spirituellen Lektionen zu hören, die man aus ihrer Lebensgeschichte lernen konnte.
Doch Kyari machte mir ein Zeichen, ihr zu folgen, und leise verließen wir den Raum durch eine andere Tür. Bald kamen wir in
einen Innenhof, der von einer beinahe erdrückenden Schönheit
war, mit singenden Vögeln und duftenden karminroten Blumen.
In der Ferne erkannte ich die blaugrünen Mauern des Gebäudes,
die in dem Licht erglänzten, das diese Welt ausströmte.

«Nun gut», begann ich. «Was ich über die romantische Liebe
gehört habe, kann ich ohne weiteres akzeptieren. Es paßt zu meinen Erfahrungen und Beobachtungen. Aber die Menschen werden sich nicht so leicht von der romantischen Liebe lösen! Und
vielleicht ist das auch gar nicht so schlecht. Führt die romantische
Liebe denn nicht doch einen Schritt über das hinaus, was wir früher hatten, zumindest auf der Erde? Du weißt schon – Ehen, die
von den Eltern arrangiert wurden, und so weiter.»

«Das stimmt», räumte Kyari ein. «Wenn man romantische Liebe als persönliche Entscheidung für einen Partner definiert, ist sie sicherlich ein Fortschritt gegenüber früheren Gewohnheiten. Die Freiheit, sich seinen Partner selbst aussuchen zu dürfen, gibt einem die Möglichkeit, bewußte Entscheidungen zu treffen. Das schärft unser Unterscheidungsvermögen. Schließlich lernen wir alle aus unseren Entscheidungen. Wir versuchen, die männliche und die weibliche Kraft in uns ins Gleichgewicht zu bringen, um auf unsere eigenen Bedürfnisse besser eingehen zu können. Wir hören auf, idealisierte Eigenschaften in anderen zu suchen. Wir erlangen Verständnis für die beiderseitigen Stärken und Schwächen und gehen sogar noch darüber hinaus: Wir erkennen und schätzen die göttliche Seele im Inneren.

Doch die Liebe muß über das Romantische hinauswachsen, will sie je ihre Möglichkeiten ausschöpfen. Das geht schrittweise vor sich, und es kann passieren, daß eine Beziehung auf einer dieser Stufen stehenbleibt. Zum Beispiel hat man seine ‹erste Liebe› im allgemeinen als goldene Zeit in Erinnerung, denn sie ist im romantischen Stadium erstarrt und nie darüber hinausgekommen. Außerdem beeindruckt sie uns besonders, weil sie eine ganz neue Erfahrung war und die Gefühls- und körperlichen Empfindungen besonders lebhaft waren. Viele Menschen sind wegen des Hochgefühls, das die romantische Liebe erzeugt, ganz süchtig nach ihr, und es wird mehr darüber geschrieben als über alle anderen Arten der Liebe. Aber wenn es dich interessiert, kann ich dir noch mehr über die Weiterentwicklung der Liebe erzählen.»

«Bitte», drängte ich sie.

«Das erste Stadium ist, wie gesagt, die romantische Liebe. Man idealisiert den geliebten Menschen und konzentriert seine Aufmerksamkeit auf ihn als etwas, das man erlangen oder für sich gewinnen oder mit dem man sich vereinigen muß. Die Liebe weitet die Grenzen des Ichs vorübergehend aus. Daraus entsteht ein erhöhtes Ichgefühl. Im zweiten Stadium zieht der Liebende seine Aufmerksamkeit wieder in sich zurück. Das ist eine natürliche Reaktion darauf, daß er während des ersten Stadiums extrem stark auf den anderen fixiert war. In diesem zweiten Stadium sieht der Liebende die guten und schlechten Seiten der geliebten Person in Beziehung zu sich selbst viel objektiver. Er fragt sich: ‹Was kann er/sie mir geben?›

Häufig enden Beziehungen in diesem Stadium. Einer der beiden Partner – wenn nicht beide – erkennt, daß man nicht zusammenpaßt, und weicht vor einer Bindung zurück, die er eigentlich gar nicht will. Doch wenn die beiden wirklich ein Faden der Liebe verbindet, dann kann die Beziehung auf die nächsthöhere Stufe emporsteigen: das dritte Stadium. Dieses Stadium ist die Zeit der Anpassung, die die beiden Liebenden durchmachen, wenn sie mit der Realität der individuellen Unterschiede zwischen ihnen konfrontiert werden. Jetzt entdecken sie die Wahrheit hinter den idealisierten Bildern, die sie sich einst voneinander gemacht hatten, und passen ihre Erwartungen der neuen Realität an. Sie beginnen, dem anderen zuliebe Kompromisse einzugehen. Zum Beispiel muß der eine vielleicht seine Ansprüche herunterschrauben, weil er feststellt, daß sein Partner nicht so ordentlich ist wie er selbst. Im ersten Stadium kommen solche Details einem nicht so wichtig vor; meist fallen sie einem gar nicht auf. Doch jetzt, wo sich die Aufmerksamkeit vom Idealen auf das Praktische verlagert, gewinnen Kleinigkeiten eine ganz neue Bedeutung.

Es erfordert große Flexibilität und innere Stabilität, dem anderen genügend Spielraum zu geben, er selbst zu sein – und sich doch gleichzeitig selber treu zu bleiben. Viele Beziehungen bleiben auf dieser Stufe hängen, weil die beiden Partner sich weder aneinander anpassen noch einen klaren Schlußstrich unter ihre Liebe ziehen können. Doch wenn sie die Möglichkeiten erkennen, die in diesem Stadium liegen, können sie eine noch höhere Ebene erreichen. Im vierten Stadium der Liebe konzentriert man sich wieder auf den anderen. Und doch unterscheidet es sich grundlegend vom ersten Stadium, in dem man ebenfalls auf seinen Partner fixiert war. Im vierten Stadium erblüht die Liebe zu einer Bereitschaft, dem anderen zuliebe Opfer zu bringen. Jetzt fragen sich beide: ‹Wie können wir uns gegenseitig helfen? Was kann ich tun, um den anderen glücklich zu machen?› Ein Paar, das diese selbstlose Bereitschaft zum Geben erreicht hat, kann wirklich als Einheit fungieren und gemeinsam auf gemeinsame Ziele zusteuern. Das ist wichtig, denn ein Paar muß ähnliche Ziele haben; sonst kann ihre Beziehung auf die Dauer nicht funktionieren.

Durch ein Leben der gemeinsamen Bemühung um gemeinsame Ziele kann die Liebe zu wahrer Gemeinschaft, göttlichem Wohlwollen, Zuneigung und vollkommener Annahme des anderen heranreifen. Man braucht viel Zeit, um dieses fünfte Stadium zu erreichen, so wie ein guter Wein Zeit braucht, um zu reifen! Natürlich wird das Leben immer Belastungen mit sich bringen; doch Menschen, die diese Belastungen überstehen können, werden durch eine dauerhafte Beziehung reich belohnt. Sie lernen Treue, Ausdauer und Verständnis. Und als Gegenleistung dafür bekommen sie die Freundschaft ihres Partners und eine enge, vertraute Beziehung zu ihm. Wer wahrhaft geliebt hat und geliebt wurde, der hat keine Angst vor dem Tod. Denn der Tod ist eine Art Hingabe an etwas Größeres, was solche Menschen in den Armen ihres geliebten Partners bereits erfahren haben. Möchtest du noch etwas dazu sagen, liebe Tochter?»

«Ja», nickte ich und setzte mich auf eine Gartenbank. «In dem Land, in dem ich lebe, werden so viele Ehen geschieden. Die meisten Paare würden mehrere Leben brauchen, um das fünfte Stadium zu erreichen, das du beschrieben hast!»

«Das ist wahrer, als du denkst», lachte Kyari. «Bei vielen Menschen dauert es tatsächlich mehrere Leben.»

«Ich möchte auf folgendes hinaus: Wie ist es eigentlich mit der Scheidung? Ist sie immer etwas Negatives? Sollte man lieber versuchen, zusammenzubleiben und miteinander auszukommen?»

«Das ist eine einfache Frage; aber die Antwort ist ziemlich kompliziert», lächelte die Meisterin und setzte sich neben mich. «Es gibt viele Gründe, warum Menschen sich trennen oder zusammenbleiben. Manche Gründe sind gut, andere nicht. Heute lassen sich mehr Paare scheiden als früher, weil es keine sozialen und gesetzlichen Sanktionen mehr dagegen gibt. Die Kräfte, die eine Ehe strapazieren, sind ebenso groß wie der Druck, der sie intakt hält. Also muß jeder selbst entscheiden, was er tun will. Eigentlich ist es eine Binsenweisheit. Die Menschen müssen ihren gesunden Menschenverstand gebrauchen und das tun, was für alle Beteiligten das beste zu sein scheint. Wenn Kinder da sind, ist das besonders heikel. Denn eine schlechte Ehe kann Kindern ebenso schaden wie eine Scheidung. Man muß sich darüber klarwerden, was für Bedürfnisse die Beteiligten haben, und versuchen, den wichtigsten dieser Bedürfnisse gerecht zu werden. Das kann zum Beispiel ein stabiles Zuhause für die Kinder oder ein ausreichendes Einkommen für die geschiedene Mutter sein und so weiter.

Das eigentliche Trauma einer Scheidung rührt nicht nur von der plötzlichen Trennung her. Es entsteht durch die emotionalen Kämpfe, die mit einer Trennung im allgemeinen verbunden sind. Man fühlt sich im Stich gelassen und rechnet damit, daß man darunter leiden wird – also leidet man auch. Man neigt dazu, entweder sich selbst oder seinem Ex-Ehepartner die Schuld zuzuschieben. Die emotionale Atmosphäre wird durch viele negative Gefühle vergiftet, und das verhindert die Heilung und das spirituelle Wachstum, das ein neuer Zyklus den beiden Menschen bringen könnte. Oft ist die Scheidung die letzte Chance für ein Paar, aufeinander loszuschlagen, den anderen zum Schluß noch einmal zu verletzen, das letzte Wort zu haben! Kinder, die in dieses Kreuzfeuer geraten, tragen zwangsläufig auch ein paar Verletzungen davon.

Im allgemeinen lassen Menschen sich scheiden, weil ihre Persönlichkeiten und Wertvorstellungen nicht zueinander passen oder wegen unlösbarer materieller Probleme. Ein positiverer Grund für eine Scheidung ist das Bedürfnis der beiden Partner, spirituell über das hinauszuwachsen, was die Ehe ihnen aufgrund ihrer naturgegebenen Beschränkungen ermöglichen kann. In so einem Fall muß eine Trennung nicht unbedingt Trauer oder Zorn in uns erwecken. Die beiden Partner können aufgrund des Bandes der Zuneigung und des Verständnisses, das sie zwischen sich geknüpft haben, sogar gute Freunde bleiben. Auch wenn eine Beziehung sich verändert oder endet, kann man seinem Partner immer noch Wohlwollen entgegenbringen. Man darf nie vergessen, daß der andere eine Seele ist. Das Wichtigste, was wir einem anderen Menschen schenken können, ist Wohlwollen. Das ist nur eine andere Bezeichnung für die göttliche Liebe, die wahre Energie des Universums!»

Nach diesen Worten kam die Meisterin entschlossenen Schrittes und mit ausgebreiteten Armen auf mich zu. Ich hatte plötzlich das Gefühl, aus dieser Realität herausgehoben zu werden. Als mir meine Umgebung wieder bewußt wurde, saß ich in meinem Arbeitszimmer auf meinem Schreibtischstuhl, und vor mir waren fein säuberlich die Schüleraufsätze aufgestapelt. Auf dem Stapel lag eine dunkelrote Blume, die den Raum mit dem Duft einer anderen Welt erfüllte.

Kapitel vierzehn

Der Weg nach Hause

Rasch hintereinander blühten die Narzissen auf. An den Rändern meines Gartenweges flammte es gelb, weiß und orange auf, und trompetenförmige Blüten schaukelten im Wind hin und her. Inmitten der Narzissen reckten sich ein paar blaue Iris in die Höhe, stattlich und friedlich auf ihren langen Blütenstielen. Der März wechselte sein Gewand. Graue Regenwolken und eisige Winde machten dem bunten Kostüm des Frühlingsmonats April Platz. Auch die Schnecken spürten das. Sie krochen aus ihrem winterlichen Unterschlupf – oder welche unterweltliche Dimension sie auch immer bewohnten – hervor und hinterließen klebrige Spuren auf meinen mit Holzbrettern ausgelegten Gartenwegen.

Nun war es an der Zeit, die Sämlinge, die inzwischen schon die erforderlichen vier Blätter ausgetrieben hatten, abzuhärten und nach draußen an die milde Frühlingsluft zu stellen. Ich trug sie auf eine viereckige Holzfläche, auf der im Sommer der Grill stand. Als ich den letzten Eierkarton aus dem Innenhof nach draußen brachte, sah ich sie – Kyari Hota, die sich anmutig über eine schräg nach oben gerichtete blaue Irisblüte beugte. Sie war eine ebenso schöne Blume wie die Iris, die sie gerade bewunderte.

«Hallo, Kyari», sagte ich leise, denn ich wollte die ruhige, friedliche Stimmung dieser Szene nicht zerstören.

«Guten Morgen, Tochter», erwiderte Kyari, richtete sich auf und wandte sich mir zu. Ihre mandelförmigen Augen waren wie dunkle Teiche, in denen bis in alle Ewigkeit bunte Fische der inneren Welten umherschwammen.

«Ich trage gerade meine Sämlinge ins Freie hinaus, um sie abzuhärten», erklärte ich und zeigte auf die Eierkartons, die aufgereiht
dastanden wie Soldaten. «Mal sehen, ob sie es überstehen. Ich
hoffe es.»

«Du sollst nicht hoffen, Tochter», lächelte meine Lehrerin,
«sondern beabsichtigen. Dann wird deine Absicht das gewünschte Ergebnis mit magnetischer Kraft anziehen, und dir
wird klarwerden, was für Schritte du unternehmen mußt, um
dein Ziel zu erreichen.»

Ich dachte darüber nach und korrigierte stillschweigend meine
Einstellung.

«Ich verstehe, was du meinst», sagte ich. «Es ist ein ganz anderes Gefühl. Es ist wie eine mächtige Verbindung zwischen diesem
Augenblick und der Zukunft, die ich mir gerade vorgestellt habe
– eine Verbindung zwischen diesen Sämlingen und den ausge-
wachsenen Pflanzen, die in voller Blüte stehen!»

«Ja», antwortete Kyari. «Diese Verbindung, die du spürst, ist
der Geist selbst, die Kraft, die alles Lebendige miteinander verbindet. Aber diese Verbindung wird erst durch die Absicht aktiviert.
Der Geist ist wie die Elektroleitungen einer Stadt, die die Elektrizität in Haushalte und Geschäfte hineintragen, und der Geist ist
gleichzeitig auch die Elektrizität selbst. Aber die Absicht ist wie
der Schalter im Kraftwerk, der die Energie durch die Leitungen
schießen läßt, die alle Häuser der Stadt miteinander verbinden.
Ohne diese Absicht bleiben Träume nur bloße Möglichkeiten.
Durch die Absicht werden sie zur Realität!»

«Ich verstehe!» rief ich zustimmend. «Es ist ein himmelweiter
Unterschied, ob man nur auf etwas hofft oder ob man es durch
seine Absicht erschafft, nicht wahr?»

«Richtig», lächelte die Meisterin.

«Aber, Kyari, ist es denn wirklich immer das Beste, etwas durch
seine Absicht zu erschaffen?» forschte ich und tastete nach einem
Gedanken, der vage in mir Gestalt annahm. «Ich meine, kann man
eine Absicht nicht auch zu aggressiv nach außen projizieren?»

«Sehr gut, Tochter», sagte die Meisterin anerkennend. «Du
denkst voraus! Beides hat seinen angemessenen Ort und seine angemessene Zeit – sowohl das Aggressive als auch das Rezeptive.
Das hast du ja bei unseren vergangenen Diskussionen und Erlebnissen bereits gesehen. Außerdem darf man die Frage der Moral

nie außer acht lassen – das heißt, die Frage, ob deine Absichten dem Ganzen letzten Endes schaden oder nützen werden. Doch wenn du aus einer guten ethischen Grundhaltung heraus handelst, kannst du die spirituellen Kräfte unbesorgt nutzen, um deine Ziele zu erreichen. Was ich dir jetzt schildere, hat vielleicht in mancher Hinsicht Ähnlichkeit mit den Gesetzen der Manifestation. Und doch zielt die Perspektive, die ich dir heute vermitteln möchte, auf eine höhere spirituelle Ebene ab.

Zuerst mußt du ein bestimmtes Ziel ins Auge fassen und deine Absicht darauf richten. Dadurch wird der Strom des Geistes aktiviert, und die Verbindung zwischen dir und dem, was du erreichen möchtest, erwacht zum Leben. Da der Geist eine intelligente Kraft ist, bringt er dich auch mit all den großen und kleinen Gegenständen, Ereignissen, Menschen und Erfahrungen in Verbindung, die du brauchst, um dein Ziel zu erreichen. Wahrscheinlich wirst du nur sehr wenige dieser Zwischenschritte, die zur Erreichung deines Ziels notwendig sind, bewußt vorhersehen können. Logik und Verstand reichen dazu nicht aus. Jetzt kann dir die Passivität gute Dienste leisten. Intuition ist die passive oder rezeptive Seite des Menschen – eine allgemeine Offenheit für die Informationen, die direkt vom höheren Bewußtsein oder der Seele kommen.

Intuition ist etwas Passives, weil du dabei deinen Willen aufgibst, eine Haltung der Demut und Liebe einnimmst und darauf vertraust, daß eine höhere Macht dich leitet und für dein Wohlergehen sorgt. Schau dir doch einmal die intuitionsbegabtesten Menschen an, die du kennst. Sicherlich sind das Leute, die sehr fest an Gott oder an irgendeine höhere Macht glauben – sei es nun ein konventioneller, religiöser Glaube oder einfach eine ganz persönliche Glaubensvorstellung.

Die Intuition entspringt aus der Seele, denn die Seele hat einen Blickwinkel von dreihundertsechzig Grad – sie ist sich des Ganzen bewußt! Mit diesem Gewahrsein kann die Seele erkennen, was für eine Stellung du und deine Ziele im Hinblick auf das Ganze einnehmen und wie du das gewünschte Ziel am besten ansteuern kannst. Sie kennt die Hindernisse, die dir im Weg stehen, und weiß, wie man sie umgeht oder überwindet. Sie kennt den einfachsten Weg und die Werkzeuge, die dir unterwegs helfen können.

Das Beispiel der Zugvögel und anderer Tiere, die instinktiv immer wieder heimfinden, hilft uns, die Intuition zu verstehen. Eure Wissenschaftler haben Experimente gemacht, bei denen sie diese Vögel von ihrer Heimat wegbrachten und Tausende von Kilometern entfernt in einem fremden Land aussetzten. Irgendwie sind die Vögel nach ein paar Wochen aber immer wieder an ihren Ausgangsort zurückgekehrt. Der Heimfindeinstinkt ist in ihnen genetisch verankert. Das heißt, er ist bereits bei ihrer Geburt voll funktionsfähig; sie brauchen das Heimfinden nicht erst zu lernen.

Die Wissenschaftler haben erkannt, daß diese Vögel in der Lage sein müssen, Faktoren, die mit Zeit und Raum zu tun haben, miteinander in Verbindung zu bringen, um diese Meisterleistungen des Orientierungsvermögens zu vollbringen. Doch den Mechanismus, der hinter dieser Fähigkeit steckt, haben sie noch nicht durchschaut, denn das menschliche Gehirn, das Milliarden mehr Zellen enthält als das dieser einfachen Tiere, kommt dieser Fähigkeit nicht im entferntesten nahe. Nicht einmal die kompliziertesten Computer können diese instinktive Begabung nachvollziehen.»

«Und worin besteht das Geheimnis dieser Vögel?» fragte ich interessiert.

«Worin ihr Geheimnis besteht?» wiederholte Kyari. «Das ist ganz einfach. Das Überleben dieser Vögel hängt von ihrer Fähigkeit ab, über große Entfernungen hinweg den Weg zu finden. Deshalb besitzen sie eine Art innerer Landkarte, auf der sie nicht nur ihren gegenwärtigen Aufenthaltsort und Zeitpunkt, sondern auch ihren Bestimmungsort finden – und den Zeitpunkt, zu dem sie dort ankommen werden. Ihr Gespür für das Ganze befähigt sie, zu ihrem Ziel zu fliegen, egal, wie sehr man sich bemüht, sie durcheinanderzubringen.

Dieses Gefühl für das Ganze ist eine sehr wichtige Voraussetzung für die Fähigkeit, von der wir gerade sprechen. Man vermutet, daß Vögel sich an feststehenden Merkmalen der physischen Welt orientieren, zum Beispiel am Stand der Gestirne und Planeten und unserer Sonne. Natürlich verändern diese Himmelskörper ihre Position; aber in ihrer Beziehung zueinander verändern sie sich nicht. Diese raumzeitlichen Positionen bilden Muster. Dieses Wissen bekommen die Vögel bei der Geburt in verschlüsselter Form als genetisches Erbe mit.

Die Erfahrungen des Menschen ähneln denen dieser Vögel in wichtigen Aspekten und unterscheiden sich doch gleichzeitig von ihnen. Erstens ist der moderne Mensch ständig mit so vielen Ablenkungen und oberflächlichen Veränderungen konfrontiert, daß er das ewige Wesen des Universums dahinter häufig nicht mehr klar erkennt. Doch genau wie diese Zugvögel hat auch der Mensch ein Zuhause, einen Bestimmungsort. Diese Heimat ist das Herz Gottes. Obwohl der Mensch sich weit von dieser wahren Heimat entfernt hat, kann er immer noch zurückkehren, wenn er auf seine spirituellen Instinkte, sein inneres Erbe als spirituelles Wesen hört.

Der Mensch kann ebenso wie die Zugvögel mit Hilfe seines angeborenen Gespürs für das Ganze nach Hause finden. Dazu muß er auf die himmlische Musik, die Stimme Gottes hören. Sie wird ihm sagen, wo er im Hinblick auf seine Ziele steht und wann er sie erreichen wird. Sie wird alle Faktoren – bekannt oder unbekannt, gegenwärtig, vergangen oder zukünftig – automatisch mit einkalkulieren. Die Stimme Gottes ist beständig, unveränderlich und unfehlbar, und würde der Mensch auf sie hören und die Phantome ignorieren, die seine Sinne, sein Gehirn und seine Emotionen ihm vorgaukeln, dann könnte er letzten Endes sein Ziel erreichen.

Hast du jemals voller Ehrfurcht zum Himmel emporgeschaut, als eine Schar Wildgänse vorüberflog? Und ist dabei auch so eine merkwürdige Sehnsucht in dir aufgestiegen, ein Gefühl der Einsamkeit und Ruhelosigkeit, das du dir nicht erklären konntest? Wenn ja, dann hast du diesen Ruf gehört, den Ruf nach deiner Seele. Du kannst ihn als Gefühl wahrnehmen, er kann dir als Idee durch den Kopf gehen, du kannst ihn als Bild vor deinem inneren Auge sehen oder einfach als Klang hören. Er manifestiert sich in diesen verschiedenen Formen, ist aber stets ein und dieselbe Stimme Gottes.»

Ich weiß nicht genau, was in diesem Augenblick geschah. Wenn ich es jetzt in Worten beschreibe, klingt es vernünftiger, als es damals war. Ich stand immer noch da und hörte meiner Meisterin zu. Sie sah mich an, und in ihren braunen Augen glänzte eine Lebenskraft, die meine Seele immer tiefer in sich hineinzog.

Plötzlich veränderte sich die Unmani-Dhun-Adeptin ganz

langsam vor meinen Augen. Sie verwandelte sich in einen wunderschönen Schwan mit ausgebreiteten Flügeln. Der Schwan leuchtete. Seine Federn verströmten ein helleres Licht als die Sonne oder der Mond, aber ohne deren grellen Schein. Diese Vision füllte mein ganzes Blickfeld aus, bis mir war, als müsse mein Herz zerspringen, so heftig, ja beinahe schmerzlich war die Liebe und Freude, die sie in mir erweckte.

Dann begann tief, tief in meinem Inneren eine schweigende Stimme zu sprechen.

«Ich bin die Stimme Gottes», flüsterte sie. «Ich bin der heilige Klang und die reine Seele, die auf den Ruf Gottes hört. Ich bin die Lehrerin, und gleichzeitig bin ich auch du.»

Als die letzten Worte noch in meinem Bewußtsein nachhallten, verblaßte die Vision auch schon. Kyari Hota stand wieder vor mir, lächelte und sah mir tief in die Augen. So vergingen ein paar Sekunden, die mir wie eine lange Zeit vorkamen.

«Ich...» Ich versuchte ihr zu erklären, was ich sah, doch sie unterbrach mich.

«Pst, Tochter», sagte sie geduldig. «Du brauchst mir nicht alles zu erklären, was du gerade erlebt hast – und auch niemand anderem. Manche Dinge *sind* ganz einfach. Sie sind Geschenke. Ein Kuß vom Herrn aller Herren. Nimm ihn in Empfang.»

Dann wandte sie sich ab und setzte sich auf einen Stuhl am Rand des Swimmingpools.

«Das Wetter scheint deutlich wärmer zu werden», sagte sie und lächelte. «Es wird schneller Sommer werden, als du denkst!»

«O ja», sagte ich und schüttelte die seltsamen Empfindungen ab, die die Vision in mir geweckt hatte. Ich verstaute die Erinnerung daran an einem sicheren Ort wie einen geliebten Schatz. Dann ging ich zu ihr und ließ mich zu ihren Füßen auf ein Kissen sinken.

«Sogar die Zeit scheint rascher voranzuschreiten als vorher», murmelte ich. «Ist da etwas Wahres dran, oder ist das nur ein subjektiver Eindruck?»

«Die Zeit ist nichts Objektives, mein Kind. Man kann sie messen und in Abschnitte einteilen – das ist das einzig Objektive daran. Doch die Erfahrung der Zeit ist etwas Relatives und daher veränderlich. Die Beschleunigung in deinem Zeitempfinden rührt daher, daß die Ankerpunkte der modernen Realität sich in letzter Zeit radikal verändert haben. Der Mensch versucht diese Veränderung einzuholen, und deshalb kommt es ihm immer so vor, als bewege er sich mit rasender Geschwindigkeit.

Dem heutigen Menschen ist ein dynamischeres Leben mit mehr veränderlichen Faktoren und daher auch mehr Entscheidungen beschieden. Je mehr das innere Wesen des Menschen in Anspruch genommen und gefordert wird, um so schneller scheint die Zeit zu vergehen, denn er richtet seine Aufmerksamkeit nicht auf die langsame Bewegung der physischen Veränderungen, sondern auf die blitzschnellen Reflexe seiner Gedanken, Emotionen und Vorstellungen. Natürlich hat der Mensch durch das moderne Leben nicht nur eine viel größere innere Freiheit gewonnen, auch die physischen Veränderungen haben sich dadurch sehr beschleunigt. Nicht alle diese Veränderungen sind positiv. Alles in allem hat das dazu geführt, daß die Menschen heute ein ganz anderes Zeitgefühl haben als noch vor fünfzig Jahren.»

Ich tauchte probeweise einen nackten Fuß in den Swimmingpool. Das Wasser war immer noch sehr kühl. Ich hatte Gartensandalen an, um die Sämlinge nach draußen zu bringen; so konnte ich die Sandalen leicht abstreifen, um das Wasser zu testen.

«Ist es bei all diesen Veränderungen und Ablenkungen», begann ich und bewegte träge den Fuß im Wasser, «nicht schwieriger für uns, den Weg zu Gott zurückzufinden? Ich meine, spirituelle Schüler bekommen natürlich Hilfe von inneren und äußeren Lehrern; aber was ist mit den anderen Menschen? Wie gelingt es Leuten, die noch nicht auf dem spirituellen Weg sind, die ersten kleinen Schritte auf ihr Ziel hin zu machen? Wie kann der Geist sie erreichen?»

«Jede Seele hat Zugang zu spiritueller Führung», antwortete Kyari und drehte den langen Stiel einer Mohnblume, die sie gepflückt hatte, zwischen den Fingern. «Aber ich habe deine Frage schon verstanden. Wie kommt der Geist an Menschen heran, die noch nicht bereit sind, sich bewußt für ein spirituelles Ziel zu entscheiden?»

«Ja, genau!» sagte ich und freute mich über diese klare Formulierung meiner längst nicht so präzisen Gedankengänge.

«Nun, zunächst einmal durch Geschichten», antwortete sie und zwinkerte mir schelmisch zu.

«Du meinst, Märchen oder so etwas?» fragte ich. Daß es Lehrgeschichten gab, war mir bereits vertraut.

«Ja, Tochter», sagte Kyari sanft. «Geschichten sind wie Träume und haben eine ganz ähnliche Funktion: Sie sprechen auf unbewußter Ebene zur Seele. Das heißt, die Seele weiß zwar, was diese Geschichten bedeuten; aber unser Verstand mit seiner strengen Zensur begreift sie nicht. Und deshalb lassen wir diese Geschichten in unser Bewußtsein ein, während direkten Informationen über die spirituellen Gesetze der Zugang verwehrt bliebe.

Solche Geschichten beleuchten die spirituellen Ankerpunkte, anhand derer die Seele den Weg nach Hause zurückfinden kann. Diese Ankerpunkte sind im allgemeinen spirituelle Eigenschaften wie Liebe, Glaube, Aufrichtigkeit, Aufopferung, Dienst, Initiative und so weiter. Wenn es im Leben eines Menschen genügend solcher Ankerpunkte gibt, dann wird er oder sie bewußt beginnen, nach einem Lehrer Ausschau zu halten. Man findet immer einen Lehrer, wenn man danach sucht. So war es auch bei dir.»

«Ja, das stimmt», sagte ich, erfreut über die Wendung, die unser Gespräch genommen hatte. «Ich weiß noch, wie gern ich immer Geschichten hörte und las, als ich klein war. Nicht alle Geschichten – nur ganz bestimmte, besonders eindrucksvolle, die mir das Gefühl gaben, daß es auf der Welt doch edle und wunderbare Dinge gab. Mehr als nur Essen, Schlafen und all diese Banalitäten!»

«Du hast sehr schnell und mühelos aus diesen Geschichten gelernt, mein Kind», sagte die Meisterin. «Das liegt daran, daß du bereit für den Lehrer warst. Deine Ankerpunkte mußten nur noch belebt werden. Wir waren damals schon bei dir und nutzten jede Gelegenheit, um dich Schritt für Schritt dazu zu bringen, daß du dir deiner Seele bewußt wurdest! Erinnerst du dich noch an die Lichtsäule im Wald bei eurem Haus? Damals warst du sechs oder sieben Jahre alt.»

«Ja – warst du das?» fragte ich leise und mit großen Augen. Das war eines meiner beeindruckendsten spirituellen Kindheitserlebnisse gewesen. Ich hatte nie jemandem davon erzählt.

«Das war der Geist», entgegnete sie sanft, «die Meisterkraft. Weißt du noch, wie das Licht der untergehenden Sonne schräg durch die Bäume fiel und sich in kleinen Teichen zu deinen Füßen sammelte? Du warst furchtbar einsam. Du fühltest dich verlassen, und dein ganzes Wesen schrie nach Liebe. Du brauchtest Liebe, um diese schmerzliche Existenz zu überstehen.»

«Ja, ich erinnere mich», antwortete ich. Sogar noch heute konnte ich die Einsamkeit jener Zeit wieder wie einen heftigen körperlichen Schmerz in meiner Brust fühlen.

«Du bist abends oft ziellos im Wald herumgelaufen», fing sie an, als wolle sie mir eine der Geschichten erzählen, die mit «Es war einmal...» beginnen. «Der Abend war die Tageszeit, die du am liebsten mochtest, und du warst in den Wäldern nicht einsamer als dort in dem Haus, wo du dich weder geliebt noch verstanden fühltest. Du hörtest dem Gezwitscher der Vögel in den Bäumen zu und liefst mit bloßen Füßen über die süß duftenden, trockenen Blätter.

Da sahst du die Lichtsäule – eine eigenartige, dicke Säule, die direkt vom Himmel bis auf den Boden hinunterreichte! Du fandest es nur seltsam, daß dieses Licht nicht schräg einfiel wie die anderen Sonnenstrahlen. Du bliebst stehen und starrtest an der Lichtsäule empor und in sie hinein. Irgendwie fandest du dich selbst in diesem Licht wieder. Weißt du noch?»

«Ja», antwortete ich. Ich verstummte und rief mir dieses Erlebnis in seiner ganzen Intensität ins Gedächtnis zurück. «Es war ein wunderbares Gefühl.»

«Was für ein Gefühl, meine liebe Tochter?» frage Kyari mit gütiger Stimme.

«Ich spürte den Schutz und die bedingungslose Liebe Gottes», sagte ich, ohne zu zögern. «Das hatte ich vorher nicht gewußt! Aber jetzt wird mir klar, daß es das war!»

«Ja, mein Kind», sagte die Meisterin. «Das war es, was du damals gespürt hast. Aber es ist dir bis heute nicht zum Bewußtsein gekommen. Indem ich dir diese Geschichte – deine Geschichte – noch einmal erzählte, habe ich ihre Wirkung verdoppelt, denn ich habe sie von einer unbewußten auf eine bewußte Ebene emporgehoben. Verstehst du?»

«Ja!» rief ich erstaunt und dankbar. «Das einsame Kind, das ich damals war, kannte und akzeptierte die Liebe Gottes – aber ohne es zu wissen. Und der manchmal unsicheren erwachsenen Frau, die ich heute bin, geht es immer noch so! Aber wenn ich die Geschichten aus meinem eigenen Leben verstehe, dann habe ich nicht nur meine Erfahrungen, sondern spüre auch die Wirkung und Kraft meiner Erfahrungen!»

«Faszinierend, wie rasch du das erkannt hast!» Kyari grinste und täuschte übertriebenes Erstaunen vor. «Wir werden tatsächlich noch etwas aus dir machen!»

Ich lachte vor Freude. «Also gut, dann erzähl mir noch ein paar Geschichten!»

«Das will ich tun», sagte sie und lächelte entgegenkommend. «Ich werde Geschichten auswählen, mit denen ich dir die spirituellen Aufgaben des ‹Männlichen› und des ‹Weiblichen› am besten veranschaulichen kann. Die erste Geschichte ist sehr bekannt – es ist die Geschichte von Adam und Eva.»

«Igitt», stöhnte ich, aber sie achtete nicht darauf und sprach weiter.

«Keine Angst – ich erzähle dir nicht noch einmal die ganze Geschichte. Sie ist in der westlichen Kultur bekannt genug. Aber die traditionelle Interpretation der Kirchenväter besagt natürlich, daß der Mensch durch Evas Sünde in Ungnade gefallen ist. Eva mißachtete Gottes Befehl, keine Früchte vom Baum der Erkenntnis von Gut und Böse zu essen. Der Mann war der unschuldige, treue Diener Gottes, der durch Eva vom rechten Weg abgebracht wurde. Die Schlange war der Versucher, eine Vertreterin des Bösen.

Ich will dir heute eine andere Deutung der Geschichte aus der Sicht der Unmani-Dhun-Adepten vorstellen! Danach ist der Gott dieser Geschichte nicht der wahre Gott, sondern nur der Herr der Negativen Welten, unser Freund Shangra Raj! Mit seinem Wunsch, Männer und Frauen in einem Zustand zu bewahren, in dem sie nichts von Gut und Böse wissen, zeigte er sein wahres Wesen ganz deutlich.

Schließlich läßt sich ein Mensch im Zustand der Unwissenheit leicht beherrschen. Er kann auf Autorität nur mit Gehorsam reagieren, weil ihm die Grundlagen dazu fehlen, diese Autorität anzuzweifeln. Daher sind autoritäre Persönlichkeiten naturgemäß daran interessiert, die Menschen von Erfahrungen fernzuhalten, durch die sie ein kritisches Urteilsvermögen erwerben könnten. Gut und Böse bilden die Polarität, die allen Möglichkeiten in den niederen Welten zugrunde liegt – mit anderen Worten: Gut und Böse sind die ‹Lebenserfahrungen›, die man dort machen kann.

Daß Eva Gott nicht gehorchte und den angebotenen Apfel nahm, ist ein Zeichen für die Tendenz des weiblichen Bewußtseins, sich in blindem Glauben und Vertrauen in neue Erfahrungen hineinzustürzen, denen das rationalere und vorsichtigere männliche Bewußtsein normalerweise aus dem Weg geht. Es zeigt die spirituelle Rolle der Frau, die darin besteht, dem Mann innere Tore zur Erforschung neuer Bereiche und zum spirituellen Wachstum zu öffnen. Die Schlange ist ein Symbol für die latente spirituelle Kraft, die erst im Rohzustand existiert, bis sie durch Erfahrung und Unterscheidungsvermögen verwandelt wird.

Angeblich begann mit dem Genuß des Apfels auch die Sexualität. Auf dieses Thema richten bigotte Frömmler ihr besonderes Augenmerk. Darin spiegeln sich natürlich die Komplexe wider, die sie selbst auf dem Gebiet der Sexualität haben. Und ihre Klagen über den ‹Sündenfall›, den Evas Entscheidung nach sich zog, zeigen, wie wenig sie in spiritueller Hinsicht über den wahren Sinn dieser Welt wissen, in die die Menschen kommen, um zu lernen.»

«Laß mich das noch einmal klarstellen», unterbrach ich. «Willst du damit sagen, daß die konventionelle Vorstellung, der Mensch sei ‹in Ungnade gefallen›, falsch ist? Daß der ‹Sündenfall› in Wirklichkeit nichts Negatives, sondern etwas Positives ist?»

«Richtig», bejahte Kyari. «Aber ich will dir noch ein Beispiel geben, damit dir klarer wird, was ich meine. Der Mythos von Prometheus und Pandora ist eine griechische Version der Geschichte von Adam und Eva. In diesem Mythos ergreift der Mann die Initiative, um dem Menschen zu größerer Selbständigkeit und Unabhängigkeit zu verhelfen. Prometheus ist ungehorsam gegenüber Zeus, indem er den Menschen Errungenschaften wie zum Beispiel das Feuer schenkt, das vorher ein selbstsüchtig gehütetes Geheimnis der Götter gewesen war. Zeus bestraft Prometheus, indem er ihn an einen Felsen kettet und seine Leber bis in alle Ewigkeit von einem Geier zerfressen läßt.

Doch diese Rache genügt Zeus noch nicht. Er erschafft Pandora, die erste Frau, und macht sie Prometheus' Bruder Epimetheus zum Geschenk. Zeus gibt Pandora eine Büchse, warnt sie aber, sie nicht zu öffnen. Doch Gott hat Pandora als sehr neugierige Frau erschaffen; also gehorcht sie Zeus nicht, sondern öffnet die Büchse. Und aus ihr fallen alle Übel der Welt heraus und plagen die Menschheit bis in alle Ewigkeit!

Während Prometheus traditionell als Wohltäter der Menschheit gilt, betrachtet man Pandora meist als negatives Symbol für das Weibliche. Sie symbolisiert die Gefahren der puren Neugier und der Tendenz, sich blind ins Unbekannte hineinzustürzen. Doch so einleuchtend das auch klingen mag, es ist doch klüger, ihren Charakter im Kontext der ganzen Geschichte zu betrachten. Und zu dieser Geschichte gehört auch ein egoistischer, rachsüchtiger Gott, dessen wichtigstes Ziel darin besteht, daß der Mensch unwissend und damit unterwürfig bleibt.

Sowohl in der biblischen als auch in der griechischen Mythologie gibt es Figuren, die die Menschheit in eine Welt von Erfahrungen, Prüfungen und Bewährungsproben hineinstürzen, durch die der Mensch auf die Ebene der Götter emporsteigen kann. Genau hier liegen die Schwierigkeiten, die wir mit der Deutung dieser Geschichten haben. Die Religionen halten es nicht für möglich und auch nicht für wünschenswert, daß der Mensch sich zu einem gottähnlichen Zustand erhebt. Daher erhalten sie die Machtposition des Zeus und des alttestamentarischen Gottes Jahwe aufrecht, die wollen, daß der Mensch ‹an seinem Platz› bleibt.

Vielleicht bedienen diese lehrreichen Geschichten, die jahrhundertelang so völlig mißverstanden wurden, sich der Figur der Frau, weil das weibliche Bewußtsein das rezeptive ist. Eines der Kennzeichen eines rezeptiven Bewußtseins ist Neugier. Neugier wiederum ist ein Zeichen von Genialität – dem Mut, über das bereits Bekannte und allgemein Akzeptierte hinauszugehen – und zwingt einen fast immer dazu, geistige Tabus und kulturell festgelegte Verhaltensmuster zu durchbrechen.

Diese Geschichten haben aber auch noch einen anderen Aspekt: nämlich die ernüchternde Warnung, daß das rezeptive weibliche Bewußtsein, wenn es nicht durch ein gesundes kritisches Urteilsvermögen ausgeglichen wird, schwerwiegende Irrtümer und Rückschläge für das Ganze herbeiführen kann. Wenn wir das vergessen, droht uns allen große Gefahr!»

«Das ist ja erstaunlich», schnaubte ich empört. «Wenn ich daran denke, daß wir Frauen immer den Schwarzen Peter zugeschoben bekamen, weil wir angeblich an allen Leiden der Welt schuld sind!»

Die Meisterin lachte. «Man kann keines der beiden Geschlechter für die ‹Leiden der Welt› verantwortlich machen. Männer *und* Frauen müssen die Verantwortung für das tragen, was sie durch ihre Taten oder durch ihre Tatenlosigkeit, durch ihre Worte oder ihr Schweigen geschaffen haben. Einfache Menschen fragen: ‹Warum läßt Gott zu, daß es soviel Böses auf der Welt gibt?› Aber die Frage sollte eigentlich lauten: ‹Warum läßt der Mensch das Böse zu?› Ein guter Vater hält in seinem Haus Ordnung, läßt seinen Kindern aber die Freiheit, Fehler zu machen und daran zu wachsen. Ebenso dirigiert Gott das Universum nach spirituellen Gesetzen und gibt der Seele die Möglichkeit, durch direkte Erfahrungen zu lernen, daß die Liebe das Wertvollste ist, was es gibt.

Um es noch einmal zusammenzufassen, liebe Tochter: Aus Geschichten kannst du viele spirituelle Wahrheiten lernen, wenn du Ohren hast zu hören. Und am interessantesten sind die Geschichten ganz gewöhnlicher Menschen, die gegen ihre eigenen Unzulänglichkeiten ankämpfen und durch Erfahrung Weisheit erlangen. Dieser Prozeß wiederholt sich in der Geschichte der Menschheit ständig. Wenn wir eine Vision von falschem Heldenmut akzeptieren – der gute Mensch, der gegen eine böse äußere Macht kämpft –, werden wir nie begreifen, daß der wahre ‹Kampf› in unserem Inneren stattfindet. Uns muß klarwerden, daß wir uns weiterentwickeln müssen, und zwar durch den Erziehungsprozeß des Lebens.

Die Frau weiß, daß jede Freude auf dieser Welt von Leiden durchzogen ist – daß ihre Schönheit eines Tages dahinschwinden wird, daß das Glück, das die Ehe ihr verheißt, früher oder später zur Plackerei des Alltags wird und daß sie ihre Kinder nur unter Schmerzen gebären und auf Kosten ihres eigenen Körpers und ihrer Unabhängigkeit ernähren kann. Vielleicht ist sie deshalb mehr in den Grauzonen des Lebens zu Hause und neigt weniger dazu, sich fanatisch an die Illusionen von Gut und Böse, vom Helden und vom Bösewicht zu klammern.

Es ist die weibliche Seite deines Wesens, die dich mit unwiderstehlicher Macht zu diesen Grauzonen lockt. Die Grauzonen sind die Schwelle des Unbekannten. Die Bewegung auf das Unbekannte zu ist zwangsläufig ein unwissender Akt. Sich dem Unbekannten zu stellen entspricht nicht dem rationalen Standpunkt, der Formeln und Systeme aufstellt und der sicherste Führer für den Menschen ist. Vorwissen als Ansammlung rationaler Schlußfolgerungen und Zusammenhänge spielt hier nur eine begrenzte Rolle. Die einzigen Eigenschaften, die wirklich etwas nützen, sind Liebe und Zuversicht.

Sobald wir uns auf unbekannten Boden gewagt und uns der Herausforderung gestellt haben, wird das männliche Element – Mut, Aktivität und Durchhaltevermögen – zu einem wichtigen Faktor. Doch die meisten unserer größten Begabungen und Triumphe beginnen mit diesem einen unwissenden, vertrauensvollen Schritt ins Unbekannte hinein. Vertraue dem Leben, denn das Leben ist nichts anderes als Geist, und der Geist ist Liebe.»

Mit diesen Worten verschwand Kyari im gedämpften Tageslicht. Ihre Atome vermischten sich mit denen der Luft.

Kapitel fünfzehn

Das Rätsel des Adlers

Eines Tages mitten im Frühling kam der Adler zu mir. Als ich morgens die Augen aufschlug, war er da und wich mir nicht mehr von der Seite. Er folgte mir mit den Augen überallhin, und unter seinem unverwandten, wachsamen, prüfenden Blick spürte ich, wie der Grundton meines inneren Lebens sich veränderte. Was war das für ein Adler, und wo kam er her? Obwohl ich die Antwort nicht genau wußte, vermutete ich, daß die Unmani-Dhun-Meister, die manchmal auch «die Adler des Himmels» genannt wurden, ihn mir geschickt hatten.

Ich hatte mir vorher nie viele Gedanken über diese symbolische Bezeichnung gemacht. Doch heute entdeckte ich eine große Ähnlichkeit zwischen dem eindringlichen Blick dieser majestätischen Kreatur und den Unmani Dhun selbst. Es war ein Blick, der durchdringend und gleichzeitig erleuchtend wirkte – wachsam und erwartungsvoll zugleich. Solange der Adler bei mir war, war es mir unmöglich, irgend etwas Negatives zu denken, vor meinem inneren Auge zu sehen oder auszusprechen. Er schien der Inbegriff der Reinheit und Größe der Seele zu sein.

Tage vergingen, und der Adler war immer noch da. Seltsamerweise begann ich mich in seiner Gegenwart bald wohler und entspannter zu fühlen. Allmählich kam es mir so vor, als bewohnten wir beide eine Festung hoch oben, an einem schönen, einsamen Ort – einem spirituellen Adlerhorst, von dem wir einen kilometerweiten Ausblick hatten. Meine alte Ruhelosigkeit und ungeduldige Sehnsucht nach Veränderungen waren wie weggeblasen.

Innerlich fühlte ich mich plötzlich sehr einsam und weit weg, als sei ich am Ende aller Veränderungen angelangt.

Eines Tages, als der Adler schon eine Woche lang bei mir war, schloß ich die Augen, um ein paar Minuten zu meditieren. Ich erwartete nicht viel mehr als einen Augenblick der Entspannung, in dem der Geist alle Sorgen und Spannungen eines arbeitsreichen, hektischen Tages von mir abwaschen sollte. Ich konzentrierte mich innerlich auf ein blaues Licht und stellte mir vor, wie es aus den Gottwelten herabfloß und wie mein Verstand, meine Emotionen und mein Körper darin badeten.

Doch da brach ganz plötzlich ein anderes Erlebnis über mich herein – etwas Ungewöhnliches und Erschreckendes, selbst angesichts der vielen seltsamen Ereignisse, die für mich in letzter Zeit schon zur Gewohnheit geworden waren. Zuerst sah ich nur den vertrauten Kopf des Adlers, der mich mit goldenen Augen anstarrte. Dann weitete sich die Szene aus. Ich stand irgendwo in den inneren Welten und sah mich nicht einem, sondern Hunderten von Adlern gegenüber. Sie saßen in halbkreisförmigen Reihen vor mir, als hielten sie Gericht über die Seele, die in ihren Kreis geführt worden war. Und diese Seele war ich. Ich war ganz überwältigt von diesem Anblick. Was hatte dieses Erlebnis zu bedeuten? Warum war ich hier?

Dann schien sich aus dieser majestätischen, furchteinflößenden Versammlung eine Stimme zu erheben. Es war eine seltsame, merkwürdig rauhe Stimme, als sei der Sprecher es nicht gewohnt, zu reden. Die Stimme stellte mir ein Rätsel.

«Was haben Liebe und Macht miteinander gemeinsam?» fragte sie. Trotz meiner Beklommenheit ergriff ich selbstbewußt das Wort. Ich glaubte die Antwort auf diese Frage zu kennen.

«Das ist einfach», antwortete ich. «Liebe und Macht haben das Nicht-Anhaften, die Distanziertheit gemeinsam.»

Die Atmosphäre in der Versammlung war von der Stille eines mächtigen, beherrschten kollektiven Willens durchdrungen. Die goldäugigen Kreaturen musterten mich, und in ihren schönen Augen regte sich etwas. Was war es? Erbarmen? Mitleid? Oder nur ihr Wissen um die Wahrheit?

Wieder krächzte mich die harte Stimme an.

«Ja, das ist richtig», entgegnete sie. «Aber Wissen allein genügt nicht. Jetzt mußt du es noch erfahren.»

Das war alles. Kaum war dieser letzte Satz unheilverkündend in meinem Gedächtnis nachgehallt, verblaßte die Szene um mich herum auch schon wieder.

Etwas an diesem merkwürdigen Ereignis und dem Rätsel, das mir die Adler gestellt hatten, flößte mir ein Unbehagen ein, das ich mir selbst nicht erklären konnte. Ich ging meinen täglichen Angelegenheiten nach; doch immer, wenn ich mit meinem inneren Auge schaute, war mein geheimnisvoller Beobachter bei mir. Das erhebende Gefühl, das seine Gegenwart mir anfangs vermittelt hatte, ging allmählich in eine düstere Vorahnung über, die bald meine ganze tägliche Arbeit und all meine Gedanken überschattete. Unter den unerbittlichen, klaren Augen meines Wächters begann ich an meinem ganzen Leben zu zweifeln und fragte mich, ob ich überhaupt je etwas getan hatte, was im Grunde genommen nicht selbstsüchtig war.

Wie ein Schiffbrüchiger, der auf einer einsamen Insel gestrandet ist, war ich nun gezwungen, mir selbst in allen schmerzlichen, mikroskopischen Details ins Auge zu sehen. Ich erkannte die eiternden Wunden des Selbstmitleids, der Trägheit, der Eitelkeit und des Zorns in den verborgenen Ecken und Winkeln meines Bewußtseins, in die ich sonst nie hineinsah. Und am demütigendsten war die Erkenntnis, daß ich wahrscheinlich der einzige Mensch war, dem all diese Eigenschaften an mir nie aufgefallen waren.

Dann wurde es eines Tages sehr warm. Die Sonne schien, und schon eine Strickjacke über einer langärmeligen Bluse schien fast zuviel zu sein. Ich staunte darüber, wie sommerlich das Wetter war, und beschloß, meine Selbstanklagen zu Hause zu lassen und einen sorglosen Ausflug zum Zoo zu machen. Nachdem ich am Vormittag Unterricht gegeben hatte, stieg ich ins Auto und fuhr die kurze Strecke bis zu meinem Ziel. Als ich zwischen den in voller Blüte stehenden Löwenmäulchen und Stiefmütterchen umherschlenderte und leuchtend rote Flamingos beobachtete, die mit gebogenen Hälsen durch das seichte Wasser staksten, hoben sich meine Lebensgeister sofort wieder.

Hier und da bummelten Paare oder einzelne Mütter und Väter mit kleinen Kindern durch den Zoo und beobachteten die Tiere. Ich setzte mich auf eine Bank. Die Vielfalt der Menschen faszinierte mich ebenso wie die exotischer wirkenden Tiere hinter den

Gräben und Gittern. Hinter mir am Imbißstand kaufte ein Vater seiner kleinen Tochter ein Eis. Ich beobachtete, wie fürsorglich er dem Verkäufer beschrieb, was sie haben wollte, und anschließend den eiskalten Leckerbissen auspackte.

Nachdem ich eine Stunde lang durch den Zoo geschlendert war, vorbei an Jaguaren, die ruhelos im Käfig auf und ab gingen, und Affen, die sich auf künstlichen Inseln von einem Bambusgitter zum anderen schwangen, setzte ich mich wieder auf eine Bank, um mich auszuruhen. Vor mir im Käfig stand ein großer Gorilla. Er sah mit kleinen, menschlich wirkenden Augen an mir vorbei. Sein Haar war schwarz, und die unbehaarten Teile seines Körpers sahen aus, als seien sie aus dickem Leder.

«Darf ich mich hier hinsetzen?» fragte eine tiefe Männerstimme über mir.

Erschrocken blickte ich auf. Es war ein gutaussehender, dunkelhaariger Mann mit Sonnenbrille und kurzgeschnittenem, gepflegtem Bart. Er trug ein weißes Polohemd und khakifarbene Baumwollhosen. Die Ledersandalen an seinen Füßen kamen mir bekannt vor. Es war Haurvata Sampa!

«Klar», grinste ich. «Bitte setz dich!» Wenn jemand mir eröffnet hätte, daß ich gerade eine Million Dollar gewonnen hätte – ich hätte nicht glücklicher sein können.

Haurvata setzte sich und nahm seine Brille ab. Ein paar Minuten lang saßen wir schweigend nebeneinander. Dann richtete der Meister sein Augenmerk auf den großen Affen vor uns im Käfig und begann mit leiser, sanfter Stimme zu ihm zu sprechen. Zuerst sah das Tier ihn fragend an; dann nahm sein Gesicht einen sehr aufmerksamen Ausdruck an. Doch so rasch der Affe reagiert hatte, verlor er das Interesse auch wieder. Haurvata hörte auf zu sprechen, und das Tier trottete schwerfällig davon, um ein paar übriggebliebene Früchte aufzuheben, die einen Fliegenschwarm angelockt hatten.

«Tja, Liebes, ich habe dich beobachtet», begann Haurvata. «Du machst in letzter Zeit einen beunruhigten, verwirrten Eindruck; und doch hast du uns nicht zu Hilfe gerufen. Eigentlich wollte ich gar nicht kommen; aber es gibt so vieles, was ich mit dir besprechen muß. Es war eine gute Idee, in den Zoo zu gehen. Das hat deine Lebensgeister wieder geweckt.»

«Es ist mir gar nicht aufgefallen, daß ich nicht nach dir gerufen habe», antwortete ich ein wenig überrascht. «Wahrscheinlich ist mir zu vieles im Kopf herumgegangen. Es ist merkwürdig – manchmal, wenn die Probleme an mir zu nagen beginnen, vergesse ich, um Hilfe zu bitten. Ich weiß, daß das das Verkehrteste ist, was ich tun kann – es ist am besten, seine Schwierigkeiten einfach loszulassen und dem Geist anzuvertrauen. Aber wahrscheinlich bin ich so allmählich in meinen niedergeschlagenen Zustand hineingeraten, daß ich es gar nicht gemerkt habe.»

«Das stimmt», pflichtete der Meister mir bei. «Aber heute hast du gesehen, wie weit es mit dir gekommen ist, und beschlossen, deine Situation zu verbessern. Deshalb bin ich zu dir gekommen.»

«Danke, Haurvata», sagte ich mit aufrichtiger Dankbarkeit. Dann erzählte ich ihm von meinem Erlebnis mit den Adlern.

«Ich werde nichts dazu sagen», erklärte er. «Es ist ein ungewöhnliches Erlebnis, das ich dir jetzt nicht erklären möchte. Aber du brauchst keine Angst davor zu haben, mein Kind. Die Adler meinen es nicht böse mit dir. Vieles über sie hast du intuitiv richtig erkannt, und der Rest muß dir verborgen bleiben, bis du in der Lage bist, die Wahrheit selbst zu erkennen.

Ich kann dem, was du bereits weißt, nur noch eines hinzufügen: Du mußt alle Bereiche deines Bewußtseins dem Geist hingeben. Er versucht dich als ganzen Menschen zu erleuchten. Um das tun zu können, muß er dir aber auch all die dunklen Bereiche bewußtmachen, die er noch nicht durchdrungen und gereinigt hat. Dein Stolz ist unglücklich über das, was du entdeckt hast; doch diesen Stolz mußt du als allererstes aufgeben. Löse dich von deinem Stolz, dann werden die Klauen der Adler dir keinen Schmerz zufügen und keine Narben hinterlassen. Gib dich dem Geist hin, mein Kind! Das ist die einzige Möglichkeit!»

Seine Worte klangen warm und eindringlich; doch er gab seinen drängenden Ton sofort wieder auf. Der nächste Blick, den er mir zuwarf, war heiter und unbekümmert. Die Winkel seiner eindrucksvollen Augen zogen sich dabei zu tausend kleinen Fältchen zusammen wie Sternenstrahlen, die sich auf die Reise in den Weltraum begeben.

«Heute möchte ich etwas mit dir besprechen, worüber du schon seit vielen Jahren schreiben wolltest», wechselte er abrupt das Thema. «Über Kinder.»

«Kinder?» fragte ich erstaunt. «Ja, natürlich. Ich habe schon immer mit dem Gedanken gespielt, ein Buch über Kinder zu schreiben. Wußtest du das? Und in letzter Zeit habe ich mich öfters gefragt, ob dieses Thema vielleicht auch in unser Buch über Mann und Frau hineingehört. Was meinst du, Haurvata, gehört es hinein?»

«Gewiß», sagte Haurvata mit Nachdruck und nickte mit seinem großen, schweren Kopf.

Ich warf zufällig einen Blick auf den Affen, der an einer sonnigen Stelle seines Käfigs saß und zierlich eine Banane aß. Ich lächelte über diesen putzigen Anblick, und Haurvata stimmte in mein Lachen ein.

«Der Affe weiß, worauf es ankommt», sagte Haurvata und lächelte seinem behaarten Freund zu. «Er braucht wenig Geist und viel Futter, um in seinem physischen Körper zufrieden zu sein. Und so geht es auch den meisten Menschen!»

Ich lachte so laut und herzlich über diesen Scherz, daß sich in meinen Augenwinkeln Tränen bildeten. Haurvata wartete, bis ich mich wieder beruhigt hatte, und fuhr fort.

«Kinder, meine liebe Tochter, sind das physische Ergebnis der körperlichen Vereinigung von Mann und Frau. Aber sie sind noch mehr als das – sie sind auch der Prüfstein für unser spirituelles Bewußtsein. Wenn wir die Wahrheit erkennen und selbst danach leben können, dann sollten wir ebenfalls in der Lage sein, unsere Kinder danach zu erziehen. Das klingt doch einleuchtend, oder nicht?»

«Aber in der Praxis geht das nicht so einfach», gab ich zurück.

«Stimmt», nickte Haurvata. «Das Problem liegt darin, daß unsere Kinder spirituelle Wesen mit positiven und negativen Eigenschaften und Bedürfnissen sind, entstanden im Laufe vieler Existenzen, in denen sie Ursachen säten und Wirkungen ernteten. Es ist ja schon für Erwachsene schwierig genug, die Ursachen ihrer eigenen Unausgeglichenheiten zu diagnostizieren und zu beheben. Als Eltern müssen sie zusätzlich noch Einblick in die spirituellen Bedürfnisse ihrer Nachkommen haben.

Meistens behandeln Eltern ihre Kinder so, wie ihre Eltern *sie* behandelt haben. Das ist die Realität, die hinter dem Spruch steckt, daß sich die Sünden der Väter an den Kindern rächen. Es ist keine göttliche Vergeltung im biblischen Sinn, sondern einfach das spirituelle Gesetz von Ursache und Wirkung. Das spirituelle Bewußtsein einer Familie zieht Seelen an, die sich im Einklang mit diesem Bewußtsein befinden oder von ihren Erfahrungen innerhalb dieser speziellen Gruppe irgendwie profitieren können. Wo, wann und in welcher Familie man zur Welt kommt, ist niemals ein Irrtum. All diese Faktoren werden eingehend bedacht, wenn eine Seele sich hier in den niederen Welten einen Körper sucht.

Aber wie du weißt, haben Ursache und Wirkung eigentlich nichts mit ‹Schicksal› zu tun. Eine früher geschaffene Ursache mag einen zwar zu einer bestimmten Erfahrung hinführen; aber es ist immer möglich und sogar wünschenswert, sich über die magnetische Anziehungskraft solcher Muster zu erheben. Eine Seele muß die Charakterstärke besitzen, selbst zu entscheiden, ob sie einen bestimmten Weg gehen will oder nicht, selbst wenn er ihr von ihren Ahnen bereits vorgezeichnet ist. Dieser Kampf gegen den Sog negativer Muster gibt der Seele die Kraft für ihren Flug in die himmlischen Welten!»

«Ich verstehe, was du meinst», warf ich ein. «Einmal schleppte ich mich kilometerweit mit einem schweren Rucksack auf dem Rücken voran. Als ich mein Ziel erreicht hatte, nahm ich den Rucksack ab. Später erkundete ich die Gegend ohne Rucksack und bin denselben Weg beinahe entlanggehüpft! Ich fühlte mich so leicht, als könnte ich fliegen!»

«Das ist eine gute Beschreibung für negative Muster und die Befreiung davon», erwiderte der Meister. Er fischte eine Tüte Erdnüsse aus seiner Jacke, die er sich über die Schulter geworfen hatte, und begann ein paar gurrende Tauben zu füttern.

«Nun, mein Kind, wenn Eltern sich aufrichtig bemühen und hart daran arbeiten, können sie sich über die Muster, von denen sie bisher geprägt waren, erheben und sich selbst und ihren Kindern ein besseres Leben schaffen. Du zum Beispiel hast aus dem negativen Beispiel deiner Eltern gelernt, die ihrer Verantwortung nicht gewachsen waren und dich als kleines Kind im Stich gelassen haben. Du hast gegen den Drang angekämpft, deinen Sohn als kleines Kind allein zu lassen, als du Probleme mit deiner Ehe bekamst. Dieser Drang in dir war ebenso stark wie irrational, denn er rührte von diesem negativen Verhaltensmuster in deiner Familie her. Und doch hast du dich dagegen gewehrt und hast den Kampf gewonnen!»

«Ja, Haurvata», stimmte ich zu. «Es war wirklich schwierig, aber ich habe mich ganz bewußt entschlossen, diesem Drang nicht nachzugeben. Ich erinnere mich sogar noch an den Augenblick, in dem mir dieses Verhaltensmuster bewußt wurde! Ich saß in einem Park auf einer Schaukel, während mein Sohn auf der Rutschbahn spielte. Ich glaube, irgendwie hat die schaukelnde Bewegung meine Erkenntnis wachgerüttelt. Es war so eine ähnliche Bewegung, wie wenn eine Mutter ihr Baby in den Armen wiegt. Da wurde mir klar, daß ich dieses Umsorgtsein nie erlebt hatte. Nie hatte ich mich sicher und geborgen gefühlt. Ich fühlte mich unfähig, meinem Sohn etwas zu geben, was ich selbst nie bekommen hatte.»

«Du hast das Problem richtig analysiert», bestätigte Haurvata. «Ob Eltern sich über ihre vorgezeichneten Verhaltensmuster erheben können, so wie du es getan hast, hängt von ihrer allgemeinen spirituellen Entwicklungsstufe ab. Doch sobald sie beschlossen haben, etwas zu verbessern, brauchen sie ein klares spirituelles Prinzip, von dem sie sich leiten lassen können. Und hier, glaube ich, können wir ihnen helfen!»

Der Meister stieß mit seinem breiten Finger in die Luft, um diesen Satz zu unterstreichen. Dann begann er, ohne einen Augenblick zu zögern, seine Idee näher auszuführen.

«Als allererstes müssen Eltern begreifen und akzeptieren, daß ihr Kind ein spirituelles Wesen ist – eine Seele. Es ist weder männlich noch weiblich. Es durchläuft nur eine sexuell polarisierte Form, um Erfahrungen zu sammeln und Bewußtsein und Engagement für seine eigene Ganzheit und Göttlichkeit zu entwickeln! Mit diesem Wissen müssen die Eltern sich zuerst einmal als Lehrer und erst in zweiter Linie als Fürsorger sehen. Sie müssen ihren Kindern nicht nur Obdach geben und für ihr materielles Wohlergehen sorgen, sondern ihnen mehr spirituelle Nahrung zukommen lassen.

Das Überangebot an Aktivitäten und materiellen Gütern, das dem Wunschtraum, wenn nicht gar der Realität des modernen Haushalts entspricht, ist kein Ersatz für das, was den Kindern fehlt – spirituelle Unterweisung. Damit meine ich keinen Kirchengottesdienst, liebe Freundin. Ich meine, daß man ihnen die ewigen Prinzipien vermitteln muß, auf denen das Leben beruht – die Realität der Liebe Gottes, das Überleben der Seele und die

Verantwortung, die wir als Werkzeug des Geistes allen Lebensformen gegenüber haben. Es ist viel leichter für Eltern, das Leben ihrer Kinder mit Dingen und Ereignissen anzufüllen als mit spirituellen Inhalten. Das liegt daran, daß die Eltern ihre eigenen ungestellten und unbeantworteten Fragen im Hinblick auf Gott und die Seele noch nicht gelöst haben und daher auch nicht in der Lage sind, ihren Sprößlingen dieses Wissen mitzugeben.

Ach, meine Freundin», seufzte Haurvata. «Ich habe schon so vielen Kindern auf dieser Erde in die Augen geschaut und darin diesen spirituellen Hunger gesehen. Sie sind für alles offen und lernbereit, wenn sie in diese physische Welt kommen; aber es ist keiner da, um ihnen etwas beizubringen. Und bald verhärten sie sich, und ein weltlicher Ausdruck tritt in ihre Augen. Sie verschließen ihr Herz und ihren Geist vor den himmlischen Welten und glauben nur noch an die kalte Realität ihrer physischen Sinne.»

«Diesen Blick habe ich auch schon gesehen», sagte ich und stimmte in sein Seufzen ein. «Er macht mich traurig.»

«Und dabei müßte das alles gar nicht sein», sagte Haurvata und schüttelte den Kopf. «Man braucht nicht einmal an spirituelle Lehrer zu glauben, um diese ewigen Wahrheiten weitergeben zu können!»

«Was meinst du damit?» fragte ich ihn.

«Alles, was ein Kind braucht, um für den Geist offen zu sein, kann man ihm durch dreierlei Dinge vermitteln», erwiderte Sampa. «Diese drei Dinge sind: Vorstellungsvermögen, Verantwortungsbewußtsein und Freiheit. Das sind keine metaphysischen Ideen. Jeder kann sie auf sein Leben anwenden.»

«Kannst du mir das ein bißchen genauer erklären?» fragte ich.

«Das wollte ich gerade tun», lächelte er. «Einem Kind Vorstellungsvermögen zu vermitteln bedeutet nichts anderes, als daß man ihm Kraft für die Realität der inneren Welten gibt. Wenn ein Kind in diese Welt kommt, ist seine Aufmerksamkeit mehr nach innen als nach außen gerichtet. Es bewegt sich ganz natürlich und ohne jede Anleitung zwischen den himmlischen Welten und der physischen Ebene hin und her. Dann lernt es allmählich, sich mit Hilfe seiner gröberen physischen Sinne an die Gesetze dieser Ebene anzupassen.

Vorstellungskraft ist etwas ganz anderes, als die Materialisten glauben», fuhr der Meister fort und bürstete mit seinen breiten

Händen die Erdnußschalen von seiner Hose. «Es ist nicht nur Phantasie und Wunschvorstellung. Setzt man es richtig ein, ist es ein Tor zur inneren Realität. Indem man einem Kind klarmacht, daß das, was in seinem Inneren vorgeht, etwas Reales und Wertvolles ist, kann man seine Verbindung zum höheren Bewußtsein bewahren helfen. Alle Genies eurer Erde besaßen die Gabe der Vorstellung. Von Beethoven bis Albert Einstein – sie alle wußten, daß der Schlüssel zur Kreativität und zur Lösung aller Probleme im Universum der individuellen Vorstellung liegt.»

«Ich verstehe, was du meinst», nickte ich. Er bot mir eine Handvoll Erdnüsse an. «Die kreativen Menschen, die du erwähnt hast, benutzten ihre nächtlichen Träume und ihre Tagträume dazu, um mit der höheren Kraft in Verbindung zu treten. Ich habe einmal gelesen, daß Elias Howe, der amerikanische Erfinder, mit der Konstruktion der Nadel für seine Nähmaschine nicht weiterkam. Bei manuellen Nähnadeln befand sich das Loch für den Faden am dicken Ende, und das funktionierte bei Howes Maschine nicht.

Da träumte Howe eines Nachts, er sei von Kannibalen gefangengenommen worden. Sie drohten, ihn in den Kochtopf zu stecken, wenn er das Problem mit der Nadel nicht löste. Da fiel sein Blick auf die Speere der Eingeborenen. Sie sahen aus wie Nähnadeln, hatten das Loch für den Faden aber an der Spitze. Als er aufwachte, löste er sein Problem mit Hilfe dieser Konstruktion!»

«Ein hervorragendes Beispiel», nickte Haurvata. «Daran sieht man sehr schön, wie das erweiterte Bewußtsein dem Menschen helfen kann, wenn er nur demütig um Hilfe bittet!»

«Und was ist mit den anderen beiden Dingen – Freiheit und Verantwortungsgefühl?» erkundigte ich mich.

«Verantwortungsgefühl und Freiheit gehen Hand in Hand», erklärte Haurvata. «Man kann sie nicht voneinander trennen. Eltern glauben, daß es zum natürlichen Reifeprozeß ihrer Kinder gehöre, Verantwortungsgefühl und Freiheit zu lernen, so wie ihnen in der Pubertät Barthaare oder Brüste wachsen. Aber das ist nicht so! Verantwortungsgefühl muß ebenso sorgfältig aufgebaut werden, wie man lernt, einen Ball richtig mit dem Schläger zu treffen – Schritt für Schritt! Dann kommt die Freiheit. Sie ist das direkte Ergebnis der antrainierten Fähigkeit des Menschen, spirituelle Gesetze zu erkennen und zu befolgen.

Das Prinzip der persönlichen Verantwortung beginnt mit der Bewußtwerdung seiner inneren Einstellung und seiner Aufmerksamkeit. Solche Bewußtheit bildet sich, wenn das Kind erkennt, wie wichtig Einstellung und Aufmerksamkeit als innere Aktionen sind. Woran denken eure Kinder? Was für Ansichten und Einstellungen haben sie sich selbst und dem Rest der Welt gegenüber? Gedanken, Einstellungen und Ansichten sind keine Seifenblasen, die in der Luft zerplatzen. Sie sind kreative Impulse, die in die Welt hinauswandern und greifbare Resultate bewirken!

Und jetzt will ich dir erklären, was für Fehler Eltern machen, wenn sie versuchen, ihren Kindern diese drei Schlüsselprinzipien beizubringen», sagte der Meister mit leiser Stimme. «Erstens richten sie ihre Aufmerksamkeit darauf, was ihre Kinder falsch machen, und nicht auf das, was sie richtig machen. Das heißt, sie konzentrieren sich auf Probleme und verankern sie dadurch noch fester, statt ihren Kindern ein Bild der entgegengesetzten, wünschenswerten Eigenschaften zu entwerfen.

Außerdem gibt man Kindern, wenn man hauptsächlich ihre Schwierigkeiten sieht, von vornherein das Gefühl, versagt zu haben. Und dieses Gefühl wirkt nach einer Zeit so wie die alte Vorstellung von der ‹Erbsünde›. Es gibt den Kindern von Anfang an ein Gefühl der Unzulänglichkeit und Schuld, das scheinbar aus dem Nichts heraus entstanden ist, aber bald immer stärker wird und ihr ganzes Leben durchdringt.

Der zweite Fehler, den Eltern bei ihren Kindern begehen, besteht darin, daß sie ihnen sagen, was sie tun sollen, anstatt es ihnen zu zeigen! Jeder lernt am besten, indem er einen anderen etwas tun sieht und es dann selbst versucht. Manche Leute bezeichnen das als Lernen durch Nachahmung oder durch Vorbilder. Es funktioniert besonders gut in Verbindung mit geduldiger Unterweisung.

Wenn Vater und Mutter also möchten, daß ihre Kinder höflich und rücksichtsvoll sind, müssen sie zuerst einmal selbst höflich und rücksichtsvoll sein. Dann müssen sie ihre Kinder in Situationen bringen, in denen diese die Möglichkeit haben, sich ebenso zu verhalten. Der Anlaß kann zum Beispiel darin bestehen, daß sie einem Gast etwas zu trinken anbieten oder sich bei jemandem schriftlich für ein Geschenk bedanken. Aber es reicht nicht, ihnen einfach nur Befehle zu geben! Man muß ihnen die Werkzeuge in die Hand geben und ihnen freundlich unterstützend zur Seite stehen, während sie diese Handlungen ausführen.

Der letzte Fehler, auf den ich hier eingehe, hängt eng mit unserem Thema der Geschlechter zusammen. Eltern handeln zu sehr aus den Neigungen ihrer sexuellen Polarisierung heraus! Um die krassesten Beispiele zu nennen: Männer sind zu unpersönlich und unkommunikativ. Sie geben ihren Kindern ein Vorbild für einen gefährlichen Mangel an Selbsterkenntnis und für ein Mißverständnis subjektiver Realitäten. Männer neigen auch zu willkürlichen Strafmaßnahmen und Entscheidungen. Dadurch wirken sie autoritär und geben ihren Kindern das Gefühl, wer die Macht hat, der hat immer recht. Dadurch erhalten sie die Idee der männlichen Vorherrschaft aufrecht und fördern die Idealisierung der Macht.

Frauen dagegen neigen zum Verhätscheln und haben einen zu schwachen Willen, wenn es darum geht, Kinder mit echten spirituellen Bedürfnissen anzuleiten und ihnen Disziplin beizubringen. Drogenprobleme zum Beispiel tauchen nicht einfach aus heiterem Himmel auf, wenn ein Kind in die Pubertät kommt. Solche schwerwiegenden negativen Entscheidungen stammen aus früheren Versäumnissen bei der Erziehung. Die Frauen müssen sich von der Vorstellung freimachen, daß eine nahrhafte Mahlzeit und eine Umarmung und ein Küßchen schon die meisten Probleme löst. Da Frauen im allgemeinen viel stärker auf die subjektiven Gemütszustände ihrer Kinder eingestimmt sind, tragen sie auch eine größere Verantwortung. Sie besteht darin, daß sie ihren Kindern helfen müssen, ihre spirituellen Schwächen zu korrigieren, damit sie diesen Fehlern später nicht zum Opfer fallen!

Eltern, die sich vom männlichen Familienideal leiten lassen, haben in der Regel das Gefühl, daß ihre Rolle darin besteht, Macht und Kontrolle auszuüben. Eltern, die sich mehr vom weiblichen Strom beeinflussen lassen, neigen eher zu der Ansicht, daß es ihre Aufgabe ist, den Kindern Liebe zu geben. Beides erfüllt nicht die Bedürfnisse der Kinder, solange die Eltern ihre wahre spirituelle Funktion nicht erfüllen. Diese Aufgabe besteht darin, ihren Kindern spirituelle Führer und Lehrer zu sein. Es ist eine Rolle, die Geduld und Mitgefühl erfordert. Sie geht über Kontrolle und Machtausübung hinaus, ja sogar über die menschliche Liebe. Weißt du, welche Eigenschaft man am dringendsten braucht, um diese Aufgabe zu erfüllen, mein Kind?»

«Distanz und Loslassen?» fragte ich zögernd, denn plötzlich fiel mir das Rätsel des Adlers wieder ein.

«Ja, liebe Freundin», erwiderte Haurvata ernst. «Das ist die richtige Antwort. Distanz ist kein Mangel an Fürsorge oder Gefühl für andere und auch keine intellektuelle Kälte. Es ist die Fähigkeit, von äußeren Ereignissen und Bedingungen unberührt und in seiner Seele zentriert zu bleiben. Durch Distanziertheit erlangt man die Freiheit, jederzeit selbst im jeweiligen Moment zu entscheiden, was man denken und tun will, und die Kraft, stets die Wahrheit zu sehen und aus einer Haltung der Liebe heraus zu handeln. Bemühe dich um diese Distanz, und dein Weg durchs Leben wird leicht und eben sein. Lachen und Verständnis werden dich begleiten.»

Er warf mir einen scharfen Seitenblick zu. «Verstehst du, was ich da sage?»

«Ich glaube ja», seufzte ich. «Ich wußte zwar die Antwort auf das Rätsel des Adlers, aber die dazugehörige Erfahrung fehlte mir. Ich hatte einen wunderbaren Bewußtseinszustand erreicht, konnte ihn aber nicht halten, weil mir der Abstand fehlte. Der verstärkte spirituelle Strom hat mir geholfen, viele neue Wahrheiten zu erkennen; aber dazu gehörten natürlich auch meine Fehler. Das hat diese negative Reaktion in mir ausgelöst, die meinen Mut und meine Lebensgeister absacken ließ. Nun weiß ich, wie entscheidend sich schon eine kleine Veränderung der Einstellung auf das spirituelle Wachstum auswirken kann. Ich will nicht behaupten, daß ich vollständig begreife, was Distanziertheit und Loslassen bedeuten, aber ich glaube, dieses Thema sollte ich mir als nächstes vornehmen, nicht wahr, Haurvata?»

Der Meister winkte ab. «Keine Angst. Du machst gute Fortschritte, trotz gelegentlicher Rückschläge. Das einzig Wichtige ist, daß du lernst. Zum Beispiel meisterst du die beginnende Pubertät deines Sohnes – für die meisten Eltern eine echte Bewährungsprobe – sehr gut! Die Probleme in dieser schwierigen Zeit hängen eng mit dem männlichen und dem weiblichen Strom zusammen.»

«Oh! Darauf bin ich noch gar nicht gekommen», rief ich erstaunt.

«Verstehst du», begann er, «die Hormone, die während der Pubertät ausgeschüttet werden, regen nicht nur die Entwicklung der sekundären Geschlechtsmerkmale an. Sie sind – jedenfalls zum größten Teil – auch dafür verantwortlich, daß ein Junge oder ein Mädchen sich innerlich mit seinem beziehungsweise ihrem Geschlecht identifiziert. Einem Jungen wird bewußt, daß er männlichen Geschlechts ist; ein Mädchen wird sich seines weiblichen Geschlechts bewußt. Das ist natürlich eine notwendige Entwicklung; doch wie die meisten Dinge auf der physischen Ebene geht sie oft bis zum Extrem.

Jetzt besteht die Gefahr, daß eine zu starke Polarisierung eintritt, daß Jungen und Mädchen sich zu sehr mit ihrem männlichen beziehungsweise weiblichen Geschlecht identifizieren und ihre Ganzheit verlieren. Das passiert vielen jungen Menschen, vor allem in einer Kultur, die extreme Ausformungen des Männlichen und Weiblichen häufig auch noch ermutigt und fördert. Drogen und Alkohol, das Rasen in schnellen Autos, Schlägereien und anderes antisoziales Verhalten Heranwachsender sind Symptome dieser Polarisierung. Sie wollen damit nur ihre männliche Dominanz über die zivilisierenden, kontrollierenden Tendenzen der Gesellschaft geltend machen, die eine weibliche Kraft ist.»

«Ah, jetzt verstehe ich», warf ich ein. «Mädchen sind dagegen besessen von Beziehungen – sowohl von ihren Freundschaften mit anderen Mädchen als auch von ihren ersten romantischen Beziehungen zu Jungen. Sie neigen dazu, ihr Leben mit Phantasien, Tagträumen und Telefongesprächen zu verbringen, und sind sehr stark von Stimmungen abhängig. Doch am interessantesten finde ich die Tatsache, daß Mädchen in diesem Stadium häufig sehr gehemmt sind und sich scheuen, ihre eigenen Fähigkeiten zur Geltung zu bringen. In dieser Zeit lassen ihre schulischen Leistungen häufig nach. Ich habe sogar gelesen, daß Mädchen bis zu diesem Alter genausogut in Mathematik sind wie Jungen. Doch dann geht es wirklich rapide bergab!»

«Ja», sagte Haurvata zustimmend. «Das liegt daran, daß Mädchen ihren Wert jetzt instinktiv ‹in Beziehung› zu anderen sehen – seien es nun Freundinnen oder ein Freund – und nicht mehr darin, was sie als Individuum leisten und erreichen. Die Verschlechterung ihrer Mathematiknoten deutet darauf hin, daß sie jetzt nicht mehr mit den Jungen konkurrieren wollen. Es ist eine Art, ihre Unterwerfung zu zeigen.»

«Aber ist das denn gut?» fragte ich stirnrunzelnd.

«Nun ja, es ist nur natürlich, aber vielleicht zu einseitig», schmunzelte der Meister. «Jeder weiß, daß die Pubertät Jungen und Mädchen in physischer und psychischer Hinsicht stark verändert. Und doch sehen nur wenige darin auch ein spirituelles Problem. Es ist aber ein spirituelles Problem, weil vorher ein größeres Gleichgewicht zwischen dem männlichen und dem weiblichen Strom bestand. Deshalb sind Kinder unter zwölf Jahren so entzückend für Erwachsene. Der Begriff ‹kindlich› wurde für diese vorpubertäre Altersgruppe geprägt und nicht für Teenager!

Doch während der Pubertät kommt es in den meisten Jugendlichen zu einer Spaltung. Jungen werfen ihre weiblichen Eigenschaften über Bord, während Mädchen ihre männlichen Züge beiseite schieben – die einen entschlossen, die anderen zögernder. Nach der Pubertät wird dieses Gleichgewicht teilweise wiederhergestellt; doch die wenigsten Menschen haben später noch Ähnlichkeit mit den freien und vollkommenen Wesen, die sie als Kinder einmal waren. Das hält man meist für eine unvermeidliche Begleiterscheinung des Erwachsenseins. Aber das ist es nicht. Denn der größte Teil dessen, was wir mit der Kindheit verlieren, geht uns nur aufgrund der Aufspaltung von Männlichem und Weiblichem verloren!»

«Oho!» sagte ich und pfiff leise durch die Zähne. «Das ist ein sehr wichtiger Gedanke. Darüber muß ich wirklich einmal in Ruhe nachdenken.»

«Tu das», antwortete der Meister. «Und während du darüber nachdenkst, frage dich, was wohl hinter dem Bibelwort steckt: ‹Bevor ihr nicht werdet wie die Kinder, könnt ihr nicht in das Himmelreich eintreten.›»

«Du meinst, Kinder sind etwas Ganzes», sagte ich nachdenklich, «weil ihre männlichen und weiblichen Seiten in einem ausgewogenen Verhältnis zueinander stehen. Das heißt, wenn wir als Erwachsene das höhere Bewußtsein erfahren möchten, müssen wir nach diesem Gleichgewicht streben? Ist das richtig?»

«Gratuliere!» lachte der Meister. «Das heißt natürlich nicht, daß man nur seine männlichen und weiblichen Kräfte ins Gleichgewicht zu bringen braucht, und schon hat man Zugang zu den himmlischen Welten. Aber dieses Gleichgewicht ist wirklich eine wichtige Voraussetzung, ohne die man die inneren Eigenschaften, die für diese Reise notwendig sind, nicht erlangen kann. Um es konkreter auszudrücken: Man braucht die Rezeptivität des Weiblichen und die Kühnheit des Männlichen, um dieses Ziel zu erreichen. Wenn man nicht beides hat, scheitert man unweigerlich.»

«Gut», sagte ich. «Das glaube ich dir.»

«In den letzten Monaten», begann Haurvata und holte tief Luft, «hast du eine ziemlich gefahrvolle Zeit mit deinem Sohn durchgemacht. Du hast um Hilfe gebeten, und wenn du dich recht erinnerst, bekamst du diese Hilfe auch. Das lag an deinem Vertrauen zum Geist. Wie du ja bereits erfahren hast, beruht das Verhältnis eines Menschen zum Geist immer auf Gegenseitigkeit. Der Geist gibt dir genausoviel, wie du erwartest. Jedenfalls hast du richtig erkannt, daß du aufhören mußtest, dich gefühlsmäßig mit deinem Sohn zu identifizieren. Das war nicht leicht, aber du hast es geschafft. Und deine Methode, das Problem zu lösen, hat sich bewährt.»

«Weißt du», erklärte ich und schüttelte den Kopf. «Mir war gar nicht bewußt, daß ich so sehr an ihm hing. Aber ich glaube, jetzt begreife ich diese Erfahrung.»

«Nur zu», lächelte der Adept. «Erzähle mir davon.»

«Tja», sagte ich, «ich glaube, ich hatte mich unbewußt mit meinem Sohn als meiner männlichen Hälfte identifiziert. Doch als er in die Pubertät kam, begann er sich in negativer Form gegen mich zu behaupten – er versuchte mich aus seinem psychischen Raum hinauszudrängen. Das war ein Schock für mich. Ich gab ihm die Schuld, und er benahm sich auch wirklich ziemlich ekelhaft! Trotzdem mußte ich über sein äußeres Verhalten hinausschauen, ihn als eigenständiges Individuum erkennen und auf dieser Basis akzeptieren. Unsere alte Beziehung stimmte nicht mehr. Wir mußten neu anfangen.»

«Das hast du gut gemacht», sagte der Meister anerkennend.

«Genau das ist es. Übrigens erleben Väter das gleiche mit ihren Töchtern. Auch der Vater identifiziert sich mit seiner Tochter und idealisiert sie als seine weibliche Hälfte. Und dann wendet sie sich von ihm ab und gleichaltrigen Jungen zu! Der Vater fühlt sich verschmäht, zurückgewiesen. Manchmal reagiert er mit Gewalt darauf und versucht seine Tochter um so stärker zu beherrschen, während sie sich verzweifelt bemüht, von ihm loszukommen. Allerdings muß ich an dieser Stelle sagen, daß die Nähe eines Kindes zum andersgeschlechtlichen Elternteil in erster Linie etwas Gutes und Natürliches für die Kinder ist. Doch in der Pubertät haben sie diese Nähe meistens schon in sich integriert. Jetzt brauchen sie den Platz, den sie dem Elternteil vorher einräumten, um sie selbst zu sein.»

«Hmm», sagte ich nachdenklich. «Mütter und Töchter oder Väter und Söhne haben es also nicht so schwer?»

«Auch diese Beziehung kann schwierig sein», korrigierte der Meister mich, «aber auf andere Art. Wir sprechen hier von einem männlich-weiblichen Verhaltensmuster zwischen Eltern und ihren Kindern. Mutter und Tochter oder Vater und Sohn können Rivalitätsprobleme entwickeln, die entstehen, weil jeder sein eigenes Ich durchsetzen will.

Aber zwischen ihnen kommt es nicht zum ‹Bruch›, und diese Probleme sind auch nicht so emotionsgeladen wie die aus den Beziehungen zwischen Mutter und Sohn oder Vater und Tochter.

Du mußt eines verstehen: Der ‹Bruch› ist unumgänglich, aber er muß für eine Eltern-Kind-Beziehung nicht destruktiv sein, sondern kann auch etwas Konstruktives darstellen. Im Idealfall bedeutet es den Beginn eines neuen Zyklus, in dem Eltern und Kinder einander – was Kommunikation und Freiheit betrifft – ebenbürtiger sind. Ein Elternteil, der es gewohnt ist, sein Kind mit Hilfe seiner Autorität zu lenken, wird die größten Schwierigkeiten haben, sobald das Kind in die Pubertät kommt. Dann muß der Vater – oder die Mutter – einen Schritt zurücktreten und erkennen, daß das Kind jetzt seine eigene innere Autorität und seine eigenen inneren Kontrollmaßnahmen aufbauen muß.

Das heißt nicht, daß man dem Kind nicht auch jetzt gewisse Grenzen setzen darf», fügte Haurvata hinzu. «Doch selbst das sollte man auf eine unvoreingenommene, vernünftige Art und Weise tun. Willkürlichkeit ist nur eine verkleidete Form autoritären Verhaltens. Zu glauben, man könne mit Jugendlichen mit Hilfe von Befehlen und Verboten fertigwerden, ist völliger Unsinn! Es ist jedesmal ein aussichtsloser Kampf. Entweder bricht man ihren Lebensmut, oder man entfremdet sie sich völlig. Und wenn man sich Kinder in dieser Zeit entfremdet, ist das der Beginn eines Krieges, der erst aufhört, wenn sie aus dem Haus gehen. Sind sie über die Zwanzig hinaus oder noch älter, schließen manche wieder Frieden mit ihren Eltern; doch bei vielen bleiben weiterhin Ressentiments bestehen.»

«Ein erschreckender Gedanke», murmelte ich.

«O ja», stimmte der Meister teilnahmsvoll zu. «Deshalb erkläre ich es dir ja auch, damit du es anderen Menschen weitersagen kannst. Letztlich wollen alle Menschen das Richtige tun; aber manchmal wissen sie eben nicht, was das Richtige ist. Und die spirituelle Lösung ist das letzte, wonach sie suchen! Aber sie wirkt immer, findest du nicht auch?»

«O ja», grinste ich. «Bei mir hat sie dazu geführt, daß ich meinen alten Trott änderte und mich für etwas Neues öffnete. Ich habe sogar festgestellt, daß ich meinen Sohn jetzt mehr mag als in seiner Kindheit!»

«Ja, genau das ist es, nicht wahr?» sagte der Meister. «Zu viele Menschen denken wehmütig an die Zeit zurück, als ihre Kinder noch klein waren. Das ist für sie die schönste Zeit. Das zeigt, daß sie mehr an ihrer Elternrolle hängen, als sie ihre Kinder lieben. Doch Eltern sollten ihre Bemühungen nicht in Rollen investieren, sondern in Menschen. Und wenn die Kinder dann zu Erwachsenen heranreifen, bekommen die Eltern ein zweites Geschenk – sie entdecken ihre Kinder als Freunde wieder!»

Er verschränkte die Hände im Nacken, schloß die Augen und genoß die Sonne, die sein durchfurchtes Gesicht in Wärme badete. «Danke», sagte ich, erhob mich von der Bank und ging langsam fort. Als ich mich ein letztes Mal nach ihm umdrehte, saß er immer noch da und hatte seine langen Beine von sich gestreckt.

KAPITEL SECHZEHN

Der blaue Reiher

Linda Morris hatte ein Baby bekommen. Es war ein Prachtkerl – ein gesunder, kräftiger Junge, der bei der Geburt fast zehn Pfund gewogen hatte. Das Kind, das nach Lindas Urgroßvater den Namen Benjamin erhielt, war hübsch und sehr aufgeweckt. Es folgte einem mit seinen runden, grauen Augen überallhin, und sein Lächeln konnte ein ganzes Zimmer erhellen. Ich hatte Linda und das Baby gleich zwei Tage nach der Geburt im Krankenhaus besucht. Vic, Lindas Mann, war auch da. Wir hatten ein Stündchen freundlich miteinander geplaudert, über das Wunder der Geburt und wie es ist, ein Kind zu haben. Ich hielt Benjamin einen Augenblick auf dem Arm und dachte an die kostbare Zeit zurück, als mein eigener Sohn so klein gewesen war. Es kam mir vor, als liege das schon mehrere Leben zurück.

Heute, drei Wochen später, machte ich mich für einen zweiten Besuch bei den Morris' bereit. Vic hatte seinen ganzen restlichen Urlaub genommen, um zu Hause bei Linda und Benjamin bleiben zu können. Am Telefon klangen die beiden immer noch begeistert, aber auch erschöpft vom nächtlichen Füttern, dem ständigen Windelnwechseln und dem Dauergebrüll ihres Sohnes, der häufig kolikartige Bauchschmerzen hatte. Ich merkte auch, wie erstaunt sie waren, daß der Umgang mit einem Kleinkind sie so sehr forderte. Sie waren beide intelligente, gebildete Leute mit einer glücklichen Kindheit. Doch nichts in ihrer Erziehung oder ihren Säuglingskursen hatte sie auf die alltäglichen Realitäten des Vater- und Mutterseins vorbereitet!

Ich griff nach meinem Autoschlüssel und meiner Handtasche und nahm auf dem Weg zur Tür noch rasch den letzten Schluck Tee. Da war sie plötzlich neben mir!

«Darf ich mitkommen?» fragte sie, und ein freundliches Lächeln erhellte ihr Gesicht. Ihr Kopf schaute um die Ecke des Wohnzimmers neben der Haustür.

Ich wollte etwas sagen, verschluckte mich aber vor Schreck und brachte nur ein paar Worte und lautes Husten hervor.

«Oh! Entschuldige», rief sie und klopfte mir auf den Rücken. «Ich wollte dich nicht erschrecken. Ich dachte, du merkst es, wenn ich in der Nähe bin. Aber das scheint offensichtlich nicht immer zu funktionieren.»

«Nein», antwortete ich hustend. «Natürlich freue ich mich jedesmal, wenn ich dich sehe. Aber wie soll ich vorher wissen, wann du plötzlich aus dem Nichts heraus auftauchst?»

Ich gestikulierte heftig mit den Armen.

«Tja», sagte sie nachdenklich, «vielleicht solltest du mehr darauf achten, was hier drin vor sich geht.»

Sie tippte sich an die Stirn und lächelte liebenswürdig.

«Also gut», lenkte ich ein und betrachtete sie endlich genauer. Sie trug einen beigen Wollrock und eine rote Jacke und erinnerte ein wenig an die kecke Anführerin einer Gruppe von Schulmädchen, die ihre Mannschaft bei einer Sportveranstaltung ihrer Schule anfeuert. Es fehlte nur noch das Emblem der Mannschaft an ihrer Brust.

«Ich nehme an, du weißt, wohin ich gehe?» fragte ich. Ich hatte mich inzwischen mit der Aussicht abgefunden, eine Unmani-Dhun-Meisterin zu einem Besuch bei Freunden mitzubringen.

«Du willst Lindas Baby besuchen», sagte sie schulterzuckend und ziemlich unbekümmert. «Und da du mich sowieso gleich danach fragen wirst, erkläre ich dir, warum ich mitkommen möchte. Erstens mag ich Babys. Aber was noch viel wichtiger ist –, ich glaube, daß dieses Erlebnis einiges in dir auslösen wird, was vielleicht in dein Buch hineingehört. Bist du einverstanden?»

«Warum nicht?» fragte ich. «Aber als was soll ich dich Linda und Vic vorstellen?»

«Ich weiß nicht», antwortete Kyari. «Dir wird schon etwas einfallen!»

Wir stiegen in mein Auto und fuhren in den Außenbezirk der

Stadt, in dem Vic und Linda Morris wohnten. Es war eine schöne Gegend voller alter Obstgärten und unbebauter Weideflächen. Zu dieser Jahreszeit waren die Kirschbäume von zarten rosa Blüten übersät. Auf einem nahegelegenen Feld stand ein kreuzlahmer, alter Apfelschimmel und zupfte am Gras.

Linda und Vic warteten an der Tür auf uns. Ich beschloß, ihnen Kyari Hota als alte Schulfreundin vorzustellen, denn sie als Verwandte auszugeben, könnte in Zukunft vielleicht Komplikationen mit sich bringen. Wir nahmen ein paar Drinks und einen kleinen Imbiß am Frühstückstisch ein und gingen dann auf Zehenspitzen ins Kinderzimmer, um das schlafende Baby zu bewundern. Doch kaum waren wir zur Tür hereingekommen, wachte Benjamin auf und begann laut zu schreien.

«Macht nichts, ich nehme ihn auf den Arm», hörte ich mich sagen.

Wir zogen ins Wohnzimmer zurück, plauderten etwa eine Stunde lang, und Benjamin wurde dabei immer wieder zwischen uns herumgereicht. Seine Mutter wechselte zweimal seine Windeln. Mir fiel auf, wie mühelos und harmonisch Kyari sich in unsere kleine Gruppe einfügte, wie ungezwungen sie sprach und allen die Befangenheit nahm. Als unser Besuch zu Ende war, hatte sie mich beinahe davon überzeugt, daß sie nicht das merkwürdige Wesen war, das man als Unmani-Dhun-Adeptin bezeichnete, sondern nur eine liebenswürdige, intelligente Frau namens Kari, eine Freundin aus meiner Collegezeit.

Langsam fuhren wir nach Hause. Kyari, die mit dem Verlauf des Tages offensichtlich sehr zufrieden war, bat mich, am Fluß entlangzufahren. An einer Stelle, von der aus man einen herrlichen Blick über mehrere Kilometer Fluß, weißen Sandstrand und Felsen hatte, forderte sie mich auf, anzuhalten. Ich fuhr an den Straßenrand und stieg aus. Ein schmaler Pfad führte zu drei großen Felsblöcken und einem schmalen Streifen Sandstrand hinab. Vorsichtig bahnten wir uns unseren Weg nach unten, setzten uns auf die Felsbrocken und genossen schweigend das endlose Fließen des Wassers zum Meer.

«Na, meine Tochter, was hast du heute gelernt?» fragte Kyari und schaute mit zusammengekniffenen Augen auf die Wasseroberfläche, in der sich das grelle Sonnenlicht widerspiegelte.

«Ich weiß nicht genau, was du meinst», sagte ich offen. «Ich glaube nicht, daß ich heute irgend etwas Besonderes gelernt habe. Oder was meinst du?»

Die Meisterin ließ einen Stein über das Wasser springen. Er traf sechsmal auf. Ich betrachtete sie mit ganz neuer Hochachtung.

«Was ist dir an dem Baby aufgefallen?» fragte sie mich.

«An dem Baby?» wiederholte ich überrascht. Ich hatte nichts Besonderes an dem Kleinen bemerkt. «Hmmm... Er war niedlich. Er war gesund und kräftig... Und er war naß.»

Kyari lachte. «Ich sehe schon, heute muß ich die Initiative übernehmen. Also gut. Ich möchte mit dir über das Thema des persönlichen Raums und der spirituellen Hingabe sprechen. Ein Baby ist nämlich für beide Prinzipien ein sehr gutes Beispiel. Ich glaube, was wir heute besprechen, paßt gut zu dem, was Haurvata dir vor ein paar Wochen über Kinder erzählt hat.»

«Also gut, ich bin bereit», sagte ich unbeteiligt. «Aber wie definieren wir eigentlich ‹persönlichen Raum›?»

«Weißt du die Antwort darauf denn nicht selbst?» fragte sie tadelnd.

«Unser persönlicher Raum ist unsere eigene Individualität», vermutete ich. «Jedenfalls habe ich darunter bisher immer meine persönliche Privatsphäre verstanden.»

«Richtig», sagte sie. «Der persönliche Raum ist das, was ein Mensch unter seinem ‹Ich› versteht, sein Ichgefühl. Das kann etwas Physisches sein – zum Beispiel, wenn du jemanden gegen seinen Willen berührst. Dann kann man sagen, daß du in seinen physischen Raum eingedrungen bist. Mit ‹persönlichem Raum› kann aber auch etwas weniger Materielles gemeint sein, zum Beispiel, wenn du jemandem einen unerwünschten Rat gibst oder ihm vorschreibst, wie er Gott verehren soll. Das ist ein Beispiel für eine psychische Einmischung.»

«Ich verstehe», antwortete ich. Dieser Gedanke war mir nicht neu.

«Bei einem Baby entwickelt sich sein Ichgefühl ganz langsam in Beziehung zu mehreren verschiedenen Faktoren. Einer dieser Faktoren ist das Gegensatzpaar ‹Abhängigkeit versus Unabhängigkeit›. Ein kleines Kind ist natürlich völlig von anderen Menschen abhängig. Doch wenn die Erwachsenen in seiner Umgebung seine Bedürfnisse erfüllen, lernt es, sich in seinem physischen Körper sicher und wohl zu fühlen. Es entsteht allmählich in ihm das Gefühl, Kontrolle über seine Umgebung ausüben zu können. Es ist ein ziemlich trügerisches Gefühl der Kontrolle; aber eine Zeitlang funktioniert es ganz gut.

Die heikelste elterliche Aufgabe besteht darin, das Bedürfnis des Kindes nach Sicherheit und Geborgenheit zu befriedigen und ihm gleichzeitig ganz allmählich beizubringen, den Bereich seiner Unabhängigkeit zu erweitern. Dabei geht man leicht zu rasch voran und zwingt einem Kind Unabhängigkeit auf, für die es noch nicht reif ist. Das geht in der Regel schief; denn dann klammert sich das Kind nur noch ängstlicher an die Quelle seiner früheren Geborgenheit. Aber viele Eltern gehen auch zu zögernd voran und halten ihr Kind selbst dann noch in einem Zustand der Abhängigkeit, wenn es schon längst auf eigenen Füßen stehen könnte.

Wie wirken Abhängigkeit und Unabhängigkeit sich auf das Ichgefühl des Kindes aus? Je weiter der Unabhängigkeitsbereich eines Kindes sich ausdehnt, um so zuversichtlicher glaubt es daran, daß es selbst in der Lage ist, sein Leben zu ‹verursachen›. Selbst im Rahmen der Regeln und Strukturen von Familie und Gesellschaft sieht es, daß es meistens das bekommt, was es will, und daß fast alle Situationen sich zu seinen Gunsten entwickeln.

Ein solcher Mensch hat als Erwachsener im allgemeinen ein gesundes Selbstgefühl. Er geht davon aus, daß das Leben sich meistens nach seinen Wünschen und Bemühungen richtet. Und wenn das einmal nicht so ist, kann er sich diese Ausnahmen relativ leicht erklären. Er hat eine realistische Vorstellung davon, was er beherrschen kann und was nicht, und steht Situationen, die außerhalb seines Einflusses liegen, mit philosophischer Gelassenheit gegenüber.

Doch ein Erwachsener, der entweder zu sehr von seinen Eltern umsorgt oder zu sehr vernachlässigt worden ist, hat oft Probleme mit seinem Selbstgefühl. Vielleicht fällt es ihm schwer, auf seine Fähigkeit zu vertrauen, das Leben zu manifestieren; oder er bemüht sich krampfhaft und auf unrealistische Weise, alle Ereignisse des Lebens unter seine Kontrolle zu bringen. In beiden Fällen neigt er dazu, in anderen Menschen entweder Quellen zur Befriedigung seiner Wünsche oder aber Hindernisse zu sehen, die ihm die Erfüllung seiner Wünsche verwehren, und sie dementsprechend zu behandeln. Sein Ichgefühl verharrt im Kleinkinderstadium oder kehrt dorthin zurück – einem Zustand der Abhängigkeit von anderen Menschen.

Natürlich tritt kein Kind ins Leben ein, ohne irgendein Ichbewußtsein zu haben. Jeder Mensch besitzt ein ganz spezielles Ichgefühl, das im Laufe seiner verschiedenen männlichen und weiblichen Existenzen entstanden ist. Aber ich möchte darauf hinaus, daß physische Erfahrungen das Ichgefühl einer Seele sehr stark prägen können. Nur die stärksten Seelen können sich über eine sehr negative Erziehung erheben und ihr Ichgefühl auch feindlichen Kräften gegenüber behaupten.

Aber die Liebe erschafft eine starke Aura rund um das Ichgefühl einer Seele», sagte Kyari, stand auf und trat ans Ufer. «Sie bildet einen Schild, die positive spirituelle Kraft. Dieser Schild der Liebe wehrt die negativen Dinge des Lebens von uns ab. Deshalb, meine Tochter, ist Liebe im Leben eines jeden Menschen so absolut notwendig! Ohne Liebe ist man wie ein Fisch ohne Wasser. Genau wie ein Fisch Wasser braucht, um atmen, sich bewegen und überleben zu können, braucht jede lebendige Seele Liebe. Liebe schützt den Menschen und richtet ihn auf. Und wir schulden jedem beseelten Wesen auf der Erde diese bedingungslose Liebe!»

«Aha», warf ich ein. Allmählich begann mich die Sache zu interessieren. «Wenn ich dich richtig verstehe, ist Liebe so eine Art spirituelles Immunsystem. Eine starke Aura der Liebe hilft einem, die meisten negativen Erfahrungen von sich fernzuhalten und diejenigen, die sich trotzdem einschleichen, wieder aufzuheben! Ist es das?»

«Richtig», nickte die Meisterin und wandte sich mir mit leuchtenden Augen zu.

«Und deshalb braucht jeder Mensch die Liebe ebenso dringend wie die Luft zum Atmen!» rief ich und rutschte von meinem Felsblock. «Aus diesem Blickwinkel habe ich die Liebe noch nie betrachtet. Jetzt erscheint sie mir in einem ganz anderen Licht. Ich muß unbedingt noch genauer darüber nachdenken.»

Nun nahmen meine Gedanken rasch konkrete Formen an.

«Ist dieses Ichbewußtsein dasselbe wie das Ego?» fragte ich und versuchte ihre Aussagen mit Theorien zu vergleichen, die ich aus der Psychologie gelernt hatte.

«In gewisser Weise ja», antwortete die Adeptin. Sie hatte den Sand an einer Stelle geglättet und sich hingesetzt.

«Ego ist ein anderer Name für das Ichgefühl, und jeder spirituelle Schüler muß erkennen, wie wichtig es für seine innere
Entfaltung ist. Manche sogenannten spirituellen Leute wollen
einem einreden, das Ego sei etwas Negatives. Aber das ist Unsinn! Das Ich ist Seele, die im menschlichen Bewußtsein lebt und
weiß, daß sie ein von allen anderen gesondertes Wesen in der
Welt ist. Nur mit Hilfe eines gesunden Ichs kann ein Mensch beginnen, sich als spirituelles Wesen, als Seele, zu verwirklichen!»

«Ich glaube, ich weiß, warum das so ist», sagte ich. «Wenn dein
Ego nicht stark genug ist, läßt du zu viele andere Menschen in deinen Raum hinein. Du gerätst ganz durcheinander, weil du versuchst, es allen recht zu machen; und am Ende weißt du nicht
mehr, wie du es dir selbst recht machen sollst. Das ist es, nicht
wahr?»

«Ja, das ist es», stimmte Kyari zu. «Und ich könnte noch hinzufügen, daß diese Beschreibung auf mehr Frauen zutrifft als Männer. Deshalb sind die Frauen in diesem Leben unzufriedener als
die Männer. Frauen bringt man von klein auf bei, in erster Linie
die anderen zufriedenzustellen und nicht sich selbst. Um dich
selbst zufriedenstellen zu können, mußt du dich zuerst einmal
kennen. Darum übervorteilen sich die meisten Frauen selber, weil
sie weder in spiritueller noch in materieller Hinsicht ein ausgeprägtes Ich haben. Sie schützen und entfalten die Integrität ihres
persönlichen Raumes nicht.

Frauen haben ganz besonders mit diesem Problem des inneren
Selbstvertrauens zu kämpfen. Und allen Männern, bei denen die
weibliche Seite stark ausgeprägt ist, geht es ebenso. Denk doch
nur an die Themen, die sich in Frauengespräche häufig einschleichen. Du wirst feststellen, daß sie sich zum großen Teil um persönliche Schwierigkeiten drehen. Vorübergehend verschaffen
solche Gespräche den Frauen Erleichterung; aber sie müssen auch
ihren Preis dafür bezahlen. Durch die Einfühlung in negative Zustände konzentrieren sie ihre Aufmerksamkeit auf ihre Ängste
und Beschränkungen, und ihre spirituelle Energie schwindet! Das
hören die Frauen vielleicht nicht gern, aber es ist wahr!»

«Ich habe es immer für eine gute Idee gehalten, daß Frauen sich
über ihre Schwierigkeiten unterhalten», warf ich ein. «Und die
Tatsache, daß Männer das im allgemeinen nicht tun, scheint mir
eher eine Schwäche als eine Stärke zu sein.»

«Ach ja», nickte Kyari. «Männer sprechen nicht über persönliche Probleme, weil ihr ‹männlicher Verhaltenskodex› es ihnen verbietet. Und dieser ‹Kodex› beruht auf dem intuitiven Wissen, daß es nur noch mehr Schwierigkeiten erzeugt, wenn man seinen privaten Problemen blindlings Luft macht. Die Männer standen in den letzten tausend Jahren auf vertrauterem Fuß mit persönlicher Stärke als die Frauen. Daher wissen sie, daß sie ihre Überlegenheit leicht verlieren, wenn sie Schwächen zeigen. Also tun sie es nicht, denn das könnte sie nicht nur ihr Selbstvertrauen, sondern auch ihre Existenzgrundlage kosten!

Außerdem», fuhr sie fort, «sind Männer handlungsorientiert. Wenn sie über ein Problem diskutieren, tun sie es eher mit der Absicht, eine Lösung zu finden und dann dementsprechend zu handeln. Der fast schon sprichwörtliche Betrunkene an der Bar, der sich über sein Leben beklagt, ist natürlich eine Ausnahme! Frauen dagegen können jahrelang über ihre Probleme diskutieren, ohne wirkliche Absicht, etwas dagegen zu unternehmen. Offensichtlich verschafft es ihnen schon genug Erleichterung, diese Probleme einfach nur mit ihren Freundinnen zu besprechen.

Viele Frauen und auch Männer, die über Probleme reden, suchen nicht ehrlich nach praktikablen Lösungen. Sie sind beispielsweise in emotionale Beziehungen verstrickt und finden es schwierig, sich daraus zu befreien, obwohl ihnen Kummer und Schmerzen zugefügt werden. Viele haben zu große Angst vor Veränderungen, um auch nur einen Versuch zu unternehmen, ihr Leben in eine positivere Richtung zu lenken! Das Reden über ihre Probleme gibt ihnen nur die Illusion, etwas zu verändern, ohne daß sie die Verantwortung für eine wirkliche Veränderung durch Nachdenken, Planen und Handeln auf sich nehmen müßten. Daher üben solche negativen Gespräche eine Art Placebowirkung auf Problembeladene aus.»

«Nun gut. Manchmal ist es wirklich ziemlich sinnlos, über Probleme zu diskutieren», gab ich zu. «Aber es kann doch schließlich nicht immer verkehrt sein. Glaubst du nicht, daß es den Männern guttäte, wenn sie sich offener darüber aussprechen würden, wie es in ihnen aussieht? Ihre emotionale Verschlossenheit kommt mir trotz allem manchmal wie eine Zwangsjacke vor!»

Ich sah, wie sie nickte. «Ja, das stimmt. Männer scheuen sich manchmal zu sehr, ihre Verwundbarkeit zu zeigen. Es tut jedem Menschen gut, bis zu einem gewissen Grad auch seine Angst und seine Schwächen zuzugeben. Aber in Wirklichkeit wollen die Frauen gar nicht, daß die Männer das tun – denn dadurch wird ihre eigene Angst nur noch größer. Das würde den Mythos der Frauen zerstören, daß die anderen Menschen um sie herum stärker sind als sie und sich um sie kümmern können. Wenn Frauen sich darüber beklagen, daß die Männer zu verschlossen sind, wünschen sie sich in Wirklichkeit, die Männer würden sie mehr schätzen und brauchen und das auch offener zum Ausdruck bringen. Das ist ein echtes, legitimes Bedürfnis und ein konstruktiver Wunsch. Doch wenn die Frauen wollen, daß die Männer ihre Gefühle offener zeigen, dann sollten sie fairerweise auch auf alle Aspekte dieser offenen Gefühlsäußerung vorbereitet sein.»

«Ehrlich gesagt ist mir bei diesem Gespräch nicht ganz wohl», beklagte ich mich. «Ich wüßte gar nicht, was ich anfangen sollte, wenn ich nicht ab und zu bei einer verständnisvollen Freundin meine Probleme loswerden könnte. Erst neulich bin ich mit einer meiner Freundinnen zum Mittagessen gegangen. Wir haben uns zwei geschlagene Stunden lang über verschiedene Dinge unterhalten, unter anderem natürlich auch über unsere Probleme. War das so schlimm?»

«Hat es euch geholfen?» fragte Kyari kühl.

«Natürlich», versetzte ich ärgerlich.

«Und wie fühlst du dich jetzt?» fragte sie sanft.

«Jetzt?» wiederholte ich. Nicht besonders, schoß es mir durch den Kopf. Aber das wollte ich nicht zugeben.

«Gut», log ich statt dessen.

«Na schön», lächelte sie. «Dann will ich nur noch folgendes dazu sagen: Anderen Menschen seine Gedanken und Gefühle anzuvertrauen ist eine wichtige Basis für jede Freundschaft und Gemeinschaft auf dieser Welt. Doch wie mit allen guten Dingen kann man auch damit Mißbrauch treiben. Die Basis eines solchen Gesprächs kann Anteilnahme oder auch Mitgefühl sein. Zwischen diesen beiden Empfindungen gibt es einen wichtigen spirituellen Unterschied. Ein Gespräch, das Anteilnahme in dir weckt, öffnet dich für die emotionale und geistige Verfassung des Menschen, der dir von seinem Problem erzählt. Eure Schwingungen beginnen miteinander zu harmonieren. Besteht das Problem deines Gesprächspartners darin, daß er zornig auf jemanden ist, wirst du bald auch aus dieser Emotion heraus handeln oder ein vages, unerklärliches Ressentiment gegen die Welt mit dir herumtragen.

Mitgefühl ist etwas ganz anderes als Anteilnahme. Mitgefühl ist jener Aspekt des Heiligen Geistes, den wir als ‹den Tröster, den Friedensfürst› bezeichnen. Es schließt Weisheit, Geduld, Demut und Güte ein. Aber Mitgefühl kann es nur geben, wenn wir alle anderen Menschen als spirituelle Wesen erkennen. Dann ist es uns möglich, ihre Probleme vor dem Hintergrund des inneren Wachstums zu sehen, das die Schwierigkeiten ihnen letzten Endes bringen werden; und wir können ihnen die Liebe und den notwendigen psychischen Raum geben, um sie ihre unumgänglichen Lektionen lernen zu lassen. Mitgefühl ist übrigens eine spirituelle Eigenschaft und kein spezifisch männlicher oder weiblicher Charakterzug. Anteilnahme oder Einfühlungsvermögen – die emotionale Identifikation mit dem negativen inneren Zustand anderer – ist dagegen etwas typisch Weibliches. Das heißt, es entspricht dem weiblichen Strom in beiden Geschlechtern, nicht nur bei der Frau.»

«Gut», sagte ich widerwillig. «Ich verstehe, was du meinst. Wahrscheinlich mußte ich das einmal zu hören bekommen. Ich habe auch in den negativen Gesprächen geschwelgt, die du beschrieben hast, und wahrscheinlich muß ich jetzt den Preis dafür bezahlen. Meine Freundin erzählte mir von ihrer Ehe. Sie liebt ihren Mann eigentlich nicht, aber sie bleibt trotzdem bei ihm, weil sie Angst davor hat, auf eigenen Füßen zu stehen. Er erträgt sie, aber verständlicherweise geht es ihm auch nicht gerade blendend bei diesem Zustand.

Ich persönlich glaube, daß die beiden spirituell vor dem Ersticken sind. Doch keiner fühlt sich frei genug, den anderen zu verlassen.»

«Jeder Mensch ist zuallererst seinem eigenen inneren Wachstum gegenüber verantwortlich, mein Kind», sagte die Meisterin sanft. «Das klingt zwar egoistisch, ist es aber nicht, denn das innere Wachstum eines Menschen berührt uns alle. Dieses spirituelle Ideal widerspricht dem sozialen Verhaltenskodex, der im Gewissen der meisten Menschen verankert ist. Praktisch gesehen meint dieses Ideal, daß wir verpflichtet sind, uns die Freunde und Partner, mit denen wir unser Leben verbinden, sorgfältig auszusuchen. Und haben wir dabei doch einmal einen Fehler gemacht, dürfen wir ihn wieder korrigieren, vorausgesetzt, wir tun es mit Liebe und Mitgefühl. Kurz gesagt, wir haben kein Recht, anderen Menschen absichtlich wehzutun; wir haben aber auch nicht das Recht, ihnen Schmerzen zu ersparen. Schmerz ist nicht das schlimmste Übel, liebe Freundin, wie du weißt! Oft ist er sogar Vorbote eines enormen spirituellen Wachstums.»

«Ich glaube, ich kann erklären, warum Frauen so häufig in die Falle der Anteilnahme stolpern», sagte ich.

«Heraus mit der Sprache», ermunterte Kyari mich.

«Ich glaube... Ich glaube, Frauen richten ihre Aufmerksamkeit aus purer Gewohnheit auf negative Empfindungen», begann ich. «Das liegt wahrscheinlich an dem negativen Bild, das wir von uns selbst haben. Wir glauben bewußt oder unbewußt, daß wir sowieso unsere Grenzen haben, also bemühen wir uns auch nicht sehr, etwas Großes zu erreichen – vor allem nichts, was außerhalb der traditionellen Rollen der Frau liegt. Männern dagegen bringt man schon in der Wiege bei, daß sie alles erreichen können. Dieses Privileg hatten Frauen bis jetzt nicht. Wir setzen uns keine ehrgeizigen Ziele, die uns zu großen Leistungen anstacheln. Unsere Ziele sind oft sehr unbedeutend. Wir wollen hauptsächlich Schmerzen und Leiden aus dem Weg gehen und uns ein bescheidenes privates Glück aufbauen.»

«Genau», stimmte die Meisterin zu. «Aber Schmerz und Leiden zu vermeiden, ist ein negatives Ziel. Und negative Ziele wirken nicht motivierend. Deshalb kann man sich das Rauchen auch nicht abgewöhnen, indem man sich einredet: ‹ICH DARF NICHT RAUCHEN.› Dann raucht man nur noch mehr. Statt dessen muß man sich aus tiefster Seele sagen: ‹Genieße es, endlich wieder richtig tief durchatmen zu können und den Geschmack der Speisen auf deiner Zunge zu spüren.› Dann werden dein Körper, dein Geist und deine Emotionen viel eher mitmachen.

Wenn Frauen sich tatsächlich ganz verwirklichen wollen, müssen sie lernen, sich größere Ziele zu setzen als nur eine glückliche Partnerbeziehung und ein schmerzfreies Dasein! Es ist zwar nicht allgemein bekannt, aber es stimmt: Es scheitern mehr Menschen an der Geringfügigkeit ihrer Ziele als daran, daß sie zu hochfliegende Pläne haben. Daß Männer bis jetzt erfolgreicher waren als Frauen, liegt zum Teil daran, daß sie in unserer Gesellschaft die

Freiheit genossen, ‹große Träume› zu haben. Dadurch aktivierten sie alle Kräfte ihres Herzens, ihres Geistes und ihrer Seele!

Auch Frauen müssen mit ihren Träumen zu einer neuen und besseren Vision der Gesellschaft beitragen. Der Wert, den sie zwischenmenschlichen Beziehungen und der Gemeinsamkeit und Kooperation beimessen, ist im Augenblick sehr wichtig als Gegengewicht gegen die Tendenz der Welt, unter dem Gewicht des Konkurrenzdenkens und gegenseitigen Mißtrauens zu versinken. Die weibliche Seite muß eine andere Vision schaffen und sich dann darum bemühen, daß diese Schau vom männlichen Element in eurer Gesellschaft auch ernst genommen wird. Wenn das nicht gelingt, wird euer Planet unter Umständen nicht überleben.»

«Weißt du», meinte ich nachdenklich und dachte an meinen eigenen lebenslangen Kampf um Selbstvertrauen, «als Kind wußte ich nie, was ich später einmal werden wollte, und es hat mich auch nie jemand danach gefragt.»

«Zum Glück hattest du ein paar deutlich erkennbare, angeborene Fähigkeiten, die du weiterverfolgt hast. Deshalb bist du Lehrerin und Schriftstellerin geworden», sagte Kyari. «Für andere Frauen ist die Situation oft weniger eindeutig und viel unbefriedigender. Und die Eltern machen natürlich Unterschiede. Sie bemühen sich, die Persönlichkeit der Kinder ihrem Geschlecht entsprechend zu formen. Sie versuchen ganz bewußt, ihre Söhne zur Unabhängigkeit zu erziehen; sie bringen ihnen bei, sich Ziele zu setzen und diese Ziele dann auch durchzusetzen, indem sie sie in Situationen bringen, die eine Herausforderung für sie darstellen – zum Beispiel ein Mannschaftssport oder ein akademischer Ausbildungsgang, bei dem sie besonders rasch vorwärtskommen müssen. Sie ermutigen ihre Söhne dazu, ihren Ängsten und Schwächen zu trotzen.

Bei der Erziehung von Mädchen spielen diese aggressiven Eigenschaften längst nicht so eine wichtige Rolle. Mädchen ermuntert man eher dazu, hilfsbereit, ordentlich, höflich und attraktiv zu sein und Konflikten aus dem Weg zu gehen. Fällt dir auf, daß die meisten dieser Tugenden darauf abzielen, anderen zu gefallen und den Status quo aufrechtzuerhalten? Die Fähigkeit, sich Herausforderungen zu stellen, Risiken einzugehen und Hindernisse zu überwinden, spielt bei der Erziehung der Frauen also eine geringere Rolle als bei der Erziehung von Männern. Frauen werden nicht dazu ermutigt, sich heroisch zu verhalten und den Drachen ihres inneren und äußeren Lebens ins Auge zu sehen.

Aufgrund dieses Unterschieds in ihrer frühen Prägung durch die Erziehung orientieren Mädchen sich an anderen, während Jungen sich an sich selbst orientieren. Mit anderen Worten, Mädchen sehen sich in ‹Beziehung› zu anderen Leuten. Ihr Ichgefühl schließt andere Menschen in ihren persönlichen Raum mit ein. Daher hängt das Selbstwertgefühl einer Frau oft sehr eng mit ihrer intimen Beziehung zu einem Mann oder mit ihrer Zugehörigkeit zu Freunden, Familie und Kindern zusammen. Deshalb spielen Freundschaft, Ehe und familiäre Beziehungen für Frauen eine so wichtige Rolle! Diese Beziehungen hängen untrennbar mit ihrem Ichgefühl zusammen.

Männer dagegen neigen eher dazu, andere Menschen aus ihrem Ichgefühl auszuschließen. Das heißt, ihr Ichgefühl ist in der Regel weniger von ihrer Beziehung zu anderen Menschen abhängig. Ihr Ego beschäftigt sich mehr mit ihrem Beruf, ihrer Karriere, mit Sport, Hobbys oder anderen Interessen, zu denen sie eine unmittelbare Ursache-und-Wirkung-Beziehung haben. Deshalb bauen Männer ihr Ich hauptsächlich auf dem Setzen und Erreichen von Zielen auf.»

In Gedanken versunken ließ ich den Sand durch meine Finger rieseln.

«Woran denkst du gerade, liebe Tochter?» fragte Kyari sanft und betrachtete unverwandt die Bäume, die am anderen Ufer aufgereiht dastanden.

«Ich denke, daß wir Frauen wirklich den kürzeren gezogen haben», antwortete ich. «Und wir haben es akzeptiert, weil es unseren Instinkten entspricht, die im Grunde darauf ausgerichtet sind, uns in andere Menschen einzufühlen und ihnen zu gefallen. Ich möchte nicht den Eindruck erwecken ... als sei ich neokonservativ oder so etwas ... Aber vielleicht deutet alles, was du sagst, nur darauf hin, daß unsere traditionellen Geschlechterrollen vielleicht doch völlig richtig sind? Ich meine ... Vielleicht soll das alles so sein?»

Kyari lachte. «Du bist nicht die erste, die auf diese Idee kommt! Sicherlich sind die traditionellen Geschlechterrollen für viele Männer und Frauen auch heute noch der Weg des geringsten Widerstandes, jedenfalls meistens. Diese Rollen sind in der Geschichte verankert. Schließlich haben Frauen weniger Muskeln als Männer und sind während der Schwangerschaft und in der Zeit, in der sie ihre Kinder großziehen, besonders verletzlich. Zur Zeit unserer Vorfahren, als brutalere Sitten herrschten, mußte eine Frau sich den Männern gegenüber unterwürfig verhalten, um sicherzugehen, daß sie und ihre Nachkommen nicht von den stärkeren Männern getötet wurden. Ihre Existenz hing davon ab, daß sie genau auf die Bedürfnisse anderer Menschen achtete! Von diesem Verhaltensmuster sind auch heute noch die meisten primitiven Kulturen beherrscht.

Doch die evolutionären Bedürfnisse des Menschen verändern sich. Heute ist es kein Zeichen biologischer Anpassung mehr, wenn Männer stark und dominierend und Frauen sanft und unterwürfig sind. Heute ist ganz das Gegenteil der Fall! Die Menschheit hat die produktiven Möglichkeiten des von Männern dominierten Zivilisationsmodells erschöpft – und die des von Frauen beherrschten Zivilisationsmodells sogar schon vorher. Wir haben inzwischen die Exzesse und das Scheitern beider Systeme miterlebt. Die moderne Welt braucht dringend ein neues Denk- und Verhaltensmuster, von dem aus sie ihr immer größer werdendes Universum erkunden kann, wenn sie überleben und sich womöglich auch noch weiterentwickeln will. Deshalb arbeiten wir gemeinsam mit dir am Thema der männlichen und weiblichen Kräfte. Hast du das immer noch nicht begriffen?»

Ich starrte sie lange an, ohne etwas zu sagen. Ihre Worte klangen scharf und zeigten mir, daß tatsächlich etwas noch nicht durchgedrungen war. Natürlich gab es schon ein paar Fortschritte. Aber ich war, aus welchem Grund auch immer, in eine Haltung der emotionalen Trägheit und Resignation hineingeglitten. Aus dieser Selbstverneinung war es schwierig, die gewichtige Rolle, die man mir zugedacht hatte, völlig zu akzeptieren. Ich war verwirrt und kam mir ziemlich dumm vor. Die ganze Angelegenheit wuchs mir allmählich über den Kopf!

Die Meisterin bemerkte meine Reaktion und sprach besänftigend auf mich ein. «Nimm es nicht so schwer. Dir wird das alles schon noch klarwerden. Ich weiß, daß das jetzt ziemlich viel für dich ist.»

Ich zuckte die Schultern und versuchte, lässig und unbekümmert zu wirken. «Es geht mir gleich wieder besser. Sprich ruhig weiter.»

Doch ich begann mir zum erstenmal an diesem Tag einzugestehen, wie mutlos und schlecht ich mich gefühlt hatte. Tränen stiegen mir in die Augen, und ich ließ sie meine Wangen hinunterrollen. Ein leichter Windstoß umwehte mein Gesicht und kühlte die nassen Tränenspuren.

«Möchtest du mir nicht sagen, was du empfindest?» fragte die Unmani-Dhun-Meisterin.

Sie hatte sich neben mich gestellt und war nur einen Meter von mir entfernt. Wir blickten auf das Wasser hinunter, das geräuschlos an uns vorbeifloß.

«Also gut», antwortete ich und wischte mir mit der Hand über das Gesicht. «Es ist schwierig, es überhaupt in Worte zu fassen. Es ist einfach ein Gefühl der Hoffnungslosigkeit in bezug auf meine Arbeit als Lehrerin, meine schriftstellerische Tätigkeit – alles. Und dabei läuft es eigentlich gar nicht so schlecht. Aber mir kommen in letzter Zeit so negative Gedanken, zum Beispiel: Was nützt das alles? Es wird doch sowieso nie etwas draus! Alle meine Bemühungen haben bisher nicht das Geringste gebracht! Warum soll ich es überhaupt noch weiter versuchen?»

Kyari schwieg eine Weile. Sie schaute über das Wasser hinweg, als betrachte sie irgend etwas in weiter Ferne. Als sie schließlich wieder sprach, war ihre Stimme leise und sanft.

«Du mußt dich ergeben, liebe Tochter», sagte sie. «Das ist der einzige Weg.»

«Mich ergeben?» fragte ich. Dann fielen mir Haurvatas Worte wieder ein. Von ihm hatte ich dieselbe eindringliche Ermahnung gehört.

«Dann erkläre mir, wie das geht», sagte ich unglücklich. «Theoretisch kann ich es mir zwar vorstellen, aber ich weiß nicht, wie man es macht. Ich begreife einfach nicht, was Hingabe ist.»

«Gut», sagte die Meisterin. Der Klang ihrer Stimme hatte eine beruhigende Wirkung auf mein verwirrtes Gemüt. «Spirituelle Hingabe bedeutet, daß du den Zugriff deines Verstandes und deiner Emotionen auf dein Ichgefühl lockern mußt. Du mußt den Geist in deinen persönlichen Raum eindringen lassen, damit er dich als ganzes Wesen erleuchten kann. Von da an wirst du ein ‹unpersönliches› Wesen sein. Das heißt, deine Existenz wird von den Begrenzungen eines persönlichen Ego frei sein und wird zu einem Zentrum werden, von dem aus die Kräfte Gottes in die Welt hineinfließen. Du wirst wie ein Vergrößerungsglas sein, in dem sich die Sonnenstrahlen bündeln. Und wie dieses Glas wirst du selbst gar nichts dazu tun. Doch als Instrument für den Geist wirst du durch deine Individualität eine konzentrierende Wirkung auf die spirituellen Kräfte haben. Deine Individualität wird das kreative Zentrum sein, aus dem heraus sich positive Handlungen in den niederen Welten manifestieren.

Das alles ist Hingabe, mein Kind», erklärte die Meisterin, «aber jetzt will ich dir auch noch sagen, was Hingabe *nicht* ist. Hingabe bedeutet nicht, die normalen Funktionen seines Ichs aufzugeben. Es heißt nicht, daß du zu einem Medium für die Geister oder zu einer leeren Leitung für irgendwelche Vagabunden der Astralebene werden sollst, die dich dann für ihre unsinnigen Zwecke mißbrauchen können! Und es bedeutet auch nicht, daß du deinem eigenen Wohlergehen oder dem anderer Menschen passiv gegenüberstehen sollst. Sich Gott hinzugeben heißt nicht, daß man seinen gesunden Menschenverstand und seine Verantwortung aufgeben muß. Du sollst nur das aufgeben, was dich von deiner eigenen Göttlichkeit abhält.»

«Hingabe ist so etwas Ähnliches wie Distanz, wie Losgelöstheit, nicht wahr?» fragte ich nachdenklich. Das Rätsel des Adlers fiel mir wieder ein.

«Richtig», bestätigte die Adeptin. «Durch Hingabe löst du dich von den Ergebnissen deiner Handlungen. Sie gibt dir wahre Freiheit und die Fähigkeit, sowohl Macht auszuüben als auch Liebe zu schenken. Sie ist die höchste spirituelle Handlung, zu der du fähig bist. Diese Lektion mußt du lernen. Das ist der Hauptgrund, warum du wieder hier auf dieser Ebene bist.

Und jetzt, meine Liebe, kann ich mit dir ebensogut auch gleich über die selbstverneinende Einstellung sprechen, die dir solchen Schmerz bereitet. Ich will dir die ungeschminkte Wahrheit sagen. Diese Haltung ist keine Demut, sondern Stolz und Ichbezogenheit. Du konzentrierst deine Aufmerksamkeit zu sehr auf dich selbst, schraubst deine Erwartungen zu hoch und bist ständig dabei, dich kritisch zu beurteilen. An einem Tag bist du himmelhoch jauchzend, am nächsten zu Tode betrübt. Keine dieser beiden Haltungen ist objektiv.

Falls du dir keine bessere Grundlage für dein Leben schaffst, wirst du den Wechselfällen des Lebens viel zu schutzlos ausgeliefert sein. Bei jedem Erfolg wirst du gleich mit stolzgeschwellter Brust herumlaufen, und jede Niederlage wird dich sofort niederschmettern. Löse dich von deiner Angst vor dem Versagen, dann wirst du ganz natürlich in den Zustand kommen, um den du dich bisher erfolglos bemüht hast, den ‹Zustand der Gnade›. William Blake hat einmal geschrieben: ‹Der Fuchs sorgt für sich selbst; aber für den Löwen sorgt Gott.› Der Fuchs ist ganz von seiner eigenen Schlauheit erfüllt und braucht Gott nicht. Ich frage dich: Bist du ein Fuchs oder ein Löwe? Brauchst du Gott oder nicht?»

«Offensichtlich bin ich nicht schlau genug, um ein Fuchs zu sein», seufzte ich, «also bin ich wohl ein Löwe. Ein Löwe, der versucht, ein Fuchs zu sein. Ein richtiger Dummkopf, hmm? Aber ja, vermutlich brauche ich Gott wirklich. Nur ein harter, stolzer Kern in meinem Inneren will es nicht zugeben! Ich will alles selbst erreichen – wahrscheinlich, damit ich mich hinterher damit brüsten kann. Doch heute, als ich Benjamin auf dem Arm hielt, spürte ich, wie weich und entspannt er war, wie vertrauensvoll. Ich habe ihn beneidet.»

«Ja, mein Kind», murmelte Kyari und glättete den rauhen Sand mit dem Fuß. «Das solltest du an dem Baby spüren – die Haltung des vertrauensvollen Entspanntseins. Du kannst auch so sein wie dieses Baby, wenn du dich darum bemühst. Denn du ruhst wirklich in den Armen Gottes, und er wird dich nicht im Stich lassen.»

Da zerschnitt rechts von mir ein merkwürdiger Schrei die Luft. Wir drehten uns beide um und schauten. Es war ein großer blauer Reiher, der an der Küste gejagt hatte und sich jetzt von seinen riesigen Schwingen zum Himmel emportragen ließ. Seine langen Beine hingen herab wie schwere Banner, und den Kopf hielt er zielbewußt nach vorn gestreckt. Er war so schön und sich seiner Schönheit überhaupt nicht bewußt! Meine Seele flog ihm zu, wurde mit ihm eins. Ein paar Sekunden lang schwebten wir über der wäßrigen blauen Welt, eine Feder im Wind.

«*Sei* einfach», sagte die Meisterin und schlenderte langsam davon.

Ich sah, wie ihre Gestalt am Ufer des schimmernden Flusses immer kleiner wurde. Dann wandte auch ich mich zum Gehen.

KAPITEL SIEBZEHN

Die Schöne und das Tier

Als ich an diesem Morgen erwachte, war Haurvata Sampa in meinem Zimmer. Ich hatte am vorigen Tag noch bis spätabends Schülerarbeiten korrigiert und war ganz erschöpft; daher war ich noch einmal ins Bett zurückgeschlüpft, sobald mein Mann und mein Sohn das Haus verlassen hatten. Plötzlich spürte ich, wie ich sanft, aber deutlich geschüttelt wurde. Da ich ohnehin nie sehr fest schlafe, wachte ich sofort auf und sah, wer an meinem Bett stand.

«Was ist denn los?» beklagte ich mich und saß mit einem Schlag kerzengerade im Bett. «Es ist doch erst halb neun. Hättest du mich nicht noch eine halbe Stunde länger schlafen lassen können?»

«Nein!» knurrte der dunkelhaarige Meister mich an. «Du mußt lernen, dir deine Zeit besser einzuteilen und zeitiger ins Bett zu gehen. Du schiebst alles bis zur letzten Minute auf, und dann mußt du dich abhetzen, um mit deiner Arbeit fertigzuwerden! In den inneren Welten könntest du mit dieser unsystematischen Arbeitsweise nichts ausrichten. Und jetzt steh auf, wasch dich und zieh dich an. Wir haben viel zu tun!»

Leise vor mich hin schimpfend, schleppte ich mich ins Badezimmer, um mich zurechtzumachen. Der Meister verschwand so lange. Eine halbe Stunde später saß er an meinem Küchentisch und las die Morgenzeitung.

«Hmmm», murmelte er und runzelte die Stirn, als er die Schlagzeilen und Artikel auf der ersten Seite las, die von Verbrechen und tragischen Ereignissen berichteten. «Was für eine wundervolle Art, den Tag zu beginnen! Kein Wunder, daß das Negative in dieser Welt ein Perpetuum mobile ist.»

Ich machte uns zwei Tassen Tee und setzte mich zu ihm. Ein leichter Nieselregen verhieß einen ziemlich trübseligen Tag. Die Vögel, die in dieser Morgenstunde normalerweise so schön sangen, hatten offensichtlich ein trockenes Plätzchen gefunden, an dem sie sich verstecken konnten, und blieben stumm.

«Warum diese Eile?» fragte ich und tunkte meinen Teebeutel nachdenklich in die Tasse, aus der sich Dampfwolken emporkräuselten. «Ich dachte, wir hätten es schon fast geschafft. Ich dachte, wir seien auf dem besten Weg.»

«Das sind wir auch», stimmte Haurvata zu. «Aber das bedeutet nur, daß wir uns noch mehr anstrengen müssen als je zuvor. Denn das Ende einer Sache ist, ebenso wie der Anfang, immer ein äußerst schwieriger und verwirrender Zeitpunkt. Oder um es anders auszudrücken, Ende und Anfang sind eigentlich das gleiche. Wenn etwas beginnt, muß vorher zwangsläufig etwas anderes aufgehört haben. Und wenn etwas endet, ist auch ein neuer Anfang in Sicht.»

«Das heißt also, daß jetzt etwas Neues für mich beginnt?»

«Natürlich», sagte der Tibeter mit seiner klangvollen Stimme. «Aber der Schwung und die Energie, die du gesammelt hast, um dieses Buch zustande zu bringen, dürfen jetzt nicht nachlassen. Du darfst dich nicht ausruhen, sondern mußt sofort die nächste Aufgabe angehen, die ich dir gebe, und dann wieder die nächste!»

«Ohhh», stöhnte ich und ließ meinen Kopf theatralisch auf den Tisch sinken. «Vielleicht hättest du mir das lieber nicht sagen sollen. Du weißt ja, Unwissenheit kann manchmal der größte Segen sein!»

«Nein, das weiß ich nicht», lächelte Haurvata und ging auf meinen scherzhaften Ton ein. «Außerdem bist du inzwischen darüber hinaus, dich als Werkzeug benutzen zu lassen, ohne daß du etwas davon weißt! Als das noch so war, konnten wir dich nur begrenzt einsetzen. Jetzt gibt es keine Grenzen mehr!»

Ich warf meinem Meister einen interessierten Seitenblick zu. Er schien noch mehr von grenzenloser Zuversicht erfüllt zu sein als sonst. In seiner ruhelosen Vitalität glich er einem Hengst, der es gar nicht erwarten kann, über die Mauern seines engen Geheges zu springen. Ich beschloß, ihn ganz offen nach dem Grund seiner Hochstimmung zu fragen.

«Ha! Dir ist aufgefallen, in was für einer Stimmung ich bin, Löwe?» fragte er. «Ja, ich bin glücklich. Im Grunde genommen bin ich natürlich immer zufrieden. Doch selbst uns Wesen aus den inneren Welten durchströmt der Geist manchmal stärker und manchmal schwächer. Meine Pläne auf der physischen Ebene machen gute Fortschritte, und ich habe Grund zum Feiern. Ich spüre, daß ein großer Sieg über Shangra Raj und dadurch eine Art spiritueller Wiedergeburt auf der Erde bevorsteht – zumindest für eine kurze Zeit! Und in dieser Zeit werden wir viele Seelen erreichen. Das ist ein großer Fortschritt, meine liebe Freundin!»

«Herzlichen Glückwunsch!» rief ich, aufrichtig erfreut über diese Neuigkeit.

Der Meister blinzelte mir zu, und dann verzog sein Gesicht sich zu einem breiten Grinsen. «Heute wollen wir auf eine Art Expedition gehen. Du hast dir ein kleines Vergnügen verdient, und heute können wir das Nützliche auf interessante Art und Weise mit dem Angenehmen verbinden!»

«Eine Expedition?» fragte ich skeptisch. «Wohin denn?»

«Auf die Astralebene», kündigte er fröhlich an, «jene riesige Dimension der Realität, die direkt über der physischen Ebene liegt. Du bist natürlich schon oft dort gewesen. Aber heute wirst du in vollem Bewußtsein dorthin reisen, und dein treuer Führer wird dich begleiten!»

«Oh!» sagte ich etwas überrascht. «Wird das lange dauern? Ich muß nämlich rechtzeitig zurück sein, um ein paar Briefe wegzubringen und einen Unterrichtsplan für morgen aufzustellen. Außerdem muß ich einkaufen und . . .»

Der Tibeter schüttelte den Kopf. «Das gefällt mir so an dir – du denkst immer praktisch! Nein, meine Freundin, im physischen Sinn wird unsere Reise nicht ‹lange› dauern. Nach eurer Zeit gerechnet, werden wir in einer Stunde wieder zurück sein. Bist du damit zufrieden?»

«Phantastisch», grinste ich. «Also, gehen wir!»

Der Meister flüsterte ein Wort oder einen Laut, der in meinem Kopf widerhallte. Der Klang wand sich spiralförmig wie das Innere einer Muschel und zog mich in sich hinein. Schließlich spürte ich, wie ich sanft aus meinem physischen Bewußtsein herausge-

hoben wurde und mich sehr schnell durch Reiche voller Licht bewegte. Am Ende meiner Reise stand ich wieder vor dem Unmani-Dhun-Meister Haurvata Sampa. Er lehnte an einem Baum
und wartete auf mich.

«Wir sind da!» rief er mit weit ausholender Geste. «Erkennst du
diesen Ort?»

«Ehrlich gesagt, nein», antwortete ich. «Müßte ich ihn erkennen?»

Der Meister nickte. «Eigentlich könntest du ihn aus deiner
Kindheit noch in Erinnerung haben. Du warst ziemlich oft hier.
Du bist gern auf den fliegenden Pferden geritten und hast die Pa-
läste und blühenden Gärten besucht.»

«Du meine Güte!» rief ich und schaute mich fassungslos um.
«Hat das alles denn tatsächlich existiert? Ich dachte, es sei nur
meine Phantasie gewesen!»

«O nein», antwortete Haurvata. «Doch als du größer wurdest,
schob sich ein Vorhang über deine inneren Erlebnisse, und du
hast deine Abenteuer als Kinderphantasien abgetan. Komm hierher. Ich will dir mehr von der Umgebung zeigen. Dort drüben
liegt die Stadt. Siehst du sie?»

Ja, ich sah sie. Blasse Kristalltürme und Kirchturmspitzen reckten sich in die Luft wie Märchenschlösser inmitten von Wolken,
die im reinsten Rosa und Pfirsichfarben erstrahlten. Von der majestätischen Silhouette der Stadt ging ein durchscheinender Glanz
aus, der leuchtender und doch gleichzeitig milder war als elektri-
sches Licht. Die Stadt lag inmitten blaugrüner, sanft geschwun-
gener Hügel und weißer Berggipfel eingebettet. Von einem der
höheren Berge stürzte ein Wasserfall herab wie eine Lichtsäule.

«Man nennt sie die ‹Juwelenstadt›», erklärte der Meister und
ging schnellen Schrittes eine breite, mit Steinen gepflasterte
Straße entlang. «Sie ist der Archetyp aller Märchenreiche der Literatur. Menschen, die sie einmal gesehen haben, können ihre
wunderbare Schönheit nur schwer wieder vergessen.»

«Das kann ich gut verstehen», seufzte ich und paßte mich seinem Schritt an. «Komisch, schon der Anblick scheint mir Energie
zu geben. Er ist wie ein Festessen.»

«Schönheit ist tatsächlich eine Art Nahrung», stimmte Haurvata zu. «Sie ist Nahrung für die höheren Sinne. Die Seelen kommen nach dem Tod ihres physischen Körpers hierher, um ihren

Charakter durch den täglichen Kontakt mit der Schönheit, Freude und heiteren Gelassenheit dieses Ortes zu verfeinern. Die kreative Arbeit, die sie hier leisten, fördert ihr Wachstum noch mehr.»

Wir gingen eine halbe Stunde oder noch länger nebeneinander her. Ich wurde kein einziges Mal müde, denn der Sog der Schwerkraft, der auf der Erde herrscht, lastete hier nicht auf mir, und die Luft war leicht und belebend. Die Straße begann eine leichte Biegung nach rechts zu machen. Der Schritt meines Meisters wurde merklich schneller. Als wir um ein Wäldchen bogen, sah ich, warum. Etwa einen halben Kilometer von uns entfernt weidete auf einer großen Grasfläche am Ufer eines blauen Sees eine Herde von etwa fünfundzwanzig geflügelten Pferden.

Mir verschlug es vor Erstaunen den Atem. «So etwas Schönes habe ich noch nie gesehen!» flüsterte ich.

Der Tibeter nickte und wies zum Himmel empor. «Schau mal. Dort oben fliegen drei. Siehst du sie?»

Zwei der drei Pferde schienen spielerisch miteinander zu kämpfen. Sie stürmten immer wieder aufeinander zu, bäumten sich voreinander auf und schlugen mit den Hufen durch die Luft. Das dritte Pferd schwebte über ihnen, als sei es der Schiedsrichter bei ihrem Wettkampf. Der Wind trug ihr Wiehern zu uns herüber.

Die anderen Pferde schienen sich nicht um den Kampf zu kümmern, der über ihnen tobte. Einige hatten den Kopf gesenkt und tranken. Ihre schneeweißen Flanken bildeten einen wunderschönen Kontrast zu dem tief blaugrünen See. Eines der Pferde war hinausgeschwommen und glitt nun wie ein Schwan in der Ferne dahin. Ich strahlte. «Ich wünschte, ich könnte ein Foto davon machen, das ich mit nach Hause nehmen kann.»

«Aber das kannst du doch», sagte er belustigt. «Wozu gibt es schließlich Worte! Aber jetzt will ich dir noch ein bißchen mehr von dieser Ebene erzählen, wenn auch nur in groben Zügen. Die physische Ebene steht sehr stark unter dem Einfluß der Astralebene und ist bis zu einem gewissen Grad sogar von ihr durchdrungen. Die meisten Menschen leben ihr inneres Leben – das heißt das Leben ihrer Vorstellungen, ihrer Phantasie und ihrer Träume – in dieser Dimension der Realität aus. Und hier halten sich auch die meisten Menschen nach dem Tod auf.

Die kreativen Produkte von Künstlern, Architekten, Schrift-
stellern und Erfindern – um nur ein paar Beispiele zu nennen –
sind oft das Ergebnis von Astralreisen. Natürlich wissen diese
Menschen nicht, daß sie sich außerhalb ihres Körpers befinden,
denn ihr Bewußtsein bewegt sich kaum merklich von der physischen Ebene weg, so daß es ihren körperlichen Sinnesorganen gar
nicht auffällt. Sie spüren nur einen erhöhten Bewußtseinszustand,
einen intensiveren Inspirationsstrom, und haben das Gefühl, daß
die Zeit stehengeblieben ist.»

«Mir ist gerade ein merkwürdiger Gedanke gekommen»,
gluckste ich fröhlich und streckte mich auf der Wiese aus. «Diese
Menschen würden lachen, wenn ihnen jemand sagte, daß ihre
Ideen durch Astralreisen zustande gekommen sind!»

«Das stimmt», lächelte Haurvata und setzte sich neben mich.
«Aber jede Kreativität entspringt unmittelbar einer Bewußtseinserweiterung – das heißt, einer Bewegung des Bewußtseins in
subjektive Realitäten hinein. Doch für die meisten Menschen sind
subjektive Erlebnisse per definitionem nicht ‹real›. Sie sind nicht
beweisbar und viel zu flüchtig, als daß man ihnen großen Glauben
schenken würde. Aber die Realität ist nicht so einförmig, wie die
Menschen glauben. Auf der physischen Ebene bedeutet ‹real›
alles, was meßbar oder mit Hilfe der Sinnesorgane erkennbar ist.
Auf der Astralebene dagegen ist ‹Wirklichkeit› alles, was wir mit
unserer Vorstellungskraft oder unserem bildhaften Empfinden
erschaffen.

Der Unterschied zwischen diesen beiden Realitäten besteht lediglich in der Schwingung der Atome. Aber jetzt geraten wir in
Fachbereiche hinein. Hier ist vielleicht ein Bild zur Veranschauli-
chung hilfreich. Wasser zum Beispiel kann aus Flüssigkeit zu Eis
werden und sich sogar in Dampf verwandeln. Unabhängig von
seiner Form ist es aber trotzdem immer noch Wasser, nicht
wahr?»

«Stimmt», antwortete ich und schloß die Augen.

«Ebenso kann auch das Leben viele Formen annehmen und
bleibt sich in seiner Substanz doch immer gleich. Wenn eine Seele
– entweder beim Tod, im Traumzustand oder auf einer Astral-
reise – die physische Ebene verläßt, kommt sie im allgemeinen
hierher in die Astralwelt. Sie ist gewissermaßen aus dem ‹festen›
in einen ‹flüssigen› Zustand übergegangen. Sie kann sich sogar

noch weiter verwandeln und immer höhere Zustände erreichen, bis sie schließlich in den Welten Gottes ihre Reinform erlangt. Weißt du noch, wodurch das Wasser seine Form ändert?»

«Durch Erhitzen oder Abkühlen», vermutete ich.

«Ja. Wenn das Wasser sich abkühlt, verlangsamt sich die Schwingung seiner Moleküle, und es geht in den festen Zustand über. Bei Erhitzung schwingen die Moleküle schneller, und es entsteht Wasserdampf. Wenn die Seele in einem physischen Körper eingeschlossen ist, wird ihre Schwingung langsamer, und dadurch wird das menschliche Bewußtsein dicht und verfestigt. Aber nach dem Tod, im Traumzustand und bei allen kreativen Tätigkeiten ist man von diesen Fesseln befreit, wenn auch nur vorübergehend.

Die spirituellen Übungen der Unmani-Dhun sind ein weiteres Mittel, die Seele von ihrer Gefangenschaft in den niedrigeren Schwingungen zu befreien. Durch diese Übungen schwingen die inneren Körper so, daß die Seele von der Festigkeit der materiellen Realität – dazu gehören auch die negativen Muster, die sich im Laufe früherer Leben angesammelt haben – befreit wird. Dann kann man in die höheren Welten reisen und seine eigene Unsterblichkeit unmittelbar erfahren.

Hast du dazu noch Fragen?»

«Nein», antwortete ich. «Das verstehe ich. Aber ich begreife nicht ganz, wie man seine Vorstellungskraft einsetzen kann, um Realität zu erschaffen. Mir ist nicht klar, wie das funktionieren soll.»

Wortlos stand Haurvata auf und reichte mir die Hand. Ich ergriff sie und erhob mich ebenfalls. Sofort wirbelte eine innere Bewegung uns empor und setzte uns in einem Raum voller schwerer, reichverzierter Möbel und Tische ab, die sich unter der Last üppiger Gerichte bogen. In der Mitte der Szene saß ein Mann in mittleren Jahren mit dünnem Haar und fiel mit Heißhunger über das Essen her. Attraktive Serviermädchen füllten seinen Teller immer wieder nach und achteten auch darauf, daß sein Becher stets randvoll war. In einer Ecke spielten sieben Musikanten. Ihren Instrumenten entströmten mißtönende Klänge, die zu dem hastigen Essen des Mannes paßten.

«Wer ist denn das?» fragte ich und unterdrückte einen leisen Widerwillen.

«Auf seinen Namen kommt es nicht an», erwiderte der Meister. «Im physischen Leben arbeitet er als Angestellter bei einer Regierungsbehörde. Er ist Diabetiker und muß sorgfältig auf seine Ernährung achten. Aber hier auf der Astralebene kann er essen, was er will. Leider besteht der einzige Sinn seines Diabetes darin, ihm beizubringen, sich zu mäßigen und seine Sinne unter Kontrolle zu halten.»

«Das scheint nicht zu funktionieren», stellte ich fest.

«Nein», erwiderte der Meister. «Solche körperlichen Behinderungen haben immer einen erzieherischen Sinn, liebe Freundin. Aber viele Menschen wollen die Lektion nicht lernen.»

Plötzlich fand ich mich in einem Tunnel wieder, der ein wenig an einen Fahrstuhlschacht erinnerte. Wir bewegten uns rasch nach oben, und in unvorstellbarer Geschwindigkeit huschten Bilder an uns vorbei. Schließlich bewegten wir uns nicht mehr. Ich befand mich auf einer Baustelle, und der Meister stand neben mir.

«Na, wie hat dir die Fahrt gefallen?» grinste Haurvata.

«Wunderbar», lachte ich. «Wie hast du das gemacht?»

«Die Astralwelt ist riesengroß, liebe Tochter», erklärte er, «sowohl in der Breite als auch in der Tiefe. So bewegt man sich normalerweise zwischen den Unterebenen hin und her. Es ist so ähnlich wie euer Autobahnnetz – es führt durch alle Staaten, um sie zu einem Land zusammenzuschließen!»

«Und was passiert hier?» fragte ich und zeigte auf etwa dreißig Männer und Frauen, die an den Mauern eines kuppelförmigen Gebäudes arbeiteten. Jede dieser Mauern hatte die Form eines gekrümmten Dreiecks, so wie die Haut eines Orangenschnitzes. Außerdem waren die Oberflächen der Dreiecke so geglättet, daß das Gebäude, wenn es fertig war, wie ein runder, aus vielen Facetten bestehender Edelstein wirken würde, der im Licht glitzerte. Ich fragte den Meister, was für Material die Leute verwendeten.

«So etwas Ähnliches wie Glas», antwortete er, «aber härter und auch leichter. Schau, wie sie die einzelnen Stücke befördern.»

Die Stücke wurden von einer Gruppe von Sängern getragen. Sie bewegten sich im Rhythmus einer Melodie, die von verschiedenen Glocken gespielt wurde. Die Töne klangen unheimlich und doch seltsam angenehm. Die Stücke vibrierten und wurden von mehreren Arbeitern sanft nach oben geschoben und an den richtigen Platz gesetzt. Ich sah die Nahtstellen zwischen den einzelnen Teilen nicht. Außerdem fragte ich mich, wie das Gebäude aufrecht stehen konnte.

«Prinzipien der Geometrie und des Klanges, die während des Goldenen Zeitalters der physischen Welt bekannt waren. Siehst du den Mann dort drüben in dem weißen Hemd und der weißen Hose? Und die Frau im gelben Kleid?»

Ich nickte.

«Der Mann ist ein Schweizer Architekt. Die Frau stammt aus dem Südwesten der Vereinigten Staaten. Beide haben die innere Reise hierher unternommen, um an diesem Projekt zu arbeiten. Sie verwirklichen damit ihre Vision von einem Kuppelgebäude, das Licht reflektiert und eine ganz bestimmte Klangatmosphäre schafft. Später in ihrem physischen Leben wird das, was sie hier gelernt haben, in ihren Bauprojekten zum Ausdruck kommen. Natürlich werden sie die Astralkuppel nicht genau nachbauen können. Aber einige Konzepte davon werden sich auch auf der Erde anwenden lassen. So sickern Ideen von der Astralebene auf die physische Ebene durch. Wenn du auf der Erde Beispiele kreativer Innovation siehst, stecken häufig Menschen dahinter, die auf den inneren Ebenen reisen!»

Der Adept wandte sich zum Gehen und sah mich über die Schulter hinweg auffordernd an. Ich warf noch einen letzten Blick auf das Gebäude, wandte mich dann ebenfalls um und folgte ihm. In diesem Teil der Welt herrschte geschäftiges Treiben – Fußwege voller Menschen, die in alle möglichen Richtungen schlenderten. Über unseren Köpfen sausten über ein Dutzend fliegende Plattformen vorbei, allerdings ohne den unerträglichen Lärm, den Maschinen normalerweise machen. Die Bewohner dieses Landes sahen gesund und kräftig aus, hatten rosige Wangen, leuchtende Augen und einen energischen, zielbewußten Gang. Ich fragte den Meister, warum zwischen dem kreativen Eifer dieser Ebene und dem essenden Mann, der völlig mit sich selbst beschäftigt gewesen war, ein so himmelweiter Unterschied bestand.

«Der Ort, den wir vorhin besucht haben, war eine niedrigere Unterebene der Astralwelt», erklärte er. «Dort wohnen die Menschen, die mehr daran interessiert sind, sich ihren Phantasien vom Leben hinzugeben, als das wahre Leben zu entdecken und zu leben! Der Mann, den wir beobachtet haben – er befand sich auf einer Traumreise –, ist nur ein typisches Beispiel dafür. Viele verstorbene Seelen verbringen ihre Zeit auf der Astralebene auf ähnliche Art und Weise und schwelgen in Illusionen von Essen, Sex, Geld, Ruhm oder Macht – was immer ihr Herz begehrt!»

«Aber wie können sie das tun?» fragte ich verwirrt.

«Sie können es, weil die Astralebene sich, wie ich dir ja schon erklärt habe, nicht nach den physischen Gesetzen richtet, sondern nach der Vorstellung. Auf der physischen Ebene müßte man sich anstrengen, um sich all diese materiellen Bedürfnisse zu erfüllen. Aber auf der Astralebene braucht man sich alles nur vorzustellen. Hier gelten ganz andere Spielregeln! Wer jeden Abend französischen Wein trinken will, kann es tun. Es gibt keine Grenzen außer dem Himmel über uns!»

«Meine Güte. Und was passiert dann mit den Menschen? Geraten sie nicht in eine Falle hinein, in der sie immer und immer wieder nur ihre Begierden und Triebe befriedigen?»

«Ja und nein», antwortete der Meister. «Die Menschen, die dazu neigen, tun das natürlich am Anfang. Aber letzten Endes sehen selbst die heruntergekommensten Menschen wenig Sinn darin, nur dem Drang ihrer sinnlichen Triebe zu folgen. Hier lebt man viel länger als auf der Erde. Wenn man kein kreatives Ziel vor Augen hat, weiß man bald nicht mehr, was man mit seiner Zeit anfangen soll. Daher befreien sich nach einer Weile die meisten Menschen aus dieser Falle und suchen nach einer sinnvolleren Existenzform. Jede Seele wird auf eine höhere Ebene der Astralwelt emporgehoben, sobald sie dafür bereit ist. Dann lernen die Seelen weitere Gesetze dieser Welt und beginnen als Bewohner dieses Landes etwas Wertvolleres beizusteuern.»

Haurvata winkte mit der Hand. Plötzlich landete ein pastellfarbenes Fahrzeug am Boden. «Unser Taxi ist da», sagte er und zwinkerte mir zu. «Steig ein. Ich will dir die Stadt von oben zeigen und dir von dort aus alles erklären.»

Ich kletterte in das Fahrzeug, das außer dem Fahrersitz noch gepolsterte Sitze für vier Personen enthielt. Wir erhoben uns in die Luft und befanden uns bald achthundert Meter über der Stadt. Sanft glitten wir über den Gebäuden, Straßen, Parks und Menschen dahin.

Haurvata sprach sofort weiter. «Ich habe dich nicht ohne Grund an diesen Ort gebracht, liebe Freundin. Wie bereits erwähnt, wirkt die Astralwelt auf die physische Welt ein, und zwar

über die Vorstellung. Das Vorstellungsvermögen – wahre Vorstellungskraft, nicht nur Wunscherfüllungsphantasien – setzt sich
aus Gedanken und Gefühlen zusammen, die für einen kreativen
Zweck nutzbar gemacht werden. Die spirituellen Zentren, mit
deren Hilfe Männer und Frauen ihr kreatives Ziel manifestieren,
sind das Solarplexuszentrum und das innere Auge.

Das innere Auge und das Solarplexuszentrum entsprechen der
spirituellen Rolle von Mann und Frau in den niederen Welten. Sie
sind einander entgegengesetzte, gleich starke Mächte, die den
Menschen im Gleichgewicht zwischen zwei Welten halten und
bewirken, daß er gleichzeitig ein materielles und ein spirituelles
Wesen, Körper und Seele, ist. Um dir ein etwas vereinfachtes Bild
von den Funktionen dieser Kräfte zu geben : Das spirituelle Auge
sammelt die Kräfte der Seele, während das Solarplexuszentrum
sie verteilt. Ob man seine Aufmerksamkeit darauf richtet, in die
himmlischen Welten zu reisen oder seine Wünsche auf der Erde
zu manifestieren – man braucht stets diese beiden Zentren, um zu
richtigen Ergebnissen zu gelangen. Um dir das begreiflich zu machen, muß ich dir diese Funktionen noch etwas ausführlicher er-
läutern.

Das spirituelle Auge, das manchmal auch als ‹tisra til› oder die
zehnte Tür bezeichnet wird, ist die Zirbeldrüse in der Mitte der
Stirn direkt über den Augenbrauen. Die Wissenschaftler sind sich
nicht ganz sicher, was für eine Funktion dieses Organ hat. Das liegt
daran, daß es in erster Linie eine spirituelle und keine physische
Aufgabe erfüllt. Die Drüse stellt eine Brücke zwischen dem physischen Körper und den feinstofflichen geistigen Welten dar.

Durch die Aktivierung des spirituellen Auges öffnet sich das
innere Tor zu den Dimensionen, die jenseits unseres Körpers liegen. Das ist eine der beiden Öffnungen zur Bewußtseinserweiterung, die spirituellen Schülern gezeigt werden. Die andere Öff-
nung befindet sich oben an der Schädeldecke – dort, wo bei einem
Baby die Fontanelle liegt. Das spirituelle Auge gibt dem Menschen die Möglichkeit, mit dem Unendlichen in Verbindung zu
treten. Es ist sein innerer Flughafen, von dem aus er nach Belieben
in andere Welten reisen und anschließend sicher wieder in seinen
Körper zurückkehren kann.

Das spirituelle Auge gibt die Fähigkeit, die inneren Welten zu
erkennen und sich bewußt dort aufzuhalten. Insofern hängt dieses

Zentrum mit Erkenntnis und ‹innerem Sehen› zusammen. Das ist nicht dasselbe wie die Launen und Illusionen des menschlichen Geistes und der menschlichen Emotionen, sondern echte spirituelle Wahrnehmung. Die Schlüsselbegriffe, mit denen sich das spirituelle Auge beschreiben läßt, lauten ‹bewußt› und ‹aktiv›. Mit anderen Worten, wenn man sein spirituelles Auge einsetzt, ‹ist› und ‹tut› man etwas mit vollem Bewußtsein!»

«Du meinst, das ist so, wie mit dir in dieser wunderbaren Erfindung umherzufahren?» erkundigte ich mich.

«Richtig. Um es in den Worten unserer bisherigen Diskussionen auszudrücken: Das spirituelle Auge ist die ‹männliche› Seite der spirituellen Ausstattung des Menschen hier auf der Erde. Es ist die Kraft, die unser bewußtes Denken leitet. Durch seine Verbindung mit dem Unendlichen befähigt das spirituelle Auge den Menschen, aus seiner inneren Weisheit heraus zu urteilen – den Unterschied zwischen Wahrheit und Lügen, zwischen dem, was der Seele hilft, und dem, was sie hindert, richtig zu erkennen.

Auf deine Bedürfnisse angewandt, funktioniert das spirituelle Auge im Grunde folgendermaßen: Wenn du dein Bewußtsein auf eine höhere Stufe emporheben willst, mußt du deine zerstreute Aufmerksamkeit an diesem Tor der Seele sammeln. Dadurch konzentrierst und vereinst du die Energien der Seele für den Flug nach oben. Möchtest du physische Ziele manifestieren, also zum Beispiel ein Buch schreiben oder eine neue Stellung finden, brauchst du das spirituelle Auge, um den besten Weg zu diesem Ziel zu erkennen. Was ich dir jetzt sage, ist äußerst wichtig. Die Menschen, die ihr spirituelles Auge einzusetzen wissen, sind die kreativen Genies ihrer Welten. Ihre Kräfte lassen sich nicht mit Hilfe von Intelligenztests messen, sondern sind viel größer als die des menschlichen Gehirns!

Hast du das alles verstanden, meine Freundin?» fragte der Adept.

«O ja», sagte ich. «Das ist mir klargeworden. Und was ich nicht gleich auf Anhieb mitbekomme, kann ich mir später wieder in Erinnerung rufen. Sprich nur weiter!»

Der Meister verzog den Mund zu einem breiten Lächeln und fuhr fort.

«Und nun zum Solarzentrum. Das Solarzentrum ist das Nervenganglion an der Rückseite des Magens, das das sympathische Nervensystem bildet. Das Solarzentrum ist der Teil des menschlichen Körpers, der die unwillkürlichen Funktionen der Hauptorgane steuert. Während das *tisra til* Sitz des bewußten spirituellen Denkens ist, stellt das Solarzentrum die Quelle der unterbewußten Kraft dar.

Das Unterbewußte ist mit dem Motor eines Autos vergleichbar, während dein bewußtes Denken der Autofahrer ist. Ohne die intelligente Lenkung eines Autofahrers wäre der Motor nutzlos. Andererseits käme der Fahrer ohne die Kraft seines Motors nirgends hin. Ebenso gibt das bewußte Denken dem Solarzentrum ein Ziel und eine Richtung vor; und das Unterbewußte steuert die nötige Energie bei, um an dieses Ziel zu gelangen.

Du bist ebenso wie alle anderen Menschen ein Ergebnis dieser lebenslangen Wechselwirkung zwischen Bewußtem und Unbewußtem. Unwesentliche Daten in deinem Gehirn werden zwischen den einzelnen Existenzen aussortiert. Aber starke, bewußte Gedanken werden zu Glaubenssätzen und Ansichten, die auf unbewußter Basis gespeichert werden. Ansichten sind unbestreitbare persönliche Gesetze; sie sind die Formen, aus denen unser Leben gegossen wird.

Das Solarzentrum sorgt dafür, daß die unendliche, formlose Kraft des Geistes in ganz spezielle, begrenzte Realitäten gegossen wird. Der Horizont des Individuums kann dadurch erweitert oder auch begrenzt werden – je nachdem, was für Anschauungen im Solarzentrum gespeichert sind. Ein Mensch mit vielen positiven, konstruktiven Anschauungen hat auch ein gesundes Solarzentrum. Er ist in der Lage, mit Hilfe seiner Gedanken und seiner Vorstellung konkrete Realitäten zu erschaffen und Träume in dreidimensionale Erlebnisse zu verwandeln. Das ist die ‹verteilende› Funktion des Solarzentrums, die sich nach außen hin manifestiert – im Gegensatz zum sammelnden, nach innen gewandten Wesen des spirituellen Auges.»

«Und wie würde ein ‹ungesundes› Solarzentrum aussehen?» fragte ich aus purer Neugier.

«Ein ‹ungesundes› Solarzentrum wäre von negativen Anschauungen durchdrungen, von Ansichten wie: ‹Ich verdiene keine Liebe›, ‹Das Leben ist unfair›, ‹Ich werde keinen Erfolg haben› und so weiter. Solche Vorstellungen halten den freien Fluß des Geistes im Menschen zurück, so daß er seine bewußten Ziele nicht erreichen kann. Daher besteht eine der elementarsten Aufgaben aller wahren spirituellen Lehrer darin, diese schmerzhaften negativen Einstellungen aufzudecken und dafür zu sorgen, daß sie durch lebensfördernde Vorstellungen ersetzt werden.»

«Das erinnert mich an ein paar Artikel, die ich über Optimismus und Pessimismus gelesen habe», warf ich ein. «Untersuchungen haben offensichtlich ergeben, daß Optimisten in jeder Hinsicht gesünder sind als Pessimisten. Und sie sind auch produktiver und kreativer bei der Arbeit. Die Psychologen verstehen nicht, warum das so ist.»

«Weil sie voreingenommen sind», erwiderte Haurvata. «Sie richten sich zu einseitig nach der materiellen Welt als Realitätsmaßstab. Das kommt am deutlichsten in eurer Redensart zum Ausdruck: ‹Ich glaube nur das, was ich sehe.› Mit anderen Worten: Nur das ist real, was sich zu einer physischen Tatsache erhärtet hat. Doch in Wirklichkeit funktioniert das spirituelle Gesetz umgekehrt. Richtig müßte die Redensart lauten: ‹Ich sehe nur das, was ich glaube.›

Die Gesamtsumme aller menschlichen Erfahrungen läßt sich auf die Aktion zweier elementarer spiritueller Kräfte zurückführen: Denken und Fühlen. Die physische Welt ist der tote Kern im lebendigen Holz des sich ewig ausdehnenden Lebens. Die Psychologen erkennen langsam ebenso wie alle anderen Wissenschaftler, daß das, was wir ‹sehen›, nur ein kleiner Teil dessen ist, was wirklich existiert. Und jenseits dieses Sichtbaren liegen die grenzenlosen inneren Welten und die Seele selbst! Jawohl, meine Freundin. In jedem Menschen steckt mehr, als man sehen kann. Jeder ist ein unvollendeter, sich weiterentwickelnder Mikrokosmos der göttlichen Schöpfung. Wir tun gut daran, von uns selbst und den anderen Menschen die beste Meinung zu haben. Das ist das größte Geschenk, das wir geben und empfangen können.»

Ich saß eine Weile schweigend da und dachte über die Bedeutung all dessen nach, was mein Lehrer gesagt hatte. Inzwischen schienen wir zu den weißen Bergen und blaugrünen Hügeln in der Umgebung der Juwelenstadt zurückgekehrt zu sein, von wo aus wir unser Abenteuer begonnen hatten. Der Fahrer warf Haurvata im Rückspiegel einen Blick zu. Haurvata nickte leicht. Das Fahrzeug legte sich sanft in eine Rechtskurve und begann direkt auf den höchsten Gipfel zuzusteuern.

«Das ist ja eine wunderbare Neuigkeit», sagte ich kopfschüttelnd. «Ich glaubte diese Dinge längst verstanden zu haben; aber du hast sie mir noch viel klarer gemacht. Ich habe nur noch eine Frage! Können Mann und Frau sich gegenseitig helfen, ihr inneres Auge und ihr Solarzentrum richtig zu verwenden?»

«Männer und Frauen können einander helfen, indem sie ihre spirituellen Erkenntnisse leben und sich nicht in die Entscheidungen und die innere Verfassung ihres Partners einmischen. Natürlich ist die Versuchung, den anderen verändern zu wollen, immer groß; doch geht man damit nur das Risiko ein, die Eigenschaften in den anderen hineinzuprojizieren, die man bei sich selbst nicht sehen will. Gibt es Probleme, ist es durchaus angebracht, dem anderen seine Meinung zu sagen und Verbesserungsvorschläge zu machen. Aber es ist nicht richtig, ihm zu drohen, ihn zu bestrafen, ihn anzuklagen, zu kritisieren oder sich beleidigt zurückzuziehen.

Das führt uns zu einer anderen Möglichkeit, wie Männer und Frauen sich gegenseitig helfen können, nämlich indem man dem anderen positives und konstruktives Feedback gibt. Das heißt, indem man ihm sagt, was er richtig macht und was er noch besser machen könnte. Dahinter muß aber immer die Botschaft stehen, daß man den anderen akzeptiert und bestätigt. Er muß wissen, daß du trotz gewisser Verhaltensweisen, mit denen du nicht einverstanden bist, grundsätzlich an seinen Wert als Seele glaubst.

Das männliche und das weibliche Element enthalten die Intelligenz und die Energie aller Bemühungen innerhalb der menschlichen Sphäre. Aus beiden beziehen wir den rationalen Plan und den Enthusiasmus, mit deren Hilfe wir Träume erfüllen können. Doch damit Männer und Frauen sich in der beschriebenen Weise gegenseitig unterstützen können, müssen sie die Möglichkeiten der beiden Zentren in sich verwirklichen. Du darfst auch nicht vergessen, daß innerhalb der Familie die Frau in gewisser Weise die Mächtigere ist. Denn so wie die Feuerstelle in früheren Zeiten das physische Zentrum des Familienlebens war, so ist eine selbstbewußte, geliebte Frau auch heute noch das spirituelle Feuer, das allen Menschen, die in ihrem Hause weilen, Kraft und Nahrung gibt.

Hast du soweit Fragen?» Haurvata hielt inne.

Ich schüttelte den Kopf. «Nein.»

Der Meister lächelte. «Also gut. Dann will ich unsere Unterhaltung über das Solarplexuszentrum und das spirituelle Auge

mit einer kleinen Geschichte abschließen! Es ist die Geschichte
von der Schönen und dem Tier. Wie du sicher weißt, beginnt die
Geschichte damit, daß der Vater der Schönen sich auf eine Reise
begibt. Auf dem Heimweg pflückt er eine Rose aus einem
Zaubergarten. Da stellt sich heraus, daß der Garten einem
schrecklichen, furchterregenden Tier gehört. Die Rose ist für
seine Tochter, die Schöne, die sich im Gegensatz zu ihren Schwestern keine materiellen Geschenke gewünscht hatte, sondern nur
um diese Blume bat.

Da der Vater das Gesetz der Gastfreundschaft verletzt hat, indem er etwas nahm, ohne daß es ihm angeboten wurde, muß er
sterben, wenn seine Tochter nicht bereit ist, mit dem Tier zu leben. Weil die Schöne ihren Vater so sehr liebt, geht sie zu dem
Tier. Das Tier verliebt sich in sie und bittet sie, seine Frau zu werden. Aber jedesmal weigert sich die Schöne. Sie hat zwar eine tiefe
Zuneigung zu dem sanften, liebenswürdigen Tier entwickelt,
kann sich aber nicht mit dem Gedanken anfreunden, eine solche
Kreatur zu heiraten.

Schließlich erlaubt das Tier der Schönen, nach Hause zu reisen
und ihre Familie zu besuchen. Aber es warnt sie: Wenn sie nicht
bis zu einem bestimmten Zeitpunkt zurückkehrt, wird es zugrunde gehen! Die Schöne vergißt ihr Versprechen, bleibt länger
fort, erinnert sich aber dann reumütig an den Schwur, den sie gebrochen hat. Sie eilt an die Seite des Tieres zurück und sieht, daß
es im Sterben liegt. Liebevoll wiegt sie seinen häßlichen Kopf in
ihren Armen, und ihre bekümmerten Tränen fallen auf sein Gesicht. Sie erklärt dem Tier seine Liebe und bittet es um Verzei-
hung.

Da erwacht das Tier plötzlich wieder zum Leben und verwandelt sich in einen schönen jungen Mann. Der Mann erklärt der
Schönen, er sei von einer Hexe verzaubert worden, und dieser
Bann konnte nur durch die Liebe einer schönen Frau gebrochen
werden, die ihn in seinem tierischen Zustand akzeptierte. Zum
Schluß heiratet die Schöne das Tier, das sich ihr jetzt in seinem
wahren Selbst offenbart hat und ein Prinz ist!

Die Schöne hat eine ebenso tiefgreifende Wandlung durchgemacht wie das Tier; aber ihre Veränderung tritt nicht so deutlich
zutage. Deshalb will ich sie dir erklären. Am Anfang geht es der
Schönen nur um emotionale Liebe. Das Symbol dafür ist die

Rose, die sie von ihrem Vater als Geschenk erbittet. Zu Beginn der Geschichte ist ihre stärkste Bindung die Beziehung zu ihrem Vater. Das zeigt, daß sie noch unreif ist – das heißt, sie befindet sich in ihrer Beziehung zum Mann in der Rolle der Abhängigen.

Daß ihr Vater die Rose pflückt, ist für die Schöne eine Herausforderung, über ihre oberflächlichen Vorstellungen von der Liebe hinauszuwachsen und den tieferen Sinn der Liebe in ihrem Inneren zu entdecken. Sie bekommt Gelegenheit, einem männlichen Partner spirituell ebenbürtig zu werden, statt weiter in ihrer abhängigen Position zu verharren.

So beginnen viele Menschen ihre Partnerbeziehung mit dem Ideal der emotionalen Liebe. Doch die Prüfungen der Ehe bringen sie dann dazu, darüber hinauszuwachsen. Als die Schöne nach Hause zu ihrem Vater zurückkehrt, bedeutet das eine spirituelle Bewährungsprobe für sie. Wird sie sich endgültig für eine höhere Form der Liebe entscheiden oder wieder in ihren früheren, bequemen, unreifen Zustand zurücksinken – den Bereich der Emotionen und der Abhängigkeit? Das ist die Bewährungsprobe, die jede Ehe bestehen muß, meine liebe Freundin.

Das Tier war schon immer ein Prinz, und seine edle Gesinnung zeigt sich an seinem Verhalten. Trotz seiner sexuellen Wünsche und seines spirituellen Bedürfnisses nach der Liebe der Schönen hat es sich ihr nicht aufgezwungen. Das zeigt, wie wichtig Selbstdisziplin in der Liebe ist, und daß man warten sollte, bis einem das Geschenk der wahren Liebe freiwillig angeboten wird, statt es sich einfach zu nehmen. Das war die Bewährungsprobe des Solarplexuszentrums, die das Tier zu bestehen hatte – ob es die Schöne so fair behandeln würde, wie es mit seiner eigenen wertvollen Seele umgehen würde.

Anfangs konnte die Schöne dem Tier ihre Liebe nicht schenken, weil sie in spiritueller Hinsicht noch zu unreif war. Die Prüfung der Schönen bestand darin, durch den äußeren Schein hindurch den inneren Wert des Tieres zu erkennen – das heißt, ihr spirituelles Auge zu öffnen. Als sie schließlich über ihren begrenzten Standpunkt hinauswächst, steht – siehe da! – das Tier durch eine wundersame Wandlung plötzlich als Prinz vor ihr! Jetzt haben beide Seiten ihre Prüfungen bestanden, und die göttliche Hochzeit ist vollzogen.

Du siehst das Kind, liebe ist die schöpferische, verwandelnde

Alchemie des Universums. Sie enthüllt unsere prinzliche Seele
unter der Oberfläche des wilden Tiers. Die Liebe verwandelt uns
aus einem abhängigen Geschöpf, das sich ängstlich vor der
negativen Kraft duckt, in ein strahlendes Wesen, das mit dem
Göttlichen zusammenarbeitet! Um es banaler und einfacher auszudrücken: Wenn du möchtest, daß ein Mensch liebenswert ist,
solltest du ihn erst einmal wie einen liebenswerten Menschen behandeln. Und wenn du geliebt werden möchtest, mußt du zunächst einmal selbst die strahlende Seele in deinem Inneren sehen
und an sie glauben! Der Spiegel reflektiert nur das Bild, das vor
ihm steht. Wir sind Spiegel füreinander und spiegeln gleichzeitig
das Bild wider, das wir von uns selbst haben!»

Der Berg ragte direkt vor uns auf, und unter uns stürzte mit
donnerndem Tosen der Wasserfall in die Tiefe. Selbst in unserer
Höhe spürten wir den Sprühregen seiner Wassertropfen auf unseren Armen und Gesichtern. Ich lächelte Haurvata glücklich zu,
und mein Entzücken spiegelte sich in seinem Gesicht wider. Ich
ahnte nicht, daß der malerische Teil dieser Reise nun gleich vorüber sein würde und mir ein ernsteres Abenteuer bevorstand, als
ich mir hatte träumen lassen.

KAPITEL ACHTZEHN

Das Lichtschwert

Das Tosen des Wasserfalls war jetzt so laut, daß es die Stimme des Meisters übertönte. Der Fahrer gab Haurvata ein Zeichen und setzte zur Landung an. Ich hatte keine Ahnung, wohin wir flogen, und begann mir allmählich Sorgen zu machen. Doch die beiden Männer machten einen ganz gelassenen Eindruck, also beruhigte ich mich auch wieder und genoß das seltsame Gefühl, an einem großen, donnernden Wasserfall entlangzufliegen, so gut ich eben konnte. Durch die Geschwindigkeit und die Masse des herabstürzenden Wassers entstanden Strömungen in der Luft, die das kleine Flugzeug hin und her schüttelten. Ich umklammerte meinen Sitz und wartete darauf, daß der Flug endlich ruhiger werden würde.

Schließlich entfernten wir uns wieder von den Wasserfällen, und unser Flugzeug schob sich in einen schmalen, kaum erkennbaren Durchgang in der Felswand hinein. Zuerst dachte ich, wir würden gegen die Felsen prallen, und stieß einen erleichterten Seufzer aus, als wir ruhig und mühelos durch den Tunnel hindurchflogen und an der anderen Seite der Felswand wieder herauskamen. Dort sah ich eine ebene Fläche, die eine Größe von ungefähr anderthalb Quadratkilometern hatte und aussah wie ein kleiner Krater. Wir landeten ruhig und sanft und stiegen aus.

«Warum sind wir denn nicht einfach über den Berg hinübergeflogen und dann hier gelandet? Das wäre doch viel einfacher gewesen», fragte ich.

«Von oben kann man dieses Stück Land nicht sehen», erklärte Haurvata und zeigte zum Himmel. «Es ist von einer Vorspiegelung zackiger, zerklüfteter Gipfel verdeckt. Nicht gerade der ideale Landeplatz.»

«Das ist ja wie in einer Spionagegeschichte! Sehr aufregend. Aber warum?»

Der Meister lachte schallend. «Wir halten diesen Ort geheim, weil hier ein spirituelles Heiligtum der Unmani Dhun liegt. Wir benutzen es hauptsächlich zur Ausbildung, aber auch als Ruheplatz und zum Schutz, wenn es nötig ist. Diese Welt sieht zwar schön und friedlich aus, mein Liebes, aber sie ist es nicht. Gewalt einzelner Menschen kommt selten vor. Das Land wird auch ständig überwacht. Aber der Kampf zwischen der negativen und der positiven Kraft endet nie.

Die Schlachten werden auf psychischer Ebene ausgefochten, und es gibt dabei kein Blutvergießen. Aber unsere Siege und Verluste sind deshalb nicht weniger bedeutend. Wenn wir auf der Astralebene eine Schlacht verlieren, wirkt sich das auch auf die physische Ebene aus. Und da die Menschheit in einem negativen Zeitalter lebt, sind wir hier ziemlich im Nachteil. Jeder Fortschritt kostet uns einen harten Kampf. Unser Ziel besteht nur darin, ein ausreichendes Gleichgewicht aufrechtzuerhalten, damit Seelen, die wirklich den höheren Weg beschreiten wollen, die Möglichkeit dazu haben. Deshalb hast du mich in der letzten Zeit so zufrieden gesehen! Wir haben ziemlich viele Siege errungen. Das ist auch einer der Gründe, warum du hier bist.»

«Das verstehe ich nicht», sagte ich mit großen Augen. «Kriege, Siege, Verluste! Was hat das alles mit mir zu tun? Ich bin keine Kriegerin.»

«Nein, nicht im konventionellen Sinn», räumte Haurvata ein. «Aber ob man ein Kämpfer ist, hängt vom Charakter ab, nicht vom Geschlecht oder vom Körperbau. Um in dieser Welt gegen Shangra Raj kämpfen zu können, braucht man keine Gewalt, sondern Scharfsinn und Geschicklichkeit. Die Ebene der Vorstellung ist gleichzeitig auch die Ebene der Illusion! Diese beiden unterscheiden sich nur um Haaresbreite voneinander. Wenn ein Angriff kommt, dann wird er aus dieser Richtung kommen!»

Schweigend sann ich über diese Worte nach. Mich beschlich ein Gefühl des Unbehagens, aber ich schüttelte es ab. Ich wollte einfach daran glauben, daß alles so bleiben würde, wie es bis jetzt gewesen war – schön und friedlich. Schließlich lag die heilige Stätte der Unmani Dhun gut versteckt im Gebirge, und wenn es zu einem Angriff kam, nahm ich an, daß ihre Verteidigungsanlagen schon ausreichen würden. Ich versuchte mir vorzustellen, wie es sein würde: Lasergewehre, eine Supertechnologie wie im Kino, viele blitzende Lichter und Explosionen. Ich hoffte, daß ich bis dahin fort sein würde.

Der Meister mußte meine Gedanken erraten haben, denn er wandte sich mir zu und lachte. «Versuchst du dir auszumalen, wie ein Kampf hier oben aussehen würde? Mach dir deswegen keine Sorgen! Dieses Gebiet ist von einem positiven Energiefeld umhüllt, das sich fünfzig Kilometer in alle Richtungen erstreckt – es ist so breit, daß es schwierig ist, genau festzustellen, wo wir sind, zumal wir auch noch einen Außenposten mit Agenten in der Nähe der Juwelenstadt haben, um Verwirrung zu schaffen und von unserem wahren Stützpunkt abzulenken. Nein, Liebes, physische Attacken wird es nicht geben. Das habe ich dir ja schon gesagt. Aber vor den psychischen Angriffen mußt du dich in acht nehmen!»

«Das ist ja phantastisch», sagte ich trocken. «Jetzt ist mir schon viel wohler. Aber wie soll ich mich vor etwas in acht nehmen, was ich gar nicht kenne?»

«Deshalb sind wir ja hier», beruhigte er mich. «Wenn du unsere Vertreterin auf der Erde sein möchtest, können wir dich nicht unbeschützt lassen. Aber wir können auch nicht ständig um dich herumschweben wie Vogelmütter um ihr Junges, wie wir es im Augenblick tun! Also mußt du ein paar Überlebenstechniken erlernen, sonst bist du für uns nutzlos – und außerdem eine leichte Beute für die negativen Kräfte.»

«Danke», sagte ich. «Das gibt mir ungeheuren Mut.»

«Eigentlich hast du bereits ausgezeichnete Fähigkeiten als Kämpferin», erwiderte Haurvata scharf. «Du siehst dich nur nicht so. Auch das liegt daran, daß du dein inneres Wesen nicht vollständig akzeptierst. Es wird ein böses Erwachen für den schlafenden Drachen geben, wenn er nicht demnächst aus seiner Höhle kriecht!»

Der Meister wandte sich wieder ab und ging auf eine Felswand zu. Ich blieb stehen und sah ihm nach.

«Sag mal, siehst du irgend etwas, was ich nicht sehe?» rief ich.

«Oh, Entschuldigung! Das habe ich ganz vergessen.» Er kam

zurück und berührte leicht meine Stirn. Plötzlich herrschte um mich her reges Leben und Treiben. Erschrocken trat ich einen Schritt zurück und stieß mit einem gutaussehenden jungen Mann zusammen, dessen Augen eine seltsame Farbe hatten. Er sagte etwas Nettes zu mir in einer Sprache, die ich nicht verstand, und ging weg.

«Könntest du das, was du eben mit meinen Augen gemacht hast, jetzt auch noch mit meinen Ohren machen?» bat ich Haurvata.

Der Meister lachte. «Er hat in der Sprache seines Planeten gesprochen. Offensichtlich glaubte er, du gehörtest zu seinen Leuten. Wirklich ein Kompliment – obwohl du dafür ein bißchen zu klein geraten bist. Vielleicht triffst du ihn drinnen wieder. Und jetzt komm mit. Sie warten auf uns!»

Wir gingen wieder in die Richtung, die Haurvata schon vor einer Minute eingeschlagen hatte. Jetzt erkannte ich deutlich einen Torbogen in der Felswand. Haurvatas Rücken verschwand im Eingang. Ich hielt mich dicht hinter ihm.

Innen verliefen kreuz und quer zahllose Korridore, die zu größtenteils kleinen, spartanisch eingerichteten Räumen führten. Die Decke über uns wölbte sich zu durchsichtigen Kuppeln, durch die das Tageslicht drang. Schließlich standen wir vor einer geschlossenen Tür und drückten auf einen Knopf. Die Tür glitt beiseite und ließ uns in einen großen, kahlen Raum ein. Dort kämpften etwa zehn Männer und Frauen mit ungefähr fünfundsiebzig Zentimeter langen, weißen Holzstäben miteinander. Ihre Lehrerin, eine kleine Frau mit einem Zopf, der auf ihren Rücken herunterbaumelte, konzentrierte sich intensiv auf die Gruppe und kehrte uns den Rücken zu. Wenn überhaupt jemand unser Eintreten bemerkt hatte, kümmerte es die Leute nicht viel mehr, als wenn sich eine Fliege auf die Wand gesetzt hätte.

Haurvata und ich setzten uns auf eine Bank an der Wand. Ich genoß die Schönheit und Präzision der Kampfbewegungen; sie erinnerten an Kampfsportübungen, die ich auf der Erde gesehen hatte, waren aber viel anmutiger und komplizierter. Nach etwa zehn Minuten brach die Lehrerin die Übung mit einem kurzen Befehl ab.

«Gut gemacht», sagte sie leise. «Für heute sind wir fertig.»

Ihre Schüler, die sich in Reihen aufgestellt hatten, verneigten sich leicht vor ihr und steckten die Waffen in ihre Gürtel. Sie betrachteten uns freundlich und verließen dann langsam einer nach dem anderen das Zimmer. Mir fiel auf, daß die Frau einen kräftigen, vor Gesundheit strotzenden Eindruck machte. Einer der Schüler, ein schlanker, hoch aufgeschossener blonder Mann, blieb zurück. Die Lehrerin wandte sich uns zu. Ihr Blick fiel erst auf Haurvata, dann auf mich, und ein Ausdruck des Wiedererkennens huschte über ihr Gesicht. Ich fuhr erschrocken zusammen. Es war meine Meisterin Kyari Hota!

«Sei mir gegrüßt, lieber Bruder», sagte die zierliche Frau mit ihrer melodischen Stimme. «Schön, dich wiederzusehen, meine Tochter.»

«Sei gegrüßt», antwortete Haurvata mit einem Zwinkern in den Augen. «Liebe Tochter, darf ich dir Kyari Hota vorstellen, die Unmani-Dhun-Meisterin, beauftragt mit der Ausbildung der Krieger für unser Heiligtum.»

«Mein Gott!» rief ich. «*Du* bildest die Krieger aus?»

«Ich habe die Ehre, hier die Meisterin der Kampfkünste zu sein», sagte Kyari belustigt. «Findest du, daß das keine passende Aufgabe für einen weiblichen Adepten ist?»

«Doch, doch. Ich bin nur überrascht. Ich hatte nicht gedacht... Das heißt, ich dachte... Ach, ist ja auch egal. Ich bin nur dumm und unwissend wie üblich.»

Haurvata und Kyari lachten. Kyari klopfte mir auf die Schulter und schenkte mir ein liebenswürdiges, unergründliches Lächeln. Ich holte tief Luft. Mein Gefühl der Bestürzung wuchs immer mehr. «Mir ist nicht wohl bei der Sache. Ich hoffe, ihr wollt mir nicht diese Kampfübungen beibringen, die ich gerade gesehen habe. Es wäre einfacher, einen Flohzirkus zu dressieren!»

«Wir bilden unsere Krieger auf vielen verschiedenen Ebenen der Verteidigung aus», antwortete Kyari. «Die physischen Verteidigungsübungen dienen hauptsächlich der Erholung, denn die brauchen wir selten. Für dich ist es sinnvoller, dir der psychischen Ströme und spirituellen Kräfte bewußt zu werden, die den Überlebensbereich des Menschen beeinflussen. Das wird dir bessere Dienste leisten als Schwertfechten oder blitzschnelle körperliche Reflexe.»

Gott sei Dank, dachte ich. Blitzschnelle Reflexe lagen für mich sowieso nicht im Bereich des Möglichen, nicht einmal auf der

Astralebene. Haurvata sah mir meine Erleichterung an und lachte leise. Kyari musterte mich nur kühl mit ihren dunklen, prüfenden Augen.

«Heute beginnen wir mit deiner ersten Lektion», fuhr sie fort, plötzlich ganz ernst. «Das Thema lautet ‹Perfektion›. Hast du noch Fragen, ehe wir damit anfangen?»

Ich schüttelte den Kopf. Die Meisterin der Kriegskünste gab dem Schüler, der dageblieben war, ein Zeichen. «Ven», befahl sie, «fang mit der Übung an.»

Ven, der blonde Schüler, stellte sich in die Mitte des Raumes und begann sich zu bewegen, zuerst langsam, dann allmählich immer schneller. Ich hatte noch nie jemanden so hoch springen, noch nie einen Körper so anmutig durch den Raum schnellen sehen. Der Tanz bestand aus Drehbewegungen, die immer wieder von geradlinigen Ausfällen unterbrochen wurden. Er schien mit seinen Bewegungen ein Bild zu malen, das ich beinahe vor mir sah – es war wie galoppierende Pferde oder einschlagende Blitze. Als der Tanz zu Ende war, stand Ven wieder in der Haltung da, mit der er begonnen hatte. Kyari nickte ihm zu, und er verließ wortlos den Raum. Dann richtete sie ihren Blick auf mich.

«Und jetzt beschreibe mir, was du gesehen hast.»

«Nun ja, wenn das keine Perfektion war, kam es ihr jedenfalls so nahe, wie man ihr nur kommen kann», erwiderte ich nachdenklich. «Es war eine wunderschöne Übung – und wahrscheinlich hat sie auch eine tödliche Wirkung, wenn man sie im Kampf einsetzt.»

«Deine Antwort ist halb richtig», räumte Kyari ein. «Der Tanz war wirklich schön ausgeführt, und zwar von einem meiner besten Schüler. Und er kann als physische Verteidigungsmaßnahme auch sehr wirkungsvoll sein. Aber perfekt war er nicht. Die Schönheit dieser Übung rührt nicht daher, wie nahe sie einer ganz bestimmten idealisierten Form oder einem ganz bestimmten idealisierten Muster kommt. Sie entspringt dem disziplinierten, intelligenten Ausdruck der Seele. Und jetzt schau mir zu. Ich werde dir den gleichen Tanz vorführen.»

Kyari trat in die Mitte des Raumes und begann zu tanzen. Ihre Bewegungen hatten deutliche Ähnlichkeit mit denen Vens, unterschieden sich aber gleichzeitig auch sehr von ihnen. Ihr Rhythmus war präziser und wirkte kriegerischer. Strenggenommen war Vens Tanz anmutiger gewesen. Und doch zeigte sich in Kyaris selbstbewußter Darbietung eine andere Kraft und Schönheit. Ich war erstaunt, denn zumindest hatte ich damit gerechnet, daß sie die Graziösere sein würde.

Als sie fertig war, forderte sie mich wieder auf: «Sag mir, was du gesehen hast.»

«Ich kann nicht sagen, welcher Tanz richtiger war oder welcher mir besser gefallen hat», erklärte ich wahrheitsgemäß. «Wenn ich deine Vorführung nach der ersten beurteilte, würde ich sagen, daß du viele Fehler gemacht hast. Und wenn ich Vens Leistung nach deiner bewerten würde, wäre es genauso. Aber nachdem ich beide Tänze gesehen habe, muß ich sagen, daß beide wundervoll waren, wenn auch verschieden. Ich habe das Gefühl, eure beiden unterschiedlichen Interpretationen der Bewegungen verraten mehr darüber, worum es euch geht, als wenn ihr den Tanz beide genau gleich ausgeführt hättet.»

Kyari nickte. «Hervorragend. Genau so ist es. Die meisten Menschen schöpfen bei dem, was sie tun, niemals all ihre Möglichkeiten aus, weil sie das nicht erkannt haben. Sie setzen sich einen falschen Maßstab, der sie blockiert. Und dieser falsche Maßstab lautet paradoxerweise ‹Perfektion›. ‹Perfekt› bedeutet nämlich nicht ‹fehlerlos›, wie die meisten Menschen glauben. Es bedeutet ‹vollkommen› – mit anderen Worten: ‹ganz›. Deshalb kann nichts in den niedrigeren Welten ‹perfekt› sein außer dem unvergänglichen Teil unseres Wesens, der Seele. Die Seele ist perfekt, weil sie alle Eigenschaften Gottes umfaßt, und Gott ist unser Maßstab der Ganzheit.

Die falsche Vorstellung von Perfektion erweckt die Illusion, daß man das, was in Wirklichkeit eine innere, spirituelle Realität ist, auch durch materielle Bemühungen erreichen kann. Aber das ist niemals möglich. Alles, was der Mensch erschafft, wird immer nur ein Teil, eine Widerspiegelung, ein Echo oder Bild der Seele sein; die Seele wiederum ist ein individualisiertes Atom Gottes. Wenn man überhaupt etwas als fehlerlos bezeichnen kann, dann höchstens das Produkt einer Maschine. Das ist möglich, weil maschinelle Produkte sich nach rein materiellen Kriterien beurteilen lassen. Man kann einen perfekten Hammer oder einen perfekten Nagel produzieren. Aber einen perfekten Krieger? Oder einen perfekten Schriftsteller? Niemals.

Deshalb kann die Idee der Perfektion sehr irreführend sein,
wendet man sie auf die kreativen Bemühungen eines Menschen
an. Ein Schriftsteller zum Beispiel beurteilt sich in der Regel nach
den Maßstäben des Marktes. Als gut gelten solche Bücher, die
Preise bekommen oder sich am besten verkaufen. Wenn er
glaubt, diesen Idealen nahekommen zu können, ermutigt ihn das.
Aber die starren Maßstäbe, die er sich selbst angelegt hat, sind
auch ein Gefängnis für ihn. Erkennt er dagegen, daß er diesen
Idealen nicht entspricht, verliert er den Mut. Dann ist er schon gescheitert, ehe er überhaupt angefangen hat.

In beiden Fällen ist er mit einem Hindernis zusammengesto-
ßen, das er sich selbst geschaffen hat, einer der größten Erfindungen des Shangra Raj: die Erfolgs- bzw. Mißerfolgsfalle. Die Sehnsucht nach Erfolg und die Angst vor Mißerfolg gehen Hand in
Hand. Je größer die eine ist, um so größer ist auch die andere. Wie
schon Emily Dickinson geschrieben hat: ‹Erfolg kommt denen
am süßesten vor, die ihn nie hatten.› Mit anderen Worten: Gescheiterte Menschen schätzen den Erfolg mehr als erfolgreiche.
Doch diese Wertschätzung ist wie das verzweifelte Nach-Luft-
Schnappen eines Ertrinkenden. Man schiebt das ersehnte Ziel nur
noch weiter von sich fort.

Die Unmani Dhun dagegen setzen einen ganz anderen Perfek-
tionsmaßstab. Er hat nichts mit materiellen Vergleichen, mit
weltlichem ‹Erfolg› oder ‹Mißerfolg› zu tun. Es ist ein zweifacher
Maßstab: nach den Gesetzen Gottes zu leben und in den Welten
Gottes ein neues Zentrum der Kreativität zu sein. Im Grunde genommen erlangt man Vollkommenheit, indem man einfach Seele
ist. Nach Gottes Gesetzen zu leben erfordert Bewußtsein und wil-
ligen Gehorsam. Ein neues schöpferisches Zentrum zu sein erfordert Individualität. Die Tänze, denen du gerade zugeschaut hast,
sind aus beidem entstanden.

Zuerst haben Ven und ich unsere Aufmerksamkeit auf die Gesetze der Bewegung und Körperdynamik gerichtet, um die
Schritte in der vorgegebenen Reihenfolge zu erlernen. Dann ließen wir unsere Individualität die Tanzbewegungen formen – mit
anderen Worten, wir ließen unsere persönlichen Erfahrungen und
unsere innere Weisheit in die vorgegebenen Bewegungsmuster
einfließen, so daß sie sich subtil veränderten. Beim zweiten
Schritt setzten wir unser Unterscheidungsvermögen ein, um fest-

zustellen, wann unsere Interpretation uns zu dem ursprünglichen kreativen Impuls hinführte, der den Tanz manifestierte, und wann sie von ihm wegführte.

Der Krieger-Adept hat niemals recht und niemals unrecht. Uns geht es nicht darum, fehlerlos zu sein oder einen bestimmten materiellen Leistungsmaßstab zu erreichen. Wir streben nur einen höheren Ausdruck des Ganzen durch uns als Seele an. Niemand kann das Ganze SEIN. Das kann nur Gott. Also begnügen wir uns damit, unsere individuelle, einmalige Rolle innerhalb des Ganzen zum Ausdruck zu bringen. Das ist unser Beitrag zum Dienst an Gott; und gleichzeitig beobachten wir auch die Beiträge der anderen und lernen aus ihnen. Jeder hat es selbst in der Hand, worin sein individueller Beitrag bestehen soll.»

«Es erleichtert mich wirklich sehr, daß ich nicht perfekt zu sein brauche», gab ich zu. «Diese ganze Idee der Perfektion macht mich sowieso ziemlich nervös. Das spricht dagegen, daß ich eine gute Kriegerin bin, nicht wahr?»

«Ja», stimmte Kyari zu. «Ohne einen ruhigen und doch stets bereiten Willen kann ein Krieger nicht überleben. Ein ruhiger, gelassener Krieger ist mehr auf der Hut, denn seine Aufmerksamkeit ist frei und kann auf alles reagieren, worauf das Höhere Selbst ihn hinweist. Ein nervöser, angespannter Mensch dagegen schlägt sich meistens gerade mit irgendeinem Problem herum, das sein Bewußtsein so stark in Anspruch nimmt, daß der Geist keinen Eingang finden kann. Anspannung bringt jede Bewegung zum Stillstand. Sie ist eine Energieverschwendung und blockiert den Willen. Und jetzt will ich dir noch etwas sagen, was die meisten Menschen nicht zu wissen scheinen – den größten Teil unserer Spannungen schaffen wir uns selbst innerlich. Innere Anspannung kommt daher, daß wir unser Ich nicht völlig akzeptieren.

Wenn ein Mensch das Gefühl hat, irgendein Ideal nicht zu erreichen oder unfähiger zu sein als jemand anders, hindert solcher Selbstzweifel seine Energie daran, in die Welt hinauszuströmen. Dann stauen seine Energien sich auf wie Wasser hinter einem Damm, und es entsteht ein großer innerer Druck. Bei Personen, bei denen der weibliche Pol sehr stark ausgeprägt ist, führt dieser innere Druck im allgemeinen zu Passivität, Krankheiten und anderen selbstzerstörerischen Tendenzen. Bei männlich orientierten Personen macht er sich häufig in Zorn und Destruktivität gegenüber anderen Luft. In beiden Fällen ist es der Perfektionismus, der unsere Möglichkeiten des spirituellen Wachstums vergeudet. Darum richten wir unsere Aufmerksamkeit nicht auf unsere Schwächen, sondern auf unsere Stärken. Das befähigt uns, unsere Gaben mit der Welt zu teilen, und gibt uns den Mut, auch unseren Schwächen ins Auge zu sehen und uns mit ihnen auseinanderzusetzen. Sobald wir auch das Unvollkommene in uns verstehen und akzeptieren, macht der natürliche Heilungsprozeß uns zu ganzheitlichen Wesen.»

«Weißt du, wie du diese Erkenntnisse auf dein eigenes Leben anwenden kannst, Liebes?» Haurvata legte mir die Hand auf die Schulter und sah mir direkt in die Augen.

«Ich glaube, ich muß weniger selbstkritisch sein», gestand ich, «und darf auch anderen Menschen nicht mehr so kritisch gegenüberstehen.»

«Kritik um der Kritik willen ist tatsächlich etwas Negatives», erwiderte Haurvata mit seiner tiefen Stimme. «Sie ist ein Werkzeug des kleinlichen Geistes und unnötig niederziehend. Aber nicht jede Kritik ist unnütz. Du mußt zwischen destruktiver und konstruktiver Kritik unterscheiden lernen, meine Freundin. Du hast einen scharfen Verstand und daher ein Talent für konstruktive Kritik. Doch wie alles Scharfe kann dein Intellekt sowohl eine heilsame als auch eine schädliche Wirkung haben, und wenn du nicht vorsichtig damit umgehst, kannst du dich selbst schneiden. Es ist wichtig für dich, zwischen nützlicher und schädlicher Kritik zu unterscheiden. Und es kann auch für andere Menschen wichtig sein. Deshalb will ich mir jetzt ein wenig Zeit nehmen, um dir diese Unterschiede klarzumachen.»

Er hielt die Hände mit weit gespreizten Fingern in die Höhe.

«Zuerst einmal wollen wir zwischen dem kritischen Menschen und der Kritikfähigkeit unterscheiden. Ein kritischer Mensch ist jemand, der ständig an allen und allem etwas auszusetzen hat. Seine destruktive Haltung scheint keinen Unterschied zwischen fremden und geliebten Menschen, himmelschreienden Verbrechen und harmlosen Versäumnissen zu machen. Ja, seine engsten Freunde, Partner und Verwandten sind sogar seine bevorzugte Zielscheibe. Dem Kritischen fehlt der Sinn für das richtige Maß, das Kennzeichen eines jeden guten Führers.

Dieser Personentyp hat keinen scharfen Geist und kein ausgeprägtes Urteilsvermögen. Seine Gewohnheit des Kritisierens ist so von Grund auf destruktiv, daß sie ihn sogar davon abhält, rationale Fähigkeiten zu entwickeln. Er kann keinen Gedanken logisch zu Ende verfolgen. Sein Zorn ist sein Schild, hinter dem er sich verschanzt, um der Welt seine Unzulänglichkeiten nicht zeigen zu müssen. Meist haben die anderen Angst vor ihm und daher wirkt er oft mächtig und überzeugend. Aber das ist nur der äußere Schein. Hinter dem zornigen Gebaren verbirgt sich nichts als Angst.

Kritikfähigkeit dagegen ist etwas ganz anderes. Wahre Kritikfähigkeit äußert sich nicht in destruktiven Worten oder Gedanken. Es ist die Fähigkeit, feine Unterschiede zu machen, Ursache und Wirkung und andere Zusammenhänge klar zu erkennen, die Fehler oder Wahrheiten in einer Argumentation oder einem Plan zu sehen und sich aus jeder Frage und jedem Ereignis die wichtigsten Ideen herauszudestillieren. Um eine ausgeprägte Kritikfähigkeit entwickeln zu können, muß man frei von Zorn sein, denn Zorn stumpft ab. Er macht blind. Kritikfähigkeit dagegen ist das Licht der Intelligenz, das durch das offene Fenster der Seele einströmt.»

«Danke!» rief ich aus. «Das ist mir wirklich eine große Hilfe. Von jetzt an werde ich es vielleicht merken, wenn ich die Grenze von der positiven Verwendung der Kritikfähigkeit zur destruktiven Kritik überschreite. Vielem Unglück in der Welt liegt der Drang nach Perfektion zugrunde. Wir wünschen uns einen perfekten Körper, ein perfektes Auto, die perfekte Familie, den perfekten Job! Wir veranstalten sogar Wettbewerbe, bei denen wir jemanden auszeichnen, der unserem Ideal der Perfektion entspricht. Und selbstverständlich muß auch unsere Beziehung perfekt sein! Was sie natürlich niemals ist. Wir wissen einfach nicht, wie wir glücklich sein sollen, wenn nicht alles perfekt ist.»

Kyari hatte mir die ganze Zeit über stehend zugehört. Ihre Haltung war locker und doch wachsam. «Der Wunsch, seine eigenen Schwächen zu verleugnen oder auszumerzen, ist auch eine Art Perfektionismus», sagte sie sanft. «Und eine andere Art besteht in dem Wunsch, alles sein und können zu wollen. Für die Mehrheit der Menschen ist das nicht möglich. Als Individuum ist man einmalig in seiner Art und auf irgend etwas spezialisiert. Das wiederum bedeutet, daß man sein Blickfeld einengen muß. Man muß sich entscheiden, in eine ganz bestimmte Richtung zu gehen und nicht in eine andere. Individualität bedeutet also zwangsläufig Begrenzung.»

«Begrenzung?» fragte ich. Ich hatte den Zusammenhang noch nicht ganz nachvollzogen. «Das mußt du mir erklären.»

«Das Prinzip kennst du bereits», antwortete Haurvata. «Du hast es nur noch nie auf dein eigenes Leben angewandt. Nimm die Rose als Beispiel. Als Gartenbesitzerin weißt du sicher, daß man viele Knospen abknipsen muß, um eine einzige voll entfaltete Blüte zu erhalten. Das bedeutet, daß die Pflanze auf viele kleine Möglichkeiten verzichtet, um eine große Möglichkeit zu verwirklichen. Du tust das gleiche. In jedem Leben verzichtet die Seele auf bestimmte Ausdruckskanäle, um sich ganz auf einen oder zwei zu konzentrieren. In dieser Konzentration der spirituellen Kräfte liegt eine große Macht.

Mit Hilfe dieser Begrenzungen spezialisiert sich die Seele und individualisiert sich als Teil des Ganzen. Maler entscheiden sich für Aquarell-, Öl- oder Acrylfarben und für ganz bestimmte Pinsel und Malflächen. Ebenso müssen wir uns entscheiden, was wir sind und was nicht. Unsere Entscheidungen führen uns in eine Richtung und schließen andere Richtungen aus. Das ist gesund und ein Teil des Reifeprozesses, der Entwicklung vom Stadium der ‹unbegrenzten Möglichkeiten› in unserer Kindheit zu den ‹begrenzten, aber realistischen› Möglichkeiten des Erwachsenseins.

Falls du den Eindruck hast, daß kreative Menschen mit unbegrenzten Fähigkeiten gesegnet sind, mit denen deine eigenen spärlichen Talente sich nicht messen können, solltest du noch einmal darüber nachdenken! Denk zum Beispiel an Vincent van Gogh. Viele seiner Zeitgenossen glaubten, er könne nicht zeichnen, geschweige denn malen! Vom fotografischen Standpunkt aus waren seine Werke nicht perfekt, und sie waren auch optisch nicht ‹korrekt›. Sein Werk war etwas viel Besseres als nur korrekt – es war ein Ausdruck individueller Kreativität. Van Gogh setzte seine Begrenzungen ein, um seinem Werk Originalität, Atmosphäre und Stil zu verleihen. Er hat unserer optischen und spirituellen Welterfahrung eine neue und einmalige Dimension hinzugefügt und einen Aspekt Gottes zum Ausdruck gebracht, den vorher noch niemand vermittelt hatte.»

«Mir ist klar, daß der Drang nach Perfektion – das heißt die

Neigung, sich auf Schwächen zu konzentrieren und sich gegen die natürlichen menschlichen Begrenzungen aufzulehnen – der Entwicklung von Kreativität und Individualität zuwiderläuft», warf ich eifrig ein. «Die spirituelle Energie eines Menschen wendet sich dadurch nach innen. Er stirbt innerlich, wird starr und berechenbar. Kein Wunder, daß Kinder solche innerlich erstarrten Menschen so sehr irritieren! Kinder sind äußerst individualistische und kreative Geschöpfe!»

«Ja», antwortete Kyari, «das ist oft richtig. Doch bald hämmern Eltern und Lehrer den Kindern auch diesen Drang nach Perfektion ein. Und die Kinder akzeptieren das Märchen von der Perfektion, weil sie anderen gefallen und als Belohnung dafür geliebt werden wollen. Leider lieben manche Erwachsene Kinder nicht um ihrer selbst willen; sie lieben nur das, was die Kinder ihrer Meinung nach sein sollen. Und sie erwarten von ihnen, daß sie das Ideal der Perfektion verwirklichen, das sie selbst in ihrem Leben nicht erreichen konnten. Dieser Perfektionismus unterdrückt die wahre Individualität des Kindes. Er hindert es daran, durch Experimentieren und freien Ausdruck seine wahren Talente und seine wahre Kreativität zu entwickeln. So ist die Enttäuschung und Frustration jedesmal vorprogrammiert.

Sobald es dir gelungen ist, dich von dem illusorischen Streben nach Perfektion zu lösen, hast du dich von einer großen Quelle der Angst und der Schuldgefühle befreit. Du bist frei – und wofür? Um das Risiko auf dich zu nehmen, deine eigene Ganzheit und Einmaligkeit zu entdecken! Und dabei wirst du in vielen Aspekten, die du an dir vorher abgelehnt hast oder nicht richtig zu schätzen wußtest, das entdecken, was dir zu deiner eigenen Größe noch fehlt. Du wirst erkennen, daß deine Talente, deine Mängel, ja sogar deine zufälligen Lebensumstände bei der Bestimmung deines Lebensweges eine wichtige Rolle spielen.»

«Bemühen Männer und Frauen sich eigentlich auf unterschiedliche Art und Weise um Perfektion?» fragte ich und wandte mich dabei an beide Meister.

«Im Grunde tun sie beide das gleiche, meine Liebe», sagte Kyari. «Doch bis jetzt haben die Frauen – und auch die weibliche Seite im Mann – am meisten mit dem Drang nach Perfektion zu kämpfen gehabt.»

«Und wie kommt das?» fragte ich weiter.

«Weil die Gesellschaft uns gelehrt hat, dem Weiblichen zu mißtrauen, seine Beiträge zum Ganzen zu unterschätzen und einzu-
schränken», antwortete Kyari. «Aufgrund dieses Gefühls, daß die
Frau etwas Minderwertiges ist, glauben viele Frauen – und auch
manche feminine Männer –, daß ihre Leistungen irgendeinem
Maßstab, den sie unsinnig hoch ansetzen, nicht genügen. Sie glauben allen Ernstes daran, daß die Welt sich nach diesen hohen Maßstäben richtet. Und sie können sich nie vom Gegenteil überzeu-
gen, weil sie immer gleich wieder den Rückzug antreten, ohne
sehr weit gekommen zu sein. In Wirklichkeit haben die Siege der
meisten erfolgreichen Menschen mehr mit Psychologie als mit
tatsächlicher Überlegenheit zu tun. Viele Leute, die nur mittelmä-
ßig begabt sind, erreichen ihre Ziele, weil die Welt ihrem über-
wältigenden Selbstvertrauen und ihrem Glauben an ihre Vision
nicht widerstehen kann!

Eltern verformen ihre Töchter schon von klein auf, indem sie
ihnen einschärfen, wie wichtig es ist, attraktiv auszusehen, bestimmte Regeln zu befolgen und gute Umgangsformen zu haben
– auf Kosten anderer Dinge, zum Beispiel der Selbstentdeckung
und der Erforschung des Lebens. Und da Mädchen sensibler und
bereitwilliger sind, fallen sie diesen Versuchen ihrer Eltern eher
zum Opfer als Jungen. Gegen gutes Aussehen, Gehorsam und
gute Umgangsformen ist nichts einzuwenden. Aber diese Eigenschaften dürfen nicht auf Kosten des Bedürfnisses nach Kreativität und Initiative gehen. Und Kreativität und Initiative erfordern
Mut. Um in der heutigen Welt leben und glücklich sein zu können, müssen Mädchen auch Kämpferinnen sein!»

Ich dachte über diese letzte Bemerkung nach, und mir wurde
klar, wie wenig wir eigentlich darüber wußten, wie man seine
Töchter dazu erzieht, kreativ zu sein und ihr Leben interessant zu
gestalten. Doch auch die Jungen waren häufig zu passiv und
selbstzufrieden. In Zeiten des Friedens und verhältnismäßig großer materieller Stabilität gab es einfach keinen Anreiz für die
Menschen, für alle Gelegenheiten und Gefahren ein offenes Auge
zu haben.

Ich rutschte unbehaglich auf meinem Stuhl hin und her und
sagte: «Ich war bisher auch den größten Teil meines Lebens in un-
entwirrbare Knoten in meinem Inneren verwickelt. Weil ich mich
so sehr auf meine Fehler konzentrierte, konnte ich meine Energie

nicht auf die Ebene strömen lassen, zu der ihr beide mich offensichtlich für fähig haltet. Das liegt nicht daran, daß ich vor irgend
etwas Besonderem Angst habe. Ich glaube, ich wüßte einfach
nicht, was ich als Kriegerin tun sollte! Natürlich kann ich in einer
negativen Welt überleben. Aber ein Krieger muß mehr tun, als
einfach nur zu überleben. Er muß auch neues Land für die positive
Kraft erobern! So sehe ich es zumindest.»

«Du sprichst wie eine wahre Kriegerin», sagte Kyari leise lachend und verschränkte die Arme vor der Brust. «Komm mit. Ich
will dir etwas zeigen.»

Die Krieger-Adeptin ging mir voran aus dem Unterrichts-
raum, den Korridor entlang und eine endlos scheinende Treppe
hinunter, die uns nach draußen an die frische, klare Luft führte,
die diese Bergfestung umgab. Dicht vor uns stürzte der Wasserfall, von einem Dunstschleier umgeben, in ein Becken mit bro-
delnden, wogenden Wassermassen hinab.

«Das ist das Lichtschwert», rief Kyari und zeigte auf den ehr-
furchtgebietenden Wasserfall. «Nach ihm haben wir auch unsere
kleine heilige Stätte benannt. Der Name erinnert uns daran, daß
man sich seine spirituelle Freiheit in den dualistischen Welten immer wieder neu erkämpfen und bewahren muß, wenn nötig auch
mit Gewalt, aber ohne den Exzeß des Hasses. Das Lichtschwert
ist also ein Symbol für die Wachsamkeit und Reinheit der kriegerischen Seele!»

Wir standen ein paar Minuten lang da und genossen den majestätischen Anblick des Wasserfalls. Dann erhob Kyari sich vom
Boden und flog durch die Luft, um an einer Stelle ein paar hundert
Meter über uns wieder zu landen. Sie winkte uns zu. Ich sperrte
Mund und Nase auf. Haurvata lachte. «Hast du noch nicht gemerkt, daß man auf dieser Ebene auch fliegen kann, wenn man
will?» fragte er tadelnd.

«Nein», murmelte ich. «In meinen Träumen bin ich natürlich
schon immer geflogen. Aber es ist mir noch nie eingefallen ... O
je, jetzt fange ich ja schon wieder an. Es gibt wahrscheinlich noch
vieles, was ich über das Leben in dieser Welt nicht weiß. Aber
wenn alle Menschen hier fliegen können, warum tun sie es dann
nicht? Ich meine, warum laufen sie dann überhaupt noch? Und
warum benutzen sie Fahrzeuge?»

«Wir gehen, weil wir Beine haben und unsere Beine Bewegung

brauchen», antwortete Haurvata sachlich. «Und wir benutzen Fahrzeuge, weil es den Astralkörper ermüdet, weite Strecken zu fliegen, so wie es den physischen Körper erschöpft, weit zu laufen. Aber wenn es notwendig oder wünschenswert ist, dann ist es für uns etwas genauso Natürliches, unseren Körper in die Luft zu projizieren, als zu laufen oder uns in einem Fahrzeug fortzubewegen. Und nun versuch du es!»

«Wie soll ich denn anfangen?» fragte ich nervös.

«Genau wie bei deinen Kontemplationen. Du mußt dein Ziel klar vor dir sehen und dir dann vorstellen, wie du dich durch die Luft auf dieses Ziel zubewegst», erklärte Haurvata. «Dann wirst du im Nu dort sein!»

Ich befolgte seinen Rat und stellte fest, daß es tatsächlich so leicht war, wie er gesagt hatte. Bald stand ich neben Kyari auf einem Felsvorsprung, der mit funkelndem Schnee bedeckt war. Haurvata landete eine Sekunde später.

«Na, wie hat dir das Fliegen gefallen, liebe Freundin?» grinste Kyari. Ihre Augen tanzten vor Vergnügen.

«Es war wunderbar!» rief ich. «Zwischen Fliegen und der normalen Fortbewegung besteht ein genauso himmelweiter Unterschied wie zwischen Eis und gewöhnlichem Essen!»

«Gut. Denk daran, diese Fähigkeit einzusetzen, wenn die Situation es erfordert. Doch um das Thema zu wechseln ... Aus dieser Höhe hört man das Lichtschwert nicht mehr so laut singen. Jetzt können wir miteinander sprechen, ohne zu schreien. Aber ich habe dich auch noch aus einem anderen Grund hierher gebracht. Beobachte den Himmel, während wir uns unterhalten. Dann wirst du etwas sehen, worauf zu warten sich lohnt.»

Ich starrte zum Himmel empor, der in diesem Teil der Welt ständig in verschiedenen Pastellfarben leuchtete wie bei einem Sonnenuntergang über einer tropischen Insel. Ich fragte mich, wie es wohl sein mochte, hier zu wohnen und die Schönheit dieser Welt als etwas Selbstverständliches hinzunehmen.

«Du hast erwähnt, daß du dir nicht ganz sicher bist, ob du eine spirituelle Kriegerin werden möchtest», begann Kyari. «Ehrlich gesagt wäre ich auch skeptisch, wenn jemand sich zu leicht von dem Ruhm und dem Glanz dieser Rolle hinreißen ließe. Denn in Wirklichkeit ist es nichts Glanzvolles und es bringt kaum Ruhm, ein Krieger zu sein. Es ist ganz einfach ein Grad des Einsatzes, der außergewöhnlich viel Wachsamkeit, Loyalität und Urteilsvermögen erfordert. Es ist kein Weg für Romantiker und Träumer, sondern für eine Seele, die alles erfahren hat, was die Welten zu bieten haben, und sich daher nicht mehr von ihnen beeinflussen läßt. Es ist ein Weg für Menschen, die genug Böses getan haben, um das Gute zu kennen, und genug Gutes, um zu wissen, daß das Gute allein nicht die Lösung aller Probleme ist, die die Menschheit in den niederen Welten zu überwinden hat.»

In diesem Augenblick entdeckte ich am Himmel etwas, was sich bewegte. «Schau mal!» flüsterte ich. «Ist es das?»

Zuerst war «es» nur eine unkenntliche Masse, die sich bewegte; doch bald zeigte sich, daß diese merkwürdige Vision aus zwei Teilen zu bestehen schien. Im unteren Teil ritten ungefähr hundert Männer auf reinweißen Pferden dahin, und oben bildete ein Schwarm blauer Vögel einen beweglichen Baldachin über den Köpfen der Reiter. Die Männer galoppierten schweigend über den Himmel; nur vor ihnen fegte ein seltsam stöhnender Wind über das Land. Nach langer Zeit verschwanden die Reiter wieder aus unserem Blickfeld.

Dieser Anblick hatte mich seltsam aufgewühlt. «Kyari», sagte ich staunend, «was war das, was wir gerade gesehen haben?»

«Man nennt sie die ‹Krieger des Blauen Lichts›. Hast du noch nie von ihnen gehört?»

«Nein, noch nie», sagte ich und schüttelte den Kopf. «Erzähl mir von ihnen.»

«Die Krieger des Blauen Lichts sind Seelen, die sich entschieden haben und dazu auserwählt wurden, dem Heiligen Geist bis in alle Ewigkeit in den niedrigeren Welten zu dienen. Jeder trägt ein blaues Schwert und einen blauen Schild. Die vom Glück begünstigten Menschen, deren spirituelle Augen offen sind, können sie sehen, wenn sie auf ihren weißen Pferden über den Himmel galoppieren. Und vor ihnen bewegt sich die Macht Gottes in Form eines mächtigen Windes, der die Welten niederbeugt.»

«Den Wind habe ich gesehen», rief ich aufgeregt. «War das die Macht Gottes?»

«Ja», nickte Kyari. «Die Macht Gottes entwurzelt, was vorher fest war, und ordnet die Ankerpunkte unseres Lebens neu. Sie bringt Chaos und Veränderung, aber nur, um die Seele auf eine höhere Lebensebene emporzuheben.»

«Oh! Irgendwie erinnert mich das an ein paar seltsame Bilder, die ich vor kurzem im Traum gesehen habe», flüsterte ich.

«Beschreibe sie», forderte Haurvata mich auf.

«Das erste Traumbild war ein Weizenfeld, das von einem heulenden Wind zu Boden gedrückt wurde. Später taute im selben Traum der Schnee von einem Berg ab, und die Lawinen rollten donnernd ins Tal. Und vor kurzem habe ich auch noch ein anderes Bild gesehen: ein Feld mit dicken, leuchtend orangefarbenen Kürbissen, die reif für die Ernte waren. Aber das letzte Bild ist am merkwürdigsten: Gefrorene Wale tauten auf und trieben stromabwärts. Es schienen unendlich viele zu sein! An mehr kann ich mich nicht erinnern. Sind das nicht eigenartige Bilder? Weiß jemand von euch, was sie bedeuten?»

Die beiden Meister blickten sich an, als überlegten sie, wer von ihnen es mir sagen sollte. Nach kurzem Zögern antwortete Haurvata: «Ich will dir erklären, was diese Träume bedeuten, liebe Freundin. Sie deuten darauf hin, daß in deinem Leben mächtige spirituelle Ströme freigesetzt worden sind. Der Wind ist die Macht Gottes, die diese ganze Veränderung bewirkt. Der Berg ist ein Symbol für spirituelle Fortschritte, und sein Tauen zeigt an, daß die Einschränkungen, die dem vollen Ausdruck deiner Meisterschaft über dich selbst bisher im Weg standen, sich jetzt auflösen. Die Kürbisse sind ein weibliches Symbol der spirituellen Ernte auf physischer Ebene – die Verheißung von Fülle und materiellem Wohlstand. Die Wale sind ein männliches Symbol für die höheren geistigen Kräfte, die mit der Ebene des Unterbewußten zusammenhängen. In diesem Fall deutet das Tauen darauf hin, daß Inspiration, klares Denken und Wahrheit dir jetzt unbegrenzt zur Verfügung stehen.»

«Oh!» sagte ich leise in das bedeutungsgeladene Schweigen hinein, das dieser Eröffnung folgte. Die Träume hatten auf mich zwar erhebend gewirkt, aber ich hatte keine Ahnung davon gehabt, was sie mir alles prophezeiten. Nun fragte ich mich, wie die bevorstehenden Veränderungen sich wohl auf mein praktisches Leben auswirken würden. Würde meine Beratungstätigkeit an Schulen häufiger werden? Würde ich endlich in der Lage sein, über das zu schreiben, was mir am Herzen lag?

Doch im Augenblick mußte ich diese Fragen beiseite schieben. Kyari ging ruhelos vor uns auf und ab wie ein Panther. «Tja!» rief sie schließlich. «Deine Träume deuten darauf hin, daß es richtig war, dich heute hierher zu bringen. Ich glaube, jetzt ist es Zeit, unseren schlafenden Drachen – das heißt dich – aus seiner Höhle herauszulocken! Die Höhle ist kein sicherer Aufenthaltsort mehr für dich. Die negative Kraft weiß nun von deiner Existenz und weiß auch, daß du eine potentielle Bedrohung für sie darstellst. Von diesem Augenblick an ist das ‹Schlafen› mit einem großen Risiko für dich verbunden. Dir bleibt nichts anderes übrig, als dich der Herausforderung zu stellen und dir über deine neuen Kräfte klarzuwerden. Kurzum, Löwe Gottes, das hier ist deine Einberufung. Die Schlacht hat schon begonnen!»

KAPITEL NEUNZEHN

Der innere Krieger

Kyari wandte sich mir zu und schleuderte mich mit einer Kraft, die über das Physische hinausging, in den Abgrund hinunter. Diese Bewegung kam so rasch und unerwartet, daß ich mich nicht dagegen wehren konnte. Ehe ich auch nur erschrecken konnte, stürzte ich auf das strudelnde Wasserbecken am Fuß des Wasserfalls zu. Doch automatisch übernahm der Überlebenstrieb die Führung, und mein Geist ging blitzschnell alle Möglichkeiten durch, bis er zufällig auf eine neue Erkenntnis stieß, die lautete: «In dieser Welt kann man fliegen.» Sofort streckte ich in meiner Vorstellung die Arme aus und hörte auf, kopfüber in das blaugrüne Wasser zu stürzen. Ich konzentrierte mich auf eine Stelle am Boden und steuerte auf sie zu. Ich flog mühelos und blitzschnell, bis ich oberhalb der Stelle schwebte, die ich mir ausgesucht hatte. Die Landung war interessant, denn ich hatte beschlossen, wie «Superman» zu fliegen, und mußte meinen Körper jetzt in die richtige Position bringen, um auf den Füßen landen zu können. Das gelang mir, indem ich einen Schüler im Turnunterricht nachahmte, der vom Reck auf den Boden springt. Ich zog die Knie an und landete mit leichtem Aufprall.

Kurze Zeit später flogen Kyari und Haurvata herbei und landeten neben mir. Kyari grinste breit, und der Meister konnte seine Belustigung nur mit Mühe unterdrücken.

«Lacht nur ruhig, tut euch keinen Zwang an!» knurrte ich und stemmte die Hände in die Hüften. «Ihr hättet mich beinahe umgebracht. Das findet ihr wohl sehr lustig!»

Die beiden lachten so herzlich, daß sie sich aneinanderlehnen mußten, um nicht umzufallen. Kyari liefen Tränen über die Wangen, und Haurvatas dröhnendes Gelächter hallte in den Bergen wider. Nach einer Weile begann ich auch zu lächeln.

«Also gut, ihr Witzbolde. Was soll das Ganze? Seid ihr nicht schon ein bißchen zu alt, um Freunde von Felsvorsprüngen herunterzuschubsen? Oder wollt ihr mir jetzt auch noch einen Knallfrosch vor die Füße werfen?»

Kyari setzte sich erschöpft auf den Boden. «Nein, vorläufig bist du in Sicherheit», sagte sie. Ihre Worte wurden immer wieder von sprudelndem Gelächter unterbrochen. «Du warst sowieso nie wirklich in Gefahr. Wenn dir nicht eingefallen wäre, daß du fliegen kannst, hätte ich dich gerettet.»

«Ah, das war also eine Prüfung, hmm?» grollte ich. «Ich sollte euch wohl beweisen, daß ich es kann?»

«Nein, liebe Freundin», korrigierte Haurvata mich. «Uns brauchst du nichts zu beweisen. Dir selbst mußt du es demonstrieren!»

«Das verstehe ich nicht», sagte ich stirnrunzelnd.

«Du bist einfach noch nicht richtig erwacht», lächelte Haurvata teilnahmsvoll. «Du bist eine Kriegerin, die träumt, sie sei eine schwache Frau, die auf dem Planeten Erde ein ziemlich eingeschränktes Leben führt. Deine Drachenkräfte schlafen noch in dir! Und du scheinst diesen Traum nicht anders abschütteln und dein wahres Ich erkennen zu können, als indem du dir deine kriegerischen Fähigkeiten selbst beweist. Das kommt daher, daß du immer eigensinnig darauf beharrst, konkrete Beweise zu sehen, ehe du etwas glaubst. Diese Skepsis kann eine nützliche, aber auch eine schädliche Eigenschaft sein. In diesem Fall ist sie schädlich.

Wir wissen wirklich nicht, was für Beweise du noch brauchst. Du hast nicht nur die Herausforderungen deines Lebens bestanden, sondern dich dabei auch noch zu einem außergewöhnlichen Menschen entwickelt. Seit deiner Kindheit haben dich spirituelle Führer begleitet, und du bewegst dich immer müheloser und vertrauter in den inneren Welten. Du verstehst eine ganze Menge von den spirituellen Gesetzen, die die Universen regieren, und kannst sie anderen Menschen erklären. Du bist dem Geist treu ergeben. Was brauchst du noch, um zu akzeptieren, was du bist, und dich endlich deiner Mission noch intensiver zu widmen?»

Ich sah den Tibeter unverwandt an. Gemischte Gefühle wühlten mein Inneres auf. Ich hatte es nicht gern, wenn er so mit mir redete. Er schien beinahe aufgebracht zu sein, als sei er mit seiner Geduld am Ende. Ein Gefühl der Panik stieg in mir auf. Es war ein altes Erinnerungsbild: Vielleicht ist er mit mir unzufrieden und läßt mich im Stich! Ich weigerte mich, diesem heimtückischen Bild in meinem Inneren nachzugeben. Doch es schlich sich auch noch ein anderer Gedanke ein, der mich fast ebenso beunruhigte wie der erste. Wußte der Meister wirklich und wahrhaftig nicht mehr, was er noch für mich tun konnte? Das konnte ich schon gar nicht akzeptieren. Ich hatte mir im Lauf der Jahre angewöhnt, mich völlig auf ihn zu verlassen. Mir war noch nie in den Sinn gekommen, daß er eines Tages die Arme vor der Brust verschränken und sagen könnte: «Das ist alles – mehr kann ich nicht für dich tun!»

Außerdem wurde mir mit wachsendem Erstaunen klar, daß ich mich nie ganz mit der Idee angefreundet hatte, ein Adept zu werden wie Haurvata – nicht seine Schülerin, sondern ihm ebenbürtig. Oder besser gesagt, ich hatte diese Möglichkeit so weit in die Zukunft hinausgeschoben, daß ich mich vor dem Gedanken verschlossen hatte, das *jetzt* zu werden. Eine Hitzewelle schoß durch meinen Körper, als ich Haurvatas Worte begriff. Ich fühlte mich plötzlich wie ein Bräutigam kurz vor der Hochzeit: aufgeregt, nervös und schlichtweg einfach ängstlich! War ich wirklich bereit, das alles zu tun? Wie war ich nur in diesen Schlamassel hineingeraten? Bei der Aussicht, mein jetziges Leben, in dem ich nur geringe Verantwortung zu tragen hatte, für ein Leben mit hoher Verantwortung aufzugeben und statt kleiner persönlicher Sorgen künftig weltumfassende Ziele vor Augen zu haben, lief es mir kalt den Rücken hinunter. Wenn ich diesen Schritt erst einmal wagte, ließ er sich vielleicht nie wieder rückgängig machen!

Schließlich schüttelte ich den Kopf. «Du hast recht. Du kannst jetzt nichts mehr für mich tun. Ihr zwei habt mir so viel beigebracht. Ich habe nicht einmal gemerkt, daß ich die Sache so lange vor mir hergeschoben habe. Ich glaubte ehrlich nicht, daß ich eine Kriegerin werden könnte. Ich verdiene nicht genug Geld, ich verliere manchmal die Beherrschung, und ich vergesse meine Katzen zu füttern!»

Hilflos warf ich die Hände in die Höhe. «Wie kann so jemand ein Krieger sein?»

Die beiden Meister lachten bei diesen Worten nur nachsichtig. «Du bist so sehr damit beschäftigt, deine Fehler aufzuzählen, daß du deine Stärken darüber völlig vergißt», ermahnte Kyari mich. «Ist denn nichts von dem, was wir über Vollkommenheit gesagt haben, bei dir hängengeblieben?»

«Doch, schon, aber es braucht Zeit, bis man das, was man mit dem Verstand akzeptiert hat, auch anwenden kann», entschuldigte ich mich. «Ich versuche euch nur zu erklären, warum ich nicht eher erkannt habe, worauf ihr hinauswolltet.»

«Gut», sagte Kyari. «Aber das war damals. Und jetzt ist jetzt. Übrigens sind all die Anschuldigungen, die du gerade gegen dich vorgebracht hast, nur kleinliche, verstandesmäßige Einwände. Das erinnert mich an die Redensart ‹das Kind mit dem Bade ausschütten›. Willst du wegen dieser paar menschlichen Schwächen, auf die du dir so viel einbildest, auf deine spirituelle Bestimmung verzichten? Ja, ich habe gesagt ‹einbildest›. Deine Befangenheit hindert dich daran, eine Kriegerin zu werden! Dein kleines Ich stolziert eitel umher und fragt sich ständig in klagendem Ton: ‹Wie wirke ich? Mache ich auch einen guten Eindruck?› Krieger zu sein, ist keine ‹Darbietung›, sondern ein Dienst. Solange du ein Mensch bist, wirst du immer Fehler haben. Aber was macht es schon, wenn andere deine Fehler sehen? Du tust das alles ja nicht, um gelobt zu werden – du nutzt nur deine natürlichen Begabungen, um ein Gefäß für den Geist zu sein.»

«Also gut», gab ich nach. «Ihr habt mich durchschaut. Meinetwegen – ich bin eine Kriegerin. Könnt ihr mir jetzt noch verraten, was von einem Krieger erwartet wird?»

«Zuerst einmal, daß er nicht so sarkastisch ist», sagte Haurvata trocken. «Als nächstes mußt du schauen, zuhören und dich erinnern. Allmählich wird das Bild, das du von dir hast, sich ändern. So etwas geht nicht über Nacht, und das erwarten wir auch gar nicht. Aber irgendwann mußt du ja einmal anfangen, also kannst du es genausogut jetzt tun! Wie wir dir schon gesagt haben, wir können nicht ständig wachsam über dir schweben. Du mußt dir Fähigkeiten erwerben, um im Kampf gegen Shangra Raj auch ohne unsere Hilfe überleben zu können. Wenn seine früheren Angriffe dir schon furchtbar vorkamen, werden sie in Zukunft nur noch schlimmer werden, wenn du weiterhin unvorbereitet bist. Natürlich hast du seit deiner Jugend eine Menge gelernt; deshalb werden seine Angriffe jetzt subtiler sein. Aber sie sind deshalb nicht weniger gefährlich.»

«Das habt ihr mir schon einmal gesagt», seufzte ich. «Es macht mich ganz nervös. Was werden das für Angriffe sein, und wie kann ich mich dagegen schützen?»

«Gute Frage», schaltete Kyari sich ein. «Das werden wir dir gleich zeigen. Haurvata?»

Der Meister trat einen Schritt vor und warf einen Mantel aus weißem Licht über uns. Da begann alles um uns her zu zittern und zu schwanken. Bald löste unsere Umgebung sich völlig auf, und eine andere Realität trat an ihre Stelle: ein Ort, an dem Menschen in Häuserruinen saßen und durch Straßen liefen, die mich an die Ghettos auf unserer Erde erinnerten. Doch die Lichtkugel schützte uns, und deshalb empfand ich nicht viel dabei. Dann zog der Meister den schützenden Mantel weg, und die Schwingungen kamen immer näher. Sie waren schwer und dunkel. Angst und Hoffnungslosigkeit kreisten uns ein wie Nebel, krochen in uns hinein. Die Kälte ging uns bis in die Knochen.

«Das reicht», flüsterte Kyari, und Haurvata warf den Lichtmantel wieder über uns. In seinem Schutz bewegten wir uns durch die trostlose Landschaft und betrachteten die Welt, in der diese Menschen lebten.

«Was ist das für ein Ort, Haurvata, und warum leben die Menschen hier so?» fragte ich schließlich. «Ich habe bisher immer gedacht, die inneren Welten seien frei von solchen Dingen wie Armut. Aber das Gefühl, das ich hier habe, ist schlimmer als alles, was ich bisher in den Städten auf der Erde empfunden habe – es ist bedrückender und hoffnungsloser! Woran liegt das?»

«Die Astralebene ist eine Welt, die von der Vorstellungskraft beherrscht wird. Das haben wir dir ja schon erklärt. Aber die Vorstellung mancher Menschen hängt sich eben an Bilder der Armut, Krankheit und Gewalt. Und so schaffen sie sich hier auf den niedrigeren Ebenen der Astralwelt ihre Umgebung, die ihren inneren Bildern so nahe wie möglich kommt. In Wirklichkeit sind die Umweltbedingungen hier besser als auf der Erde. Aber die negativen Schwingungen sind stärker, weil der negative Strom sich nicht in feste Materie auflöst wie auf der physischen Ebene. Die ‹Hölle› der christlichen Religion existiert auch in einem Bereich dieser Ebene. Aber dort gehen wir heute nicht hin.»

«Wenigstens ein Lichtblick», murmelte ich. «Vielleicht ist das eine ganz dumme Frage, und die Antwort liegt auf der Hand, aber... Was ist denn dieser negative Strom eigentlich? Ich meine, warum muß es ihn überhaupt geben?»

«Der negative Strom existiert, um Gottes Geist Form, Struktur und feste Konturen zu geben. Dieser wiederum schafft die Umgebungen der niederen Welten, wo unerfahrene Seelen reifen können, bis sie sich das Bürgerrecht in den höheren Welten verdient haben. Das ist so ähnlich wie ein Kindergarten, in dem kleine Kinder, von fürsorglichen Erwachsenen überwacht, spielen und lernen können.»

«Aber ein Kindergarten ist ein sicherer Ort. Die Erde nicht», gab ich zu bedenken. «Wie kann dein Vergleich dann stimmen?»

«Es ist richtig, daß die Seelen auf der Erde mit Not und Leiden konfrontiert werden», stimmte Kyari zu. «Aber diese Erfahrungen sollen sie erziehen und stark machen. Und außerdem, welche Gefahren in den niederen Welten auch auf die Seele lauern mögen – der Schaden, den sie anrichten können, beschränkt sich auf die physische Ebene. Eine Seele kann andere schädigen, wenn ihr die Erfahrung und das Unterscheidungsvermögen fehlt. Aber wer die Freiheit hat, anderen zu schaden, der hat auch die Freiheit, anderen Gutes zu tun. Der Seele ist diese Freiheit gegeben, damit sie sich selbst kennenlernen und sich entscheiden kann, Gott zu dienen. Das Böse, das die Menschen einander antun, ist der Preis für diese Freiheit.»

Ich dachte über diese Worte nach. Inzwischen führte Haurvata uns von dem dunklen Ort fort und brachte uns in eine viel hellere Umgebung. Vor uns tauchte ein Gebäude auf, das von einem hübschen Garten umgeben war. Es erinnerte mich an einen Country Club. Doch ich stellte fest, daß es ein Ort war, an dem Menschen geheilt wurden, ein «Krankenhaus», wie Haurvata es nannte. Hier wurde Menschen, die sich den Zutritt zu dieser Einrichtung verdient hatten, geholfen, die spirituellen Probleme zu lösen, die in ihrem Astralkörper saßen. Ich erfuhr, daß viele Seelen hierher kamen, ehe sie in höhere Regionen der Astralebene aufstiegen. Haurvata fuhr mit seinen Erklärungen fort, während er uns durch die Bereiche des Krankenhauses führte, die für die Öffentlichkeit zugänglich waren.

«Und wie werden diese Seelen geheilt?» erkundigte ich mich.

Kyari hatte sich von uns getrennt, kam aber rechtzeitig wieder, um meine Frage mitzuhören. «Das können wir dir zeigen», lächelte sie. «Ich habe die Erlaubnis zum Zuschauen eingeholt. Komm hierher.» Sie führte uns in einen Raum mit großen Fenstern, durch die man in einen kleineren Raum hineinsehen konnte, in dem ein Mann und eine Frau mit einem ungefähr zehn Jahre alten Mädchen arbeiteten.

«Ich habe erfahren, daß sie körperlich mißhandelt und umgebracht wurde», berichtete Kyari leise. «Dieses Erlebnis ist Teil eines Erfahrungsmusters, das schon vor vielen Existenzen begonnen hat: Opfer zu sein und andere Menschen zu quälen. Die Seele hat ihre Schuld inzwischen abgetragen und gelernt, es besser zu machen; doch um das Muster zu durchbrechen, muß man die inneren Bilder ausradieren. Schau mal, wie das gemacht wird.»

Ich sah fasziniert zu, wie das Mädchen aus seiner Vorstellung ein Bild der Gewalt und Mißhandlung nach dem anderen auf eine Leinwand projizierte – Mißhandlungen, die sie in früheren Inkarnationen erlitten oder anderen Menschen angetan hatte. Während und nach diesem Erlebnis sprachen der Mann und die Frau mit dem Mädchen. Ich hörte nicht, was sie sagten, aber ich sah, daß das Mädchen mehrmals nickte und sogar lächelte. Dann öffnete sich die Decke des Raumes wie der Verschluß einer Kamera, und eine Lichtsäule senkte sich auf das flach auf dem Rücken liegende Mädchen herab. Soweit ich sehen konnte, erhielt die Patientin jetzt Atemanweisungen, während sie in dem Licht badete. Dann taten der Mann und die Frau etwas Merkwürdiges. Sie öffneten den Mund, aber ihre Lippen bewegten sich kaum.

«Sie stimmen einen Laut an», erklärte Haurvata. «Jeder Heilungsprozeß wird durch den Doppelaspekt des Heiligen Geistes bewirkt: das innere Licht und den inneren Klang. Das erfüllt den Menschen mit dem positiven Strom, so daß der negative keinen Platz mehr in ihm findet. Darüber hinaus muß man die Bilder korrigieren oder beseitigen, die auf den Patienten selbst und seine Mitmenschen eine zerstörerische Wirkung haben. Verstehst du, die Seele bewegt sich anhand ihrer inneren Bilder weiter. Deshalb kreisen manche Seelen ständig um bestimmte Erfahrungen wie ein Hund, der sich in den eigenen Schwanz zu beißen versucht. Sie sind von einem oder zwei Bildern beherrscht und besessen, und das hindert sie daran, weitere Fortschritte zu machen.

Negative Bilder führen im allgemeinen leichter zu solchen Wiederholungen als positive, weil sie meist überwältigend emotionsgeladen sind und von diesen starken Emotionen in den inneren Körpern festgehalten werden. Wenn man sich von einem negativen Muster befreien will, muß man also die Keimbilder finden und die emotionale Ladung, die mit ihnen verbunden ist, freilegen. In der Regel geht das am besten, indem man diese Bilder segnet und ihnen unvoreingenommene Liebe schenkt.»

«Das ist eine sehr nützliche Information, Haurvata», sagte ich. «Ich glaube, viele Menschen könnten sie gebrauchen.»

«Deshalb sind wir ja auch hier», bestätigte der Meister, «um dir nützliches Wissen zu vermitteln, mit dem du wiederum anderen Menschen nützen kannst.»

Wir verließen den Raum wieder und besichtigten noch ein paar andere Abteilungen des Krankenhauses. Wir konnten zwar keine Heilungen mehr mitansehen, aber Kyari wies mich darauf hin, wie Farbe, Musik und Tanz, die uns hier und da begegneten, bei der Behandlung der Patienten eingesetzt wurden. Sie erklärte mir, daß die Kunst eine sehr wichtige Rolle bei der Heilung spielte, weil sie die Seelen direkt und persönlich mit dem Geist in Berührung brachte. Außerdem konnten sie die positive Energie, die dabei in sie einströmte, dann später in irgendeiner kreativen Ausdrucksform wieder ausstrahlen.

«Dieses Wissen könnten unsere Schulen gut gebrauchen», knurrte ich. «Die Probleme, die wir beim Unterricht haben, scheinen unüberwindlich zu sein; aber manchmal denke ich, daß es in Wirklichkeit ganz einfach wäre. Man brauchte den Lernprozeß nur zu etwas Persönlichem und Kreativem für Lehrer und Schüler zu machen! Aber mit den Konzentrationsschwierigkeiten heutzutage geht das nicht. Früher war das Leben zwar auch nicht leichter, aber ich habe doch das Gefühl, daß es ausgerichteter und ganzheitlicher gewesen sein muß. Die Menschen müssen einen Weg finden, die verstreuten Scherben ihrer Aufmerksamkeit wieder einzusammeln und die Aufmerksamkeit nach innen zu richten. Dann werden sie vielleicht auch wieder in der Lage sein, sich für etwas zu interessieren, sich Ziele zu setzen und ihre Träume zu verwirklichen!»

«Die Gefahr besteht darin, daß ihr Tausende von jungen Menschen in die Welt hinausschickt, die innerlich desorientiert sind», fügte Kyari hinzu. «Sie sind keine spirituellen Wesen, sondern Wasser für die Mühlen des Kapitalismus – und zwar hauptsächlich als Konsumenten von Produkten und Erfahrungen, die von Menschen geschaffen wurden. Manchen erscheint das vielleicht übertrieben; aber das ist es nicht. Die heutige Erziehung ist eines der Hauptschlachtfelder der negativen und positiven Kräfte in eurer Welt. Schließlich sind eure Jugendlichen eure Zukunft. Deshalb hast du dich zum Bereich der Erziehung hingezogen gefühlt, liebe Tochter. Gib nicht auf. Man kann noch vieles tun.

Die Zerstreuung der Aufmerksamkeit ist eine psychische Waffe, die enorm zerstörerisch wirkt. Denn mit Hilfe der Aufmerksamkeit kann die Seele ihre Erfahrungen selektieren. Um es mit einem Vergleich zu veranschaulichen: Die Aufmerksamkeit ist wie der dünne Faden, den die Spinne aus ihrem Körper herausschleudert und an irgendeinem weit entfernten Punkt, zum Beispiel einer Decke oder einem Zweig, befestigt. Dann kriecht die Spinne an diesem Faden entlang, um zu ihrem Ziel zu gelangen. Genauso richtet die Seele ihre Aufmerksamkeit auf irgendeine Erfahrung, die sie sich wünscht, und bewegt sich dann innerhalb von Zeit und Raum auf diese Erfahrung zu. Doch wenn die Aufmerksamkeit der Seele zerstreut wird, fehlt ihr die Kraft, um sich an irgendeinen anderen Ort zu begeben.

Da du mich wahrscheinlich ohnehin danach fragen wirst», lächelte Kyari, «will ich dir gleich erklären, wie die Aufmerksamkeit der Seele zerstreut werden kann. Zuerst einmal dadurch, daß sie ihre Aufmerksamkeit auf Dinge richtet. Gegenstände tragen keine Energie in sich; sie sind wie schwarze Löcher, die Energie absorbieren. Ein Mensch, der seine Aufmerksamkeit nur auf Dinge konzentriert, leidet also an einem Mangel an Wachstumserfahrungen, den er sich selbst geschaffen hat. Richtet man seine Aufmerksamkeit dagegen auf ein Erlebnis des inneren Wachstums, das man sich wünscht – zum Beispiel, etwas zu lernen oder anderen zu dienen –, dann empfängt die Seele die Energie, die sie braucht, um sich diesen Wunsch zu erfüllen. Das liegt daran, daß Bilder des Lernens und des Dienens einen hohen Grad an Lebenskraft hervorbringen und die Seele dann leichter von ihrem Ziel angezogen wird.

Die zweite Möglichkeit, Aufmerksamkeit zu zerstreuen, besteht darin, sie oberflächlich auf zu viele Dinge zu richten. Dem oberflächlichen Schüler offenbaren sich die Geheimnisse eines Studiengebietes niemals! Natürlich besteht die große Befürchtung eines jeden Erziehers darin, daß seine Schüler zu desinteressiert sein werden, um sich mit irgendeinem Gebiet gründlicher zu beschäftigen. Aber in Wirklichkeit ist es viel langweiliger, nur die Oberfläche eines Wissensgebietes zu streifen; und es bringt auch nichts. Mit ‹gründlichem› Lernen meine ich natürlich, daß man direkt und mit persönlicher Kreativität an ein Gebiet herangeht und nicht nur eine Menge Informationen ansammelt. Aber heute sind die Schüler gar nicht mehr an intensives Lernen gewöhnt, und deshalb würden sie so einen Vorschlag weit von sich weisen. Man muß ihre Aufmerksamkeit erst einmal trainieren, damit sie größere Ausdauer beim Lernen entwickeln.»

«Dazu möchte ich auch noch etwas sagen, wenn ich darf», schaltete Haurvata sich ein.

«Natürlich», antwortete Kyari.

«Aber laßt uns erst einmal von hier weggehen», schlug der Meister vor. «Ich weiß noch einen anderen Ort, der uns vielleicht interessieren könnte. Kommt mit.»

Haurvata erhob sich in die Luft, und Kyari folgte ihm. Keiner der beiden sah sich nach mir um. Mir blieb nichts anderes übrig, als ihnen nachzufliegen, so gut ich konnte. Diesmal fiel es mir leichter als beim erstenmal. Die beiden Meister waren mir zwar weit voraus, aber ich verlor ihre leuchtenden Astralkörper kein einziges Mal aus den Augen. Nach einer Weile flogen sie in einen seltsamen Bereich schwerer Schwingungen hinein. Ich folgte ihnen, und wir landeten alle drei gemeinsam. Die Menschen in unserer Umgebung – viele waren noch jung – standen oder saßen an Tischen und auf Bänken. Bald kam noch eine Musikergruppe hinzu und spielte ein Musikstück, ein hypnotisierend wirkendes Durcheinander moderner Schlagzeug- und elektronischer Klänge. Manche machten wilde Tanzbewegungen dazu; aber die meisten saßen einfach nur da und waren völlig in die Musik versunken.

«Das ist ein weiteres gutes Beispiel dafür, wie Aufmerksamkeit abgelenkt werden kann», erklärte Haurvata und wies auf die Menschenmenge. «Musik ist ein sehr wirksames Hilfsmittel zum inneren Reisen. Der Verstand leistet ihr keinen Widerstand. Musik dringt in das Bewußtsein des Hörers ein und ermöglicht es ihm, sich bis an ihre Quelle zu bewegen. Musik kann von vielen verschiedenen Ebenen stammen. Die komplexeren Musikstücke wie manche Jazzstücke und klassische Musik stammen aus den geistigen Welten. Aber die durchdringende Musik mit heftigem, stampfendem Rhythmus führt den Zuhörer im allgemeinen an einen Ort wie diesen.

Damit will ich nicht sagen, daß es solche Musik nicht auch geben sollte», warnte Haurvata und musterte mich mit seinem stahlharten Blick. «Ich möchte damit nur wieder darauf hinweisen, daß alles, was du in dein Bewußtsein aufnimmst, dich auch an irgendeinen Ort in den inneren Welten führt. Das kann eine Welt der Schönheit und Kreativität, aber auch der Gewalt und Erniedrigung sein. Die Musik, die die Schüler heutzutage hören, zieht sie auf die niedrigere Astralebene herab, die bestenfalls ein ziemlich unkreativer Ort ist. Sie gibt ihren Zuhörern eine Illusion der Energie und Aktivität; aber in Wirklichkeit macht sie sie introvertiert. Dann bringen sie einen immer geringeren Teil ihrer Energien auf der physischen Ebene zum Ausdruck; statt dessen leben sie in einer Phantasiewelt auf der niedrigeren Astralebene.»

«Gut», nickte ich. «Das habe ich verstanden. Können wir jetzt wieder von hier fortgehen? Diese Musik geht mir wirklich auf die Nerven.»

Kyari lachte und raffte den Lichtmantel wieder um uns zusammen. «Meinst du nicht», sagte sie zu Haurvata, «daß das ein bißchen viel auf einmal war? Wenn du ihr nichts mehr zu zeigen hast, können wir vielleicht wieder zu unserer heiligen Stätte zurückkehren.»

Haurvata stimmte zu, und wir lösten uns auf, verschwanden aus diesem Bereich und tauchten wieder am Ufer des Baches auf, der vom Wasserfall, dem «Lichtschwert», gespeist wurde. Das Smaragdgrün des Wassers beruhigte meine strapazierten Nerven sofort wieder. Kyari verließ uns für ein paar Sekunden und kehrte mit einer Handvoll köstlicher rosafarbener Beeren zurück.

«Wir zeigen dir das alles, meine Liebe, damit du die Methoden Shangra Rajs verstehen lernst», erklärte Haurvata und drehte eine Beere zwischen seinen großen Fingern hin und her. «Die negative Kraft wird dich nicht mit einem Gewehr oder einem Messer angreifen. Solche Waffen könntest du ohne weiteres als Bedrohung erkennen. Aber die wahren Gefahren richten sich nicht gegen dei-

nen Körper, sondern gegen dein inneres Wesen. Und jetzt will ich
dir ein Geheimnis über die negative Kraft verraten, das dir sehr
wertvolle Dienste leisten wird. Die negative Kraft ist an sich
nichts Kreatives; sie reagiert nur. Mit anderen Worten, sie kann
nichts in Gang setzen, sondern lediglich darauf reagieren, was das
positive Element tut oder nicht tut. Sie füllt hauptsächlich die
Lücke aus, die entsteht, wenn die Macht Gottes in irgendeinem
Bereich schwindet oder ausgeschaltet wird – sei es in einem Menschen, einer Institution oder einem ganzen Kulturkreis. Um es
ganz einfach auszudrücken: Fülle dich in jeder Sekunde deines Lebens mit der Macht Gottes, und dir kann nie etwas geschehen!»

«Das ist leicht gesagt», meinte ich und leckte mir die Finger ab,
nachdem die letzte Beere in meinem Mund verschwunden war.
«Aber statt dessen zerstören die Menschen sich lieber durch Drogen, Alkohol und Selbstmord. Warum tun sie das? Wir reden
über spirituelles Überleben, während viele Leute sich freiwillig
für den Tod entscheiden.»

«Willst du wissen, warum?» entgegnete Kyari. «Weil viele sich
von der Verantwortung befreien wollen, ein Individuum, eine
Seele zu sein. Sie vermissen die Bequemlichkeit und Sicherheit,
die es mit sich bringt, Teil einer stabilen, homogenen Gruppe zu
sein: einer Familie, einer Rasse, eines Stammes oder Kulturkreises. Aber das Leben in unserer modernen Welt ist weder stabil
noch homogen. Es ist vielfältig und in ständigem Wandel begriffen. Drogen und Alkohol bieten den Menschen eine vorübergehende Befreiung von der Bewußtheit und der Verantwortung für
sich selbst. Sogar der Krieg kann eine Möglichkeit sein, der Last
zu entfliehen, die es bedeutet, ein Individuum zu sein. Der Krieg
ist ein primitives, kathartisches Erlebnis, das den Menschen in das
Stammesbewußtsein zurückwirft, aus dem seine Entwicklung
ihn erst vor kurzem herausgeführt hat.»

«Du meinst, so etwas wie eine ‹Rückkehr in den Mutterleib›?»
erkundigte ich mich.

«Ja, so etwas Ähnliches», lächelte Kyari. «Anders gesagt, das
Stammesbewußtsein hat die Entscheidungen der Menschheit so
lange bestimmt, daß jetzt viele noch nicht bereit sind, auf eigenen
Füßen zu stehen. Das ist eine zu große Belastung für sie, und deshalb versuchen sie ihren Schmerz und ihre Angst mit den verschiedensten Mitteln zu übertönen. Ist dir schon aufgefallen, wie

oft das Thema des Entfremdetseins in eurer Literatur auftaucht? Dieses Lebensgefühl ist sehr typisch für den spirituellen Zustand des Durchschnittsmenschen in eurer Gesellschaft. Zum Leben früherer Zeiten kann er nicht zurückkehren; aber die mangelnde Strukturiertheit der heutigen Welt flößt ihm Unbehagen ein. So ist er zwischen zwei verschiedenen Stadien der Evolution gefangen und schwankt unglücklich zwischen ihnen hin und her.»

«Oh, das klingt wirklich sehr einleuchtend», erwiderte ich. «Ich wette, das ist der Grund, warum viele Leute sich in großen Menschenmengen am wohlsten fühlen. Sie genießen das Gefühl, daß ihre Identität in einer Gruppe aufgeht.»

«Ja», antwortete Haurvata. «Aber zum Teil ist dieser Trieb auch sehr wichtig für das Gleichgewicht auf der Welt. Wenn die Menschen zu individualistisch werden, können sie nicht mehr als Gesamtheit funktionieren. Doch wir wollen dich mit unserem Gespräch nur darauf hinweisen, warum in einer Welt mit so vielen Möglichkeiten trotzdem viele Menschen Vergessen suchen. Man braucht viel innere Kraft, um auf eigenen Füßen zu stehen und sich das Leben zu schaffen, das man gern haben möchte. Manche fühlen sich dieser Aufgabe einfach nicht gewachsen, und es gibt niemanden, der ihnen beibringt, wie man das schafft!»

«Wäre das auch Aufgabe eines Kriegers?» fragte ich verwundert.

«O ja», nickte Haurvata. «Da du den schweren Weg des Überlebens gelernt hast, bist du bei anderen glaubwürdig, die auch ums Überleben kämpfen müssen! So könntest du ihnen einen nützlichen Dienst erweisen.»

«Es gibt noch etwas anderes, was du über Gruppen wissen solltest», warf Kyari ein. «Gruppen bilden ihr eigenes Bewußtsein. Das ist eine Gedankenform oder ein Energiefeld bestimmter Einstellungen und Absichten. Eine Gruppe kann alles sein – von einem Club, der sich irgendeinem Hobby widmet, bis hin zu ganzen Kulturkreisen. Das Gruppenwesen existiert auf einer spirituellen Ebene, und mit dem inneren Blick kann man es erkennen. Sobald es sich gebildet hat, bemüht es sich instinktiv, zu überleben, so wie jeder Mensch. Es neigt dazu, sich gegen Veränderungen zu wehren, denn Veränderungen sind eine Bedrohung für sein Überleben als feste Gedankenform.

Wie alle Wesenheiten können Gruppenwesen etwas Positives

oder etwas Negatives sein. Eine Familie mit positivem Bewußtsein – also positivem Gruppenwesen – schafft es zum Beispiel im
allgemeinen recht gut, ihre Kinder aufs Leben vorzubereiten. Ein
negatives Gruppenwesen entsteht zum Beispiel, wenn Menschen
unter dem Schutz des Pöbels gewalttätig werden. Leute neigen
dazu, ihre negativen Einstellungen innerhalb einer Gruppe hem-
mungsloser auszuleben, weil sie sich dann für ihre Handlungen
weniger verantwortlich fühlen. Aber eine Gruppe kann auch
ziemlich viel Kontrolle über ihre Mitglieder ausüben. Eine Reli-
gions- oder Rassengruppe wird eine Person möglicherweise
dafür bestrafen, wenn sie jemanden außerhalb ihres Kreises heiratet. Die Bestrafung ist psychologisch. Wer gegen dieses unge-
schriebene Gesetz verstößt, wird geächtet oder aus der Gruppe
ausgestoßen.»

«Das erinnert mich an Rassenvorurteile», setzte ich hinzu. «Du
weißt schon – solche Sprüche wie ‹Amerika für die Amerikaner›,
‹Ausländer raus› und so weiter.»

«Richtig», fuhr Kyari fort. «Die Leute, die solche Schlagwörter
im Munde führen, haben das Gefühl, daß ihr Gruppenwesen von
außen auseinandergebrochen wird. Sie sind in der Regel Menschen, die sich in stabilen, unveränderlichen Mustern am wohlsten fühlen und mit individuellen Unterschieden nicht zurecht-
kommen. Sie definieren ihre eigene Identität weitgehend anhand
ihrer Zugehörigkeit zur Gruppe, und deshalb nehmen sie Bedro-
hungen für die Gruppenidentität sehr persönlich. Rassismus und
Nationalismus sind nicht der einzige Ausdruck solcher extremer
Identifikation mit einer Gruppe. Es gibt sogar Menschen, die bei
Rivalitäten zwischen Sportmannschaften gewalttätig werden!
Vielleicht verstehst du jetzt besser, warum so etwas passiert.

Am gefährlichsten wird es für Menschen, die ihre Identität aus
der Zugehörigkeit zu einer Gruppe ableiten, wenn das Gruppenwesen sich plötzlich und rasch auflöst. Das ist in der Geschichte unseres Landes schon zweimal passiert: nämlich als der
weiße Mann auf die amerikanischen Indianer und auf den polyne-
sischen Kulturkreis traf. Die enorme und rapide Ausrottung dieser Gruppen wird im allgemeinen auf Krankheit und Krieg zu-
rückgeführt. Auf physischer Ebene ist das zwar richtig, aber die
spirituelle Ursache liegt im Zusammenbruch des inneren Bewußtseins der Gruppen. Dieser innere Zerfall hat die eingebore-

nen Bevölkerungsgruppen geschwächt und sie unfähig gemacht, den Vorstößen des weißen Mannes Widerstand zu leisten. Dieser innere Krieg wurde nicht mit Lanzen oder Kugeln ausgefochten, sondern mit Bildern und Postulaten. Die inneren Bilder und Theorien des weißen Mannes, die von der Überzeugung seiner kulturellen Überlegenheit geprägt waren, überrollten diese verhältnismäßig friedlicheren, rezeptiveren Kulturen.»

«Das scheint darauf hinzudeuten, daß Veränderungen am besten immer allmählich ablaufen sollten», schlug ich vor. «Ich meine, dann würde alles mehr im Gleichgewicht bleiben.»

«Das ist richtig», nickte Haurvata. «Wenn die Dinge sich allmählich verändern, dann wird das innere Bewußtsein Stück für Stück ersetzt, und das Gefühl der Ganzheit des Menschen bleibt gewahrt. Das gilt nicht nur für Gruppen, sondern natürlich auch für einzelne Menschen. Deshalb ist es in Beziehungen so wichtig, das Sein des anderen zu akzeptieren und zu unterstützen. Wird offene oder versteckte Kritik geübt, ist das ein Astralangriff, und die negativen Ströme, die erzeugt werden, können den Beteiligten wirklich schaden. Kritik an Nahestehenden ist eine besonders heimtückische Form der schwarzen Magie, denn Menschen, die sich dir innerlich geöffnet haben – vor allem Kinder und Ehepartner – sind deinen projizierten Einstellungen ziemlich schutzlos ausgeliefert. Man sollte es als einen gewalttätigen Akt betrachten, in das Bewußtsein eines anderen Menschen einzudringen, um ihn gegen seinen Willen zu verändern!»

«Dieses Wort ‹Astralangriff› oder ‹Psi-Angriff› habe ich schon einmal gehört», bemerkte ich. «Aber ich weiß nicht genau, was es bedeutet. Heißt das, daß wir andere Menschen tatsächlich verletzen können, indem wir innerlich Energieströme auf sie richten?»

«Das ist richtig», bestätigte Kyari. «Allerdings merken die Menschen selten, daß sie das tun. Die meisten glauben nicht, daß Gedanken irgendeine Wirkung auf andere haben können. Aber natürlich haben sie das doch. Menschen mit starken inneren Kräften oder Gruppen mit einer starken Absicht können auf andere einwirken, indem sie ihre Gedanken intensiv auf sie richten. Doch jeder Mensch kann diese Angriffe leicht überstehen, indem er sich einfach innerhalb des positiven Stroms zentriert. Dann kann der negative Strom nirgends hinfließen und kommt wie ein Bumerang wieder zum Sender zurück. Das soll aber nicht heißen, daß man diese Technik des Zurückschickens negativer Ströme gezielt praktizieren darf. Damit stellt man sich nur auf die gleiche Stufe mit dem Angreifer und schafft sich weitere Probleme.

Ich möchte dich auch darauf hinweisen, daß das, was die meisten Leute als ‹Psi-Angriffe› bezeichnen, nur ihre eigenen problembeladenen inneren Bilder sind, die von negativen Kräften in ihrer Umgebung aufgerührt werden. Das heißt also, in den häufigsten Fällen liegt das Problem schon in der Person, die sich angegriffen fühlt. Das ‹Opfer› projiziert nur die Ursache seiner Schwierigkeiten in eine äußere Quelle hinein, weil es nicht selber die Verantwortung für das, was es quält, übernehmen will. Und wo nimmt man diese negativen Ströme auf? Wenn man nicht vorsichtig ist, überall. Sogar in Filmen, Zeitungsartikeln, im Fernsehen, selbst im Supermarkt!»

«Im Supermarkt?» wiederholte ich fragend und zog die Augenbrauen hoch.

«Kommt dir das zu weit hergeholt vor? Nun gut! Stell dir folgende Szene vor: Du bist wütend auf deinen Mann wegen irgend etwas, was du ihm aber nicht gesagt hast. Du gehst dann in den Supermarkt, um einzukaufen. Dort siehst du, wie eine Mutter ihr Kind wütend anschreit. Später, als du wieder zu Hause bist, tut dein Mann irgend etwas, was dich ärgert. Bald ist deine Aufmerksamkeit völlig mit den tausend kleinen Dingen beschäftigt, die dich an ihm stören. Und bei der nächsten geringsten Gelegenheit fährst du aus der Haut! Deine Reaktion steht in keinem Verhältnis zum Anlaß. Dein Mann ist erstaunt. Was ist hier passiert?»

«Damit kann ich was anfangen!» lachte ich. «Ich nehme an, zuerst einmal muß ich für den negativen Strom offen sein. Irgendwo in meinem Inneren muß eine ähnliche Saite angestimmt sein. Aber im Grunde kann man diese Ströme überall auflesen.»

«Ja», lächelte Kyari. «Überall. Um in den niederen Welten nicht nur überleben, sondern auch spirituell wachsen und gedeihen zu können, muß man wachsam und bewußt beobachten, was in seinem inneren Raum abläuft. Den meisten fällt das schwer; ihre inneren Fähigkeiten sind wie Muskeln, die schlaff geworden sind, weil sie nie gebraucht werden. Die Psychologie bietet ihnen auch keine große Hilfe, da sie alles, was innerlich abläuft, als unwirkliche, mentale Phänomene abtut. Auch Träume hält die Psychologie nur für mentale Phänomene. Aber in Wirklichkeit sind die inneren Welten real und voller wirklicher Ereignisse. Solange die Menschheit das nicht ernst nimmt, ist ihr Überleben bestenfalls gefährdet, wenn nicht gar völlig unmöglich.»

«Schau mal!» rief Haurvata und wies zum Himmel. Wir starrten hinauf und sahen über uns die Herde geflügelter Pferde vorbeifliegen.

«Sie sind so schön», seufzte ich. «Hat schon einmal jemand versucht, eins von ihnen einzufangen?»

Die beiden Meister lachten. «Versuch es doch einmal», schlug Haurvata belustigt vor. «Nein, meine Freundin, ohne Gewalt geht das nicht. Aber man weiß, daß sich schon ein paar besonders vom Glück begünstigte Seelen mit ihnen anfreunden durften. Sie lassen sich nicht zähmen, aber man kann sie überreden, bei einem Menschen zu bleiben und ihm aus Liebe zu dienen. Ich kenne auch ein oder zwei dieser herrlichen Tiere. Du bist als Kind auf ihnen geritten. Und vielleicht wirst du es eines Tages wieder tun.»

«Tja», sagte Kyari und holte tief Luft. «Ich glaube, wir sollten diese Diskussion nun bald abschließen. Deshalb möchte ich gern noch etwas erwähnen, was in den nächsten Jahren von größter Wichtigkeit für euch Menschen sein wird. Denn siehst du, liebe Tochter, es gibt auch noch einen anderen wichtigen Grund, warum wir uns so viel Zeit genommen haben, dich in den Geheimnissen der Astralebene zu unterweisen. Weißt du zufällig etwas über die Gefahr, vor der eure Wissenschaftler euch warnen – die Entstehung von Ozonlöchern in der Erdatmosphäre?»

«Ja», antwortete ich. «Dadurch steigt unser Risiko, an Hautkrebs zu erkranken. Es liegt an der Zerstörung der Ozonschicht durch schädliche Chemikalien – ich glaube, es sind hauptsächlich Fluorchlorkohlenwasserstoffe –, die in die Luft entweichen.»

Kyari nickte. «Die Ozonschicht ist ein dünner Schutzschild aus Gas in der Stratosphäre, der oberen Region der Erdatmosphäre. Das Ozon schützt euren Planeten vor den schädlichen ultravioletten Strahlen der Sonne. Wenn Fluorchlorkohlenwasserstoffe nach oben aufsteigen und mit ultravioletten Strahlen in Berührung kommen, lösen sie sich in ihre Bestandteile auf, zu denen auch Chlor gehört. Und schließlich wandelt das Chlor das Ozon durch eine Kettenreaktion in reinen Sauerstoff um, der die Erde nicht vor den ultravioletten Strahlen abschirmen kann. Daß eure Ozonschicht immer dünner wird, ist nicht die einzige Auswir-

kung eurer modernen Technologie auf die Erdatmosphäre. Die
Atmosphäre ist auch durch einige eurer Überschalldüsenjäger
und eure Weltraumversuche durchbrochen worden. Was für
physische Auswirkungen das haben wird, weiß man noch nicht.
Aber ich mache mir keine Sorgen um die physischen, sondern um
die spirituellen Folgen.

Die Gasschichten, die die Erde beschützen, sind der spirituelle
Körper dieses Planeten – so ähnlich wie das Licht, das von eurem
Körper ausgeht und das ihr als ‹Aura› bezeichnet. Wird die Aura
zerstört, ändert sich dadurch die Erfahrungswelt der Menschen,
die in dieser Aura leben. Wenn du nun das Konzept des ‹Grup-
penbewußtseins›, das jede Gruppe wahrnehmungsfähiger Wesen
besitzt, auf die Planeten und Sonnensysteme ausweitest, ist das
Ganze nicht schwer zu begreifen. Und da es schon gewisse Spannungen mit sich bringt, wenn sich das Bewußtsein einer Nation
ändert, dann wird es natürlich zwangsläufig auch Aufruhr geben,
wenn sich das Bewußtsein eines ganzen Planeten verändert.

Durch die Fortschritte der modernen Technik und die Erforschung des Weltraums verändert sich das kollektive Bewußtsein
der Erde mit einer Geschwindigkeit, die in der Geschichte dieses
Planeten noch nie dagewesen ist. An die Stelle des Bewußtseins
einzelner Rassen und Nationen tritt allmählich eine Bewegung zu
einem weltumfassenderen Bewußtsein hin. Der Weltraum ist
jetzt nachweislich das neue Grenzgebiet, in das der Mensch vorgedrungen ist. Und am wichtigsten war die Erweiterung der objektiven Forschung auf vorher nicht wahrnehmbare Bereiche wie
den atomaren und den subatomaren. Je weiter der Mensch in die
Bereiche des Unsichtbaren eindringt, um so freier wird seine
Vorstellungskraft werden, so daß er auch die subjektiven Welten
erforschen und ihre Realität entdecken kann.

Hast du dazu Fragen?» fragte Kyari und watete in den Bach
hinein.

«Wie bitte? …Oh, tut mir leid, ich denke immer noch darüber
nach, was du gerade gesagt hast! Ja. Da die Astralebene und die
physische Ebene so nahe beieinanderliegen, kann es dann nicht
sein, daß durch die Schwächung der planetarischen Aura der Erde
mehr astrale Ströme bis zur Erde durchdringen?»

«Sehr gut!» strahlte Kyari. «In einigen Bereichen ist das bereits
geschehen. Zum Beispiel sind inzwischen die grelleren Nuancen

von Pastelltönen, die Neonfarben, bei euch beliebt geworden. So ähnliche Farben sieht man auf der oberen Astralebene. Und auch Filme und Bücher mit Science-fiktion- und Fantasy-Themen werden immer mehr geschätzt. Der Weltraum ist als beliebter Schauplatz für Abenteuergeschichten schon an die Stelle des ‹Wilden Westens› getreten, und das mit gutem Grund. Der Wildwestfilm blickt in die Vergangenheit zurück; Abenteuer im Weltraum dagegen beschwören die Zukunft herauf. Die Zukunft regt die Phantasie einfach mehr an, und es macht mehr Spaß, sich mit ihr zu beschäftigen.

Es gibt aber auch noch wichtigere Einflüsse von der Astralebene. Es besteht die Möglichkeit, daß charismatische Führungspersönlichkeiten die Führung auf eurem ganzen Planeten, und nicht nur in einem Land, übernehmen werden. Das ist durchaus denkbar, weil eure Kommunikationstechnologie inzwischen weltumspannende Dimensionen angenommen hat. Aber in Zukunft wird es noch wahrscheinlicher sein, weil eine Persönlichkeit mit ausgeprägten übersinnlichen Fähigkeiten leicht die Astralströme anzapfen und sie dazu benutzen könnte, die Aufmerksamkeit der Massen auf sich zu ziehen. Das kann man positiv oder negativ sehen. Erstens bestünde die Möglichkeit, daß Demagogen die Welt in eine Katastrophe führen. Zweitens könnten aber auch charismatische Personen an die Macht kommen, die die Massen zu größerem individuellem und kollektivem Wachstum inspirieren. Natürlich könnten auch beide Möglichkeiten eintreten – und wahrscheinlich wird das der Fall sein!

Ihr werdet auf jeden Fall eine gewisse Einheit brauchen, denn im nächsten Jahrhundert werdet ihr endlich mit der Realität konfrontiert werden, daß es intelligente Lebensformen auf anderen Planeten gibt. Natürlich kann sich das immer noch ändern; aber ich prophezeie dir, daß die Erde schon zur Zeit deiner Enkelkinder von Wesen von anderen Sternen besucht werden wird ... vorausgesetzt, daß du Enkelkinder haben wirst! Dieser Kontakt mit anderen Planeten wird für die meisten Menschen einen Schock bedeuten. Sie werden starke und fähige Führer brauchen, um friedlich und zuversichtlich in die neue Realität der globalen und solaren Gemeinschaft eintreten zu können.

Es gibt einen guten Vergleich für diese Situation, den du bereits kennst. Ehe Admiral Matthew Perry Japan Mitte des neunzehnten Jahrhunderts für den westlichen Handel öffnete, hatten die Japaner das Gefühl, ihr Volk stehe in der besonderen Gunst der ‹kami› – der Götter. Alle anderen Nationen waren ‹Barbaren›, nicht einmal richtige Menschen. Die Japaner ahnten nichts von der Größe der Welt, und ihnen war nicht klar, daß sie auf vielen Gebieten relativ rückständig waren. Sie wußten zwar nichts von der Außenwelt; aber die Außenwelt wußte von ihnen! Schließlich mußten die beiden sich begegnen und miteinander in Kontakt treten. Ebenso werden auch euer Planet und das restliche Sonnensystem irgendwann aufeinanderstoßen. Das Universum ist zu klein geworden, als daß sich das noch lange vermeiden ließe.»

«Nun gut», sagte ich und watete Kyari nach in den schimmernden Bach hinein. «Und wenn ich da eines Tages mittendrin stecke, was soll ich dann tun? Wie kann ich mich besser darauf vorbereiten?»

«Die Frage kann ich dir beantworten», lachte Kyari und spritzte mit dem Fuß Wasser auf meine Beine. «Halte stets eine enge Verbindung zum Geist aufrecht. Dein äußerer und dein innerer Körper müssen aufeinander eingestimmt sein, damit keine Blockaden entstehen, die diesen Kontakt zum Geist abbrechen. Befreie dich von allem Müll aus deinen vergangenen Existenzen und aus deinem jetzigen Leben, den du noch mit dir herumträgst. Bewahre dir deine Unabhängigkeit vom Massenbewußtsein des Planeten; denn das würde dich den psychischen Strömen öffnen, die das Bewußtsein von Gruppen beeinflussen. Sei dir dieser Ströme bewußt, aber halte dich von ihnen fern. Und was am allerwichtigsten ist, fülle dein Leben mit Menschen und Aktivitäten an, die du gern hast und die dir ein gutes Gefühl über dich und die Welt geben. Da das Leben – jetzt mehr denn je – eine Erweiterung der Vorstellungskraft ist, solltest du Angst, Pessimismus und alle anderen negativen Emotionen vermeiden und dich statt dessen um Liebe, positive Erwartungen und Kreativität bemühen. Das würde ein Krieger tun. Und es muß jetzt getan werden.»

Haurvata lachte schallend, als Kyari und ich nun dazu übergingen, uns gegenseitig mit Wasser zu bespritzen. Schließlich stolperte ich und fiel ins Wasser, und als Kyari versuchte, mir wieder aufzuhelfen, rutschte sie ebenfalls aus. Irgendwie hatten Kyari und ich beide dieselbe Idee, und nachdem wir einander einen Seitenblick zugeworfen hatten, sprangen wir aus dem Bach und versuchten, Haurvata auch in unseren wäßrigen Tummelplatz hineinzuziehen. Aber es gelang uns nicht; er war zu stark. Also setzten wir uns naß und glücklich ins Gras und unterhielten uns noch lange miteinander.

KAPITEL ZWANZIG

Ein vollkommenes Wesen

Ich kehrte gerade noch rechtzeitig in meinen physischen Körper zurück, um meine Vorbereitungen für den Unterricht zu beenden und die Hausarbeit zu erledigen. Doch meine Abenteuer an diesem Morgen waren so überwältigend gewesen, daß ich hinterher noch mehrere Tage lang zerstreut und in mich gekehrt war. In dieser Zeit hatte ich mehrere Träume auf der niedrigeren Astralebene. Bei einem dieser Traumerlebnisse half ich einer Frau, die Selbstmord begangen und sich von einem Gebäude herabgestürzt hatte, zu erkennen, daß sie tot war, und begleitete sie an einen Ort, wo sie weitere Unterstützung fand.

Zornig und in panischer Angst hatte die Frau sich an mich geklammert wie eine Ertrinkende und mich in eine Region hinabgezogen, in der eine kräftige negative Strömung herrschte. Dort wurde ich von einem weiblichen Wesen angegriffen, das versuchte, mich mit einer Halskette zu erwürgen, die nicht wirklich existierte – in Wirklichkeit waren es ihre psychischen Hände, mit denen sie meinen Hals umklammerte. Mit Mühe schaffte ich es, mir die Kette vom Hals zu reißen. Ich schleuderte sie zu Boden, zeigte mit dem Finger auf meine Angreiferin und schrie ihr ein mit spiritueller Energie geladenes Wort ins Gesicht, das ich kannte. Da wurde ich aus der Gefahr befreit und kehrte in meinen schlafenden Körper zurück.

Ein anderes Mal befand ich mich wieder auf der niedrigeren Astralebene und beschützte eine Gruppe von Menschen, die für die Rechte der Homosexuellen «demonstrierten». Ein Mann, der einen ungeheuren Zorn auf Homosexuelle hatte, griff mich an. Da er sich im Einsatz astraler Kräfte nicht gut auskannte, schlug er einfach mit den Fäusten auf mich ein. Diesmal konnte ich mich viel leichter verteidigen. Ich beförderte ihn rasch an einen anderen Ort und erwachte in meinem Bett.

Ich schrieb mir alles auf und verbrachte einige Zeit damit, über die Muster meiner Träume in den letzten zwei Monaten nachzudenken. Interessanterweise waren meine Traumerlebnisse in der letzten Zeit immer «wirklicher» und weniger symbolisch geworden. Doch die Art Realität, mit der ich im Traum konfrontiert wurde, war beängstigend oder bestenfalls unangenehm. Ich fragte mich, wie diese Wandlung einen Fortschritt in meinem spirituellen Leben bedeuten konnte. Zwei Wochen lang war ich gezwungen, ohne die Hilfe meiner Meister über diese Frage nachzugrübeln. Nach diesen zwei Wochen begann ich mir allmählich Sorgen zu machen. Was sollte ich tun, wenn sie nie wiederkamen? Hieß das, daß ich jetzt völlig auf eigenen Füßen stand?

Eines Tages kam mein Mann spätabends in mein Arbeitszimmer und legte mir eine Broschüre auf den Schreibtisch.

«Was ist das?» fragte ich verblüfft und sah mir den Prospekt an.

«Informationen über diese Ferienanlage, von der ich im Büro gehört habe», antwortete er gähnend. «Sie ist preiswert, vor allem in der Nebensaison, und es soll auch sehr schön dort sein. Ich finde, du solltest hinfahren. Einfach einmal ein paar Tage ausspannen. Wenn du willst, kannst du ja deinen Computer mitnehmen und dort weiterschreiben. Lies, geh am Strand spazieren und tu einfach, was du willst.»

Ich starrte ihn verständnislos an und schlug den Prospekt auf. Er enthielt Beschreibungen verschiedener Ferienhäuser mit Preisangaben. Eine Landkarte zeigte, daß der Ort sich ungefähr zwei Autostunden nördlich von San Francisco oberhalb der Bodega Bay befand. Ich blickte zu meinem Mann empor, er lächelte.

«Wenn ich richtig gehört habe, hast du doch gesagt, daß du nächste Woche keinen Unterricht geben mußt. Warum fährst du dann nicht für zwei oder drei Tage weg? So lange kommen wir schon ohne dich zurecht. Ich glaube, es täte dir gut, herauszukommen. Und wenn dir der Ort gefällt, können wir ein anderes Mal zusammen hinfahren.»

Ich fiel meinem Mann um den Hals und umarmte ihn lange und

herzlich. Sein Angebot war wie die Antwort auf ein stummes Gebet. Am nächsten Tag buchte ich, und bald war ich unterwegs. Die Fahrt dauerte fast vier Stunden, aber ich nutzte sie gut – ich hörte meine Lieblingsmusik und dachte nach. Ich hatte schon vergessen, wie beruhigend lange Fahrten durch die freie Natur auf meine Lebensgeister wirkten und wie sie die Bildung neuer Assoziationen in meinem Gehirn anregten. Die zerklüftete kalifornische Küste mit ihrem Nebel, ihren Möwen und ihren sanft geschwungenen Stränden war ein atemberaubender Anblick. Der Geruch der Gischt vermischte sich mit dem frischen Duft der Frühlingsblumen und machte mich fast verrückt vor Freude.

Bei meiner Ankunft hatte ich einen großen Teil der Sorgen, die mich in den letzten zwei Wochen gequält hatten, hingegeben. Ich hatte zwar immer noch viele Fragen, blickte aber mit ganz neuer Zuversicht in die Zukunft. Ich fand mich mit dem Gedanken ab, daß mein Leben von jetzt an irgendwie anders sein würde, und nahm mir vor, den kommenden Herausforderungen fröhlich und vertrauensvoll entgegenzusehen. Wenn ich wirklich so lange Zeit träumend in einer Höhle verbracht hatte, wie Haurvata sagte, dann war ich neugierig, wie es jetzt wohl sein würde, mich von den Schwingen der Seele emportragen zu lassen.

Ich verstaute mein Gepäck und meine Lebensmittel in dem Häuschen und ging spazieren. Der Verwalter der Ferienanlage hatte mir einen Weg jenseits der Straße gezeigt, der zu einer Klippe führte, von wo aus man das Meer überblicken konnte. Ich ging ihn entlang, und mir fiel auf, daß schon überall die Blätter des Goldmohns aus dem Boden hervorsprossen. Im Sommer würde diese Fläche ein wogendes Meer grüner Blätter und orangefarbener Blüten sein. Am Rande der Klippe setzte ich mich auf einen Felsvorsprung und sah zu, wie sich Schaumkronen auf dem Meer bildeten und wieder verschwanden und wie die Wellen unablässig an die Küste rollten. Ein Schwarm Pelikane zog im Formationsflug vorbei und löste sich auf, um nach Fischen zu tauchen. Dann formierten die Pelikane sich wieder und flogen weiter.

Nach fast einer Stunde stand ich auf, um zurückzugehen. Haurvata stand hinter mir. Er hatte die Hände hinter dem Rücken verschränkt.

«Aloha», sagte er mit einem kaum merklichen Zwinkern in den Augen.

«Was soll das?» rief ich und schüttelte lachend den Kopf. «Wir sind in Kalifornien, nicht auf Hawaii.»

«Das spielt keine Rolle», sagte der Meister achselzuckend. «Aloha bedeutet ‹mit dem Atem Gottes›. Wußtest du das nicht?»

«Jetzt weiß ich es», grinste ich. «Was versteckst du hinter deinem Rücken?»

«Das hier», sagte der Meister und streckte mir eine Handvoll roter Mohnblumen mit langen, behaarten Stielen entgegen.

«Oh, wie schön!» rief ich und nahm den unerwarteten Blumenstrauß begeistert entgegen. «Wo hast du denn die her? Es ist doch noch viel zu früh für blühenden Mohn!»

«In manchen Regionen der Welt gibt es auch jetzt schon welchen», sagte der Meister und lächelte verschmitzt. «Das innere Reisen hat seine Vorteile!»

Wir wanderten die Klippe entlang und genossen das milde Wetter und den köstlichen Duft immergrüner Sträucher und wilder Gräser. Dann wandte Haurvata mir sein Gesicht zu.

«Wir haben dich allein gelassen, damit du dich in Ruhe auf deine neuen Erlebnisse einstellen konntest», begann er. «Es dauert immer eine Zeit, bis man etwas Neues verarbeitet hat. Das gilt vor allem für das spirituelle Wachstum. Aber wir wollten dich wissen lassen, daß wir nicht die Absicht haben, für immer aus deinem Leben zu verschwinden. Wir sind deine Freunde. Es hat so lange gedauert, unsere Verbindung zueinander aufzubauen. Wir möchten unsere Beziehung zu dir nur ein wenig verändern. Um es metaphorisch auszudrücken: Du bist kein spirituelles ‹Kind› mehr. Du bist jetzt im ‹Teenageralter› und mußt allmählich über die Möglichkeit nachdenken, in der ‹Erwachsenenwelt› der höheren Ebenen auf eigenen Füßen zu stehen. Was möchtest du gern werden, wenn du groß bist? Und wie kannst du dich darauf vorbereiten? Das sind die Fragen, die du dir jetzt stellen solltest.»

«Ich verstehe», nickte ich. «Darüber habe ich viel nachgedacht. Ich habe beschlossen, daß ich eines Tages zu den Unmani-Dhun-Adepten gehören möchte wie du und Kyari. Alles andere weiß ich noch nicht. Aber das ist doch schon ein ganz guter Anfang, findest du nicht auch?»

Haurvata lachte leise in sich hinein. «Ja, ein ziemlich guter Anfang.»

Er führte mich zu einer grasbewachsenen Fläche, die durch

niedrige Zypressen vom Wind abgeschirmt war. Ich legte mich auf den Rücken und blickte mit zusammengekniffenen Augen zum Himmel empor.

«Allmählich fällt es mir leichter, mir meine Fragen selbst zu beantworten, Haurvata. Aber es gibt da etwas, was ich mir beim besten Willen nicht erklären kann. Darf ich dich danach fragen?»

«Natürlich», erwiderte der Meister.

Ich berichtete Haurvata von meinen letzten Träumen. Er hörte nur zu und nickte. «Mir ist aufgefallen, daß meine Träume sich in letzter Zeit verändert haben. Sie sind nicht mehr so symbolisch wie früher. Woran liegt das?»

«Symbolische Erfahrungen entspringen im wesentlichen der Ebene des höheren Geistes, die manche als die ‹ätherische› Ebene bezeichnen. Deine beiden Träume von den reifen Kürbissen und den auftauenden Walen waren zum Beispiel rein ätherische Erlebnisse. Andere Träume enthalten vielleicht auch eine gewisse Symbolik, je nachdem, wieviel vom ätherischen Strom in ihnen enthalten ist. Der Symbolgehalt von Geschichten variiert ebenso wie der von Träumen. Manche sind sehr realistisch und direkt, zum Beispiel moderne Kriminalgeschichten. Andere Geschichten, zum Beispiel Märchen, sind äußerst symbolträchtig.

Du hast im Augenblick viele direkte, realistische Erlebnisse auf den inneren Ebenen, besonders auf der Astralebene. Du sollst lernen, dich mit Zuversicht und Selbstvertrauen auf dieser Ebene zu bewegen, da diese beiden Welten sich jetzt, und in Zukunft noch stärker, überschneiden werden. Aber bald wirst du auch auf Ebenen oberhalb der Astralebene viel mehr klare Erlebnisse haben. Das wird sich alles zum rechten Zeitpunkt ergeben. Bis jetzt kommst du gut mit dir zurecht und leistest an dem Platz, an den du gestellt worden bist, gute Arbeit. Ich weiß, daß deine Träume manchmal unangenehm sind, aber betrachte sie einfach als ‹Grundausbildung› für bedeutendere Aufgaben. Auf alle Fälle wird deine Hilfe benötigt und zu schätzen gewußt, glaube mir das.

Nun will ich dich noch auf etwas anderes aufmerksam machen. In deinen inneren Körpern ist immer noch ein problematischer Bereich eingeschlossen, den wir bis jetzt nicht beseitigen konnten. Deshalb bist du schon mehrmals kurz vor der Meisterschaft gescheitert. Das ist schade, und wir möchten nicht, daß es noch einmal passiert. Erinnerst du dich noch an das kleine Mädchen im Krankenhaus, das geheilt wurde, indem es sich den schmerzlichen Bildern aus seiner Vergangenheit stellte und sich von ihnen löste? Ich schlage vor, daß wir etwas Ähnliches tun. Nein, dazu brauchen wir nicht dorthin zu gehen. Wenn du bereit bist, brauchst du nur deine Augen zu schließen und mich mit deinen inneren Augen zu sehen. Von da an kümmere ich mich um alles.»

Ich befolgte seinen Rat. Der Adept erschien vor meinem inneren Auge. Als nächstes saß ich im Abteil eines Zuges, der von einer Dampflokomotive gezogen wurde, die laut auf ihren Schienen dahinratterte. Haurvata saß neben mir. Ich entspannte mich sofort, denn ich kannte die Szene noch von einem früheren Erlebnis «zwischen den Zeiten». Wie üblich war die Umgebung realistisch bis ins letzte Detail hinein. Selbst meine Kleidung entsprach genau der damaligen Zeit. Ich bewunderte das mit Staubperlen besetzte silberne Armband an meinem Handgelenk und die mit roten Rosen bestickte Petitpointhandtasche auf meinem Schoß ausgiebig und lächelte Haurvata zu, der mit der Brille mit Goldgestell, die auf seiner breiten Nase saß, einen ungeheuer würdigen Eindruck machte.

Haurvata zwinkerte zurück. Er wies auf den Boden zu meinen Füßen, und als ich hinunterschaute, sah ich zu meinem Erstaunen ein weißes Kaninchen in einem Drahtkäfig. Ich warf meinem Lehrer einen fragenden Blick zu, hob den Käfig hoch und setzte ihn mir behutsam auf den Schoß.

«Ich glaube, du kennst deinen Reisebegleiter schon», sagte Haurvata huldvoll und nickte zu dem weißen Kaninchen hinüber.

«Ich glaube nicht», antwortete ich und zog die Augenbrauen hoch. Neugierig schaute ich in den Käfig hinein. Das Kaninchen starrte zurück und drückte seine weiche Nase gegen das Drahtgitter. Plötzlich durchzuckte mich ein Gedanke. Er sprang mich aus irgendeinem spinnwebenverhangenen Winkel meines Gedächtnisses an und verblüffte mich.

«Pinky!» rief ich. Das Kaninchen zuckte nur mit der Nase und blickte geradeaus. Ich entdeckte den Riegel der Käfigtür, schob ihn beiseite und nahm das kleine Tier auf den Schoß. Den leeren Käfig stellte ich wieder auf den Fußboden zurück.

«Ist das wirklich Pinky?» fragte ich Haurvata aufgeregt.

Haurvata lachte leise und räusperte sich. «Wenn ich im Namen des Kaninchens sprechen darf – ja, es ist wirklich Pinky, dein langohriger Freund aus der Kindheit! Ich dachte, vielleicht freust du dich, wieder einmal für kurze Zeit in seiner Gesellschaft zu sein. Pinky ist auf dem Weg zu einer neuen Inkarnation. Das ist deine letzte Chance, ihn in seiner jetzigen Gestalt zu sehen.»

Ich bedankte mich bei dem Meister und streichelte Pinky. Das Kaninchen machte einen ruhigen Eindruck; es schien an Berührungen gewöhnt zu sein. Selbst das gelegentliche Schlingern des Zuges auf den Schienen machte ihm offensichtlich nichts aus. Schließlich fragte ich Haurvata, was wir eigentlich hier zu suchen hatten.

Er lächelte und streckte die Hand aus, um das Kaninchen zwischen den Ohren zu kraulen. «Wir befinden uns gewissermaßen auf der ‹Zeitschiene›. Das ist nur eine von vielen Möglichkeiten, die Reise zwischen verschiedenen Erfahrungen in Zeit und Raum zu konkretisieren. Da du etwas gegen Formlosigkeit hast, hat dieser Weg den Vorteil, daß du dich bei diesem Prozeß wohler fühlst. Und es ist auch eine recht angenehme Art zu reisen, findest du nicht?»

Lachend stimmte ich ihm zu. «Ich bin froh, daß es kein Deltasegler ist!»

«Und jetzt», sagte Haurvata, «darfst du einen kleinen Ausschnitt aus deiner Vergangenheit noch einmal erleben. Bist du bereit dazu?»

«Ja.»

«Also gut, dann fangen wir an.»

Plötzlich schien die Sonne sehr hell, und ich hielt mir die Hand vor die Augen, damit sie mich nicht blendete. Aber es war keine makellos behandschuhte Damenhand mit silbernem Armband mehr. Sie war groß, und die Haut war wie Leder. In diesem Augenblick war mein Bewußtsein eine verwirrende Mischung aus meiner vorherigen und meiner jetzigen Identität. Doch schließlich verblaßte die Realität des Zuges wie ein Traum, und ich war nur noch der Mann, dem die Hand gehörte und der von tiefem Haß erfüllt war.

Ich warf einen Blick zurück auf den Weg, den ich hergeritten war. In der Ferne war keine Staubwolke zu erkennen. Das bedeutete, daß mich niemand verfolgte. Vorn am Horizont war auch keine Menschenseele zu sehen. Ich nahm einen Schluck aus der

Flasche in meiner Tasche, die an meiner Hüfte herabhing, und gab meinem Pferd, einer braunen Stute, einen kleinen Stoß, um sie vorwärtszutreiben. Wenn sie nicht mit so einer dicken Staubschicht bedeckt gewesen wäre, hätte sie von dem Schweiß an ihren Flanken geglänzt. Ich tätschelte ihr den Hals und sprach besänftigend auf sie ein. Zu meiner Linken verhießen ein paar niedrige Hügel baldigen Schatten, denn die Sonne, die in den letzten Stunden hoch am Himmel gestanden hatte, ging nun allmählich im Westen unter. Ich dachte kurz darüber nach, ob ich mich jetzt ausruhen sollte, selbst auf die Gefahr hin, daß sie mich entdeckten. Die Schwäche meines Pferdes und meine eigene Erschöpfung nahmen mir die Entscheidung ab. Selbst wenn es mich das Leben kostete, ich mußte jetzt anhalten. Ich lenkte meine Stute zum nächsten Felsvorsprung und fand einen sicheren Platz, von dem aus ich meine Umgebung mehrere Kilometer weit überblicken konnte. Ein paar Kilometer würden natürlich kaum ausreichen, wenn mich jemand verfolgte. Aber es mußte genügen. Ich packte meine Decken aus, nahm das Schwert ab und legte mich hin, hielt den Griff des Schwertes aber fest umklammert. Binnen Sekunden war ich eingeschlafen.

Der erlösende Schlaf befreite mich von meinem Körper. Jetzt schwebte ich hoch oben und konnte das Land viel weiter überblicken als von meinem menschlichen Aussichtspunkt. In weiter Ferne sah ich etwas, was mich beunruhigte – eine kleine Staubwolke, insgesamt vielleicht acht Männer, die sehr schnell ritten. Ich versuchte in meinen Körper zurückzukehren, aber es ging nicht. Es war, als versuchte ich, eine verschlossene Tür zu öffnen. Ich klopfte an und rief laut, aber es nützte nichts. Verzweifelt rief ich nach meinem Meister. Da saß er plötzlich wieder neben mir in dem Zug, der monoton auf den Schienen dahinratterte.

«Haurvata!» sprudelte ich aufgeregt los. «Du mußt etwas tun! Er weiß nicht, daß sie ihn erwischen werden. Sie sind jetzt schon dabei, ihn einzuholen. Laß mich wieder in seinen Körper hinein!» In meiner Aufregung sprang ich auf, und Pinky fiel von meinem Schoß. Das Kaninchen hoppelte ein paar Meter den Gang entlang, und einige Frauen schrien laut auf. Der Meister stand auf, holte das Kaninchen zurück und entschuldigte sich bei den erschrockenen Frauen, indem er galant den Hut lüftete. Er steckte Pinky wieder in seinen Käfig und schob den Riegel vor. Ich war immer noch ganz aufgeregt.

«Beruhige dich», ermahnte er mich. «Du solltest eigentlich wissen, daß das ein Erlebnis aus einer früheren Existenz war. Du durftest dieser Existenz nur vorübergehend einen ‹Besuch› abstatten, um daraus etwas für dein jetziges inneres Wachstum zu lernen. Der Mann, der du damals warst, ist schon seit über zweitausend Jahren tot! Du kannst ihm jetzt nicht mehr helfen. Setz dich wieder hin und sei vernünftig.»

Ich kauerte mich auf meinem Sitz zusammen, holte ein paarmal tief Luft und versuchte mich wieder zurechtzufinden: Ich befand mich in einem Geisterzug und fuhr auf der Zeitschiene entlang. Ich war nicht mehr der schlafende Mann, der verfolgt wurde. Erleichtert stieß ich einen tiefen Seufzer aus und sah den Adepten an. «Jetzt habe ich mich wieder beruhigt. Aber bitte erkläre mir das alles.»

Haurvata blickte unverwandt aus dem Zugfenster und begann: «In jenem Leben warst du Soldat. Du stammtest aus einem armen Elternhaus und hast dich durch Mut, körperliche Kraft und ein Talent für militärische Strategien bis zum Hauptmann hochgearbeitet. Du warst ruhig, hattest aber Ausstrahlung, und deine Leute hingen sehr an dir. Im Dienste deiner Vorgesetzten führtest du Krieg mit den umliegenden Stadtstaaten. Dabei habt ihr kleinere Städte zerstört, viele Menschen getötet und die anderen gefangengenommen und zu Sklaven gemacht. Du dachtest kein einziges Mal über die menschlichen Konsequenzen deiner Handlungen nach. Du warst nicht grausam, aber in moralischer Hinsicht naiv. Dein einziges Ziel bestand darin, der Sache deiner Anführer blind zu dienen.

Doch eines Tages hörtest du zufällig ein Gespräch mit, das dein ganzes Leben veränderte. Auf dem Weg zu einem deiner Vorgesetzten hörtest du zwei Männer in einem Hof miteinander sprechen. Sie unterhielten sich über den bevorstehenden Krieg mit einem benachbarten Stadtstaat. Als du ihnen zuhörtest, wurde dir klar, daß die Politik deiner Generäle nicht ganz ehrlich war. Statt Idealismus entdecktest du eine erbarmungslose Machtpolitik: Intrigen, Betrügereien und Verrat. Auf diese Entdeckung warst du nicht gefaßt gewesen. Sie hat dir die Augen geöffnet. Im Lauf der Zeit reimtest du dir zusammen, daß an der

Art, wie dieser Krieg geplant wurde, vieles nicht stimmte. Du kamst hinter die Machenschaften einiger Generäle, die nur ihren persönlichen Vorteil im Auge hatten. Und schließlich fandest du heraus, daß du und deine Männer in eine Schlacht geschickt werden sollten, die ihr unmöglich gewinnen konntet.

Früher hattest du nie daran gezweifelt, daß man bereit sein muß, für den Sieg zu sterben. Doch jetzt wußtest du, was hinter diesem Opfer steckte, und das verbitterte dich. Es machte deine gewohnte Isolation inmitten von Männern, die von besserer Herkunft als du waren, noch unerträglicher und verstärkte deine Neigung zum Grübeln. Schließlich beteiligtest du dich an einem Komplott zum Sturz einiger Generäle, die die größte Verantwortung für die Mißstände trugen. Doch das Komplott scheiterte, und deine Komplizen wurden hingerichtet. Du bist geflohen, aber bald entdeckten sie dich auch und töteten dich, denn sie waren in der Überzahl.

Einer von den Reitern, die du vorhin in der Staubwolke entdeckt hast, war dein Geliebter. Man hatte ihn gezwungen, mitzureiten und an deiner Verfolgung teilzunehmen. Der Mann ging gleich mit dem Schwert auf dich los, und du hast automatisch dein Schwert gezogen, um dich zu verteidigen. In diesem Augenblick erkanntest du, daß er das nur getan hatte, um von deiner Hand zu sterben. Als du erschrocken und bekümmert auf seinen blutüberströmten Körper herabschautest, erschlug ein anderer Soldat dich von hinten. Viele deiner Probleme in späteren Inkarnationen rühren aus diesem Leben her. Sie bilden ein Muster, das sich ständig wiederholt, da dieses Keimerlebnis immer noch so voller Emotionen für dich ist. Ich möchte, daß du diese Erfahrung betrachtest und das Muster erkennst. Dann mußt du es ein für allemal loslassen, indem du es segnest, und zu konstruktiveren Mustern übergehen!»

Durch diesen flüchtigen Einblick in mein früheres Leben und alles, was der Meister mir darüber erzählt hatte, wurde etwas in mir wachgerüttelt und löste sich. Es ratterte in meinem Bewußtsein hin und her wie ein Gegenstand in einer leeren Schachtel und wühlte mich auf. Ich ließ mich ganz in diese Empfindungen hineinsinken, die mich in Wellen überkamen, und schließlich begann ich hemmungslos zu weinen. Ich öffnete meine Handtasche, fand ein zartes Spitzentaschentüchlein und schneuzte kräftig.

«Hier», sagte Haurvata und drückte mir ein Herrentaschentuch in die Hand. «Das ist praktischer.»

Ich nahm es. Mir liefen immer noch Tränen über die Wangen. Eine Welle des Kummers und Zorns nach der anderen erschütterte mich, vermischt mit Gedanken, die ich jetzt endlich in Worte fassen konnte. Schließlich begann ich: «Es ist alles so kompliziert, Haurvata. Ich . . . Ich weiß gar nicht, womit ich anfangen soll.»

«Fang einfach irgendwo an, liebes Kind», sagte der Meister sanft.

«Also gut», sagte ich mit zitternder Stimme und holte tief Luft. «Wahrscheinlich fühlte ich mich in diesem Leben hin und her geschoben wie eine Schachfigur. Die Menschen, die die Macht hatten, nutzten mich aus, um ihre persönlichen Ziele zu erreichen – gegen mein eigenes Wohl und das Wohl anderer Menschen, darunter auch das meiner Soldaten. Aber ich war zu naiv und unwissend, um das zu erkennen. Mein Egoismus machte mich blind, so daß ich gar nicht genau darüber nachdachte, was ich tat. Ich akzeptierte die Ziele, die meine Vorgesetzten mir vorgaben, weil es bequem für mich war. Ich war gern Soldat. Vielleicht war ich nicht direkt grausam – aber ich war doch an vielem sinnlosen Blutvergießen schuld. Als ich erkannte, wie dumm ich gewesen war, packte mich wirklich die Wut. Und als ich dann starb, geriet ich vor Entsetzen darüber, daß ich meinen eigenen Geliebten getötet hatte und von hinten erschlagen wurde, in absolute Raserei. So wollte ich nicht sterben!

Meine letzten Gedanken waren voller Bitterkeit und Hilflosigkeit. In meinem jetzigen Leben mußte ich oft gegen den Drang ankämpfen, Autoritäten Widerstand zu leisten und sie zu kritisieren. Ich habe eigentlich immer geglaubt, daß Menschen, die Befehle geben, im allgemeinen nur sich selbst dienen und nicht den anderen. Ich hasse Bürokratie, Vorschriften, die nur das Ziel haben, andere Leute zu beherrschen, und autoritäre Menschen ganz allgemein. Und passive Menschen, die immer alles tun, was man ihnen sagt, machen mich auch wütend. Es fällt mir schwer, mit diesen zwei Menschentypen Mitleid zu haben: den Gehorsamen und den Tyrannen. Wahrscheinlich liegt das daran, daß ich es mir bis jetzt nicht verzeihen konnte, beides gewesen zu sein!»

Ich lachte ein wenig kläglich.

«Aber die Ironie der Geschichte ist die: Nachdem ich jahrelang das Leben anderer Menschen zerstört hatte, bekam ich am eigenen Leib zu spüren, wie es ist, wenn man gehetzt und zur Strecke gebracht wird wie ein Tier... Ja, das war göttliche Vergeltung! Aber das Merkwürdige daran ist, daß ich diesen Groll zweitausend Jahre lang mit mir herumgetragen habe!»

Haurvata nickte. «Dein Zorn wurde zu einer unbewußten, tief verwurzelten Einstellung und dadurch ein Hindernis für die Seele. Du bist darin so weit gegangen, daß du sogar Gott mißtrautest! Ehrlich gesagt, liebe Tochter, dieses Denkmuster machte es dir nahezu unmöglich, dich dem Heiligen Geist hinzugeben, und auch der Gehorsam im täglichen Leben wurde dir dadurch erschwert. Aufgrund dieser Behinderung mußtest du ungeheure Willenskraft aufbringen, um wenigstens mit dem Höheren Selbst zusammenarbeiten zu können, statt dich einfach seiner Führung anzuvertrauen. Das wiederum hat deine spirituelle Kraft und Ausdauer gerade in den Augenblicken erschöpft, in denen du sie am dringendsten gebraucht hättest. Du mußt deinen Zorn und dein Mißtrauen nun dem Geist hingeben. Du kannst auf dem spirituellen Weg nicht höher gehen, wenn du diese archaische innere Verwirrung nicht abschüttelst.

Es versteht sich von selbst, daß du allen autoritären Strukturen im menschlichen Bereich wachsam gegenüberstehen sollst. Regierung, Kirche – keine menschliche Institution ist gegen Ignoranz, Eitelkeit, Geld- und Machtgier gefeit. Aber die Autorität des Heiligen Geistes ist etwas anderes. Sie dient dem Ganzen und damit jeder einzelnen Seele. Wenn du ihm dienst, dienst du auch dem Ganzen. Der Heilige Geist wird nie von dir verlangen, daß du anderen oder dir selbst Schaden zufügst. Und er ‹benutzt› dich auch nicht in dem Sinn, gegen den du dich auflehnst. Die Beziehung zwischen dem Individuum und dieser Lebenskraft beruht auf Gegenseitigkeit. Sie ist eher so wie die Beziehung zwischen zwei Liebenden, die einander Vergnügen schenken, und nicht wie die einer Hand zu einem Werkzeug! Erkennst du den Unterschied?»

Ich schwieg eine Weile und suchte in meinem Inneren nach der Antwort. Nach langem Schweigen antwortete ich: «Ja! Ich erkenne den Unterschied. Ich glaube, ich werde mich jetzt gleich von diesem überflüssigen Gepäck befreien. Hast du einen passenden Rat für mich?»

Haurvata zuckte die Schultern. «Was schlägst du vor?»

«Tja», sagte ich und holte tief Luft, «wie wäre es, wenn ich wieder zu dem Mann zurückginge und mit ihm spräche? Ich könnte ihn seine Erfahrung im Licht des Ganzen sehen lassen. Dann wird ihm klarwerden, daß er kein Opfer war. Er hat etwas gelernt und hat jetzt die nötige Erfahrung, um alles besser zu machen. Glaubst du, daß das geht?»

«Ja», sagte Haurvata. «Ich denke schon. Aber vergiß nicht, Tochter, ihm das alles auf einem Strom der Liebe zu vermitteln. Mit den Kräften des Verstandes kann man die Seele nicht erreichen. Und dann segne ihn und vertraue ihn Gott an.»

Ich schloß die Augen und fand mich gemeinsam mit dem Mann in einer silbrig schimmernden Ebene wieder. Er war gerade gestorben und sehr zornig. Vorsichtig näherte ich mich ihm und tat, was ich mir vorgenommen hatte. Haurvata hatte recht gehabt. Durch den Strom der Liebe, der von mir auf ihn überging, konnte die Weisheit, die ich jetzt besaß, seinen Widerstand durchdringen, und er begriff, was ich ihm sagen wollte. Er hielt mich für einen Engel oder eine Göttin. Ich ließ ihn in dem Glauben, lächelte nur und zeigte auf den leuchtenden weißen Weg, der ihn zu seinem Platz in den himmlischen Welten führte. Da entfernte er sich mit raschen Schritten aus meiner Reichweite.

Als ich wieder im Zug saß, war ich sehr ruhig und in mich gekehrt. Schließlich sagte ich zu meinem Lehrer: «Haurvata, ich glaube, er hat wirklich aufgenommen, was ich ihm sagen wollte.»

«Natürlich», lächelte der Adept. «Daran habe ich keinen Augenblick gezweifelt.»

«Dann ... sollte das also eigentlich alle meine bisherigen Existenzen verändern. Aber wie kann das sein?»

«Die realistischen Ereignisse, die in Zeit und Raum ablaufen, lassen sich nicht verändern», antwortete Haurvata. «Sie sind durch ihre eigenen Gesetze, die sich selbst begrenzen, festgelegt. Aber die subjektive Seite des Lebens richtet sich nicht nach Gesetzen von Zeit und Raum. Sie besteht nicht aus Erfahrungen, sondern aus einer Anhäufung von Eindrücken, die aus Erfahrungen gewonnen wurden. Diese Eindrücke überdauern in Form von Bildern, die mit unterschiedlich starker spiritueller Energie versehen sind. Die Energie kann sowohl positiv als auch negativ sein. Bilder mit starker Energie überdauern im allgemeinen län-

ger und bewirken, daß ähnliche Erfahrungen sich in deinem zeiträumlichen Leben ständig wiederholen. Schwächere Bilder ver-
blassen nach einer Zeit und verschwinden schließlich ganz. Die
Energie, die hinter diesen Bildern steckt, ist die in ihnen enthal-
tene Gefühlskomponente.

Wenn du deine subjektive Einstellung gegenüber einem früheren Erlebnis änderst, verändern sich dadurch nicht die physischen
Ereignisse, die diese Erfahrung ausmachen. Nur die Eindrücke
dieser Erlebnisse, die du in deinen inneren Körpern gespeichert
hast, ändern sich. Und dadurch wandelt sich auch der Sinn dieser
Erfahrungen und die Wirkung, die sie auf dich haben. Zum Beispiel kann man auf eine Enttäuschung, die man in der Kindheit
erlebt hat, mit Kummer reagieren; doch im Laufe der Jahre erkennt man vielleicht, daß man durch diesen Rückschlag Stärke
und ein umfassenderes Verständnis gewonnen hat.

Du hattest in deiner Kindheit den dringenden Wunsch nach Erfahrungen und Anleitung im künstlerischen Bereich, aber das
blieb dir verwehrt, weil deine Familie weder kultiviert noch reich
war. Doch später wurde dir klar, daß der Geist dich durch diese
Begrenzung zum Schreiben hingeführt hat und dich zwang, dich
nicht auf äußere, sondern auf innere Lehrer zu verlassen. Dadurch, daß du diese äußerliche Begrenzung später von einer höheren Warte aus sahst, hast du die ‹Fakten› deiner Lebensgeschichte
nicht verändert. Aber heute siehst und empfindest du diese Fakten
ganz anders und bringst sie auch anders zum Ausdruck als etwa
vor zehn Jahren. Du darfst dich nicht wundern, wenn deine Interpretation deines Lebens sich im Lauf der Zeit und mit wachsendem Bewußtsein immer weiter ändert. Und dadurch verändert
sich im Grunde auch dein ganzes Leben entscheidend. Dein inneres Wachstum hat die Vergangenheit ‹umgeschrieben› – nicht im
physischen Sinn, aber im spirituellen.

Im Laufe des inneren Wachstums werden destruktive Bilder
eines nach dem anderen aufgelöst und durch die Ideale der Liebe,
der Hingabe und des Dienstes ersetzt. Aber wie wir dir schon gezeigt haben, ist das ein sehr subtiler Prozeß, der behutsam und allmählich ablaufen muß, damit die Persönlichkeitsstruktur intakt
bleibt. So ist es auch bei dir gewesen. Wir mußten langsam vorge-
hen, um nicht mit deinen vorgefertigten Ideen in Kollision zu geraten, denn sonst hättest du dich eventuell gegen deine eigenen

Lehrer aufgelehnt! Wenn wir einen Fehler gemacht und eines deiner negativen Bilder hervorgelockt hätten, dann hätte es leicht passieren können, daß du dich auf die Hinterbeine stellst oder gar in ein Gefühl der Schuld und Hoffnungslosigkeit zurücksinkst. Du siehst, liebe Freundin, es ist gar nicht so leicht, ein spiritueller Lehrer zu sein! Die selbsternannten Gurus und Prediger eurer Welt haben keine Ahnung, wie kompliziert es ist, bei jemandem auch nur eine einzige wirkliche Veränderung herbeizuführen.

Um zum Schluß zu kommen, als du nach dem Tod des Soldaten noch einmal ‹zurückgingst›, um mit deinem anderen Selbst zu sprechen, hast du an der zeiträumlichen Welt nichts geändert. Aber du hast trotzdem eine sehr wichtige Veränderung bewirkt. Du hast dich von deiner Einstellung des Zorns und Mißtrauens gegenüber Autoritäten gelöst und haßt dich nicht mehr selbst für die Fehler, die du begangen hast. Niemand kann etwas an dir ändern außer dir selbst. Höhere Wesen können dich unterstützen, indem sie dir die richtigen Werkzeuge in die Hand geben und dir beibringen, wie du sie verwenden sollst; aber nur du kannst deine Probleme lösen und einen weiteren Schritt auf Gott zugehen. Wenn du eines Tages zu uns gehörst, wirst du mehr von dieser heiligen Beziehung zwischen dem inneren Lehrer und seinem Schüler begreifen.

Übrigens hast du mir noch nicht gesagt, was du bei der Entdeckung empfandest, daß du in deinem damaligen Leben als Soldat einen männlichen Geliebten hattest. Hat dich das überrascht?»

«O ja!» rief ich. «Aber alles andere war so überwältigend für mich, daß ich vergessen habe, das zu erwähnen. Das Merkwürdige daran ist, von ‹seinem› Standpunkt aus kam es mir gar nicht seltsam vor. Ich empfand sogar eine tiefe Zuneigung zu meinem Geliebten. Es war nicht nur sexuelle Lust.»

«Nein», sagte Haurvata und nickte zustimmend. «Viele Menschen scheinen zu glauben, daß Homosexualität zwangsläufig auf purer sexueller Begierde basieren muß. Aber das stimmt nicht. Es kann zwischen allen Menschen wahre Liebe geben, und wenn das der Fall ist, dann kann der Sex ein ganz normaler, ausgewogener Ausdruck dieser Zuneigung sein. Das Unnormale liegt im sexuellen Exzeß, nicht in der Bevorzugung eines bestimmten Geschlechts. Wahrscheinlich sind heterosexuelle Beziehungen ebensosehr oder sogar noch mehr von sexueller Begierde geprägt als homosexuelle, aber die eine Art der Beziehung ist eben anerkannt und die andere nicht. Das ist eine soziale und keine spirituelle Frage. Für die Unmani Dhun ist Sex nur ein weiteres Gebiet, auf denen die Menschen etwas über Liebe, Bewußtsein und Verantwortung lernen können – es ist nicht wichtiger oder weniger wichtig als andere Lebensbereiche.

Die meisten Menschen waren in irgendeinem ihrer Leben einmal homosexuell. Das Paradoxe ist nur, daß sie im späteren Leben andere ausgerechnet wegen der sexuellen Vorliebe verfolgen, die ihnen in früheren Existenzen selbst einmal Vergnügen bereitet hat! Diese Menschen haben ihre homosexuellen Neigungen in früheren Inkarnationen oft bis zum Exzeß ausgelebt und haben die emotionale Belastung und das Ungleichgewicht aus diesen früheren Leben noch nicht aufgearbeitet. Andere wiederum, die Homosexuelle zwar nicht verfolgen, aber ablehnen, können einfach keine Toleranz für Menschen aufbringen, die anders sind als sie. Das liegt an einem Mangel an spiritueller Erfahrung oder daran, daß sie klischeehafte Vorstellungen von Homosexuellen haben.

Der Mann, der dich auf der unteren Astralebene angegriffen hat, gehörte eindeutig zur unausgeglichenen Sorte. Du wurdest mit diesem Erlebnis konfrontiert, weil du selbst noch eine kleine Schuld aus deinem jetzigen Leben auszugleichen hattest, die deinem mangelnden Mitgefühl für Homosexuelle entsprang. Durch die Enthüllung deiner eigenen homosexuellen Inkarnationen wird dieses Defizit in dir bald ausgeglichen werden. Aber bei anderen Menschen hätte ein solches persönliches Wissen nicht unbedingt die gleiche Wirkung. Es könnte sie nur noch mehr aufbringen, statt sie zu besänftigen. Deshalb sind wir bei der Vermittlung von Wissen in den niedrigeren Welten immer sehr vorsichtig. Das liegt nicht daran, daß wir mit unserer Weisheit geizen, sondern daran, daß so wenige von euch wirklich gefahrlos und konstruktiv von diesem Wissen Gebrauch machen können. Doch wenn die Seele bereit ist, kann nichts sie daran hindern, ihre goldene Gelegenheit zum inneren Wachstum zu ergreifen.»

«Haurvata», begann ich die Gedanken zu formulieren, die mir gerade durch den Kopf gingen, «ich frage mich, wie die Seele durch männliche und weibliche, heterosexuelle und homosexuelle Erfahrungen zu einem umfassenderen Verständnis gelangen kann. Nach dem, was du gesagt hast, lernen wir doch aus Eindrücken, die sich unseren inneren Körpern einprägen. Überdauern diese Eindrücke denn in Form männlicher und weiblicher Bilder? Oder sind sie allgemeinerer Art?»

«Bilder überdauern mit allen Inhalten, die subjektiv von Bedeutung sind», antwortete der Adept. «Das Problem bei der Sache ist nur, es kann sein, daß du dich mit deinem Geschlecht oder deiner sexuellen Vorliebe identifizierst und dann alle deine Erfahrungen von diesem Standpunkt aus interpretierst. Du kannst dich aber auch mit der Seele identifizieren und alles als Schritte begreifen, die dich zur Zusammenarbeit mit Gott hinführen werden. Wir haben uns sehr darum bemüht, dir den männlichen und den weiblichen Strom begreiflich zu machen, um dir zu helfen, diese Aspekte in deinem eigenen Inneren zu verstehen und ins Gleichgewicht zu bringen. Das hat dazu beigetragen, deine Identifikation mit beiden Geschlechtern zu neutralisieren, und hat dich innerlich frei gemacht, so daß du einen höheren Standpunkt einnehmen kannst. Die Beschäftigung mit dem Männlichen und Weiblichen ist kein Selbstzweck, sondern eine Methode, den unvergänglichen Teil von dir – die Seele – zu entdecken.

In Zukunft denke daran, daß Mann und Frau instinktiv nacheinander suchen, weil sie sich nach einem Gefühl der Ganzheit sehnen, was sie auf diesem Weg allerdings nie finden. Sie können aber auch liebevoll einander die Hand reichen. Dann beginnt der innere Heilungsprozeß, der sie beide zu vollkommenen Wesen macht. Liebe zwischen zwei Menschen kann auch bedeuten, daß sie einander den Freiraum geben, den sie brauchen, sich gegenseitig respektieren und würdigen und einander auf dem Weg zur Meisterschaft über sich selbst helfend die Hand reichen. Liebe muß nicht unbedingt der Treibsand der Emotionen und der inneren Gefangenschaft sein, wie Shangra Raj es gern hätte. Du solltest aber niemals jemandem im Weg stehen, der sich für die negative Seite der Liebe entscheidet, um ihn vor Schmerzen zu bewahren. Denn der Schmerz ist oft die einzige Möglichkeit für den Geist, den inneren Körpern einen Eindruck zu vermitteln, der stark genug ist, um Verständnis und inneres Wachstum zu bewirken. Aber das solltest du aus deinen eigenen Existenzen ja bereits wissen! Laß dich nicht von deiner eigenen Weisheit zum Narren halten. Bleibe auf deinem Weg, dann wirst du rasch Fortschritte machen.»

Der Meister blickte mir tief in die Augen, bis ich das Gefühl hatte, in das blaugrüne Wasser des Beckens hinunterzusinken, das vom Lichtschwert gespeist wurde. Ein paar Sekunden lang hörte ich ein leises Summen, als sei eine winzige Biene in den Bienenstock meines Gehirns eingedrungen. Dann breitete dieses Summen sich über meinen ganzen Körper aus und wurde zum feinen Vibrieren eines spirituellen Energiestroms, der mich durchflutete. Instinktiv schloß ich die Augen und zentrierte mich im Seelenbewußtsein.

Ich stand auf dem Gipfel eines Berges aus flüssigem weißem Licht. Unter mir fielen die Berghänge scharf ab und reichten bis in schwindelnde Tiefen hinunter. Am Fuß des Berges liefen Ströme bunter Lichter – vor allem Rosa-, Blau- und Violettöne – ineinander und wogten hin und her wie stürmisch bewegte Wellen. Einige der farbigen Ströme flossen auch ein Stück nach oben, bis sie schließlich in das heiße weiße Licht übergingen, das nicht brannte.

Plötzlich merkte ich, daß ich nicht nur auf dem Berg stand – ich war selbst der Berg! Als mir das klar wurde, erweiterte sich mein Bewußtsein und umfaßte meinen ganzen Körper: strahlend weißes Licht mit Farbstrudeln, die vom Fuß des Berges emporzüngelten. Vage durchzuckten mich Empfindungen, Gedanken, Erinnerungen, Wünsche. Sie schienen von weit unten zu kommen. Als ich meine Aufmerksamkeit auf einen höheren Punkt an dem Lichtberg richtete, der gleichzeitig auch ich selbst war, wurden diese Stimmen immer leiser und verstummten schließlich ganz. Endlich spürte ich, wie ich mich über den Gipfel des Berges erhob wie ein kreisender Adler, der sich von Luftströmungen treiben läßt. Ich empfand nichts als inneren Frieden und eine ungeheure Liebe zum Leben.

Doch nur zu bald saß ich wieder im Zug. Haurvatas Blick war immer noch auf mich gerichtet. «Was hast du erlebt?» fragte er sanft.

«Ich war ein dreieckiger Lichtberg», antwortete ich. «Ich stand auf dem Lichtberg ... und gleichzeitig war ich selber der Berg!»

«Ja», wiederholte der Meister, sprach aber im Gegensatz zu mir nicht in der Vergangenheit, sondern in der Gegenwart, «du bist der Berg. Du hast dich als das vollkommene spirituelle Wesen gesehen, das du jetzt bist, liebe Freundin – die Dreifaltigkeit des Positiven, Negativen und Neutralen oder des Männlichen und Weiblichen und der Seele. Du bist zu etwas Ganzem geworden – zu einer perfekten Meisterin.»

Dann verstummte der Adept. Ich blickte aus dem Fenster des Zuges. Eine Wildnis endloser Ebenen und niedriger Büsche huschte an mir vorbei. Plötzlich sah ich etwas, und bei dem Anblick verengte sich meine Kehle. Auf einem flachen Hügel in weiter Ferne saß ein Indianer auf seinem Pferd. Stolz hielt er seine Lanze in der Hand und sah zu, wie unser Geisterzug vorbeiratterte, allein mit seinen Gedanken. Sprang ein Funke von seinem Kriegergeist auf meinen über? Oder streckte mein Geist dem seinen die Hand entgegen? Ich reckte den Hals, um noch einen letzten Blick auf ihn werfen zu können, ehe er aus meinem Blickfeld verschwand. Sein Bild stieg in meinem Herzen auf und schien dort klar und leuchtend wie ein Stern.

Plötzlich fühlte ich mich nicht mehr so unsicher, so einsam. Jenseits von Zeit und Raum existierte ein Teil von mir, der durch den Tod niemals ausgelöscht werden konnte, ganz egal, wie brutal oder friedlich oder würdelos dieser Tod auch sein mochte. Es ging nicht nur um das Überleben meiner Seele. Daß sie ewig überdauern würde, hatte ich ja schon lange vorher gewußt und akzeptiert. Aber jetzt wurde mir klar, daß in dem ständigen Auf und Ab meiner vielen Existenzen etwas Wertvolles herangewachsen war: die Individualität der Seele. Für mich bedeutete das, daß ich mich nicht mehr an irgendeinem allgemein anerkannten, trügerischen Maßstab der Spiritualität zu messen brauchte. Statt dessen konnte ich nun endlich anfangen, meinen Platz im Universum zu entdecken und zu erkunden. Das bedeutete, daß ich jetzt lernen würde, ich selbst zu sein. Ich konnte WIRKLICH werden!

Ich erzählte Haurvata von meiner Erkenntnis. «Ich werde meinen kleinen Dummkopf sehr vermissen», lachte er und tätschelte mein Knie. «Aber mit der Zeit werde ich mich schon daran gewöhnen!»

Der Zug blieb stehen, und wir stiegen aus. Pinky ließen wir zurück, damit er in sein nächstes Leben eintreten konnte. Ein kleiner Junge winkte uns vom Zugfenster aus zu, und Haurvata und ich winkten zurück. Der Zug ratterte an uns vorbei und bedeckte uns mit einer dünnen Staubschicht. Ich schirmte meine Augen mit den Händen ab und mußte niesen. Als ich aufblickte, lag ich wieder auf dem Rücken im Gras. Unter mir toste der Pazifische Ozean. Über mir ließen sich drei kreischende Möwen vom Aufwind treiben. Der Wind war heftiger geworden, und es war jetzt sehr kalt. Ich blieb noch eine Weile sitzen und blickte zum Horizont, der sich weit, weit in die Ferne erstreckte, bis er schließlich mit dem Universum verschmolz. Bald würden die Wale auf ihrem unsichtbaren Weg zu ihren Aufzuchtplätzen in den gastlichen Gewässern eines fernen Landes hier vorbeikommen.

Die Wale waren Reisende auf offenem Meer. Ich gehörte auch zu ihnen. Ich folgte meinem inneren Weg mit dem Instinkt der Seele, wohin er mich auch führen mochte.

Über die Autorin

Ariel Tomioka wurde in Honolulu (Hawaii) geboren. Sie hat Gedichte veröffentlicht und mehrere Jahre lang an kalifornischen Schulen Unterricht in kreativem Schreiben erteilt. Jetzt widmet sie sich ganz ihrer schriftstellerischen Tätigkeit und hält Vorträge und Seminare über verschiedene Themen – die Beziehung zwischen Mann und Frau, Träume, Kreativität und den Prozeß der Individuation und Meisterschaft über sich selbst.

Stichwortverzeichnis

*Die gemeinsame Suche von Liebenden und Gottsuchern
nach Erneuerung ihrer Liebesbeziehung auf einer höheren Stufe*

John R. Haule
HEILIGE VERZAUBERUNG
ARCHETYPEN UND STADIEN DER
ROMANTISCHEN LIEBE
Ganzleinen, 352 Seiten
ISBN 3-7157-0149-8

Dieses literarische, psychologische und spirituelle Gesamtporträt der romantischen Liebe schlägt eine Brücke zwischen unserer alltäglichen Erfahrung und den archetypischen und spirituellen Dimensionen zwischenmenschlicher Beziehungen. Inspiriert von der reichen Erfahrungswelt der großen Liebenden der Weltliteratur, der Mythologie und der Mystik, beschreibt der Autor mit jedem einzelnen Kapitel dieses Liebesporträts ein bestimmtes Stadium des Erlebens und Fühlens.

Er zeigt, daß menschliche Liebe eine Spielart der göttlichen Liebe ist und daß sich hinter unserer romantischen Liebeserfahrung als innerster, leuchtender Kern der höchste Geliebte und Liebende – Gott – verbirgt und sich zugleich offenbart. Nicht nur die großen Liebenden aller Zeiten und Völker, sondern auch jene Liebesverwundeten, Verrückten und Verzückten aller mystischen Traditionen gewähren uns einen tiefen Einblick in ihr verborgenes Denken und Fühlen und in ihr innerstes Herz.

Das Buch konzentriert sich vor allem auf die innerseelische und spirituelle Bedeutung der romantischen Liebe und ihrer charakteristischen Stadien: in der Verführung und im Liebesspiel, im Entzücken der Vereinigung, in der Qual der Trennung, im Liebeswahn und Liebesschmerz, im Liebesstreit und in der würdigen Gegnerschaft, in der Liebessuche und Liebesmühe, im Verletztsein und in der Transzendenz.

Jedes dieser Stadien ist Symbol der gemeinsamen Suche eines Paares nach einer Erneuerung der Liebesbeziehung auf einer höheren Stufe. In einfühlsamen Interpretationen wird dem Leser nahegebracht, wie ein jedes Paar zu seiner ureigenen Form der Auseinandersetzung finden muß, wie beide Liebende die Wahrnehmung von sich selbst verfeinern können und wie sie ihre Bedürfnisse neu überprüfen und den ungeschriebenen Vertrag ihres gemeinsamen Lebens revidieren können. Dies ist zugleich eine Chance für beide Partner, das Bild, das sie voneinander haben, und die Erwartungen, die sie aneinander stellen, zu erweitern und zu erneuern.

Ein Buch, in dem sich jeder erkennt und das jeden betrifft!

Eliott James
ERLEUCHTUNG UND MEISTERSCHAFT
ERFAHRUNG DER HÖHEREN WIRKLICHKEIT
IM PRAKTISCHEN ALLTAG
Ganzleinen, 256 Seiten
ISBN 3-7157-0143-9

Eliott James hatte bereits im Alter von drei Jahren eine Begegnung mit einem spirituellen Meister der inneren Ebene, als er todkrank darniederlag. Der Schleier des Vergessens legte sich wieder über dieses wunderbare Geschehnis, bis es ihm später wieder bewußt wurde. Er studierte Theologie und Vergleichende Religionswissenschaft und machte Bekanntschaft mit östlichen Religionssystemen. Verschiedene Lehrer der inneren Realität, jedoch auch solche der physischen Ebene, arbeiteten mit ihm und führten ihn, Stufe um Stufe, auf dem Weg des Wissens und der Meisterschaft. Eliott James lebt in Atlanta, USA.

Eliott James berichtet in diesem Buch über seine schicksalhaften Begegnungen und erstaunlichen Erfahrungen mit erleuchteten Meistern der inneren Ebene und der höheren Wirklichkeit. Seit seiner frühesten Kindheit arbeiteten sie mit ihm, zuerst im Traumzustand und später auch auf der physischen Ebene. Sie vermittelten ihm Erkenntnisse über bisher unbekannte Daseinsformen in den vielen Welten Gottes und zeigten ihm, wie persönliche Entfaltung und geistige Feiheit auch im praktischen Alltag möglich sind.

Seine Erinnerung reicht bis an die Pforte des Lebens, als ihm die Chance geboten wurde, in das jetzige Leben einzutreten, um seine wirkliche Bestimmung zu erfüllen. Er durchlebte eine «normale» Kindheit, wenn auch mit einem starken Wissensdrang ausgestattet, der ihn immerzu nach seinem Platz in dieser Welt fragen ließ. Im Laufe der Zeit wurde er sich seiner vergangenen Existenzen bewußt, und er lernte immer besser, sein Gewahrsein zu neuen Erkenntnisebenen zu erheben. Dort wurde ihm ein Wissen vermittelt, das Bestandteil einer wenig bekannten Urlehre ist und das alle bisherigen metaphysischen Denksysteme bei weitem übersteigt.

Das Buch ist ein großer Schatz an profundem, esoterischem Wissen und Erfahrungen aus erster Hand. Es ist ein kraftvoll ergreifendes Dokument einer wunderbaren seelisch-geistigen Entwicklung. Es schenkt jedem wahrhaft Suchenden neue und tiefe Einsichten, welchem Weg er auch immer folgt. Ja, eine geheimnisvolle Energie scheint sich aufzubauen, die dem Leser die unbekannten Sphären seines eigenen inneren Universums immer mehr bewußt werden läßt, um schließlich in jenes grenzenlos große Verstehen einzumünden, das man ‹Erleuchtung› nennt.